범망경 보살계
梵網經 菩薩戒

일타큰스님 지음

효림

※ 1992년 4월 25일에 발간하였다가 절판된 『범망경 보살계』(전5책)의
내용을 새롭게 다듬고 축약하여 발간한 책입니다.
일타큰스님의 영전에 이 책을 바칩니다.

범망경 보살계

초 판 1쇄 펴낸날 2017년 3월 15일
　　　4쇄 펴낸날 2022년 5월 15일

지은이　일타스님
엮은이　김현준
펴낸이　김연지
펴낸곳　효림출판사

등록일　1992년 1월 13일 (제2-1305호)
주 소　서울시 서초구 반포대로14길 30, 907호 (서초동, 센츄리 I)
전 화　(02) 582~6612 · 587~6612
팩 스　(02) 586~9078
이메일　hyorim@nate.com

값 17,000원

ⓒ 효림출판사. 2017
ISBN　979-11-87508-07-6　03220

잘못 만들어진 책은 바꾸어 드립니다.
이 책은 저작권법에 따라 보호를 받는 저작물이므로 무단전재와 무단복제를 금지합니다.

서 문

　불법은 계율戒律과 함께 영원히 빛을 발하고, 대승불교는 대승보살계와 더불어 수명을 같이한다. 우리나라 불교는 대승불교이다. 대승불교이기에 그 교단은 보살 불자가 중심을 이루어야 하고, 그 대중은 마땅히 보살계를 받아 올바로 지녀야만 하는 것이다.

　흔히 보살이라고 하면, 위로는 부처님의 깨달음을 구하고〔上求菩提〕, 아래로는 뭇 생명있는 자를 참된 삶의 길로 인도하는〔下化衆生〕 분이다. 그러나 상구보리 하화중생의 보살도는 말처럼 쉽게 실천할 수 있는 것도 아니며, 그 길이 순탄하기만 한 것도 아니다.

　그러므로 올바른 길잡이가 반드시 있어야 한다. 그 길잡이가 바로 『범망경』심지대계心地大戒에서 밝히고 있는 보살계이다. 보살계의 여러 덕목들로 꾸며져 있는 대승의 수레를 타고 나아가면, 쉽사리 해탈의 저 언덕에 도달할 수 있게 되는 것이다.

　중생은 무명無明의 업력業力에 휩싸여 끊임없이 흘러 내려가는 존재이다. 본래의 마음자리〔本源心地〕를 벗어나 생사 속으로 끝없이 흘러 내려가고 있는 존재가 중생인 것이다.

그러나 보살은 다르다. 보살은 번뇌와 고통으로 가득 찬 생사의 세계를 싫어하고 보리심을 일으켜서 본래의 마음자리를 향해 쉬임없이 거슬러 올라가는 존재이다.

바로 보살계는 삶과 죽음의 끊임없는 흐름을 완전히 멈추고 근원으로 되돌아가는 길에 일깨워 주는 감로甘露의 길잡이요, 유전생사流轉生死 하는 것을 막아주는 불멸의 가르침이다. 맑고 밝은 마음자리에서 나온 이 계를 통하여 유전을 쉬고 업을 맑힘으로써 본래의 마음자리로 돌아가 부처를 이루고 부처의 삶을 살게끔 하는 것이다.

특히 이 보살계는 사부대중만이 아니라 법사法師의 말을 알아들을 수 있는 이면 누구든지 바로 수지受持할 수 있으며, 보살계를 지키면 언제나 상주자비심常住慈悲心과 불성효순심佛性孝順心이 충만된 삶을 영위할 수 있게 된다는 특징을 지니고 있다.

따라서 보살계를 받아 지니고 삼취정계三聚淨戒를 닦는 보살은 언제나 따스하고 공손하고 부드러운 말로써 중생을 거두어들이게 될 뿐 아니라, 비록 애욕진중愛欲陣中에 들어가더라도 연꽃과 같이 오염되지 않는 것이다.

우리 불자들이 섭률의계攝律儀戒로 대승과 소승의 일체 계율을 함용涵容하고, 섭선법계攝善法戒로 8만 4천의 출리법문出離法門을 모두 배워 펼치며, 요익유정계饒益有情戒로 자비희사慈悲喜捨를 베풀어 일체 중생을 제도하게 된다면, 이 일이 어찌 혼자만의 기쁨이겠는가?

　마지막으로 이 책을 읽는 이에게 당부드리고 싶은 것이 있다. 그것은 보살계가 비록 10가지 무거운 계〔十重戒〕와 48가지 가벼운 계〔四十八重戒〕로 구성되어 있기는 하지만, 48경계의 내용이 10중계보다 못한 것이 아니라는 점이다. 오히려 보살도 정신은 48경계 쪽에 더 깊이 새겨져 있다. 이를 분명히 알고 끝까지 마음을 모아 읽어 주기 바란다.

　내가 젊은 시절부터 보살계법회에 참지參詣해서 강설하기 수십여 회, 쓸데없는 군말을 너무 많이 해서 언제나 시간이 모자랐었다. 어쩌다 녹음을 다시 들어보기라도 하면 부끄럽기까지 하였다. 이런 것들을 모아 원고지에 옮겨 책을 엮는다고 한다. 거듭 "안 된다!"고 하였지만, 원고가 다 되어 판版에 올리게 되니 어쩔 수가 없다. 내 분수에 맞지 않는 일이지만 책이 되어 나오는 모양이다.

　아무튼 이 책이 나오기까지 원고를 작성하는 데 노고를 아끼지 않았던 김현준金鉉埈 거사와, 편집 교정 등 여러 면으로 애를 쓴 도서출판 효림 직원들에게 "고맙다"는 인사를 드리며, 군소리 몇 마디로 자서自序하는 바이다.

佛紀 2536年 解冬 자자일에
해인사 지족암에서 日陀

축 서

　오늘날 우리 사회가 전에 없이 격심한 혼란과 무질서로 표류하고 있는 것은, 삶의 질서인 생활규범이 없기 때문이라고 생각된다. 개인적으로나 사회적으로 온전한 규범이 지켜지고 있다면 그 개인이나 사회는 결코 병들 수 없다.
　보살계본인 『범망경』은 대승불교의 청정한 생활규범이다. '살아있는 목숨을 해치지 않겠다'는 첫째 계를 비롯한 열 가지 큰 계와, '스승과 벗을 공경하라'는 가르침을 시작으로 한 마흔 여덟 가지 작은 계는, 극단적인 이기주의로만 치닫고 있는 요즘같은 세태에는 훌륭한 생활규범이 될 것이다.
　오랫동안 불가의 계율을 연구하고 몸소 익히며 뛰어난 변재로써 불자들에게 널리 강설해 온 일타스님께서 이번에 『범망경보살계』를 다섯 책으로 간행하게 된 것은 아주 시의적절한 일이다. 이 강설집이 두루 읽혀 저마다의 삶에 청정한 규범이 된다면, 보살계 서문에서도 언급하고 있듯이 '어둔 밤에 밝은 등불을 만난 듯하고 환자가 병석에서 털고 일어나듯 할 것이며, 객지로만 떠돌던 나그네가 정든 고향으로 돌아온 듯한' 환희를 누리게 될 것이다.

　개인적인 신앙고백이지만, 부처님의 법을 만나 불살생계를 비롯하여 불가의 크고 작은 계를 받아 지니게 된 이 인연에 나는 한없이 고마움을 느끼고 있다. '만약 이와 같은 청정한 생활규범을 지니지 않았더라면 자신의 삶이 어떻게 되었을까'를 가정해볼 때, 거듭 다행함과 고마움을 느끼지 않을 수 없다.

　이런 다행과 고마움을 함께 나누고 싶어 책머리에 글을 올린다.

불기 2536년 4월

조계산 불일암에서 法頂 합장

차례

서문 일타스님 3
축서 법정스님 6

범망경에 대한 기초지식
· 제목풀이 14
· 역경승 구마라집과 참고사항 17
· 범망경보살계 송계서 21

I. 십중대계

· 총표 27

· 제1중계 살계殺戒 : 살생하지 말라 33
　　　왜 살계를 제일 앞에 두었는가? 34
　　　살생의 여러 가지 유형 37
　　　살생업의 과보 40
　　　자비심과 효순심 44
· 제2중계 도계盜戒 : 훔치지 말라 46
　　　제2중계인 투도의 유형 47
　　　투도 업의 과보 51
　　　복덕을 지으며 살자 56
· 제3중계 음계淫戒 : 음란하지 말라 60
　　　음계淫戒란? 61
　　　사랑하며 살려 가자 64

· 제4중계 망어계妄語戒 : 망어를 하지 말라 68
　　　망어의 여러가지 유형 69
　　　살리고 깨우치는 망어계 76
· 제5중계 고주계酤酒戒 : 술을 팔지 말라 80
　　　술과 허물 81
　　　지혜롭게 살자 83
· 제6중계 설사중과계說四衆過戒 : 사부대중의 허물을 말하지 말라 88
　　　보살의 마음과 설사중과계 89
　　　자비심으로 교화하라 92
· 제7중계 자찬훼타계自讚毀他戒 : 나를 칭찬하고 남을 헐뜯지 말라 99
　　　자찬훼타 말고 하심下心하라 100
　　　칭찬도 비방도 마음에 두지 말라 104
· 제8중계 간석가훼계慳惜加毀戒 : 나의 것을 아끼고자 남을 헐뜯지
　　　　　　말라 111
　　　나의 것을 아낀다는 것 112
　　　줄 수 있는 것은 주라 116
· 제9중계 진심불수회계瞋心不受悔戒 : 성내어 참회를 물리치지 말라 120
　　　성을 내지 말라 121
　　　참회는 허물을 벗는 행위 126
· 제10중계 방삼보계謗三寶戒 : 삼보를 비방하지 말라 133
　　　대승 삼보에 대한 비방 134
　　　믿음과 정법에 입각한 수행 139

　· 총결 143

Ⅱ. 사십팔경계

· 총표 149

· 제1경계 불경사우계不敬師友戒 : 스승과 벗을 공경하라 152
· 제2경계 음주계飮酒戒 : 술을 마시지 말라 161
· 제3경계 식육계食肉戒 : 고기를 먹지 말라 168
· 제4경계 식오신계食五辛戒 : 오신채를 먹지 말라 174
· 제5경계 불교회죄계不敎悔罪戒 : 죄를 참회하도록 가르쳐라 179
· 제6경계 불공급청법계不供給請法戒 : 공양을 올리고 법을 청하라 189
· 제7경계 해태불청법계懈怠不聽法戒 : 게으름을 부리지 말고 법문을 들어라 196
· 제8경계 배대향소계背大向小戒 : 대승을 등지고 소승으로 나아가지 말라 201
· 제9경계 불간병계不看病戒 : 병든 이를 간호하라 208
· 제10경계 축살중생구계畜殺衆生具戒 : 중생을 죽이는 기구를 마련해 두지 말라 213
· 제11경계 국사계國使戒 : 나라의 심부름꾼이 되지 말라 217
· 제12경계 판매계販賣戒 : 나쁜 마음으로 장사하지 말라 221
· 제13경계 방훼계謗毁戒 : 비방을 하거나 욕하지 말라 228
· 제14경계 방화분소계放火焚燒戒 : 불을 놓아서 태우지 말라 233
· 제15경계 벽교계僻敎戒 : 편벽되게 가르치지 말라 237
· 제16경계 위리도설계爲利倒說戒 : 이익을 생각하여 그릇되이 설하지 말라 245

- 제17경계 시세걸구계恃勢乞求戒 : 세력을 믿고 구하지 말라 253
- 제18경계 무해작사계無解作師戒 : 아는 것 없이 스승이 되려고 하지 말라 259
- 제19경계 양설계兩舌戒 : 두 가지로 말하지 말라 264
- 제20경계 불행방구계不行放救戒 : 방생하고 구제하라 268
- 제21경계 진타보수계嗔打報讐戒 : 성내고 때리면서 원수를 갚지 말라 277
- 제22경계 교만불청법계憍慢不請法戒 : 교만을 버리고 법을 청하라 285
- 제23경계 교만벽설계憍慢僻說戒 : 교만한 마음으로 편벽되게 설하지 말라 291
- 제24경계 불습학불계不習學佛戒 : 불법을 잘 배우고 익혀라 299
- 제25경계 불선지중계不善知衆戒 : 대중을 잘 다스려라 306
- 제26경계 독수이양계獨受利養戒 : 혼자만 이양을 받지 말라 313
- 제27경계 수별청계受別請戒 : 별청을 받지 말라 320
- 제28경계 별청승계別請僧戒 : 스님네를 별청하지 말라 326
- 제29경계 사명자활계邪命自活戒 : 삿된 직업으로 생활을 하지 말라 330
- 제30경계 불경호시계不敬好時戒 : 좋은 때를 공경하라 336
- 제31경계 불행구속계不行救贖戒 : 값을 치르고 구원하라 344
- 제32경계 손해중생계損害衆生戒 : 중생을 해롭게 하지 말라 349
- 제33경계 사업각관계邪業覺觀戒 : 삿된 짓은 생각하지도 보지도 말라 355
- 제34경계 잠념소승계暫念小乘戒 : 잠시라도 소승을 생각하지 말라 361
- 제35경계 불발원계不發願戒 : 원을 세워라 369
- 제36경계 불발서계不發誓戒 : 맹세를 하라 377
- 제37경계 모난유행계冒難遊行戒 : 위험을 무릅쓰고 유행하지 말라 389

· 제38경계 괴존비차서계乖尊卑次序戒 : 높고 낮은 차례를 어기지 말라 398
· 제39경계 불수복혜계不修福慧戒 : 복과 지혜를 닦아라 408
· 제40경계 간택수계계揀擇受戒戒 : 가려서 계를 일러 주지 말라 419
· 제41경계 위리작사계爲利作師戒 : 이양을 위하여 스승이 되지 말라 432
· 제42경계 위악인설계계爲惡人說戒戒 : 악인에게 계를 설하지 말라 442
· 제43경계 무참수시계無慚受施戒 : 부끄러움 없이 시물을 받지 말라 448
· 제44경계 불공양경전계不供養經典戒 : 경전에 공양하라 457
· 제45경계 불화중생계不化衆生戒 : 중생을 항상 교화하라 465
· 제46경계 설법불여법계說法不如法戒 : 여법하게 설법하라 473
· 제47경계 비법제한계非法制限戒 : 옳지 못한 법으로 제한하지 말라 477
· 제48경계 파법계破法戒 : 법을 파괴하지 말라 482

· 총결 491

　　유통을 부탁하다 494

　　범망경보살계를 새롭게 펴내면서 501

범망경에 대한 기초 지식

제목풀이

우리나라에서 설하고 있는 보살계는 『범망경梵網經』이라는 경전 속에 수록되어 있습니다. 이 『범망경』은 구마라집(鳩摩羅什 : 343~413) 삼장이 번역하였는데, 원래는 총 120권으로 이루어져 있었다고 하나, 지금은 보살계를 포함하고 있는 「보살심지품菩薩心地品」 1품만이 전해지고 있습니다.

『범망경』의 보살계는 살인·투도 등과 같이 결코 범해서는 안 되는 열 가지 무거운 계인 십중대계十重大戒와 비록 범했을지라도 참회를 하면 되는 48가지 비교적 가벼운 계인 사십팔경계四十八輕戒로 구성되어 있습니다.

『범망경보살계본』의 갖춘 이름은 『불설범망경보살심지계품佛說梵網經菩薩心地戒品』입니다. 부처님께서 설하신 『범망경』의 심지계품이라는 뜻입니다. 이 갖춘 이름 가운데 불설佛說은 '부처님께서 말씀하셨다'는 뜻입니다. 처음 노사나불께서 설하신 것을 뒤에 다시 석가모니불께서 설하셨음을 나타낸 것입니다.

'범망'은 색계色界 제4천인 마혜수라대범천왕궁摩醯首羅大梵天王宮에 있는 대범천왕의 그물입니다. 부처님께서 이 범천왕의 그물을 보시고 그 그물의 모습과 작용이 부처님의 교법인 심지법문心地法門과 조금도 다를 바가 없다고 하여, 이 경의 이름을 범망경으로 정하셨습니다.

곧 대범천왕의 그물의 코는 모두가 한량없는 마니구슬로 장식되어 있으며, 그 낱낱의 보배구슬은 찬란한 빛을 일으킵니다. 그리고 각각의 그물코에서 뿜어져 나오는 빛깔들이 서로 비추고 서로 받아 들여서 지극히 아름다운 모습을 연출하게 됩니다. 한 구슬 한 구슬에서 뿜어져 나오는 문채와 색깔이 복합적으로 어울리면서도, 서로를 조금도 방해함이 없이 조화를 이루고 있습니다. 시방세계 모든 부처님의 한량없는 교법과 부처님께서 베푸신 한량없는 갖가지 법문 또한 이와 같다고 하여 '범망'이라는 이름을 취한 것입니다.

그리고 보살심지품菩薩心地品의 '심지'를 직역하면 '마음 땅'이라 해야 하지만, 말씨가 다소 어색해지기 때문에 '마음자리'로 풀이하는 경우가 많습니다.

심지는 일체 성인과 모든 범부의 근원이 되는 우리들 모두의 마음자리를 가리키는 말입니다. 범부는 이 마음을 알지 못하여 삼계三界 속에서 사생四生으로 몸을 받아 육도六道를 윤회하며 생사의 고苦를 받는 존재이고, 성인은 이 마음을 깨달아 그 원천으로 복귀함으로써 영원히 생사의 흐름을 끊은 분입니다.

그렇다면 마음을 깨달아 근원바탕으로 돌아가기 위해서는 무엇을 해야 하는 것인가? 이 마음자리의 바른 계인 심지정계心地正戒에 의지하여 거룩하고 뛰어난 인因을 심어야 합니다. 심지정계로써 깨달음의 씨를 심고 정진하게 되면 반드시 부처님이라는 극과極果를 얻게 되는 것입니다.

그리고 심지정계라고 할 때의 '지地'는 곧 마음에 대한 비유입니다. 보살은 육바라밀을 닦아 일체 중생을 감싸 주고 교화하되, 미워하고 좋아하는 마음을 일으키지 않는 것이 마치 대지가 온갖 동식물을 다 받아들이고, 더러운 것이나 깨끗한 것을 가림이 없이 만물을 자라나게 하는 것과 조금도 다를 바가 없다는 것을 나타내고 있습니다.

보살심의 평등함은 이 대지와 같이 평등하기 때문에 '땅[地]'이라 한 것이며, 평등한 마음으로 인해 깨달음의 수승한 인[殊因]과 오묘한 과[妙果]가 저절로 자라나게 되는 것입니다.

이 보살심지품은 부처님의 가르침에 따라 수행하여 본원의 마음자리를 밝힐 것을 천명한 부분으로, 크게 상·하품으로 나누어집니다. 상품에서는 보살이 선정禪定과 지혜智慧의 힘으로 3현三賢과 10성十聖의 계위를 닦아 깨달음을 이루게 됨을 밝혔습니다.

하품에서는 선정과 지혜의 바른 인因이 되는 근본 원천의 심지계법을 설하였는데, 이 심지계법에 의지하면 반드시 부처를 이룰 수 있게 된다는 것을 천명하고 있습니다.

요컨대 이 『범망경』 보살심지품은 '근본 마음자리의 올바른 계[本源心地正戒]'를 설한 경으로, 부처님과 조금도 다를 바 없는 극과極果를 이루는 것을 목표로 삼고 있습니다. 바꾸어 말하면 실상의 마음자리[實相心地]에 바탕[體]을 두고 설한 이 계의 의지하여 악을 그치고 선을 행하게 되면, 반드시 원래의 마음자리로 되돌아가서 부처를 이루게 됨을 천명하고 있는 것입니다.

계는 다른 곳에서 온 것이 아닙니다. 우리의 근본 마음에서 우러나온 것입니다. 그러므로 우리는 모든 계가 나의 마음을 바탕으로 삼고 있다는 사실을 잊지 말아야 합니다. 이에 대한 자세한 내용은 앞으로 계속 밝혀 나가도록 하겠습니다.

역경승 구마라집과 참고사항

『범망경』을 처음으로 번역한 분은 구마라집(鳩摩羅什 : 343~413)삼장으로, 서역 구자국(龜玆國 : 중앙 아시아에 있었던 나라)왕족 출신이며, 7세에 출가하여 하루에 1천 게송偈頌을 외웠다고 합니다. 그는 대소승의 교리를 두루 통달하였을 뿐 아니라 외도外道의 학문에도 정통하였으며, 범어 원전으로 된 경전을 많이 외웠습니다. 9살 때에는 이미 불교의 교리에 통하여 외도의 거장들과 토론하였는데, 논리적으로 그들을 절복시켜 물리쳤기 때문에, 인도의 여러 왕들은 서로 다투어 그를 스승으로 받들어 모시고자 하였습니다.

구마라집 삼장의 소문을 들은 중국 전진前秦의 왕 부견符堅은 383년 장군 여광呂光에게 7만의 대군을 주면서 구자국을 정벌한 다음 구마라집 삼장을 모셔 오게 하였습니다. 그런데 구자국을 정벌하여 구마라집 삼장을 모시고 돌아오던 여광은 양주涼州에 이르렀을 때 부견왕이 죽고 후진後秦이 일어났다는 소식을 접하고, 스스로 후량後涼이라는 나라를 세운 다음 왕이 되었습니다. 구마라집 삼장은 여광과 함께 있으면서, 무려 18년 동안 음주·여난 등의 수난을 당하였습니다.

401년, 후진의 요흥왕姚興王은 군사 30만을 동원하여 후량을 쳐부수고 구마라집 삼장을 장안으로 모셔와 국빈으로 모셨습니다. 이때부터 구마라집 삼장은 역경사업과 경전 강설 등에 몰두하였는데, 이때 3천 문도가 모여들었고, 지혜가 뛰어난 천하의 학자도 8백 명이나 와서 배웠다고 합니다. 특히 그는 삼론三論과 중관中觀의 불교를 널리 포교하였으므로 '삼론종三論宗의 개조開祖'로 추앙받기에 이르렀습니다.

『범망경』은 401년 요흥왕의 후원으로 서명각西明閣과 소요원逍遙園에서 51부의 경전을 번역할 때에 함께 번역되었다고 합니다. 이때 보리심을 일으킨 큰 사문 3백여 명이 『범망경』의 보살법계에 의거하여 보살계를 받았는데, 이것이 중국에서 보살계를 받은 최초의 일이라고 합니다.

우리나라에는 삼국시대에 이 범망경이 전래되었으며, 특히 통일신라시대에는 『범망경』의 연구가 매우 활발하였고, 『범망경』 하권이 『보살계본』이라는 이름으로 유포되었습니다. 그리고 많은 승속이 이 보살심지계를 받고 지키며 보살불자로서의 삶을 살아왔습니다.

　우리나라 고승들의 『범망경』 보살심지품에 대한 주석서로는 원효스님의 『범망경보살계본사기梵網經菩薩戒本私記』 2권과 『보살계본지범요기菩薩戒本持犯要記』 1권과 『범망경소』 2권, 『범망경종요』 1권, 『범망경약소』 1권, 신라 승장勝莊스님의 『범망경보살계본술기梵網經菩薩戒本述記』, 신라 태현太賢스님의 『범망경고적기』 등이 있습니다. 이 가운데 원효스님의 소·종요·약소 이외에는 모두 현존하고 있습니다.

　그리고 우리가 살펴 볼 보살에 대해 살펴보기 전에 상식적으로 알아두어야 할 한 가지 사항이 있습니다. 그것은 『범망경』 원문에 각 계戒의 이름이 기록되어 있지 않고 구체적인 내용만이 기술되어 있다는 것입니다.

　따라서 후대의 고승들은 『범망경』을 주석하기에 앞서 각 계의 내용에 가장 합당한 이름을 짓기 위해 매우 고심하였습니다. 이로 인해 오늘날에 이르러서는, 같은 하나의 계임에도 불구하고 여러 가지 이름을 가지고 있어 잘못 혼동을 초래하는 경우까지 생겨나고 있습니다.

　예를 들면, 살생을 하지 말 것을 밝힌 제1중계에 대해 천태天台대사를 비롯한 법장法藏·의적義寂·지욱智旭·홍찬弘贊스님은 '살계殺戒'라는 이름을 붙였고, 태현太賢스님은 쾌의살생계快意殺生戒, 승장勝莊스님은 '불살생不殺生'이라 하신 것입니다. 이와 같이 스님들마다 10중 48경계 하나하나의 이름에 대해 약간씩 차이를 보이고 있습니다.

그러나 본 강설은 보살계를 가장 명쾌하게 해설한 홍찬스님의 『범망경보살계약소梵網經菩薩戒略疏』를 교본으로 삼아, 홍찬스님께서 지은 계의 이름을 채택하여 통일을 기함으로써 공부하는 이의 혼돈을 막고자 합니다.

또 한 가지 이 보살계에는 출가인에게만 해당하는 계와 재가인에게만 해당하는 계가 있습니다.

제3중계 음란하지 말라
제15경계 편벽되게 가르치지 말라
제16경계 이익을 위하여 그릇되이 설하지 말라
제18경계 아는 것 없이 스승이 되려고 하지 말라
제23경계 교만한 마음으로 편벽되게 설하지 말라
제25경계 대중을 잘 다스려라
제26경계 혼자만 이양을 받지 말라
제27경계 별청을 받지 말라
제37경계 위험을 무릅쓰고 유행하지 말라
제38경계 높고 낮은 차례를 어기지 말라
제40경계 가려서 계를 일러 주지 말라
제41경계 이양을 위하여 스승이 되지 말라
제42경계 악인에게 계를 설하지 말라
제48경계 법을 파괴하지 말라
는 출가승려에게만 해당하는 계요,

제28경계 스님네를 별청하지 말라
제47경계 옳지 못한 법으로 제한하지 말라

는 재가인에게만 해당하는 계이며, 나머지 계들은 출가·재가 보살불자들이 모두 지켜야 하는 계입니다. 참고하시기 바라며, 이 구분은 각 계율을 설명할 때 다시 이야기하겠습니다.

※ 십중대계와 48경계의 명칭은 목차를 참고 바람

범망경보살계 송계서誦戒序

이제 『범망경보살계』의 내용을 살펴보기 전에 송계서誦戒序를 싣습니다. 보살계의 서분序分에 해당하는 이 송계서는 구마라집 삼장이 지은 것으로, 우리나라에서는 보살계를 설하기 전에, 이 「송계서誦戒序」를 음률을 넣은 범음성梵音聲으로 외워, 계를 받는 모든 사람들의 마음을 맑히고 있습니다.

이 송계서는 '사람들을 발심發心시키는 매우 요긴한 말씀'이라 하여, 수행인들이 즐겨 외우면서 마음이 흩어지는 것을 막았습니다. 이 글을 읽으면 인생무상人生無常이 느껴져, '하루 빨리 해탈하고야 말겠다'는 마음이 저절로 생겨나기 때문입니다.

이제 『범망경보살계』의 서분에 해당하는 송계서를 읽으면서 마음가짐을 바로 잡은 다음, 10중대계와 48경계의 하나하나를 심도 있게 풀이해봅시다.

송계 서 誦戒序

모든 불자들은 합장하고 지극한 마음으로 들어라.

내가 이제 모든 부처님의 대계서大戒序를 설하고자 하노라. 대중은 묵연默然히 듣고서 스스로 죄가 있거든 마땅히 참회하라. 참회하면 안락하고 참회하지 아니하면 죄가 더욱 깊어지리라. 죄가 없는 자는 묵연하라. 묵연한 연고로 모든 대중이 청정한 줄 아느니라.

諸佛子等 合掌至心聽 我今欲說諸佛大戒序 衆集默然聽 自知有罪 當懺悔
懺悔則安樂 不懺悔罪益深 無罪者默然 默然故 當知衆清淨

모든 대덕과 우바새와 우바이들은 자세히 들어라. 부처님께서 멸도滅度하신 후 저 말법시대末法時代에 항상 바라제목차波羅提木叉를 존경하라 하셨으니, 바라제목차라 함은 곧 이러한 계법戒法을 말함이니라.

諸大德 優婆塞優婆夷等 諦聽 佛滅度後 於像法中 應當尊敬波羅提木叉
波羅提木叉者 卽是此戒

이 계를 가지는 자는 어두운 곳에서 밝음을 만남과 같고, 가난한 이가 보배를 얻음과 같고, 병든 이가 쾌차해짐을 얻음과 같고, 갇혔던 이가 감옥을 벗어남과 같으며, 멀리 갔던 이가 집에 돌아옴과 같느니라.

持此戒者 如暗遇明 如貧得寶 如病者得仲 如囚繫出獄 如遠行者得歸

마땅히 알라. 이 계는 곧 대중들의 큰 스승이니라. 만약 부처님께서 세상에 더 계실지라도 이와 다름이 없으리라.
當知此戒 則是衆等大師 若佛住世 無異此也

 죄를 두려워하는 마음은 내기 어렵고 선한 마음은 발하기 어려우니라. 그러므로 경에 이르시되, "작은 죄를 가벼이 여겨 재앙이 없다 하지 말라. 물방울이 비록 작으나 큰 그릇에 찬다"하시니, 찰나 동안에 지은 죄로 무간지옥無間地獄에 떨어짐이라. 한 번 사람 몸을 잃으면 만겁을 지나도 다시 받기 어려우니라.
怖心難生 善心難發 故經云 勿輕小罪 以爲無殃 水滴雖微 漸盈大器
刹那造罪 殃墮無間 一失人身 萬劫不復

 젊은 날이 머무르지 아니함이 마치 달리는 말과 같고, 사람의 목숨은 무상함이 폭포수보다 빠르나니, 오늘은 비록 살아 있으나 내일을 또한 보증하기 어려우니라.
壯色不停 猶如奔馬 人命無常 過於山水 今日雖存 明亦難保

 대중들은 각각 일심으로 부지런히 정진하고, 삼가 게으른 생각에 잠겨 방일하지 말 것이니, 밤이라도 마음을 수습하고 생각을 삼보에 두어 헛되이 지내지 말지어다. 한갓 피로함만 베풀면 다음에 깊이 후회하리라. 대중들은 각각 일심으로 삼가 이 계를 의지하여 여법如法하게 수행할지니라.
衆等各各一心 勤修精進 愼勿懈怠懶惰 睡眠縱意 夜卽攝心 存念三寶
莫以空過 徒設疲勞 後生深悔 衆等各各一心 謹依此戒 如法修行 應當學

一. 십중대계

십중대계十重大戒
총표總標

부처님께서 모든 불자들에게 이르셨다.

"열 가지 무거운(十重) 바라제목차波羅提木叉가 있느니라. 보살계를 받은 이로서 만약 이 계를 송송하지 아니하면 보살이라 할 수 없으며, 불종자佛種子라고 할 수 없나니, 나 또한 이 계를 송송하느니라.

과거의 일체 보살이 이미 배웠고, 미래의 일체 보살이 마땅히 배울 것이며, 현재의 모든 보살이 지금도 배우고 있느니라. 이제 보살 바라제목차인 십중대계를 대강 설하나니, 마땅히 잘 배워서 공경하는 마음으로 받들어 가질지니라."

佛告諸佛子言하사대 有十重波羅提木叉하니 若受菩薩戒하고 不誦此戒者는 非菩薩이며 非佛種子니 我亦如是誦이니라. 一切菩薩이 已學이며 一切菩薩이 當學이며 一切菩薩이 今學이니라. 已略說菩薩波羅提木叉相貌하니 應當學하야 敬心奉持하라.

이 글은 십중대계의 하나하나를 설하기 전에, 불자라면 모름지기 보살계를 받아야 하고 보살계를 받았으면 반드시 그 계문戒文을 외우고 배워야 한다는 것을 강조한 총표總標 부분입니다.

여기에서는 살펴보지 않았지만 『범망경』의 앞부분을 보면, 석가모니불께서는 보리수 아래에서 위없는 깨달음을 이루시고 가장 먼저 10중 48경계라고 하는 58종의 계율을 보살계로 정하셨음을 알 수 있습니다. 부처님께서는 왜 가장 먼저 보살계를 제정하셨는가? 그것은 중생의 해탈을 생각하셨기 때문입니다.

중생은 생사 번뇌가 가득한 이 언덕에서 생로병사를 비롯한 크고 작은 문제에 얽혀 고뇌하는 존재입니다. 하지만 고통을 좋아하는 중생은 없습니다. 누구나가 고통을 싫어하고 생사해탈을 염원합니다. 그러나 그 방법을 알지 못하면 해탈의 저 언덕에 이를 수가 없습니다.

경문의 바라제목차波羅提木叉는 '해탈의 세계로 나아가는 발을 보호하는 법'이라는 뜻입니다. 곧 부처님께서 제정하신 계율이 바라제목차인 것입니다. 부처님께서 최초로 설하신 10중 48경계의 바라제목차는 바로 해탈의 저 언덕을 향해 한발자국씩 내디뎌야 하는 나의 발을 잘 보호하고 다리를 튼튼하게 만들어주는 법입니다.

천리만리의 먼 길을 가자면 다리에 아무런 이상이 없어야 합니다. 발을 다쳐서는 먼 길을 갈 수가 없습니다. 생사번뇌의 이 언덕에서 해탈과 열반의 저 언덕으로 무리 없이 나아가는 것 또한 마찬가지입니다. 무엇보다 '계의 발[戒足]'이 튼튼해야 합니다.

"천리 길을 가는 사람은 첫 걸음부터가 다르다."고 하였습니다. 멀고 먼 길을 떠나는 사람의 발걸음이 이웃집에 놀러 가듯 가벼울 수는 없습니다. 거리가 먼 만큼 힘찬 기운을 깊이 몰아넣기 때문에 자연히 무게 있는 자세로 발걸음을 내딛기 마련인 것입니다.

팔이나 어깨가 불편할 때는 천리 길이라도 갈 수가 있지만, 다리가 불편할 때는 천리 길을 떠나겠다는 엄두조차 내지 못하게 됩니다. 먼 길을 가는데 있어서는 첫째도 둘째도 발에 탈이 없어야 합니다. 열반의 언덕, 해탈의 목적지를 향해 출발하는 불자에게 있어서도 정녕 중요한 것은 발이며, 발에 해당하는 계율을 잘 지켜야만 아무 탈 없이 목적지로 잘 나아갈 수 있습니다.

달리 말하면, 바라제목차인 계율은 실천입니다. 실천은 쉽지가 않습니다. 세상을 살아가면서 마음대로 생각하고 멋대로 말을 하기는 쉽지만, 실천으로 옮길 때는 완전히 다릅니다.

실천이란 한발자국씩 또박또박 걸어가는 것입니다. 한발자국이라도 그릇되게 걸으면 실패와 괴로움이 따르고, 바르고 옳게 걸어가면 즐거움과 기쁨을 얻게 됩니다. 따라서 계율을 잘 지켜 한발 한발 해탈의 목적지로 나아가면 그만큼 법열法悅을 체험할 수 있게 되고, '계의 힘[戒力]'과 '법의 공덕'이 쌓이게 되는 것입니다.

우리 모두 계의 발을 잘 보호하여 열반이라는 정상을 향해 부지런히 나아가야 합니다. 아울러 항상 바라제목차, 곧 계율을 범하지 않도록 조심하고 또 조심해야 합니다.

만약 보살계를 받은 보살이 십중대계의 바라제목차를 범하게 되면 곧 발을 다친 보살이 되고 맙니다. 곧 아주 중요한 십중대계를 범하게 되면 보살의 자격을 상실할 뿐 아니라 불종자 마저 잃게 되는 결과를 초래하게 됩니다.

그러므로 이 10중 바라제목차를 항상 외우고 거듭 상기하여 해탈의 세계로 나아가는 발을 잘 보호해야 하기 때문에 경문에서, "보살계를 받은 이로서 만약 이 계를 송하지 아니하면 보살이라 할 수 없으며 불종자라고 할 수 없다"고 하신 것입니다.

그럼 불종자佛種子란 무엇인가?

불종자는 부처님, 곧 불과佛果를 성취할 수 있게 하는 씨앗인 보리심菩提心입니다. 만약 보살계를 송하지도 배우지도 않는 이는 보리심을 발할 수 없기 때문에 보살의 자격이 자동으로 상실될 뿐 아니라, 성불이라는 과보 또한 얻을 수 없게 되고 맙니다.

실로 보살계는 불종자에서 깨달음의 싹을 내게 하는 최상의 도구입니다. 만약 보살계를 팽개쳐버리거나 보살계를 지니지 않으면 부처가 될 씨앗인 불종자에서 싹이 돋아날 수가 없게 됩니다. 반대로 보살계를 받아 잘 지니면 불종자가 싹을 잘 틔워 참불자인 보살의 모습을 나타내게 되고 마침내는 부처를 이루게 되는 것입니다.

실로 부처가 되는 것을 목표로 삼는 보살이면 반드시 배우고 지켜야 하는 것이 보살계이기 때문에, 경문에서 이 보살계를 "과거의 일체 보살이 이미 배웠고 미래의 일체 보살이 마땅히 배울 것이며 현재의 모든 보살이 지금도 배운다"고 한 것입니다.

이어서 경문에서는 "이제 보살 바라제목차인 십중대계를 대강 설하나니, 마땅히 잘 배워서 공경하는 마음으로 받들어 가져야 하느니라"고 하였습니다. 부처님께서 앞으로 설하실 계율들을 마음 깊이 새겨서, 그 하나하나의 계율이 해탈의 세계로 나아가는 발을 잘 보호할 수 있도록 해야 한다는 것입니다.

이제 홍찬스님께서 지은 십중대계의 이름을 일목요연하게 열거하면 다음과 같습니다.

· 제1 살계殺戒 : 살생하지 말라.
· 제2 도계盜戒 : 훔치지 말라.
· 제3 음계淫戒 : 음행하지 말라.

· 제4 망어계妄語戒 : 망어를 하지 말라.

· 제5 고주계酤酒戒 : 술을 팔지 말라.

· 제6 설사중과계說四衆過戒 : 사부대중의 허물을 말하지 말라.

· 제7 자찬훼타계自讚毁他戒 :

　　자기를 칭찬하며 남을 헐뜯지 말라.

· 제8 간석가훼계慳惜加毁戒 :

　　자기 것 아끼고자 남을 헐뜯지 말라.

· 제9 진심불수회계瞋心不受悔戒 :

　　성난 마음으로 참회를 물리치지 말라.

· 제10 방삼보계謗三寶戒 : 삼보를 비방하지 말라.

제1중계
살계 殺戒

살생하지 말라

부처님께서 이르셨다.

너희 불자들이여, 만일 스스로 죽이거나[自殺] 남을 시켜 죽이거나[敎人殺] 방편을 써서 죽이거나[方便殺] 찬탄하여 죽게 하거나[讚歎殺] 죽이는 것을 보고 기뻐하거나[見作隨喜] 주문으로 죽이는[呪殺] 그 모든 짓을 하지 말지니, 죽이는 인[殺因]이나 죽이는 연[殺緣]이나 죽이는 법[殺法]이나 죽이는 업[殺業]을 지어서 일체 생명이 있는 것을 짐짓 죽이지 말아야 하느니라.

보살은 마땅히 상주하는 자비심과 효순심을 일으켜 온갖 중생을 방편으로 구원해야 할 것이거늘, 도리어 방자한 마음과 쾌한 뜻으로 산 생명을 죽이는 것은 보살의 바라이죄이니라.

佛言하사대 若佛子야 若自殺이어나 敎人殺이어나 方便殺이어나 讚歎殺이어나 見作隨喜어나 乃至呪殺하야 殺因과 殺緣과 殺法과 殺業이리요. 乃至一切有命者를 不得故殺이어다.

是菩薩이 應起常住慈悲心과 孝順心하야 方便으로 救護一切衆生이어늘 而反自恣心으로 快意殺生者는 是菩薩波羅夷罪니라.

왜 살계를 제일 앞에 두었는가?

살계의 내용을 살펴보기에 앞서 왜 십중대계의 첫머리에 살계를 두게 되었는지를 먼저 밝히고자 합니다.

생사윤회로부터 해탈하는 것은 불교의 근본 목표로, 대승과 소승에 있어 조금도 다를 수가 없습니다. 그러나 소승들은 자신의 생사해탈만을 생각하는 자리행自利行에 치중합니다. 하지만 대승은 중생구제의 이타행利他行을 앞세우며, 자리이타自利利他의 보살행을 실천합니다. 그러므로 계율을 규정함에 있어 대승과 소승은 그 기준부터가 근원적인 차이를 보이고 있습니다.

소승의 계율을 대표하는 비구·비구니의 구족계具足戒의 제1계는 음계淫戒입니다. 음행이 윤회의 뿌리가 되고 생사의 근원이 된다고 하여 제일 앞에 둔 것입니다. 그러나 보살은 생사윤회를 두려워하기에 앞서, 중생을 구제하는 일을 최우선 과제로 삼고 있기 때문에 보살계에서는 살계殺戒를 제1계로 삼고 있습니다. 곧 살생은 불성의 종자를 끊는 행위요, 자비심을 애초부터 거역하는 행위이기 때문에 그 어떠한 계율보다 가장 먼저 살계를 지키게 하고 있습니다.

> 자심慈心으로 중생에게 즐거움을 베풀고
> 비심悲心으로 중생들의 괴로움을 없애리
> **以慈能與衆生之樂** 이자능여중생지락
> **以悲能拔有情之苦** 이비능발유정지고

이와 같은 자비야말로 중생을 제도하는 보살의 바라밀행이요, 부처의 몸을 성취하는 덕행입니다. 대승의 보살계 가운데 가장 중요시 되는 십중대계, 그리고 다시 그 속에서 살계를 제1계로 삼는 까닭은 바로 보살정신의 결정체인 자비심을 일깨우기 위함이라는 것을 잊지 말아야 합니다.

인생은 괴로움으로 가득합니다. 육신의 괴로움과 생활고로 인한 괴로움, 그리고 마음의 괴로움…. 이와 같은 괴로움으로 가득 차 있는 것이 우리의 인생입니다.

그러나 이런 괴로움, 저런 괴로움이 가득하다 할지라도 인생에 있어서 가장 큰 괴로움은 역시 죽음입니다. 재산이 소중하고 부귀영화가 아무리 좋다 해도 그것을 생명과 맞바꿀 수는 없는 노릇입니다. 왜 입니까? 세상에 있어 생명보다 더 소중한 것은 없기 때문입니다.

아무리 장수를 하고 유복한 인생을 산 사람이라 하더라도,

'이제 살만큼 살았으니 그만 죽으라'고 하면 섭섭해 하지 않을 사람이 없습니다. 끝없이 살려하고 무조건 죽기 싫어하는 것이 생명에 대한 모든 중생의 공통된 본능입니다. 전 우주와도 바꿀 수 없고, 부처님이나 하느님보다 더 소중히 여기는 것이 생명입니다.

인간만이 아닙니다. 나는 새도, 미물인 곤충의 경우에도 생명은 가장 중요한 최대의 문제입니다. 어떠한 경우에 있어서도 생존을 지속하려고 하는 강력한 욕망은 커다란 애착으로, 그 무엇과도 바꿀 수 없는 애념愛念으로 정착되어 가는 것입니다.

그러므로 모든 중생은 생의 반대인 죽음을 두려워할 뿐 아니라, 어떻게 해서든지 죽음을 면해 보겠다는 생각이 의식의 밑바닥에 깊이 자리를 잡고 있습니다.

이와 같이 일체중생 모두가 가장 소중히 여기는 것이 생명이기 때문에, 남의 생명을 끊는 것보다 더 큰 죄업은 있을 수 없기 때문에, 그리고 내 목숨이 소중한 것과 마찬가지로 남의 목숨도 소중한 것이기 때문에, 부처님께서는 십중대계의 첫머리에 살생을 막는 살계를 둔 것입니다.

살생의 여러 가지 유형

앞의 경문에서 부처님께서는 살생의 범주를 다음과 같이 정하고 있습니다.

"너희 불자들이여, 만일 스스로 죽이거나[自殺] 남을 시켜 죽이거나[教人殺] 방편을 써서 죽이거나[方便殺] 찬탄하여 죽게 하거나[讚歎殺] 죽이는 것을 보고 기뻐하거나[見作隨喜] 주문으로 죽이는[呪殺] 그 모든 짓을 하지 말지니라."

부처님께서는 여섯 가지 살생의 유형을 설하고 계십니다.
① 스스로 죽이는 자살自殺은 자기의 목숨을 스스로 끊는 '자살'이 아니라, 자기 자신이 남을 직접 죽이는 살생행위殺生行爲를 가리킵니다. 곧 친신행살親身行殺, 일반용어로 바꾼다면 '직접살인'이라고 하는 것이 가장 적절한 표현이 될 것입니다.
② 남을 시켜 죽이는 교인살教人殺은 다른 사람을 설득하여 자신을 위해서나 그 사람 또는 제3자를 위해 살인행위를 하게 하는 것입니다. 이에 대해 중국의 홍찬스님은 "말로 다른 사람을 가르쳐서 살해하는 것[口教他人殺害]"이라 하였습니다.
이 교인살은 다른 사람을 말이나 글로 설득하여 살인하게

하는 것으로, 사람을 시켜서 자객을 보내는 등을 예로 들 수 있습니다.

③ 방편을 써서 죽이는 방편살方便殺은 어떤 방법을 동원하여 간접적으로 살생을 하는 것을 가리킵니다. 곧 자객을 숨겨놓은 길로 죽이고자 하는 사람을 가게끔 유도하여 죽이거나, 약을 먹여 태아가 죽도록 만드는 것, 음식물 등에 독약을 넣어 먹는 사람이 죽도록 하는 것 등이 여기에 속합니다.

④ 찬탄하여 죽게 하는 찬탄살讚歎殺은 죽을 마음이 없는 사람에게 죽는 것을 좋아하게 만들어 스스로 목숨을 끊도록 하는 것입니다. 죽음이 아름다운 덕이 됨을 역설하고, 죽음을 실천하면 많은 선공덕善功德을 성취하게 된다고 부추겨 죽음의 길로 들어서게 만드는 것 등을 가리킵니다.

만약 어떤 사람에게 '신을 위해 죽으면 하늘에 태어나서 한량없는 즐거움을 받는다'고 설득하여 스스로 죽게 한다면 곧 찬탄살이 됩니다.

⑤ 죽이는 것을 보고 기뻐하는 견작수희見昨隨喜는 다른 이가 죽이는 것을 보고 따라서 기뻐하는 것을 가리킵니다. 죽은 사람이 내가 좋아하는 이거나 미워하는 이거나를 막론하고, 마음속으로 죽음 그 자체를 기뻐하면 견작수희가 됩니다.

⑥ 주문으로 죽이는 주살呪殺은 주문을 외워서 귀신으로 하여금 사람을 죽이게 하는 것을 말합니다. 옛날 인도에는 죽은 시체를 일으켜 움직이게 하는 귀주鬼呪가 있었는데, 이것

을 '비다라毘陀羅'라고 하였습니다. 또 중국에도 나쁜 주문을 외워 사람을 죽이는 술법이 있었다고 합니다. 이와 같이 나쁜 주문을 외우거나 귀신을 불러 사람을 죽이는 것이 주살입니다.

부처님께서는 이상과 같은 여섯 가지 살생 행위뿐만이 아니라, 살생과 관련된 인因과 연緣과 법法과 업業을 모두 짓지 말라고 하셨습니다.

이 네 가지 가운데, **살인**殺因은 '죽이고자 하는 한 생각을 일으키는 것'입니다. 최초로 일어나는 살심殺心이 바로 인이 됨을 가리키는 말입니다.

살연殺緣은 죽이려는 마음을 한 번에 그치지 않고 계속 가지고 있으면서 살생할 수 있는 구실이나 여건을 조성하는 것을 가리키며, **살법**殺法은 살생할 구체적인 방법을 생각하고 도구 등을 만드는 것을 가리킵니다.

이와 같이 살인과 살연과 살법이 무르익으면 마침내 **살업**殺業을 짓게 되는데, 살업은 상대의 목숨을 완전히 끊어서 생명을 더 이상 지속할 수 없게 만든 상태, 곧 살생의 행위를 다 마친 것을 가리킵니다. '마침내 명을 끊어 업을 이루고 만 명단성업命斷成業'이 살업입니다.

부처님께서는 살생의 인·연·법·업을 짓지 말 것을 당부하신 다음, 거듭 "일체 생명이 있는 것을 짐짓 죽이지 말아야 한다" 고 하셨습니다.

'짐짓 죽인다'는 것은 남을 상해할 마음을 가지고 죽이는 것을 가리킵니다. 따라서 죽일 마음이 전혀 없었는데 어떻게 하다 보니 잘못되어 살생을 저지르고 만 사람에 대해서는 '짐짓 죽인 자'라고 하지 않습니다.

이상과 같이 부처님께서는 불살생계를 받아 지니는 이들의 마음으로부터 일어나는 살심殺心까지도 근원적으로 막아 참된 불자의 길로 나아갈 수 있도록 하셨습니다.

살생업의 과보

1940년대 전반기에 우리 가족 모두가 출가한 직후의 이야기입니다.

나의 어머니인 성호性浩 비구니의 체험담으로, 나의 어머니인 성호 비구니는 전생부터 불법에 인연이 많아서인지 출가 전부터 절에 가시기를 좋아하였고, 절에 가서는 절을 하고 살림살이를 마련해 주기를 좋아하셨습니다. 그 당시 대구 동화사桐華寺 내원암內院庵은 거의 무너지다시피한 아주 가난한 절이었습니다. 어머니는 가실 때마다 바가지와 작은 그릇, 단지 등 필요한 살림살이를 무시로 사서 날랐습니다.

어느 날 갖가지 살림살이를 소달구지에다 가득 싣고 내원암으로 올라가는데, 짐끈을 제대로 묶지 않아 실은 물건들이 덜거덕 덜거덕 흔들렸습니다. 어머니는 끈을 단단히 묶기 위해 수레를 세우고 수레바퀴 옆에 바짝 붙어서서 끈을 다시 묶었습니다.

그런데 가만히 있던 소가 갑자기 앞으로 달려나갔고, 미처 몸을 피하지 못한 어머니의 발등 위로 수레바퀴가 넘어갔습니다. 그때의 수레바퀴는 지금의 고무바퀴와는 달리 나무에다 쇠를 두른 아주 딱딱한 것이었습니다. 빈 수레라 하여도 무거운데, 거기다 짐을 실었으니 그 중량이 얼마이겠습니까? 연한 두 발이 사정없이 바스러지는 순간, 어머니는 기절하여 대구 동산병원에 입원하였습니다.

우리 가족들은 걱정을 하며 입원실을 찾아갔습니다. 그런데 어머니는 혼자서 싱글싱글 웃고 계시는 것이었습니다.

"어머니 아프지 않으십니까?"

"두 발등이 다 부서졌는데 안 아프면 되는가?"

 가히 백천겁이 지나더라도
 한 번 지어놓은 업은 없어지지 않나니
 인연이 닥쳐오면
 그 과보를 면할 수가 없느니라
 假使百千劫 가사백천겁
 所作業不亡 소작업부망

因緣來遇時 인연래우시

果報難免矣 과보난면의

처녀 시절 사서삼경四書三經을 모두 읽으신 데다 말도 잘하고 문장을 잘 하셨던 어머니는 아픈 중에도 이 게송을 읊으시며 자꾸 빙그레 웃으시는 것이었습니다. 어리둥절해하는 가족들에게 어머니는 웃는 까닭을 들려주셨습니다.

"나는 발등을 다쳐 기절을 하는 바로 그 찰나에 닭 한 마리가 퍼덕퍼덕 날개를 치며 달아나는 것을 보았다.

3년 전에 할아버지가 집에 오셔서 점심 진지상을 차리는데, 부엌 안으로 닭 한 마리가 들어와서 먹을 것을 찾아 왔다갔다하며 목을 넘실거리더구나. 그래서 닭을 쫓기 위해 아무 생각 없이 부지깽이를 던졌는데, 그만 닭다리에 정통으로 맞아 다리 둘이 몽땅 부러져 나갔단다. 닭은 소리 내어 울면서 두 다리가 간당간당한 상태로 황급히 밖으로 날아 나갔지…"

기절하는 순간, 닭이 달아나는 영상을 본 어머니는 직감적으로 '그때의 닭이 죽은 다음 지금의 저 소가 되어 악연을 갚는 것'임을 느꼈다는 것입니다.

"내가 그때 닭의 다리를 일부러 부러뜨린 것이 아니듯이 저 소도 일부러 내 발등을 부러뜨리려 한 것은 아닐 것이다. 아마도 벌이 달려들자 피하기 위해 갑자기 수레를 끌었을 것이야. 평소 때였다면 소 모는 일꾼에게 그릇들이 움직이지 않게 끈을 좀 잘 매달라고 하였을 텐데, 과보를 받을 때가 되어서인지 이상하게 직접 끈을 조여매고 싶어졌거든! 이렇게 인과가 분명할 데가 어디 있느냐? 3년 전에 지어놓은 업을 이렇게 빨리 받았으니, 그 전에 지은 죄업도 어지간히 갚아진 것이 아니겠니. 나는 얼마나 기쁜지 모르겠다."

이러한 마음가짐 때문인지 한 달 남짓 병원에서 치료하자 바스러진 발등이 완전히 붙었으며, 돌아가실 때까지 발이 아프다는 말씀은 한 번도 듣지 못하였습니다.

§

불자는 무엇보다 먼저 인과를 분명히 믿고 윤회가 있음을 믿어야 합니다. 금생의 단명短命은 전생의 살생한 과보로 말미암은 것이니, 보살은 자비한 마음으로 남의 속을 썩이거나 남의 겉을 상해하지 말아야 합니다. 콩 심은 데 콩나고 팥 심은데 팥이 난다는 속담이 영원히 변치 않는 진리라는 사실을 잊어서는 안 됩니다.

모든 현상에는 결코 우연이 없습니다. 반드시 그렇게 될 원인이 있기 때문에 결과로서의 여러 가지 현상이 있게 되는 것입니다. 하물며 생사문제와 같은 중대한 일이야 말할 것이 있겠습니까? 인과응보와 생사윤회를 믿는 불자는 이 살생계만은 반드시 지켜야 합니다. 뿐만 아니라 참된 자비심을 일으켜서 일체 중생을 평등하게 아끼고 사랑하는 보살이 되어야 할 것입니다.

자비심과 효순심

경문에서는 마지막으로, "보살은 마땅히 상주하는 자비심慈悲心과 효순심孝順心을 일으켜 온갖 중생을 방편으로 구원해야 한다"고 하였습니다.

이때의 상주常住는 본원의 마음자리를 가리키는데, 본원의 마음자리에는 자비심과 효순심으로 충만되어 있습니다.

자비심은 본원의 마음자리에서 샘솟아 나오는 자심慈心과 모든 중생을 가여워하고 구하고자 하는 비심悲心이며, 효순심은 본원의 마음자리를 거스르지 않는 것을 의미합니다. 곧 효순심은 누구나 갖추고 있는 불성의 작용이요 불종자입니다.

정녕, 본원의 마음자리에 충만되어 있는 자비심과 효순심을 회복해 가지고자 하는 보살불자가 어떻게 방자하고, 쾌한 마음, 포악하고 잔인한 마음으로 살생을 할 수 있겠습니까? 이와 같이 분명하고 엄청난 이유 때문에 "방자한 마음과 쾌한 뜻으로 산 생명을 죽이는 것은 보살의 바라이죄이니라"고 하신 것입니다.

그럼 바라이波羅夷란 무엇인가? 바라이는 많은 것을 담고 있는 단어이기 때문에 바로 번역하지 않았지만, 극악중죄極惡重罪를 가리키며, 세상의 형벌에 비유하면 사형에 해당하는 죄가 바라이죄입니다.

혹은 버린다는 뜻에서 '연기捐棄'라고 번역하는데, 바라이죄를 범하면 일체의 공덕이 다 없어지고 도과道果를 얻을 자격을 잃어버리게 됩니다. 그러므로 청정 대중으로부터 버림을 받아 함께 살 수 없게 되는 것입니다.

'보살의 바라이죄'는 자비와 효순과 구호하는 마음을 져버릴 때 성립됩니다. 살인을 하여 자비심과 효순심을 버림으로써 해탈하기를 포기하게 되면 바라이죄가 됩니다. 보살의 길을 완전히 이탈하게 되는 것입니다.

하지만 불살생을 천명하신 부처님의 참뜻은 단순히 '죽이지 않는다'는 것에 머물지 않습니다. 보다 적극적으로 생명을 존중하고 생명의 가치를 깨달아, 서로 돕고 서로 살리며 살아가도록 하는 데 있습니다.

실로 보살이 자비심과 효순심으로 서로의 생명 속에 숨겨져 있는 능력이 매몰되지 않도록 하고, 숨은 능력이 잘 발휘될 수 있도록 노력을 아끼지 않는다면, 그 노력 자체가 깨달음의 씨가 되어 무한한 행복과 자유를 만끽하게 해줍니다.

부디 십중대계의 제1계인 살계殺戒를 잘 지켜서, 잘 살고 잘 살리는 삶을 이루게 되기를 축원해 마지않습니다.

나무범망경보살심지대계.

제2중계
도계 盜戒
훔치지 말라

너희 불자들이여, 스스로 훔치거나(自盜) 남을 시켜서 훔치거나(敎人盜) 방편을 써서 훔치거나(方便盜) 주문을 외워 훔치는 짓(呪盜)을 하지 말지니, 훔치는 인(盜因)과 훔치는 연(盜緣)과 훔치는 법(盜法)과 훔치는 업(盜業)을 지으랴. 내지 귀신의 것이나 주인이 있는 것이나 도둑이 훔친 것이나 일체의 재물을 바늘 하나 풀 한 포기라도 짐짓 훔치지 말지니라.

보살은 마땅히 불성에 효순하는 마음과 자비심을 내어 항상 모든 사람을 도와 복과 즐거움을 주어야 할 것이거늘, 도리어 남의 재물을 훔치는 것은 보살의 바라이죄니라.

若佛子야 自盜어나 敎人盜어나 方便盜어나 呪盜하야 盜因과 盜緣과 盜法과 盜業이리요. 乃至鬼神有主와 劫賊物과 一切財物을 一針一草라도 不得故盜니라.
而菩薩이 應生佛性孝順心과 慈悲心하야 常助一切人하야 生福生樂이어늘 而反更盜人財物者는 是菩薩의 波羅夷罪니라.

제2중계인 투도의 유형

도계盜戒는 남의 재물을 훔치지 못하도록 막는 것입니다.

그럼 훔쳐서는 안 되는 재물財物이란 무엇인가? 재財는 금·은·돈·귀중품 등을 말하고, 물物은 의복 및 음식, 각종 가구 등의 물건을 가리킵니다.

보살대계에서는 이 도계盜戒를 근본 계율 중 두 번째에 두고 있습니다. 왜 생명과 관련된 제1 살계 다음의 자리에 도계를 둔 것일까? 이는 재물이 중생의 생존과 관련되어 있기 때문입니다.

'돈과 의식주에 필요한 물건'으로 정의되는 재물은 중생들의 생명유지에 꼭 필요한 것입니다. 따라서 곧 중생들에게 있어 재물은 제2의 생명과도 같습니다.

그런데 사람들이 알게 모르게 남의 재물을 도둑질하는 것은 생의 의지처를 빼앗는 것이요, 남의 생명을 간접적으로 빼앗는 것이며, 생활수단을 제거하는 결과를 초래하게 됩니다. 그러므로 남의 것을 훔치는 도계를 살계 다음의 중계重戒로 제지하게 된 것입니다.

곧 중생의 생명 그 자체는 내명內命이요, 재물은 외명外命입니다. 그러므로 중생의 생명을 직접적으로 끊는 살계를 제1계로 삼았고, 그것이 없으면 살아갈 수 없는 재물을 빼앗는 투도는 외명을 끊는 것이기 때문에 제2의 자리에 놓은 것입니다.

'보살계'에서는 불자들이 금해야 할 투도의 유형으로 ① 자도自盜 ② 교인도教人盜 ③ 방편도方便盜 ④ 주도呪盜의 네 가지를 들고 있습니다.

① **자도**自盜는 스스로가 직접 훔치는 것입니다. 주인이 주지 않는 물건을 직접적인 방법으로 자기의 소유가 되게 하는 것으로, 율문에서는

  1. 대면해서 강제로 빼앗는 것
  2. 가만히 몰래 훔치는 것
  3. 조롱하여 사기로 빼앗는 것
  4. 맡겨 둔 물건을 주지 않고 취하는 것
  5. 주었다가 다시 빼앗는 것을
도적으로 규정하고 있습니다.

또한 이들 다섯 가지 가운데 '주었다가 다시 빼앗는 것'을 뺀 다음,

  5. 세력을 가지고 강제로 빼앗는 것
  6. 소송을 통해서 빼앗는 것
  7. 부딪치며 속여서 소매치기 하는 것
  8. 마땅히 내어야 할 세금을 내지 않는 것의

네 가지를 더하여 8종도적八種盜賊이라 칭하고 있습니다.
  요컨대 자도自盜는 남을 시켜서가 아니라, 스스로가 직접

도둑질하는 일에 개입한 것을 가리킵니다.

② 교인도敎人盜는 남을 시켜서 훔치는 도둑질입니다. 곧 돈을 주고 사람을 매수하여 도둑질을 시키거나 말로 설득하여 도둑질을 하게 하는 것, 또는 좋은 물건을 가지고 있는 사람을 일부러 소개 시켜주고 친하게 만든 다음에 도둑질하게 하는 것 등을 가리킵니다.

이 교인도에는 두 가지 경우가 있습니다. 첫째는 자기 자신을 위하여 도둑질을 시키는 것이고, 둘째는 도둑질을 하는 그 사람을 위하여 도둑질을 하게 만드는 것입니다. 이 경우 자신의 이득을 위한 도둑질의 죄가 훨씬 무겁다는 것은 더 설명할 필요가 없습니다.

③ 방편도方便盜는 방편을 써서 도둑질을 하는 것입니다. 상대방의 돈이나 물건이 자연히 내게 돌아오게끔 갖가지 방법을 꾸며 도둑질을 하는 경우입니다. 곧 아첨·사기·위협 등의 수단을 동원하여 도둑질을 하거나, 무게 또는 분량을 틀리게 하거나, 물건의 가격을 조작하거나, 땅의 경계가 되는 표지를 상대방 모르게 가만히 이동시키는 것 등의 방법을 써서 상대방의 재물을 취하는 것으로, 외형상으로 볼 때는 결코 도둑질을 한 것으로 보여지지 않습니다.

하지만 스스로의 욕심과 이득을 위해 상대방의 재산을 은연중에 가로채는 것은 모두 방편도의 죄업이 됩니다.

④ 주문으로 훔치는 주도呪盜는 주로 외도들이 행하는 사

도邪道로서, 살계에서 살펴본 주살呪殺과 같이 주술呪術을 도둑질하는 데 이용하는 것입니다. 곧 삿된 주술을 외워 남의 음식이나 물건이 오게 하는가 하면, 일단 주술로 귀신을 부른 다음 그 귀신으로 하여금 남의 물건을 가져오게 하는 경우 등이 있습니다.

부처님께서는 이상과 같은 네 가지 도둑질뿐만 아니라 투도와 관련된 인因을 심지도 말고 연緣을 맺지도 말고 법法을 배우지도 말고 업業을 짓지도 말 것을 가르치셨습니다.

먼저 **도인**盜因은 도둑질의 근본 원인이요, 최초의 씨앗입니다. 그것이 무엇인가? 때로는 탐하는 마음이, 때로는 아첨하는 마음이, 때로는 간사한 마음이, 때로는 성내는 마음이, 때로는 두려워하는 마음이 도둑질의 씨〔盜因〕가 됩니다. 곧 중생들의 자기중심적인 욕심과 분노, 그리고 무지無知로 인한 공포심 등이 투도의 씨가 되는 것입니다.

도연盜緣은 처음 일어난 도심盜心의 원인이 되는 생각들을 거두기는커녕 갖가지 생각을 일으켜서 도둑질하는 것을 합리화시켜가는 과정을 가리킵니다. 바꾸어 말하면, 최초로 일어난 도둑질할 마음을 여러 가지로 돋우고 더 키워가는 생각들이 도연입니다.

도법盜法은 도둑질하는 구체적인 방법을 가리킵니다. 스스로 훔칠 것인가, 남을 시켜서 훔칠 것인가, 몰래 훔칠 것인가, 협박을 해서 빼앗을 것인가 등을 생각하여 그 방법을 확정짓는 것입니다.

이렇게 일단 도법까지 정해지고 나면 스스로 반성하여 도심盜心을 거두지 않는 이상에는 도업盜業을 짓게 되고 맙니다. 도업은 실제로 도둑질을 완료하여 죄업을 이루고 만 상태를 뜻합니다. 이 도업 이전까지는 범행의 기획 단계이지만, 도업을 지은 이상은 '도둑놈'이라는 오명을 덮어쓰게 됩니다.

그렇다면 어떠한 행위까지를 도업이라 하는 것인가? 남의 재물을 자기의 소유로 하기 위해 본래의 위치에서 이동시키면 도업이 성립됩니다.

계를 받아 지닌 불자라면 마땅히 도둑질하고자 하는 생각조차도 가지지 않아야 하겠지만, 만에 하나 부득이한 상황에 휩싸여 도둑질할 물건이 있는 곳에까지 갔을지라도, 다시 한 번 마음을 돌이켜서 물건을 취하거나 자리를 이동시키지 말아야 합니다. 이것이 투도의 중죄를 범하지 않는 최후의 선이기 때문입니다.

투도 업의 과보

이제 투도법에 대한 이야기 한 편을 하겠습니다.

6·25사변 직후의 일입니다. 금강산에 계시던 이혜명李慧

明 스님이 부산으로 피난을 와서 나를 비롯한 여러 스님께 한 편의 실화를 들려주었습니다.

이혜명 스님은 경전에도 밝을 뿐 아니라 재를 지내는 등의 각종 의식 집전은 물론 범패도 아주 잘하셨습니다. 그래서 '팔방미인 큰스님'으로 불리어지기도 했습니다.

스님은 한때 중국의 불교성지를 두루 참배하고 명승지를 구경하였는데, 한번은 중국 상해의 큰 공원을 들렀더니 공원 한 쪽 편의 까만 소 한 마리를 많은 사람들이 신기한 듯이 쳐다보고 있었습니다. 스님도 이상한 호기심이 생겨 소 앞에 세워 놓은 게시판을 자세히 보게 되었는데, 그 간판에 적힌 글은 더욱 신기한 것이었습니다.

"지나가는 남녀노소 여러분들이여, 이 소의 배를 보십시오…."

이렇게 시작하여 장광설長廣舌을 늘어놓았는데 그 내용은 이러했습니다.

상해 근처에 큰 부자가 한 사람 있었습니다. 그 사람은 어떤 이유 때문에 죽마고우竹馬故友인 왕중주王中主에게 자신의 재산을 관리해 주도록 부탁하고 상당한 대우를 해주었습니다. 그리고 왕중주에게 등기서류뿐만 아니라 인감도장까지를 모두 맡겼습니다.

그러나 왕중주는 친구의 은혜로운 부탁을 등지고 합법적

으로 모든 재산을 가로챘습니다. 하늘처럼 믿었던 친구가 자기 재산을 교묘하게 사취邪取한 것을 알게 된 부자는 분한 마음을 이길 수 없었지만 어찌할 도리가 없었습니다.

재산을 다 빼앗기고 거지가 되다시피한 그는 조금 남은 패물을 팔아 시골에 내려가서 농사를 짓게 되었습니다. 그리고 논과 밭을 갈 암소를 한 마리 사서 길렀습니다.

몇 해가 지나자 암소가 새끼를 낳았는데, 그 새끼 바에 글씨가 몇 자 새겨진 흔적이 있었습니다. 자세히 보니 자기를 배신했던 철천지원수徹天之怨讐 왕중주의 이름 석 자였습니다. 이상한 생각이 들어 알아본 결과, 왕중주가 얼마 전에 죽었다는 사실을 알게 되었고, 원한으로 가득 차 있던 그는 생각했습니다.

"그 원수가 죗값을 치르려고 내 집에 태어난 것이구나…. 이놈! 잘 만났다. 사람이 죽을려면 3년 전부터 환장한다는 말은 있다만, 너처럼 환장한 놈은 일찍이 보지 못하였다. 네가 죽어 이제 빚을 갚으러 온 모양이다만, 송아지로 내 집에 태어난 것만으로 나의 분하고 원통한 빚을 다 갚는다고 생각하면 큰 잘못이다. 이제부터 네 놈에게 원수를 갚을 터이니 견뎌 보아라."

이렇게 다짐을 한 그는 아주 모질고 기이한 방법을 생각해 냈습니다. 그는 왕중주의 후신인 송아지를 가두어 놓고 끼니 때마다 먹을 것을 주었습니다. 그러나 밤중이 되면 촛불을 밝혀 놓고 시퍼렇게 간 칼을 들고 우리 안으로 들어가는 것이었습니다. 그리고 매여 있는 송아지 목에 큰 칼을 들이대고는 살기 띤 음성으로 속삭였습니다.

"네 이놈! 왕중주. 이 나쁜 놈! 사람의 탈을 쓰고 어찌 그런 짓을 할 수 있었더냐? 네 놈이 이리와 같은 놈이었으니 그런 짓을 했겠지. 이 나쁜 놈! 내 너를 지금 당장은 죽이지 않는다. 조금 더 키워서 잡되 그것도 단번에 죽이지는 않을 것이다. 네 놈 앞에 숯불을 피워 놓고 시퍼렇게 칼을 갈아 하루에 살 한 점씩만 베어낸 다음, 네 놈이 보는 앞에서 구워 술안주로 삼을 것이다. 네 이놈! 단단히 들어 두어라."

그는 이 말을 매일같이 계속하였습니다. 그러자 왕중주의 이름이 새겨진 송아지는 뼈쩍 마르기만 할 뿐 자라지를 못하는 것이었습니다.

그렇게 한 동안을 지내고 있는데, 하루는 왕중주의 아들이 느닷없이 찾아와서 마당 한가운데에 넙죽 엎드려 사정을 하는 것이었습니다.

"어르신네, 제발 널리 용서해 주시옵고 우리 아버지를 살려 주십시오. 재산을 돌려드림은 물론 모든 것을 영감님 뜻대로 하겠습니다. 부디 아버지만 살려 주십시오."

아들은 수없이 절을 하면서 간청했습니다.

"나는 지금 꼭 돈만 가지고 그러는 것이 아니다. 너의 아버지 소행이 너무나 괘씸하고 분함을 참을 수 없어서 그러는 것이다. 그러나저러나 너는 어찌된 일이냐? 어떻게 이 사연을 알게 되었느냐?"

"저희 선친이 어르신네의 은공을 저버리고 사취한 것을 저도 어느 정도 짐작은 했사오나 자세히는 모르고 지냈습니다. 그런데 여러 달 전부터 어머니와 저의 꿈에 선친께서 자주 나타나시어 그 동안 지은 죄를 자세히 말씀하셨습니다.

그리고 어르신네 집의 소로 태어나 젖값을 갚으려 했지만, 그 죄가 워낙 크기 때문에 소의 몸을 버리고 나더라도 다시 무서운 지옥으로 떨어져야 한다고 하셨습니다. 뿐만 아니라 지금 당장의 괴로움도 괴로움이거니와 재산을 어서 돌려드려야만 당신의 죄를 벗을 수 있다고 하셨습니다. 그리고 어르신네께서 계신 이 곳을 꿈속에서 일러주셨습니다.

이제 저희가 모든 재산 문서를 이렇게 가지고 와서 사죄를 드리오니, 널리 용서하시옵소서. 부디 이것을 거두어 주시고 저희 아버지를 돌려주시기만 하면, 그 은혜 백 번 죽어도 잊지 않을 것이옵니다."

그는 지극정성으로 간청하는 아들의 효심에 감동하여 재산을 되돌려 받고 송아지를 내어 주었습니다.

왕중주의 아들은 아버지 후신인 송아지를 데리고 가서 음식도 잘 대접하고 각별히 보살폈습니다. 그 소가 자란 다음에는 공원에다 좋은 우리를 지어 놓고 아침 저녁으로 정성껏 여물을 쑤어 대접하면서, 오고가는 만 천하 사람들이 이 소를 보고 경각심을 일으켜서 인과를 믿고 선행을 닦으라는 뜻으로 사연을 쓴 안내판을 만들어 놓았던 것입니다.

복덕을 지으며 살자

투도의 마음인 도심盜心의 근본이 되는 것은 탐·진·치 삼독三毒의 마음 중 탐욕심입니다. 이 탐욕심은 소유하고자 하고 마음대로 하고자 하는 마음입니다. 내가 가지고자 하고, 내가 누리고자 하는 것을 채워 나가는 마음이 탐욕심입니다.

탐욕이 마음을 덮으면 우리의 순수한 마음을 요동치게 만들고, 밝은 지혜를 흐리게 만들어버립니다. 그리하여 불성 속에 깃들어 있는 효순심과 자비심을 외면하게 만드는 것입니다. 결국 탐욕심으로 남의 재물을 빼앗거나 도둑질을 하게 되면 끝없는 죄악의 굴레에 빠져들 뿐 아니라, 우리의 불성 속에 깃들어 있는 효순심과 자비심을 스스로 내팽개치는 결과를 초래하게 되며, 효순심과 자비심을 내팽겨친다는 것은 곧 '보살이기를 포기한다'는 선언이 되기도 합니다.

그래서 부처님께서는 설하셨습니다.

"보살은 마땅히 불성에 효순하는 마음과 자비심을 내어

항상 모든 사람을 도와 복이 되고 즐거움이 되어야 한다. 그런데 도리어 남의 재물을 훔친다면, 이는 보살의 바라이죄이니라."

남에게 복을 주고 즐거움을 주는 것이 아니라 아픔과 고통을 주는 투도! 다생다겁토록 윤회를 거듭하는 중생들은 알게 모르게 이 투도의 죄를 짓기 마련이며, 그 결과 투도와 관련된 갖가지 과보를 받으며 살아갑니다. 때로는 말할 수 없는 가난 속에 살아야 하고, 때로는 거지처럼 한 끼의 식사를 위해 구걸을 해야 하고, 때로는 추위에 떨어야 합니다.

그럼 투도죄의 과보는 결코 면할 수 없는 것일까? 아닙니다. 현실의 업보를 맞이하는 '나'의 마음가짐을 바꾸고 복덕을 쌓으며 살면 오히려 크나큰 행복을 '나'의 것으로 만들 수 있으며, 이것이 부처님께서 도계를 제정하신 진정한 까닭입니다.

그 방법이 무엇인가? 지난 생의 투도죄에 대한 과보를 녹이고 복된 삶을 이루는 방법, 불행한 삶을 행복한 삶으로 바꾸는 방법은 크게 두 가지로 제시할 수 있습니다.

첫째는 현재의 업을 기꺼이 받는 것이요,

둘째는 베풀고 복덕을 쌓으며 사는 것입니다.

대부분의 사람들은 자신의 팔자를 한탄하며 살아갑니다. 그리고 주위를 원망하며 살아갑니다. 그러나 이렇게 사는 이상은 업이 바뀌지 않습니다. 오히려 업의 결박만 더욱 조여 들 뿐입니다.

그럼 어떻게 해야 하는가? 윤회와 인과를 철저히 믿고 '내가 지은 업은 기꺼이 받겠다'는 자세로 살아간다면, 틀림없이 고통을 벗어나 복된 삶을 영위할 수 있게 됩니다.

욕심을 비우고 지금의 삶을 기꺼이 받아들이십시오. 기꺼이 받고자 할 때 모든 것은 풀립니다. 매사에 한 생각을 바르게 가져 맺힌 것을 풀어 나가고, 푼 것을 더욱 좋은 인연으로 가꾸어야 합니다.

참된 삶과 복된 삶은 기꺼이 받고자 하는 마음가짐이 결정한다는 사실을 잊지 말아야 합니다. '내 업은 내가 기꺼이 받을 뿐 가까운 사람에게 폐를 끼치지 않겠다'는 자세로 살아가는 마음가짐을 배워야 합니다.

나아가 가난한 이웃을 돕는 선행을 베풀고, 꾸준히 보시를 하며 살아가십시오. 내가 비록 거지 팔자를 타고났을지라도 재벌 팔자로 바뀌게 됩니다. 어떻게 이것이 가능한가?

보시를 하는 그 마음 자체가 바로 도심道心이요, 우리를 잘 살게 만들어 주는 선공덕善功德이 되기 때문입니다. 정녕 이러한 복덕의 길이 우리 앞에 놓여 있거늘 어찌 탐욕에 빠져 투도의 죄를 저지르며 살 것입니까?

우리 모두 가진 재물로써 능력껏 베풀어 봅시다. 가진 것을 베풀 때 인색한 마음은 저절로 사라집니다. 탐하는 마음과 더불어 인색한 마음이 사라지므로 정신은 맑아지고, 재물로써 남을 살렸으니 마음 가득 환희가 넘치게 됩니다.

이렇게 될 때 우리 앞에 그릇되게 뚫려 있던 탐욕의 길, 투쟁의 길, 삿된 길들은 저절로 사라지게 되고, 지옥·아귀 등의 추한 세계도 자취를 감추게 되는 것입니다.

불자들이여, 훔치지 말라는 것을 계율로 제정한 까닭이 현실의 업을 기꺼이 받아들이고 능력껏 잘 베풀어, 복덕과 행복한 삶을 이루는 데 있다는 것을 부디 명심하십시오.

"투도하지 아니하고 복덕을 이루리다."

가끔씩 마음속으로 염하며 살기를 축원해 봅니다.

나무범망경보살심지대계.

제3중계
음계 淫戒
음란하지 말라

너희 불자들이여, 만일 스스로 음행을 하거나(自淫) 사람을 가르쳐서 음행을 하거나(教人淫) 일체 여인과 짐짓 음행하지 말지니, 음행의 인(淫因)과 음행의 연(淫緣)과 음행의 법(淫法)과 음행의 업(淫業)을 짓지 말지니라. 나아가 축생이나 하늘 및 귀신의 여인이나 비도非道에 음행을 하랴.

보살은 마땅히 효순심을 내어 일체중생들을 구원하고 제도하여 청정한 법을 일러주어야 할 것이거늘, 도리어 모든 사람들에게 음욕심을 일으키거나 축생이나 모녀·자매·육친을 가림 없어 음행을 하고 자비심이 없는 자는 보살의 바라이죄니라.

若佛子야 自淫이어나 教人淫이어나 乃至一切女人을 不得故淫이니 淫因과 淫緣과 淫法과 淫業으로 乃至畜生女와 諸天鬼神女와 及非道에 行淫이리요.
而菩薩이 應生孝順心하야 救度一切衆生하야 淨法與人이어늘 而反更起一切人淫하야 不擇畜生과 乃至母女姊妹六親으로

行淫하야 無慈悲心者는 是菩薩波羅夷罪니라.
_{행음} _{무자비심자} _{시보살바라이죄}

음계淫戒란?

　십중대계 중 세 번째인 음계는 남녀의 순결과 삶의 청정을 강조한 계율입니다. '음행하지 말라'는 이 계율은 출가승이면 반드시 지켜야하며, 재가인에게는 일부의 경우에만 해당됩니다.

　비구 250계를 보면 거의 반은 남녀관계에 관한 것이고, 비구니 348계도 특히 남녀관계에 관한 규정이 많습니다. 곧 스님들의 계율인 구족계의 과반수가 남녀의 정욕에 관한 계율이라는 사실 하나만 보더라도 불교에서 이 음계淫戒의 비중이 얼마나 큰 것인가를 짐작할 수 있습니다.

　특히 보살계에서는 세 번째 자리에 놓인 이 불음계가 비구·비구니의 구족계에서는 제1중계의 자리를 차지하고 있습니다. 왜 그렇게 자리를 바꾸어 놓은 것일까? 그 까닭은 출가한 승려가 되어 음계를 끊지 못하면 비구·비구니가 될 수 없다는 것을 첫째도 둘째도 강조하기 위함입니다.

　대승·소승의 모든 계율에서는 청정한 범행梵行이 아닌 것을 '음淫'으로 규정하고 있습니다. 깨끗하지 못한 그 음행이 스스로의 본성을 더럽힐 뿐 아니라 다른 이의 마음자리(心

地)까지도 더럽힌다는 것입니다. 그러므로 청정한 법과 함께 다른 사람의 삶까지도 더럽히는 음행을 철저히 금하고 있습니다.

그렇다면 이 음계를 범하는 이의 한계를 어디까지로 두고 있는가? 출가 5중五衆인 비구·비구니·사미·사미니·식차마니는 모든 음행을 하여서는 아니 되며, 재가의 남녀불자는 다만 사음邪淫만을 제지하니, 자신의 배우자를 제외한 이성들과 관계를 맺는 사음만을 금하고 있습니다.

이 음행은 크게 자음自淫과 교인음教人淫의 두 가지로 분류됩니다. 자음은 스스로가 음행을 범하는 것이고, 교인음은 다른 사람에게 권하여 자신을 음행하도록 가르치거나 남을 음행하도록 가르치는 것입니다.

우리는 여기서 한 가지 의문을 제기할 수 있습니다. 자음이 중죄에 해당한다는 것은 이해할 수 있으나, 교인음까지 왜 중죄로 취급하고 있느냐 하는 것입니다.

그 까닭은 마땅히 청정하고 거룩한 법에 의지하여 깨달음의 길로 나아가야 할 출가수행자가 청정법淸淨法을 가르치지는 못할지언정 염오染汚의 업을 짓도록 인도하는 것은 스스로 음행한 것이나 다를 바가 없다는 이유에서입니다.

"스스로 청정을 유지하고 다른 이도 청정의 길을 걷게끔 하라."

이것이 부처님께서 음계를 제정하신 까닭입니다.

그러나 혹 피하기 어려운 액연厄緣을 만나서 억지로 핍박을 받거나, 나쁜 사람들에 의해 강제로 추행을 당하였을 경우에는 음계를 범한 것이 아닙니다.

아무쪼록 계를 받은 불자는 음행과 관련된 음인淫因을 심지도 말고 음연淫緣을 짓지도 말아야 합니다.

처음 음심에 대한 한 생각을 일으키면 그것이 음행의 인이 되고, 한번 일으킨 음심을 잠재우지 못한 채 음행을 이루기 위한 갖가지 생각과 행위를 하면 그것을 음행의 연緣이라 합니다.

곧 어떠한 대상과의 음행을 생각하면서 몰래 훔쳐보고 좋아하며, 유혹하기 위해 몸치장을 하고 따라다니는 등이 음행의 연에 속합니다.

이렇게 계속하다가 애정을 호소하거나 몸을 마찰하는 등 음행을 이루기 위한 방법인 음법淫法을 동원하게 되며, 마침내는 성행위를 통하여 음행의 업(淫業)을 짓게 됩니다.

따라서 불자들은 음행에 대한 처음의 한 생각부터 잘 단속하여야 하고, 생각이 일어날 때마다 자비심으로 이를 승화시켜 나아가야만 일체중생을 위하는 보살다운 삶을 살 수가 있습니다.

사랑하며 살려 가자

여기서 잠시 부처님께서 음계를 제정하신 중요한 뜻 두 가지를 새겨보고자 합니다.

첫째, 중생의 음행은 일어났다 꺼졌다 하는 모든 생멸심生滅心을 조장하고 번뇌의 뿌리가 되어, 해탈을 방해하기 때문입니다.

모든 생사와 윤회는 음행으로부터 비롯됩니다. 생사를 뛰어넘어 해탈과 열반의 저 언덕에 이르려면 먼저 생사의 근원인 생멸심과 번뇌를 초월해야 하는데, 음행은 번뇌와 생멸심을 근원적으로 조장할 뿐입니다. 이 때문에 부처님께서는 출가승려의 음행을 전적으로 금하신 것이고, 재가불자에게는 사음만을 금지하도록 하신 것입니다.

둘째, 음행은 청정하지 못한 비범행非梵行이요, 물들고 추한 행인 염오행染汚行이기 때문입니다.

거룩하지 못한 행위는 밝은 마음을 어둡게 만들고 청정한 마음을 탁하게 물들입니다. 그리고 이 어둡고 탁한 마음은 생사윤회의 씨앗이 될 뿐입니다.

실로 우리의 마음 밑바닥에는 청정함과 자비로움과 슬기로움이 가득 차 있습니다. 그러나 슬기로운 마음이 그릇되이 흐르면 어리석은 우치심遇痴心이 솟아나고, 자비하고 인자한 마음이 잘못 흐르면 성을 내는 진심으로 탈바꿈하며, 청정한 마음이 거꾸로 흐르면 음심이 발동하는 것입니다.

　결론적으로 말해 음행은 우리의 청정한 본성을 탐욕의 굴레로 얽어매고 가리는 것이요 그로 말미암아 모든 생사윤회의 세계가 전개되기 때문에, 부처님께서는 음계淫戒를 제정하시어 '음행을 하지 말 것'을 거듭거듭 강조하신 것입니다.

　여기서 잠깐 재가불자의 사랑에 대해 논하고자 합니다. 재가불자들은 음행을 넘어선 진정한 사랑을 하여야 합니다. 효순심과 자비심을 발현하여 서로 따르고 존중하면서 깊은 사랑을 하여야 합니다.

　사랑은 기분으로 하는 것이 아닙니다. 분위기에 따라 만났다가 헤어지는 것이 아닙니다. 서로를 살리고 인생을 가치있게 만드는 것이 사랑이거늘, 어찌 참된 사랑을 음욕이라는 단어와 함께 놓을 수 있겠습니까?

　참된 사랑은 본능적인 성행위나 외형적인 모습 속에 있지 않습니다. 보다 인간적인 애정으로 서로를 보살피고 서로를 살리는 이타행利他行의 차원으로 승화시켜야 참된 사랑을 이룰 수가 있습니다.

　그런데도 요사이는 돈과 학벌과 출세 여부와 생활능력에 기준을 두고 결혼 상대자를 선택하는 경우가 많습니다. 또 그래서인지, 지금까지 깊이 교제하던 결혼상대자라도 새로이 좋은 조건을 갖춘 대상이 나타나면 헌신짝 버리듯이 손쉽게 바꾸기까지 합니다.

현대사회가 너무나 물질 위주의 생활로 변하여 가고 있기 때문에 그렇게 된 것이긴 하지만, 그것이 결코 바람직한 풍조라고 할 수는 없습니다. 불교의 정신, 특히 계율상의 의지로 볼 때 세속의 한 생활 단위인 가정을 물질적인 욕구 충족과 현실적인 안락 추구만을 지향하는 결합체로 만들어서는 안 됩니다.

모름지기 평생을 함께 할 배우자의 선택은 어디까지나 신성한 마음의 결합을 전제로 해야만 합니다. 깨끗하고 순결한 마음이 결합될 때 부당한 번뇌, 온갖 죄업의 유혹을 물리칠 수가 있습니다. 순결한 마음의 결합은 곧 이 세상의 수많은 역경을 이겨나가는 근원적인 힘이 됩니다.

특히 부부생활을 하는 재가불자들은 이를 잘 명심해야 합니다. 재가불자의 사랑에 대한 목표는 바른 삶을 올바로 이끌어 올려 서로를 살려가는 데 있습니다. 아내는 남편과 가정을 위해 모든 것을 봉사하고 참고 정진하는 삶을 닦아야 하고, 남편 또한 아내와 가정을 위해 일하고 희생하고 걱정하고 바른 길로 이끌어 가는 구심점 역할을 하여야 합니다.

이와 같은 부부생활이라면 능히 향상의 길로 나아갈 수 있고, 마침내 부부가 둘이 아닌 불이不二의 문을 통과하여 행복만이 가득한 해탈의 세계에 이를 수 있습니다.

잘 기억하십시오. 이것이 사랑하는 이의 효순심孝順心이요 참된 보살의 자비심입니다. 이 효순심과 자비심에 준하여 사랑을 한다면 어느 누가 부질없는 음욕의 세계에 빠져들겠습니까?

　맑은 효순심으로 사랑을 꽃피우고 깊은 자비심으로 서로를 사랑하여 서로가 서로를 살려간다면 우리의 가정과 사회는 그야말로 극락이 됩니다.

　능히 스스로가 지켜야 할 선을 잘 지켜 청정행을 이루기를 당부드립니다.

　나무범망경보살심지대계.

제4중계
망어계 妄語戒
망어를 하지 말라

너희 불자들이여, 스스로 거짓말을 하거나(自妄語) 남을 시켜서 거짓말을 하거나(敎人妄語) 방편으로 거짓말을 하지 말지니(方便妄語), 거짓말 하는 인(妄語因)과 거짓말 하는 연(妄語緣)과 거짓말 하는 법(妄語法)과 거짓말 하는 업(妄語業)을 지으랴. 보지 못한 것을 보았다고 말하거나 본 것을 보지 못했다고 말하는 등, 몸과 마음으로 거짓말을 하지 말지니라.

보살은 항상 바른 말을 하고 바른 소견을 가져야 하며, 또한 일체 중생들에게도 바른 말과 바른 소견을 갖게 해야 할 것이거늘, 도리어 다시 일체중생들에게 삿된 말과 삿된 소견으로 삿된 업을 일으키게 한다면 이는 보살의 바라이죄니라.

若佛子야 自妄語어나 敎人妄語어나 方便妄語하야 妄語因과 妄語緣과 妄語法과 妄語業이리요. 乃至不見言見하고 見言不見하야 身心으로 妄語리요.

$\underset{\text{이 보 살}}{\text{而菩薩}}$이 $\underset{\text{상 생 정 언 정 견}}{\text{常生正語正見}}$하고 $\underset{\text{역 생 일 체 중 생 정 어 정 견}}{\text{亦生一切衆生正語正見}}$이어늘
$\underset{\text{이 반 갱 기 일 체 중 생 사 어 사 견 사 업 자}}{\text{而反更起一切衆生邪語邪見邪業者}}$는 $\underset{\text{시 보 살}}{\text{是菩薩}}$의 $\underset{\text{바 라 이 죄}}{\text{波羅夷罪}}$니라.

망어의 여러가지 유형

앞에서 살펴본 살계·도계·음계는 몸과 말과 뜻의 삼업三業 중 몸으로 짓는 신업身業과 관련된 것이요, 망어를 하지 말 것을 밝힌 이 망어계는 구업口業을 다스리는 계입니다.

망어妄語를 순수한 우리말로 바꾸면 거짓말이 됩니다. 거짓말은 진실이 아닌 것을 진실같이 꾸며서 하는 말입니다. 곧 거짓말은 진실 되지 않은 마음, 헛되고 거짓으로 가득 찬 마음에서 나오는 말로서, 거짓말을 하는 사람은 반드시 자신을 속인 다음 다른 사람을 속이게 됩니다.

누구든지 남을 속이고 스스로의 진실까지 저버리게 되면, 그 사람은 참된 삶을 이룰 수도 없고 진실한 도를 이룰 수도 없습니다.

그래서 불교에서는 '망어장도법妄語障道法'이라는 말을 자주 합니다. 망어야말로 수행의 큰 장애라는 것입니다. 또 '망어타옥妄語墮獄'이라는 말도 많이 합니다. 거짓말을 자주 하면 결국 지옥에 떨어지게 된다는 것입니다.

속담에 '바늘도둑이 소도둑 된다'고 하였듯이, 아무리 작

은 거짓말이라도 예사로 하다 보면 큰 거짓말도 서슴없이 저지를 수 있게 되고, 큰 거짓말에 능해지면 지옥의 문이 열리지 않을 수 없습니다. 이 때문에 부처님께서는 제자들의 작은 거짓말에 대해서도 엄히 꾸중을 하셨습니다.

진실을 저버리고 도를 그르치는 망어. 흔히 망어라고 하면 그 속에 네 가지 종류의 말이 포함됩니다.

첫째는 **망언**妄言입니다. 실제로 있는 것을 없다고 하고 없는 것을 있다고 말하는 것으로부터, 바른 법을 그른 법이라 하고 그른 법을 바른 법이라고 설법하는 등, 마음을 어겨서 하는 말은 다 망언인 것입니다. 흔히 이 망언을 거짓말 또는 망어妄語라고 합니다.

둘째는 비단결처럼 발라 붙이는 말인 **기어**綺語입니다. 화사하고 아첨하는 말로써 뜻도 없고 이익도 없는 말 또는 무용한 정치적 논란이나 모략 등이 여기에 속합니다.

셋째는 두 가지 말로 이간하는 말인 **양설**兩舌입니다. 이 사람에게는 이렇게 말하고 저 사람에게는 저렇게 말함으로써 둘 사이를 이간시키고 서로 다투게 만드는 말입니다.

넷째는 악담인 **악구**惡口입니다. 추악한 말로써 남을 욕하고 분노케 하며, 저주하는 말로써 상대로 하여금 견디기 어렵게 하는 등의 폭언이 여기에 속합니다.

이와 같은 네 가지 종류의 망어는 모두가 삼독심三毒心인 탐욕과 분노와 어리석음 때문에 생겨나는 것입니다. 그러므로 망어·기어·양설·악구가 아니라, 진실 되고 평화롭고 부드럽고 도움을 줄 수 있는 말을 하면 능히 삼독을 잠재우고 깨달음의 문을 열 수가 있습니다.

이상의 유형 외에도, 망어의 무겁고 가벼운 정도에 따라 소망어小妄語와 대망어大妄語로 분류하기도 합니다.

소망어小妄語는 우리가 보고 듣고 알게 되는 견見·문聞·지知의 세 가지에 대하여 사실과 반대되게 말하는 것을 가리킵니다. 곧 ① 본 것을 보지 않았다고 하거나 보지 않은 것을 보았다고 하며, ② 들은 것을 듣지 않았다고 하거나 듣지 않은 것을 들었다고 하며, ③ 아는 것을 알지 못한다고 하거나 알지 못하는 것을 안다고 하는 것으로, 세상에서 흔히 말하는 거짓말이 여기에 해당합니다.

불가에서는 이러한 소망어를 범하게 되면 바일제죄波逸提罪를 적용시켜 처벌합니다. 바일제죄는 참회를 함으로써 그 죄가 소멸되는 가벼운 죄입니다. 그렇지만 참회를 하지 않으면 지옥에 떨어지는 결과를 초래하게 된다고 합니다.

그리고 소망어로 말미암아 제3자의 재산에 손해를 끼칠 목적으로 소망어를 하였다면 제2계인 투도계와 관련되는 죄를 범한 것이 됩니다. 또 비록 아무리 작은 거짓말이라 할지라도 그 거짓말로 인해 무고한 사람이 죽게 되는 경우라면 곧 살생계와 관련되므로 중죄를 범한 것으로 취급하게 됩니다.

소망어가 스스로의 이익 또는 습관성에 의해 아닌 것을 그렇다고 하거나 맞는 것을 아니라고 하는 소소한 거짓말인데 비해, **대망어**大妄語는 많은 사람의 공경을 받기 위해 '나는 도를 깨달았다', '나는 부처의 후신이다', '나는 보살의 후신이다'라고 하면서 성인을 자처하는 거짓말입니다.

이러한 대망어를 범하면 바라이죄波羅夷罪를 적용하여 불교교단에서 영원히 추방하도록 되어 있습니다. 곧, 자신이 참선을 하다가 조금 식견이 열린 것을 가지고 오도悟道하였다고 하거나, 불도를 닦아 높은 수행 경지에 이르지 못하였으면서도, 다른 사람들로부터 보시를 받고 명예를 얻고 존경을 받기 위해 그와 같은 자격을 얻은 것처럼 공언하는 것을 대망어라고 하며, 그 죄를 바라이죄로 규정하고 있는 것입니다.

그러므로 불자라면 절대로 대망어계를 범하여서는 안 됩니다. 이제 부처님께서 최초로 대망어계를 제정하시게 된 동기를 살펴보면서 대망어를 범하여서는 안 되는 까닭을 새겨보도록 합시다.

❀

대망어계를 제정하신 것은 부처님께서 바이샬리에 계실 때입니다.

바이샬리에 몇 해 동안 계속 큰 흉년이 들어 백성들이 모두 굶주리게 되었기 때문에 비구들도 걸식하기가 여간 힘들지 않았습니다.

마침내 부처님께서는 비구들에게 각각 흩어져서 아는 사람이 있는 곳을 찾아 안거정진安居精進할 것을 명하였고, 비구들은 부처님의 곁을 떠나 마갈타국이나 바구말하波救末河 부근의 인연 있는 곳을 찾아 몇몇씩 무리를 지어 떠나갔습니다.

그런데 바구말하 강가에서 안거를 하게 된 일단의 노비구들은 음식을 쉽게 구할 수 있는 하나의 묘책을 강구해내었습니다. 주민들에게 자신들이 많은 수행을 하여 성인의 과를 얻은 도인들이라는 소문을 퍼뜨리자는 것이었습니다. 갑비구는 을비구를, 을비구는 병비구를, 또 병비구는 갑비구를 '아라한과를 얻은 성자'라고 주민들에게 전파하는 방편을 쓰기로 한 것입니다. 그들은 각각 다른 마을로 나아가 이렇게 말했습니다.

"여러분들은 이제 큰 복을 지을 수 있게 되었습니다. 청정한 성자의 수행을 닦아 거룩한 도과道果를 성취한 대복사문大福沙門이 여러분의 마을에 계십니다."

그 결과 마을 사람들은 그들에게 많은 보시를 하였습니다. 뿐만 아니라 이 소문이 이 마을 저 마을로 퍼지자 인근의 주민들까지 노부모와 처자에게 줄 음식을 절약하거나 조상에게 제사를 지낼 때 쓸 음식을 가져오기도 하였습니다. 덕분에 그 일단의 노비구들은 음식 걱정 없이 편안히 지낼 수가 있었습니다.

안거를 마치고 다시 부처님께서 계신 처소로 돌아온 대부분의 비구들은 파리하게 몸이 마르고 얼굴이 창백하였지만, 오직 바구말하 강변으로 갔던 비구들만은 몸에 살이 찌고 얼굴에 기름이 흐르고 있었습니다. 그리고 그들로부터, '걸식에 전혀 어려움이 없었던 까닭'을 들은 부처님께서는 크게 꾸짖었습니다.

"참으로 어리석도다. 차라리 돌을 구워 먹고 구리를 녹여 마실지언정, 거짓말을 하여 신심으로 보시를 하게 하는 탐욕을 부린단 말이냐? 출가자가 가장 존중해야 할 신통성과神通聖果에 대해 경솔하게 거짓말하는 것은 도저히 용서받을 수 없는 일이다.

도과道果를 얻지 못했으면서 오로지 이득을 위해 신통묘력이 있다고 거짓말을 하는 악비구는 모든 중생 가운데 최대의 도둑이니라. 만일 비구로서 신령한 신통력을 보지도 않았고 알지도 못하면서, '나는 이런 것을 보고, 이런 것을 안다'고 하면 바라이죄를 범한 것이니, 불교교단에 함께 있을 수 없느니라."

§

대저, 불자라면 적어도 진리와 도에 관한 한 절대로 거짓말을 하여서는 안 됩니다.

무엇보다도 먼저 자망어自妄語를 범하여서는 안 됩니다. 스스로가 그렇지 않은 줄을 알면서 '나는 성인의 법을 깨달아 도를 얻었다'고 하는 것이 자망어입니다. 둘째인 교인망어敎人妄語는 남을 시켜 자신이 신통이나 깨달음을 얻은 것처럼 선전하는 것이며, 세번째의 방편망어方便妄語는 글을 쓰는 등의 간접적인 방법을 동원하여 자신이 깨달음을 얻은 것처럼 선전하는 것입니다.

공부를 하는 사람은 그 무엇보다 스스로가 이룬 공부의 경지에 대해 담백하여야 합니다. 명리를 도모하기 위해 사람을 시켜 나의 미덕을 드날리게 하거나, 남을 부추겨 스스로 성인이라고 자처하게 만드는 처사만은 그만두어야 합니다.

그리고 보살계를 받아 보살의 길에 들어선 불자라면 어떠한 경우라도 대망어의 인因·연緣·법法·업業만은 짓지 말아야 합니다. 어떤 동기에서든 깨달음에 대한 거짓말을 하겠다는 한 생각을 일으키면 그것이 곧 망어인妄語因이 됩니다. 그 한 생각을 버리지 않고 궁리하면서 기르는 것이 망어연妄語緣이며, 거짓말을 시킬 수단과 방법이 되는 망어법妄語法을 동원함으로써 마침내 상대방을 속이는 망어업妄語業을 짓게 되는 것입니다.

정녕 깨달음의 도를 추구하는 불자가 대망어를 범하여 '나'의 바른 공부의 길을 막고 다른 사람까지 미혹에 빠뜨리는 일을 하여서야 되겠습니까? 어디에서나 어느 때에나 진실만이 도를 자라게 한다는 것을 명심하고, 스스로의 작은 욕심에 속아 대망어를 범하는 일이 없도록 하기 바랍니다.

살리고 깨우치는 망어계

그런데 절대로 범하지 말아야 할 대망어를 제외하면, 인생살이에서 꼭 지킬 수만은 없는 것이 망어계입니다. 실로 한 세상을 살면서 거짓말을 한 번도 하지 않고 사는 사람은 거의 없을 것입니다. 아주 가벼운 거짓말, 불가피한 거짓말, 이를테면 상대방에게 전혀 피해를 주지 않는 거짓말은 오히려 하지 않을 수가 없을 것입니다. 그리고 경우에 따라서는 반드시 거짓말을 해야 할 경우도 있습니다. 거짓말을 하지 않으면 도리어 허물이 되는 경우가 있습니다.

예컨대 갑이라는 사람이 을에 대한 험담을 하였을 경우, 만일 을을 찾아가서 갑이 말한 험담을 그대로 전달한다면, 갑과 을 두 사람 사이에는 불화가 생기고 바람직하지 않은 상황이 벌어질 것입니다. 이럴 때는 사실과 다를지라도 부득이 두 사람을 화합시키는 쪽으로 거짓말을 해야 합니다.

또 불치병에 걸린 환자에게 그 증세를 일일이 말해 준다면 공포심을 일으키는 환자의 경우에는 그 수명을 더욱 단축시키는 결과를 가져올 수도 있습니다. 그러므로 의사나 가족 또는 친지들은 환자를 안심시키고, 자신감 속에서 투병에 임할 수 있도록 적당한 위로의 말과 함께 주의사항을 잘 인식시켜야 합니다. 이 경우의 거짓말이 어찌 죄가 된다고 할 수 있겠습니까?

특히, 만일 바른 말을 함으로써 선량하고 무고한 사람이나 수많은 생명이 살생을 당하게 되는 경우에 처하게 된다면, 반드시 거짓말을 하여 저들을 구해 주어야만 합니다.

우리 불교에서는 이상과 같은 경우의 거짓말을 **여망어**餘妄語라고 합니다. 여망어는 대망어도 소망어도 아닌 여유 있는 망어입니다. 방편으로 거짓말을 살짝 함으로써 더 좋은 일을 가져오게 하는 것이 여망어이며, 이와 같은 여망어는 대승大乘의 계율정신에 의해 이루어진 것입니다.

곧 나쁜 짓을 하지 말 것을 강조하는 지계의 정신에서 한 걸음 더 나아가 자비와 선행을 적극적으로 행하라는 것이 여망어 속에 깃든 뜻입니다.

단순히 거짓말을 하지 않는 것에만 한정되지 않고, 상대에게 유익한 말, 바른 길로 갈 수 있게 하는 교훈되는 말, 자비로운 말 등을 해 주는 것이 참으로 중요하며, 이것이 보살계를 지니는 대승불자의 자세입니다.

그러므로 대승의 불자들은 단순히 거짓말을 하지 않는 소극적인 자세에서 그칠 것이 아니라 부드러운 말, 진실한 말, 부처님의 법문 등을 일러주어야 하며, 사람의 목숨과 관련된 문제이거나 중대한 분쟁이 발생할 염려가 있을 때에는 이런 일들을 화해시키기 위해 작은 거짓말을 할 줄 알아야 합니다. 소승계율의 입장에서 보면 분명히 계를 범한 것이 되지만, 대승계율의 입장에서 보면 이는 결코 계를 범한 것이 아니며, 오히려 큰 공덕을 쌓는 것이기 때문입니다.

모름지기 우리 불자들은 망어계를 지킴에 있어 살리고 깨우치는 불법의 참뜻을 잊어서는 안 됩니다. 그리고 한 걸음 더 나아가 스스로 정어正語 속에 살면서 인연 있는 중생들에게 정어를 베풀어 불법을 닦는 생활을 할 수 있도록 도와야 합니다. 물론 어떤 이는 이야기할 것입니다.

"나의 눈도 올바로 떠지지 않았는데 어떻게 남에게 불법을 설할 수 있나?"

그러나 꼭 내가 불법을 잘 알지 못한다고 할지라도 얼마든지 불법을 알려줄 방법은 많습니다. 가령 아주 쉽고 감명 깊은 불서를 법보시하거나, 좋은 법문을 들을 수 있는 곳으로 인도한다면 능히 큰 선행을 쌓을 수 있습니다.

그래서 보살계본에서는 망어계의 결론으로 '일체중생들에게 바른 말과 바른 소견을 갖도록 해야 한다〔生一切衆生正語正見〕'고 설하신 것입니다.

실로 망어계는 '거짓 없이 진실 되게 살면서 중생들에게 정법을 심어주라'는 적극적인 의미를 담고 있습니다. 잊지 마십시오. 정녕 불자의 언어는 정법正法에 입각한 정어正語

입니다. 어찌 망어로써 중생을 현혹시키고 삿되게 만들 것입니까?

　모름지기 불자들은 부처님께서 망어계를 제정하신 뜻을 분명히 알고 정법에 입각한 정어로써 뭇 중생을 일깨워, 원만·성취·진실이 가득한 자타일시성불도自他一時成佛道의 길로 나아가야 할 것입니다.

　나무범망경보살심지대계.

제5중계
고주계 酤酒戒
술을 팔지 말라

너희 불자들이여, 스스로 술을 팔거나(自酤酒) 남을 시켜서 술을 팔거나(敎人酤酒) 술 파는 인(酤酒因)과 술 파는 연(酤酒緣)과 술 파는 법(酤酒法)과 술 파는 업(酤酒業)을 짓지 말지며, 일체의 술을 팔지 말 것이니, 술은 죄를 일으키는 인연이 되느니라.

보살은 마땅히 일체 중생에게 밝고 통달한 지혜를 내게 해야 할 것이거늘, 도리어 일체중생들에게 전도된 마음을 내게 하는 것은 보살의 바라이죄니라.

若佛子야 自酤酒어나 敎人酤酒하야 酤酒因과 酤酒緣과 酤酒法과 酤酒業이리요 一切酒를 不得酤니 是酒는 起罪因緣일새니라. 而菩薩이 應生一切衆生明達之慧어늘 而反更生一切衆生顚倒之心者는 是菩薩波羅夷罪니라.

술과 허물

제5 고주계는 술을 팔지 말 것을 밝힌 계입니다.

불교의 근본 5계 중 다섯 번째에 '술을 마시지 말라〔不飮酒〕'고 한 것과는 달리, 이 보살계에서는 술을 파는 것을 경계하고 있습니다. 곧 보살계에서는, 나 스스로 술을 먹고 취하는 문제보다 많은 사람들에게 술을 팔아서 갖가지 허물을 유발시키는 것을 방지하고자 하는 대승보살도의 정신에 기초를 두고 있기 때문에, 음주계를 취하지 않고 고주계를 십중대계 속에 넣은 것입니다.

이 고주계는 이타利他의 정신으로 충만된 대승보살계의 특징을 잘 나타내어 주고 있는 대표적인 계입니다.

술은 사람의 마음을 혼미하게 만들고, 우리의 근본마음을 무명無明으로 덮어 지혜를 발현시키지 못하게 만들어 버립니다. 곧 음주 그 자체를 죄라고 하기보다는, 술에 취하면 살생·투도·음행·망어 등의 큰 죄를 범할 소지가 더욱 커지게 되기 때문에 술을 금하고 있습니다.

특히 보살계에서는 술을 파는 행위, 그리하여 그것을 통해서 어떤 이익을 얻는 행위를 계 가운데 가장 무거운 중계重戒로 다스리고 있습니다.

부처님께서 계를 제정하신 본래의 뜻은 중생들로 하여금 탐·진·치의 삼독을 제거하여 맑고 자재한 깨달음과 해탈을 성취시키고자 함에 있었습니다. 그런데 보살이 술을 판다면 삼독을 더욱 키우는 결과를 초래하게 되므로 엄히 금하신 것입니다.

경문에는 술을 파는 것을 두 종류로 구분하였습니다. 첫째는 스스로 술을 파는 경우, 둘째는 남을 시키는 경우입니다.

첫째, '스스로 술을 판다〔自酤酒〕' 함은 돈을 받고 술을 팔아서 이익을 구하는 것을 말합니다. 마시면 사람을 최취催醉하게 만드는 술은 곧 무명약無明藥입니다. 따라서 술을 판다는 것은 자신의 이익을 위해서 중생에게 무명을 파는 것이 되고, 무명을 조장하는 것이 되기 때문에 중계로서 금하고 있습니다.

둘째, '남을 시켜서 술을 판다〔教人酤酒〕' 함은 다른 이로 하여금 나의 이익을 위해 술을 팔게 하는 것입니다. 만일 다른 사람을 시켜서 술을 팔더라도 그 사람 자신을 위한 사업일 뿐 나의 이익과는 무관한 경우에는 경죄輕罪에 해당합니다.

보살은 중생을 제도하는 것을 본의로 삼고 있는 만큼, 자신이 악한 짓을 행하지 않는 것도 중요하지만 다른 사람으로 하여금 나쁜 데 떨어지지 않게 하는 것 역시 중요한 일입니다. 그러므로 자신의 이익을 위해 남에게 술을 파는 것이 중죄임은 말할 것도 없고, 다른 이로 하여금 술을 팔게 하여 사람들에게 술을 먹게 하여 몸을 상하게 하고 지혜를 없애는 결과를 가져온다면 직접 한 것이나 다름이 없기 때문에 중죄로 다스려야 한다는 것입니다.

그리고 경문에서는 이 술을 파는 인因과 연緣과 법法과 업業을 다함께 다스릴 것을 가르치고 있습니다. 처음 마음으로 술을 팔겠다는 생각을 일으키면 그것이 고주인酤酒因이고, 술을 팔 일을 계속 생각하여 두루 꾸미는 마음이 고주연酤酒緣이며, 술파는 구체적인 방법과 손님을 유혹하고 유도하는 방법이 고주법酤酒法이요, 돈을 받고 술을 팔아서 장사의 행위가 이루어진 것이 고주업酤酒業입니다.

보살은 마땅히 근본 마음부터 다스려서, 스스로 술로 인한 허물에 빠져들지 않도록 함은 물론이요, 사람들로 하여금 무명을 키우는 일이 없도록 해야 합니다.

보살의 길은 무명의 길이 아닙니다. 스스로 지혜를 밝히고 뭇 중생들에게 빛을 심어 주는 길임을 명심해야 합니다. '술을 팔지 말라.' 그 참뜻은 모든 중생의 지혜로운 삶에 근거를 두고 있는 것입니다.

지혜롭게 살자

그리고 경문에서는 '보살은 마땅히 일체중생에게 밝게 통달하는 지혜인 명달지혜를 일으키도록 해야 한다〔應生一切衆生明達之慧〕'고 하였습니다.

그렇다면 명달지혜明達之慧란 무엇인가? 중생으로 하여금 인과에 따라 차별이 분명한 세간의 진리〔俗諦〕를 분명히 알고 절대평등한 출세간의 진리〔眞諦〕를 통달하게 하여, 그 지혜로써 성스러운 깨달음의 경지에 오르도록 하는 것을 보살의 목표로 삼아야 한다는 것을 일깨워주신 말씀입니다.

그런데 보살이 명달지혜는 커녕 전도된 마음, 곧 전도지심顚倒之心을 일으키도록 하는 것은 있을 수 없는 일이요, 만일 그렇게 한다면 완전히 보살의 무리에서는 쫓겨나게 되는 바라이죄가 된다는 것입니다.

전도지심은 바른 도리를 어기고 맑은 길을 등진 채 어두운 고난의 길로 가는 마음을 가리킵니다. 보살은 마땅히 갖가지 묘한 방편을 베풀어 중생들로 하여금 오묘한 지혜를 내도록 해야 합니다. 그런데 삿되고 미혹되고 망령된 길을 좇도록 한다면, 이는 독약을 주는 것이나 다를 바가 없습니다.

술을 팔고 술을 먹게 하는 것은 곧 중생의 지혜를 길러주기는커녕, 그들의 마음을 무명으로 뒤엎어 버리는 행위이기 때문에 부처님께서는 술을 팔지 말 것을 중계重戒로써 금하신 것입니다.

그런데 여기에서 한 가지 의문을 제기할 수가 있습니다. 술이 사람에게 해로운 것이라 하여 술파는 행위를 무조건 중계로 규정해야 하는 것인가?

아닙니다. 나쁜 의미로 술을 먹게 하고 판 경우에 국한시켜 중계로 다스려야 합니다.

상대방은 어떻게 되든지 술을 먹으라고 권해서 팔고, 심지어는 술 속에 약 같은 것을 넣어 그 사람의 돈을 약탈하고, 술과 여자를 함께 팔아서 유혹하고 갈취하여 남의 살림을 파산시키는 등, 사람을 사경死境으로 몰아넣으면서까지 술을 파는 이가 있습니다. 이와 같은 경우라면 마땅히 중죄가 되는 것입니다.

직업을 선택하는 데 있어 술을 파는 것을 고주계로써 특별히 금하게 된 까닭은, 술집이 자칫하면 범죄를 저지르는 온상이 되는 경우가 허다하기 때문입니다. 그리고 술장사를 하다 보면 술을 팔기 위해 자꾸 술을 먹도록 권하게 되고, 스스로의 뜻과는 달리 술을 먹은 사람들이 이성을 잃어 싸움도 하고 다치거나 죽게 되는 인연도 맺게 되기 때문입니다. 그러므로 불자들은 될 수 있는 한 술장사는 하지 않도록 해야 합니다.

❀

부산 동래 온천장에는 내가 아는 보살이 몇 사람 있습니다. 그 중에서 나이가 제일 어리다고 하여 '막내보살'로 불리는 이에게 있었던 일입니다.

막내보살은 오래 전부터 진로 소주 도매업을 하고 있었습니다. 그런데 나에게 보살계菩薩戒를 받고부터는 자꾸만 자신의 직업이 마음에 걸린다고 하였습니다. "술장사를 하지 말라"는 이 고주계 때문이었습니다. 그래서 가끔씩 절에 갈 때마다 부처님 전에 엎드려 기도를 드렸습니다.

"부처님! 술 도매업 대신 다른 직업을 갖게 해주십시오."

이렇게 절을 찾을 때마다 빌기를 3년, 하루는 아는 사람이 와서 자꾸만 땅을 사라고 권하는 것이었습니다. 처음에는 별 생각 없이 "한번 구경이나 해볼까?" 하였는데, 거듭거듭 재촉하는 바람에 갖고 있던 여윳돈으로 땅을 사게 되었습니다.

그녀는 빈 땅을 그냥 놀리기가 아깝다는 생각이 들어, 그 땅에 울타리를 치고 조그마한 움막 한 채를 마련하였고 땅을 돌볼 사람을 고용했습니다. 그렇게 사람이 살게 되다 보니 자연 식수가 필요해져서 우물을 파게 되었습니다.

인부를 사서 땅을 꽤 깊이까지 파 들어갔을 즈음, 아주 큼지막한 바위 하나가 걸려 좀처럼 진척을 보지 못했습니다. 그렇다고 새로이 다른 곳을 뚫자니 그 동안의 공이 아까웠습니다.

"어렵더라도 바위를 부숩시다."

이렇게 하여 바위를 쪼개었더니, 놀랍게도 그 사이로 뜨거운 온천수가 솟아나오는 것이었습니다. 그 바람에 땅 값이 수십 배나 뛰어올라 막내보살은 큰 부자가 되었고, 그 땅에다 몇 채의 호텔을 지어 경영하게 되었으며, 그 동안 마음에 걸렸던 술 도매업은 자연스럽게 그만둘 수 있게 되었던 것입니다.

꽃

　보살의 길을 걷는 사람은 다른 사람의 밝은 지혜를 미혹되게 하거나 맑고 깨끗한 마음을 번뇌롭고 탁한 길로 인도하여서는 안 됩니다. 이것은 그 업의 지중함은 둘째로 치더라도, 스스로 보살의 길을 포기하는 큰 허물이 된다는 것을 반드시 명심해야 합니다. 아울러 술을 그릇되이 파는 그 자체가 중생의 지혜를 끊고 중생을 탁한 길로 인도하는 첫걸음이 된다는 것을 잊지 말아야 할 것입니다.

　나무범망경보살심지대계.

제6중계
설사중과계 說四衆過戒
사부대중의 허물을 말하지 말라

너희 불자들이여, 출가한 보살이나 재가의 보살이나 비구나 비구니의 허물을 자기 입으로 말하거나[自說罪過] 남을 시켜서 말하지[敎人說罪過] 말지며, 허물을 말하는 인[罪過因]과 허물을 말하는 연[罪過緣]과 허물을 말하는 법[罪過法]과 허물을 말하는 업[罪過業]을 짓지 말지니라.

보살은 외도 중의 악인과 이승 중의 악인이 불법에 대해 비법非法과 비율非律을 말하더라도 항상 자비심으로 이들을 교화하여 대승에 대한 신심을 내도록 해야 할 것이거늘, 보살이 도리어 불문 안의 허물을 스스로 들추어서 말한다면 이는 보살의 바라이죄니라.

若佛子야 口自說出家在家菩薩과 比丘比丘尼罪過어나 敎人說罪過하야 罪過因과 罪過緣과 罪過法과 罪過業이리요. 而菩薩이 聞外道惡人과 及二乘惡人이 說佛法中의 非法과 非律이어던 常生慈悲心하야 敎化是惡人輩하야 令生大乘善信이어늘 而菩薩이 反更自說佛法中의 罪過者는 是菩薩의 波羅夷罪니라.

보살의 마음과 설사중과계

보살의 십중대계 중 제6 설사중과계는 사부대중의 허물을 말하지 말 것을 밝힌 계인데, 경문에서는 먼저 사부대중이 무엇인가를 밝혀 놓았습니다.

일반적으로 사부대중이라고 하면 출가중인 ① 비구 ② 비구니에다 재가신도인 ③ 우바새 ④ 우바이를 가리킵니다. 그러나 이 경문에서는 ① 출가보살과 ② 재가보살, 그리고 ③ 비구와 ④ 비구니의 넷으로 구분하고 있습니다.

출가보살은 비구·비구니·사미·사미니·식차마나式叉摩那의 출가 5중 가운데 심지계心地戒인 보살계를 받은 이를 가리키며, **재가보살**은 재가불자인 우바새·우바이 중에서 보살계를 받은 이를 가리킵니다. 그리고 따로 **비구**와 **비구니**를 구분한 것은 구족계를 받은 비구·비구니 가운데 아직 보살계를 받지 못한 이를 지칭한 것입니다.

제6 설사중과계는 이들 사부대중의 죄과罪過를 말하지 말라는 것입니다. 왜 말하지 말라는 것인가? 사부대중의 허물을 말하다 보면 스스로의 자비심을 상하게 하고, 은연중에 불교의 허물을 드러내게 되며, 자신의 근본 마음자리를 이지러뜨리는 짓이 되기 때문입니다.

그러므로 불교 그 자체에 손상을 가져오고 스스로의 마음자리를 이지러뜨리는 설사중과계는 **스스로가 범하여서도**〔自

說罪過] 아니 되고 남을 시켜 드러나게 하지도[敎人說罪過] 말아야 합니다.

나아가 보살계를 받은 불자는 사부대중의 허물을 말하는 인[罪過因]을 심지도 말고 연[罪過緣]을 맺지도 말며 법[罪過法]을 배우지도 말고 업[罪過業]을 짓지도 말아야 합니다.

물론 여기에서의 죄과인罪過因은 부처님의 법을 함께 공부하는 동법대중同法大衆의 허물을 드러내어 다른 이에게 말하겠다는 마음을 처음으로 일으키는 것을 뜻하며, 죄과연罪過緣은 동법대중의 허물을 말하고자 하는 생각을 계속해서 가지고, 어떤 사람에게 '이렇게 저렇게 말하면 되지 않을까?' 하면서 끊임없이 궁리하는 것을 가리킵니다.

죄과법罪過法은 동법대중의 허물을 퍼뜨릴 구체적인 방법을 확정하는 것으로, 허물에 대한 구체적인 설명 방법과 함께 죄의 경중을 분명히 밝히고 납득시키는 방법을 찾는 것입니다. 그리고 죄과업罪過業은 동법대중의 허물을 들추어서 그 내용을 이해시켜 업을 짓는 것을 가리킵니다.

실로 이타행利他行을 생명으로 삼는 보살도에 있어서 남을 헐뜯는다는 것은 보살심을 근원적으로 등지는 행위이기 때문에 엄금하지 않을 수 없습니다. 특히 불법을 함께 닦는 동법대중의 허물을 들추어 중상하고 비방하게 되면 그것으로 인해 불법의 교단 자체까지도 헐뜯어 존립을 위태롭게 하는 결과가 되므로 불문에서 축출하는 중계로 다스린 것입니다.

하지만 이러한 과실에 대해 소승계에서는 중죄로 다스리지 않습니다. 곧 소승은 자기의 해탈에 수행의 초점을 맞추고 있기 때문에 사부대중의 허물을 헐뜯는 잘못을 중죄인 바라이죄에 포함시키지 않고, 단순히 구업口業의 하나로 결죄하여 참회만 하면 되는 가벼운 죄로 규정하고 있습니다. 그러나 이타의 대승보살에게는 남에 대한 나쁜 마음가짐 하나만으로도 능히 중죄가 됩니다.

그렇다고 같은 도반이 잘못한 것을 보고도 못 본 척하거나 아무 관계없는 일처럼 은폐하라는 뜻은 결코 아닙니다. 단순히 허물을 덮는 것으로 끝내지 말고 자비심과 민망히 여기는 마음과 돌보아 주는 마음과 격려하고 바른 법을 권장하는 마음으로 은근히 타일러서 뉘우치고 고치도록 해야 합니다.

그런데 은근한 마음으로 간절히 권하였는데도 그 사람이 듣지 않고 계속해서 좋지 않은 행위를 할 경우에는 어찌할 것인가? 그대로 놓아둔다면 교단의 기강이 무너지고 마침내 외부로부터 비난을 받아 불법문중에 커다란 손상을 끼칠 것이 틀림없을 것입니다. 이러할 때는 대중에게 그 사실을 알리고 법에 맞게 처리해야 합니다.

가령 세 번 간해서 듣지 않을 경우에는 대중들에게 알리되, 가엾이 여기고 법을 보호하는 마음으로 알리면 결코 이 계를 범하는 것이 아닙니다. 오직 상대방의 바르지 못한 점을 사심 없이 알린다면 이는 곧 상대방을 이롭게 하는 행이요, 많은 사람들이 그릇된 구렁텅이로 빠져 들어가는 것을 막아 주는 공덕을 쌓게 됩니다.

　불교 교단의 생명은 화합에 있습니다. 서로 화합하고 남의 허물을 들추지 않을 때, 교단은 저절로 정비되고 도는 저절로 높아지게 됩니다.

　그러나 화합이 무너지고 교단 내에서 싸움이 일어나면 영원한 진리인 불법까지 삿되게 보일 뿐입니다. 그래서 부처님께서는 설사중과를 계로 제정하여 금하셨으며, 사부대중의 화합을 무너뜨리는 죄업이 너무나 크기 때문에 중계로써 다스리신 것입니다.

자비심으로 교화하라

　실로 3000년 불교의 역사를 되돌아볼 때 내적으로 외적으로 불교교단을 위태롭게 하는 일은 수없이 많이 일어났습니다. 사악한 국왕이나 타종교의 질시와 비방에 의해 법란法難을 겪은 일도 있고, 교단 내부에서 부처님과 부처님의 가르침을 비방하여 새로운 교단을 세우고자 시도한 일도 종종 있었습니다. 그러나 영원한 진리를 표방하는 불교는 오늘날까지 조금도 흔들림 없이 세계 종교의 자리를 지키고 있습니다.

불교 교단을 위태롭게 하는 요소는 안과 밖에 언제나 공존하고 있습니다. 경문에 등장하는 '외도악인外道惡人'이 불교 바깥의 요소라면, 설사중과계를 범하는 대중은 불교 내부에서 불교를 위태롭게 하는 존재입니다.

불교에서는 외도를 불교 이외의 종교 및 철학을 총칭하는 말로 사용하고 있습니다. 왜 이들을 외도라고 하였는가? 이들의 가르침이 자신만을 위하고 내생에 좋은 곳에 태어나고자 하는 열망으로 가득 차 있을 뿐, 남을 위하고 번뇌를 가라앉히고 마음의 본바탕을 스스로 깨닫게 하는 가르침이 아니기 때문에 외도라고 한 것입니다.

경문에서는 '외도악인外道惡人'이라는 표현을 쓰고 있습니다. 그리고 외도악인에 이어 '이승의 그릇된 사람〔二乘惡人〕'이라고 하였습니다. 이승은 부처님의 가르침을 열심히 좇는 성문과 연각이거늘, 왜 그릇되다고까지 표현한 것인가?

이승은 자신의 번뇌를 끊고 공空의 이치만을 증득함으로써 홀로 삼계三界를 벗어날 뿐, 중생을 제도하고자 하는 마음이 없기 때문에 '그릇된 사람'이라고 한 것입니다.

이어서 경문 중에는 '불법에 대해 비법과 비율로 말하더라도〔說佛法中非法非律〕'이라는 구절이 나옵니다. 이를 잘못 해석하여 부처님 법 가운데 나쁜 법이 있고 나쁜 계율이 있는 것으로 착각을 일으키게 할 수도 있습니다. 그러나 여기에서의 불법은 불교교단을 가리키고 있습니다.

곧 불교교단 안이라고 하여 외도가 없는 것은 아니며, 대승불교권이라 하여 이승이 없는 것은 아닙니다. 또한 불교교단 안에도 비법非法과 비율非律은 언제나 있기 마련입니다.

비법은 법답지 않은 그른 법이고, 비율은 계율에 맞지 않는 행위를 뜻합니다. 비법에 의거하여 악을 지으니 교단은 어그러질 수밖에 없고, 비율로써 행동하니 어찌 교단이 평화로울 수 있겠습니까? 오로지 보살불자들은 부처님께서 설하고 정하신 정법正法과 정률正律을 따라야 합니다.

그렇다면 대승의 정법과 정률은 어떠한 것인가?

대승의 보살은 모든 중생들을 생사의 나쁜 구렁텅이로부터 벗어나게 하는 이타행利他行을 정법과 정률로 삼고 있습니다. 따라서 외도나 이승들이 보살계를 받은 대중이나 비구·비구니의 허물을 들추어 비방하고 헐뜯는 것을 보면 곧 자비심을 일으켜서 가지가지 방편으로 그들을 교화하여 대승법에 귀의시키고 보리심을 일으키게 해야 합니다. 그런데 자신의 본분을 망각하고 도리어 불법 가운데의 허물을 드러내어 외부 사람들에게 퍼뜨리고 헐뜯어서야 되겠습니까?

부처님께서는 이것이 보살의 본심을 근원적으로 어기는 행위이기 때문에 이 대승계에서 중죄인 '바라이죄로 다스린다'고 하셨습니다.

모름지기 부처님께서 설사중과계를 제정하신 까닭은

① 중생의 신심을 무너뜨리지 않게 하고

② 초발심 보살의 허물을 미연에 방지하며

③ 삼보의 은혜를 저버리지 않기 위한 것이었습니다.

이를 보다 적극적인 측면에서 풀이하면

① 중생의 신심을 기르고

② 초발심 보살이 바른 행을 이루도록 하며

③ 모두가 수승한 덕을 이루어 대과大果를 얻도록 하기 위한 것입니다.

청정한 수도집단에서 서로가 단점을 찾아내어 헐뜯고 시비를 벌이거나 남에게 악선전을 하게 되면, 신심이 떨어짐은 말할 것도 없고, 믿음 있는 이들이 비난의 화살을 쏟아 부으며 불교를 버리기까지 합니다.

온갖 고뇌에 시달릴 대로 시달린 중생들의 정신적 의지처가 되고 존경의 대상, 귀의의 대상, 신앙의 대상이 되고 있는 교단의 일거수일투족은 참으로 막중합니다. 교단은 자신의 수행과 생사해탈을 위해서도 중요하지만, 부처님의 거룩하고 지대한 중생구제와 교화의 사명을 두 어깨에 걸머진 불자佛子의 집단이기 때문에 더욱 중요합니다. 따라서 불교교단 내에서 서로의 허물을 들추고 밝히는 일은 결코 일어나지 않아야 합니다. 이는 교단을 위태롭게 하고 거룩한 부처님을 욕되게 하며 중생교화의 참뜻을 정면으로 위배하는 반역행위입니다.

보살계를 받은 출가 재가의 보살불자들은 스스로가 곧 교계의 지도자요 불법을 몸소 걸머진 성직자라는 사실을 잊어서는 안 됩니다. 그들 스스로가 교단의 허물을 함부로 들추어낸다면 대자대비의 우리 불교는 어찌 되겠습니까?

모름지기 우리 불자들은 너그러운 보살심으로 살아야 합니다. 설사 상대가 고의로 잘못을 저질렀더라도 타이르고 용서하고 따뜻하게 감싸주어 바른 길로 인도하는 것이 불자의 도리요 함께 살아가는 이들이 취해야 할 태도입니다.

이제 나에게 있었던 조그마한 일 하나를 이야기하겠습니다.

❀

나는 어려서 통도사로 출가하였습니다. 처음 입산하면 누구나 그러했듯이 밥 짓는 심부름, 공양 나르는 심부름을 하였습니다. 큰 방에 큰스님네들이 죽 둘러앉아 계신 공양시간이 되면 바루에 냉수(천수물)를 따르는 일부터 시작하여 진지, 반찬, 국을 가지고 가장 큰 스님이 계신 자리에서부터 말석에 이르기까지 차례로 돌리게 됩니다.

그런데 대중이 많은 통도사인지라, 천수물 담은 물통이 아주 크고 여간 무거운 것이 아니었습니다. 어린 나이에 그것을 들자니 힘에 부쳐서 끙끙거리게 되었고, 하루는 그렇게 비틀거리며 가는데 방귀가 나오려는 것이었습니다. 아무런 힘을 쓰지 않고 있었다면 참을 수도 있었겠지만, 천수물을 돌리는 것이 바루 공양의 첫 번째 순서였기 때문에 숨 돌릴 틈도 없었습니다.

그래서 억지로 참는다는 것이 그만 큰스님 앞에 가서 물을 따라 드리는 찰나에 '뺑'하고 소리가 나오니 아주 죽을 지경이 됐습니다. 그런데 노장님들이 위로 겸 훈계를 하시는 것이었습니다.

"하아, 그 놈 방귀소리 한번 대단하고 영특하구나. 그 놈 공부 잘하겠다."

§

이런 허물도 야단을 치고 나무라기로 작정하면 한이 없게 마련입니다. 그런데 슬쩍 말을 돌려 감싸 주신 것입니다. 어린 사미인 저는 그 당시 몸 둘 바를 몰라 하였지만, 그 말씀이 어찌나 고마웠던지 두고두고 잊을 수가 없습니다.

우리 불자들은 너그럽고 큰마음을 가지고 남의 허물을 용서해줄 줄 알아야 합니다. 남의 허물을 용서해 줄 수 있는 사람이라야 자기의 허물도 용서받을 수 있습니다.

보살은 출가보살·재가보살·비구·비구니를 막론하고 그 허물을 말하지 말라고 했습니다. 허물을 들추기에 앞서 잘못을 바로잡아 주기 위해 충고하고 나무라고 참회를 시켜야 합니다. 그리고 좋은 방편을 베풀어서 허물을 범한 사람이 다시는 허물을 짓지 않겠다는 결심을 갖도록 해야 합니다. 그것을 충고하고 덮어 주고 고쳐 나가게 할지언정 결코 헐뜯거나 욕하지 말아야 합니다.

　부처님 당시의 큰 제자 가섭 존자迦葉尊者도 부처님께서 설하시는 법문이 어찌나 좋았던지, 환희심이 극치에 이르러 그만 대중 가운데서 일어나 덩실덩실 춤을 추었다고 합니다. 이에 부처님께서는 "대덕 가섭도 저와 같은 행동을 저지를 수가 있느니라"하시며 대중을 경계하셨습니다. 이것을 '가섭기무迦葉起舞'라고 하여 허물을 덮는 대표적인 용어로 불가에서 사용되고 있습니다.

　불자들이여. 모름지기 설사중과계의 뜻을 깊이 명심하여, 교단의 화합은 물론 한 중생이라도 더 성불의 길로 나아갈 수 있도록 불법의 진리를 설하고 정진하시기를 권청드립니다.

　나무범망경보살심지대계.

제7중계
자찬훼타계 自讚毀他戒
나를 칭찬하고 남을 헐뜯지 말라

너희 불자들이여, 자기를 칭찬하고 타인을 비방하거나[自讚毀他] 남을 시켜 자기를 칭찬하고 다른 이를 비방하지 말지며[敎人自讚毀他], 남을 헐뜯는 인[毀他因]과 남을 헐뜯는 연[毀他緣]과 남을 헐뜯는 법[毀他法]과 남을 헐뜯는 업[毀他業]을 짓지 말아야 하느니라.

보살은 마땅히 일체중생을 대신하여 헐뜯음과 욕됨을 받되 나쁜 일은 자기에게 돌리고 좋은 일은 다른 사람에게 양보해야 하거늘, 도리어 자기의 공덕만을 드러내고 다른 사람의 좋은 일을 숨겨서 다른 이로 하여금 훼방을 받게 하는 것은 보살의 바라이죄니라.

若佛子야 自讚毀他하며 亦敎人自讚毀他하야 毀他因과 毀他緣과 毀他法과 毀他業이리요. 而菩薩이 應代一切衆生하야 受加毀辱하야 惡事는 向自己하고 好事는 與他人이어늘 若自揚己德하고 隱他人好事하야 令他人受毀者는 是菩薩의 波羅夷罪니라.

자찬훼타 말고 하심下心하라

　보살의 십중대계 중 제6 '사부대중의 허물을 말하지 말라'고 하는 설사중과계說四衆過戒는 허물 자체를 말하는 것을 경계한 것이고, 이제 살펴볼 제7 자찬훼타계自讚毀他戒는 스스로를 높이기 위해 남을 헐뜯는 것을 다스리는 계입니다.
　자찬훼타계는 다른 사람을 욕되게 함으로써 자신에게 명예와 이익이 돌아오도록 조작하는 것으로, 이는 청정한 본심本心을 크게 어기는 행위입니다. 조금 더 구체적으로 설명해 보겠습니다.
　'스스로를 칭찬한다〔自讚〕' 함은 자신의 공덕을 내세우는 것이요, '남을 헐뜯는다〔毀他〕' 함은 다른 이의 허물과 나쁜 점을 부각시키는 것입니다. 나와 남을 견주어 서로 드러내되, 나는 덕이 있는 사람이요 다른 이는 단점투성이의 존재로 만들어, 그 명예와 이익들을 자신에게로 돌아오게 하는 것. 이것이야말로 자비심을 근본으로 삼는 보살로 하여금 중계를 범하게 하는 결과를 초래하도록 만들어 버립니다.
　오히려 오직 탐하는 마음〔貪心〕으로 자기만을 칭찬하였거나, 분노의 마음〔嗔心〕을 가누지 못해 다른 이를 헐뜯기만 하였다면, 이러한 경우에는 마음을 탁하게 물들인 데 대한 경구죄輕咎罪만 해당됩니다.
　그러나 자기의 명리를 구하기 위해 남을 깎아 내리는 **자찬**

훼타自讚毁他는 추하기 그지없는 행위로써, 단순한 탐욕과 분노심으로 짓게 되는 허물과는 그 죄의 질이 비교될 수조차 없는 것임을 분명히 알아야 합니다.

그리고 남을 시켜서 자기를 칭찬하고 남을 헐뜯게 하는 교인자찬훼타教人自讚毁他의 경우에는 두 가지가 있습니다. 하나는 다른 사람들로 하여금 곧바로 나 자신을 칭찬하게 하고 남을 헐뜯도록 시키는 것이요, 다른 하나는 어떤 이를 교만에 빠지도록 만들어서 그 사람이 스스로 자신의 덕을 찬탄하고 다른 사람을 낮추어 헐뜯도록 하는 경우입니다.

나의 명예를 높이기 위해 직접적인 수단을 동원하거나 다른 사람을 교만 속에 빠뜨리는 그 어느 경우라 할지라도, 이타利他의 보살로서는 절대로 하지 말아야 할 행위이므로, 보살계에서는 이 두 가지 자찬훼타 모두를 무거운 죄로 다스리고 있습니다.

보살은 결코 자찬훼타의 인因과 연緣과 법法과 업業에 사로잡혀서는 안 됩니다. 자기를 칭찬하기 위해 남을 헐뜯겠다는 최초의 한 생각을 일으켜 훼타인毁他因을 심고, 그 최초의 한 생각을 쉬지 않고 이리저리 궁리하여 훼타연毁他緣을 조장하게 되면, 마침내 헐뜯고 칭찬하기에 가장 적절한 구체적인 방법인 훼타법毁他法이 완성되며, 강구된 방법으로 '저 사람은 이러저러하여 나쁘고, 나는 이래서 훌륭하다'고 설명하여 듣는 사람이 납득을 하게 되면 곧 훼타업毁他業을 맺게 됩니다.

　사람들이 모여 사는 세상이라면 자기 자신을 칭찬하는 일이 있게 마련입니다. 서구화의 물결 속에 휩싸인 요즘은 더더욱 자기 피알(PR)시대가 되어버린 듯합니다. 그러나 피알은 하되 자기 교만에 빠져서는 안 됩니다. 그리고 스스로의 생각이나 말이나 행동 속에 교만이 깃들어 있지나 않은지를 늘 돌아볼 줄 알아야 합니다.

　자세히 점검을 해보십시오. 무엇 때문에 자찬을 합니까? 그 까닭은 마음속에 교만심이 있기 때문입니다.

　교만驕慢의 '교驕'는 다른 사람과 견주어 보지도 않고 자기만이 훌륭하다고 생각하는 것이며, '만慢'은 다른 이와 견주어서 가치 이상으로 자기를 평가하는 것을 가리킵니다. 곧 교만은 자기 분수를 올바로 알지 못하기 때문에 짓게 되는 일종의 자기자리 이탈 행위입니다.

　스스로를 칭찬하는 자찬은 이와 같은 교만심리가 저변에 깔려있기 때문에 밖으로 표출되는 것입니다. 그러므로 자기 분수를 제대로 알고, 있을 자리에 있기 위해서는 먼저 교만심부터 항복을 받아야 합니다. 불교에서 '하심下心하라, 하심하라'고 하면서 끊임 없이 마음을 낮출 것을 가르치는 까닭도 이 교만한 마음을 다스리기 위한 것이며, 교만이 사라질 때 참된 나의 모습과 참된 나의 자취가 분명히 드러나게 됩니다.

그리고 단순한 교만에서 한 걸음 더 나아가 남을 헐뜯고 나쁜 구렁텅이에 몰아 넣어가면서까지 자신을 찬탄하는 것은 참된 보살의 도와 정면으로 위배되는 것이기 때문에 용납될 수가 없습니다.

남을 헐뜯어가면서까지 자신을 추켜세우려는 이 자찬훼타의 저변에는 탐욕심과 명예욕만이 아니라 다른 사람 위에 군림하려는 허황된 과대망상이 숨겨져 있습니다. 자신의 수행과 학덕이 남보다 훌륭하더라도 스스로 겸양하고 하심할 줄 아는 것이 불자의 도리인데, 하물며 부처가 되는 보살도를 닦아 나아가는 사람이 남의 윗자리나 넘보고, 자신의 훌륭한 덕을 가장하기 위해 남에게 손상을 입히는 짓을 하여서야 되겠습니까?

만약 자기의 수행과 덕망이 부족한 이가 권모술수를 동원하여 남의 덕을 헐뜯거나, 다른 사람의 공덕을 자기에게로 돌려서 스스로를 위대하게 만들고 명리를 취하였다고 합시다. 그는 곧 남을 희생시키는 살생을 범한 것이고, 남의 자리를 도둑질한 것이며, 자신의 없는 도력을 있는 것으로 꾸미고 허물이 없는 사람을 허물이 있는 사람으로 만든 것이니, 대망어죄大妄語罪까지 함께 저지른 것이 됩니다.

누구든지 이와 같은 행위를 하였다면, 그는 이미 불자로서의 자격을 상실하였을 뿐만 아니라, 스스로 지옥의 문을 열고 들어가는 죄업을 지었다는 것을 분명히 깨달아야 합니다. 불자의 수행에 조그마한 도움조차 되지 않는 자찬훼타의 허물을 불자 스스로가 짓는 것이야말로, 장차 부처가 될 수 있는 높은 지위를 버리는 행위이니만큼, 절대로 자찬훼타의 구업口業만은 범하지 않아야 합니다.

지금 남을 헐뜯어 내리고 자기를 추켜세워서 당장의 목표는 달성할 수 있을지 모르지만, 그 죄를 감당하지 못하여 마침내는 금생에도 씻지 못할 오욕을 남기고, 죽은 다음에는 지옥에 떨어져 한없는 괴로움을 받게 되는 것입니다.

칭찬도 비방도 마음에 두지 말라

이제 자찬과 훼타에 대한 구체적인 내용들을 살펴보겠습니다.

어떠한 경우를 '남을 헐뜯음〔毁他〕'이라 하는가?
① 상대방의 덕德에 허물이 있다고 말하는 것
② 덕이 있는데 없다고 말하는 것
③ 덕이 많은데 적다고 말하는 것
④ 죄가 없는데 있다고 하는 것
⑤ 적은 죄를 크고 많은 것처럼 교묘하게 말하는 것
등입니다.

그리고 누구를 헐뜯었느냐에 따라 죄의 경중이 다릅니다.
① 많은 대중을 헐뜯는 죄가 가장 무겁고
② 성인 ③ 현인 ④ 자기 스승 ⑤ 법을 전하는 화상 ⑥ 덕이 있는 이 ⑦ 덕이 없는 이 ⑧ 사람이 아닌 용·야차·귀신 및 축생의 순입니다.

스스로를 칭찬하는 자찬自讚의 경우에도
① 스스로 성인의 깨달음을 얻었다고 할 때가 가장 큰 죄요
② 자신이 계戒·정定·혜慧 삼학三學을 다 갖추었다고 할 때
③ 계정혜 삼학 중 어느 하나를 얻었다고 할 때
순으로 경중을 삼고 있습니다.

실로 그 대상이 누구이거나간에, 남의 좋은 일을 칭찬해주고 나쁜 것을 숨겨 주는 것은 덕이 되지만, 자기를 칭찬하거나 자신의 명리를 위해 남을 헐뜯는 것은 큰 죄가 됩니다. 더욱이 상대방에게 허물이 없는데도 불구하고 헐뜯는다면 더더욱 죄가 커지고, 상대가 덕망이 큰 사람일 경우에는 죄업이 더욱 깊어지게 됩니다.

특히 나이 많은 수행인이나 덕망이 높은 선지식이 공경과 큰 공양을 받는 것을 보고, 수행력이나 학덕이 없는 승려가 그와 같은 대접을 받고자, "나도 도가 저 스님들과 같다"고 거짓말을 하는 경우가 있습니다. 심지어는 덕망이 높은 선지

식을 헐뜯고 모함하면서까지 자기를 높이는 경우가 있는데, 결국은 큰 죄만 지을 뿐 아무런 이익도 돌아오지 않게 됩니다.

진실이 아닌 것은 결국 드러나기 마련입니다. 아니, 그 허물로 인해 이제까지 닦아 놓은 작은 덕까지 모두 깎아 없애고, 죽어서는 지옥에 떨어지게 됩니다.

불법을 만나 부처님의 은혜를 입고 시주의 공양을 받았으면 마땅히 부지런히 수행하고 능력껏 중생을 교화해야 하거늘, 다른 도력 있는 분을 헐뜯으면서까지 자신을 추켜세워 존경을 받고자 한다면, 이는 부처님과 불교 전체를 욕되게 하는 일이 되고 맙니다.

잘 기억하십시오. 자찬훼타계의 정신은 다른 것이 아닙니다. '살려라'입니다.

"자기의 이기심을 버리고 다른 이를 살려라."

이것이 자찬훼타계의 참 뜻이요 보살정신의 기본입니다. 이 이타利他의 정신은 곧 자리自利로 연결됩니다. 모든 이기심을 버리고 상대를 살릴 때 성불의 문이 열리게 되고, 보살도는 구현됩니다. 잠깐 한 편의 이야기를 함께 살펴봅시다.

❇

옛날 배나무골에 대조적인 두 집안이 있었습니다. 박서방네 집은 몹시 가난하고 아들딸이 많은데도 늘 화목하고 평온

하며, 즐거운 웃음소리가 끊이지를 않았습니다. 반면 최서방네 집은 살림도 넉넉하고 식구도 적었지만 하루도 조용한 날이 없이 집안이 시끄러웠고, 서로 다투는 일이 많았습니다.

하루는 최서방이 박서방의 집 앞을 지나다가 발걸음을 멈추고 생각하였습니다.

'박서방네는 집도 좁고 살림도 빈궁하고 식구들도 많은데, 어찌 늘 화기애애하기만 한 것일까?'

그는 박서방 집으로 들어가 물었습니다.

"박서방, 이 댁 식구들은 의좋고 화목하기로 소문이 났는데, 나에게 그 비결을 좀 가르쳐 주시구려."

"글쎄요. 특별히 말씀드릴만한 것이 없는데요."

이때 박서방의 막내가 밖에서 뛰어 들어오며 외쳤습니다.

"아버지, 큰일 났어요! 소가 보리밭에 들어가 보리를 마구 뜯어먹고 있어요."

박서방의 식구들은 모두 쫓아나가 집 앞의 보리밭으로 달려갔습니다. 가서 보니 소가 보리를 뜯어먹고 있다가, 사람들이 몰려오자 놀라서 이리 뛰고 저리 뛰며 보리를 짓밟기 시작했습니다. 이 광경을 지켜본 최서방은 생각했습니다.

'이제 식구 중 누군가가 호되게 꾸지람을 듣겠군.'

그때 박서방이 식구들을 향해 말문을 열었습니다.

"허, 그것 참. 아침 일찍 소를 풀밭 근처에 내어놓았어야 했는데 내가 실수를 했군.”

"아니에요. 아침에 여물을 배부르게 먹였더라면 이런 일이 없었을 텐데, 제 잘못이에요."

부인이 이렇게 말하자 큰아들도 진지하게 거들었습니다.

"아버지 어머니, 제가 점심 때 소를 몰고 뒷산 풀밭에 갔다 오려고 했는데 깜빡 잊어버려 이렇게 되었습니다."

냇가에서 빨래를 하고 온 며느리가 말했습니다.

"오늘따라 빨래하기에 정신이 팔려 소를 제대로 간수하지 못해 죄송합니다."

박서방네 식구들의 이야기를 들은 최서방은 문득 깨달았습니다.

'바로 이것이었구나!'

⁂

이 이야기 속의 박서방네는 자찬훼타와는 정반대되는 삶을 살아가고 있었습니다. 잘못된 일에 대해 서로가 '내 탓'이라고 하면서 오히려 상대를 감싸주고 보호하는 마음. 이것이 바로 보살의 마음입니다.

이렇게 나쁜 일을 자기에게 돌리고 좋은 일을 다른 사람에게 양보하게 되면 모든 다툼이 저절로 멈추고, 평화와 행복이 넘쳐납니다. 이러한 마음이면 보살도가 구현되지 않을 까닭이 없습니다.

바로 이러한 까닭으로 부처님께서는 자찬훼타계를 제정

하여 보살도의 근본정신을 깨우치고, 보살행을 실천하면서 생겨나기 쉬운 허물은 미리 다스리게 한 것입니다.

그리고 이 자찬훼타계를 범하였지만 파계가 되지 않는 예외의 경우도 알아두어야 합니다.

만일 삿된 도에 떨어진 사람을 달래고 가르쳐서 정도로 돌아오게 하기 위한 경우나, 이승二乘에 빠져있는 이들을 깨우쳐서 일승一乘으로 나아가게 하기 위해서라면 남을 헐뜯고 자기를 추켜세우는 자찬훼타의 말을 할 수도 있습니다. 그러나 이때에도 그 마음은 진실하여야 합니다. 중생을 가없이 여겨 크게 교화하려는 지혜로운 마음과 정법의 기치를 세우려는 큰 원력으로 임해야 하는 것입니다.

마지막으로 한 가지 더 당부할 것은, "수행하는 사람, 보살계를 받고 심지법문心地法門을 지닌 사람은 칭찬하는 말이나 헐뜯는 말에 마음을 두지 말아야 한다"는 것입니다. 곧 '훼찬양무심毁讚兩無心'이 되어야 합니다.

이것은 바로 자기가 칭찬이나 훼방을 당하였을 때 마음에 두지 말라는 가르침입니다. 헐뜯을 것도 없고 칭찬할 것도 없는 것이 심지心地라는 것을 분명히 알면 이 말조차 쓸 데 없는 소리에 불과합니다.

마음 땅·마음 밭인 심지의 광명은 언제나 모든 중생과 하나가 되어 있습니다. 이 심지의 광명을 늘 돌아보면서, 좋은 일은 남에게 돌리고 나쁜 것은 오히려 나에게 돌릴 줄 아는 참된 보살이 되도록 노력해야 합니다.

보살의 길은 자찬훼타가 아닙니다. 모든 다툼을 회통會通시켜 참된 진리를 찾고, 화합과 통일의 길로 나아가는 것이 보살의 길입니다. 또한 자찬훼타계의 궁극적인 목적이 자찬과 훼타를 막아 함께 보살도를 구현하고 무상보리無上菩提의 세계로 함께 나아가고자 하는데 있다는 것을 잊지 마시기를 당부 드립니다.

나무범망경보살심지대계.

제8중계
간석가훼계 慳惜加毁戒
나의 것을 아끼고자 남을 헐뜯지 말라

너희 불자들이여, 스스로 인색하거나(自慳) 남을 인색하도록 가르치지 말지며(教人慳), 인색의 인(慳因)과 인색의 연(慳緣)과 인색의 법(慳法)과 인색의 업(慳業)을 짓지 말지니라.

보살이라면 일체 가난한 사람이 와서 구걸할 때 그가 구하는 온갖 것을 주어야 할 것이거늘, 보살이 나쁜 마음과 미워하는 마음으로 돈 한 푼, 바늘 하나, 풀 한 줄기도 보시해 주지 아니하며, 법을 구하는 이에게 한 구절의 법문과 한 마디의 게송과 작은 법 하나도 가르쳐주지 아니하고, 도리어 나쁜 말로 욕설을 하는 것은 보살의 바라이죄니라.

若佛子가 自慳教人慳하야 慳因과 慳緣과 慳法과 慳業이리요. 而菩薩이 見一切貧窮人求乞者어던 隨前人所須하야 一切給與어늘 而菩薩이 以惡心과 瞋心으로 乃至不施一錢一針一草하고 有求法者라도 不爲說一句一偈一微塵許法하고 而反更罵辱者는 是菩薩波羅夷罪니라.

나의 것을 아낀다는 것

제8 간석가훼계慳惜加毁戒는 자기의 것을 아끼고자 남을 헐뜯는 일을 하지 말 것을 밝힌 계입니다. 제7계와 제8계 모두 남을 헐뜯는 것과 관련이 있지만, 앞의 자찬훼타계는 명리나 재물을 구하기 위하여 자기를 칭찬하고 남을 헐뜯는 경우요, 이 간석가훼계는 내가 가진 것을 내어놓지 않기 위해서 남을 헐뜯는 경우를 경계한 것입니다.

곧 제7계는 구하기 위해 추악한 모습을 보이는 것을 다스리는 계이지만, 이 제8계는 이미 자기 것이 된 것을 아까워하는, 마음속의 욕심을 막기 위해 제정한 계입니다.

먼저 경문에서는 자간自慳이라고 하였습니다. 자간은 '재물이나 법을 스스로 아낀다'는 말이지만, 이 계의 본의는 자기의 것을 아끼기 위해 남을 중상비방하고 헐뜯는 것을 경계하는 데 있으므로, 그 뜻을 확대하여 해석하는 것이 옳습니다.

곧 재물이나 법을 베풀지 않기 위해 없다고 말하거나, 놀부처럼 손이나 몽둥이로 때리고 몰아내거나 나쁜 말로 욕하여 쫓아내는 구체적인 행동뿐만 아니라, 일부러 자리를 피하는 것까지 다 포함이 될 수 있습니다.

그리고 다른 사람을 시켜서 이 계를 범하는 교인간敎人慳에는 두 가지 경우가 있습니다. 시키는 사람인 내가 나의 재물이나 법을 아끼기 위해 남을 헐뜯도록 시키는 경우와, 내가 아닌 그 사람 자신의 것을 아끼게 하기 위해 남을 헐뜯도록 시키는 경우입니다. 물론 이 경우, 자신을 위하였으면 중죄가 되고 다른 사람을 위하였으면 가벼운 죄가 됩니다.

보살은 모름지기 자간自慳과 교인간敎人慳을 짓지 말아야 할 뿐 아니라, 마음속에서부터 법과 재물을 아끼는 생각이 없어져야 합니다. 그것을 경문에서는 "인색의 인과 인색의 연과 인색의 법과 인색의 업을 짓지 말지니라"는 말로 표현하였습니다.

마음속에서 인색한 한 생각이 일어나면 그것이 곧 인색의 인인 간인慳因이요, 아껴야 할 구체적인 이유를 찾아 인색한 마음을 확고히 하는 것이 인색의 연인 간연慳緣이며, 주지 않기 위해 동원할 욕설과 구타 등의 구체적인 방법을 확정짓는 것이 간법慳法이요, 이런 과정을 거쳐서 마침내 남을 헐뜯으면서 내 것을 아끼게 되었으면 간업慳業을 지은 것이 됩니다.

대승불교는 자각각타自覺覺他, 곧 나도 깨닫고 남도 깨닫게 하는 것을 본령으로 삼고 있으며, 그 구체적인 실천덕목으로는 보시·지계·인욕·정진·선정·지혜의 육바라밀을 꼽을 수 있는데, 그 중에서도 보시布施가 으뜸이 됩니다.

보살의 수행에 있어 보시바라밀布施波羅蜜을 첫머리에 두는 까닭은 탐욕이 육도윤회의 근본 뿌리가 되기 때문입니다. 곧 탐욕을 끊어야만 참된 보시가 이루어지고, 보시를 즐겨 행할 때 탐욕심이 저절로 사라지게 된다는 것입니다.

보살의 발심과 수행은 보시로부터 비롯됩니다. 친소親疎

를 가리지 않고 재물과 법을 남김없이 베풀 때 탐욕과 모든 애착이 떨어져서 깨달음의 진리와 계합하게 되는 것입니다. 그런데 좋고 나쁜 것을 핑계 삼아 베풀지 않을 뿐더러, 오히려 남에게 해를 끼치기까지 하여서야 되겠습니까?

보살이 되려면 그 무엇보다 탐욕심을 다스리는 것이 가장 중요합니다. 왜? 모든 허물이 탐욕을 뿌리로 삼고 있기 때문입니다. 탐욕이 인색을 낳고, 탐욕심을 채우기 위해 욕설[惡口]과 이간질[兩舌]과 중상모략을 거침없이 내뱉게 되며, 심하면 분노에 휩싸여 폭력과 살상의 죄까지 저지르게 됩니다. 이것이 가훼加毁입니다.

그런데 탐심과 진심 가운데 무엇이 더 무서운 것인가? 부처님께서는 『우바리문경優波離問經』을 통하여 탐심보다 진심이 더욱 큰 죄가 된다고 말씀하셨습니다. 다시 말하면, 탐하는 것을 뜻과 같이 얻지 못하게 되었을 때, 큰 죄를 향하여 한 걸음 더 나아간 것이 진심입니다.

진심은 참으로 무서운 것이며, 본성을 어기는 큰 죄가 됩니다. 어찌하여 진심이 본성을 어기는 큰 죄가 된다고 하는 것인가? 진심이 일어나면 중생을 자비심으로 거두어들이는 방편을 베풀 수 없게 되기 때문입니다.

성내고 분노하여 어떤 이득을 취할 수 있습니까? 죄업과 번뇌만을 더욱 기르게 되고, 불쌍히 여기거나 연민하는 자비심을 아주 잃어버리게 됩니다.

내 것을 아끼는 탐심에서 시작하여 남을 해치는 진심으로 나아가는 것을 막기 위해 제정한 간석가훼계. 보살계를 받고 보리심을 일으킨 보살이 어찌 자신의 재물이나 법을 아끼기 위해 남을 헐뜯고 가해할 수 있겠습니까?

어떤 사람이 재물을 구하거나 법을 청할 때 아끼는 마음으로 베풀어주지 않을 뿐 아니라 다시 욕하고 헐뜯고 가해한다면, 이는 중생을 교화하는 보살의 도를 완전히 망각하는 행위입니다. 그러므로 중죄를 얻게 될 수밖에 없습니다.

나아가 탐심과 진심이 바탕이 되어 짓게 되는 간석가훼계를 범한 죄는 매우 무겁습니다. 헐뜯은 죄로 인해 삼악도三惡道에 떨어져서 고통을 받은 다음, 다시 재물을 아낀 죄로 인해 세세생생에 가난한 과보를 받으며, 법을 아낀 죄로 우둔한 과보를 받게 됩니다.

간탐이 얼마나 큰 죄업인 줄을 알지 못하고, 내 것을 아끼기 위해 남에게 욕을 하고 매질까지 하는 자, 장차 그에게 다가올 업보를 결코 가볍게 생각해서는 안 됩니다.

만약 이제까지 인색한 마음 때문에 정신적으로나 육체적으로 다른 사람을 괴롭혀 왔다면 마땅히 참회하고 그와 같은 허물을 짓지 말아야 할 것입니다. 아무리 허물이 커도 참회가 올바르면 죄업의 구렁텅이에 빠져들게 되고, 보시를 즐겨 행하게 되면 많은 선근善根을 이끌어 들일 수 있게 됩니다. 모든 것은 마음 한 번 바로 쓰고 잘못 쓰는 데 달려 있습니다. 마음 한 번 바로 쓰면 천당과 극락으로 가고, 탐욕심으로 성을 내고, 성을 내어 죄를 저지르면 곧 지옥과 삼악도에 떨어지게 됩니다.

내 것을 아끼는 마음은 아주 끊기가 어려운 뿌리 깊은 업장입니다. 따라서 사람들이 자신의 재물이나 법을 소중하게 여긴 나머지 자신의 것을 아끼는 자체가 큰 문제를 일으키지는 않습니다. 문제는 스스로가 인색하게 변해가는 데 있고, 주지 않기 위해 상대를 욕하고 해치는 데 있습니다.

"내 것을 저 놈이 왜 자꾸 달라고 하는가?"

"저 친구들은 왜 내가 힘들여서 체득한 불법을 그냥 가르쳐달라고 하는 것인가? 이것은 나 혼자만 알고 있어야 한다. 다른 사람에게 가르쳐 주면 내 값이 떨어지리라."

이러한 인색한 생각 속에 빠져든 다음, 내가 주지 않고 가르쳐주지 않는 것이 나의 실덕失德이 아니라 상대의 잘못이라는 것을 입증하기 위해 중상모략을 하거나 성을 내어 가훼를 하게 되는 것이 문제입니다.

줄 수 있는 것은 주라

그럼 보살은 어떻게 해야 하는가?

보살의 마음가짐은 결코 간탐과 인색이 될 수는 없습니다.

뭇 생명 있는 자에게 은혜를 베풀고자 하는 그 마음이 기본이 됩니다. 인색한 마음을 베풂의 마음으로 바꿀 수만 있다면 큰 복은 저절로 찾아들고, 누구나 능력껏 은혜를 베풀 때 수많은 좋은 일과 함께 위없는 깨달음의 문은 열리게 됩니다.

경문에서도 보살의 해야 할 일로 마땅히 '일체빈궁인一切貧窮人에게 베풀어야 한다'고 하였습니다. 일체라 함은 승속남녀 모두를 가리키며, 빈궁에는 두 가지가 있습니다. 첫째는 물질이 가난하기 때문에 재물을 필요로 하는 사람이요, 둘째는 마음이 가난해서 법을 구하는 사람입니다.

이와 같은 물질과 마음이 빈궁한 사람이 와서 구할 때, 그 구하는 바에 따라 마음과 물질을 능력껏 베풀어 주고자 하는 이가 보살입니다.

재물을 구하고자 하는 경우, 만일 능력이 없어 그 요구를 들어줄 수가 없다면 따듯한 말 한 마디라도 할 줄 알아야 하고, 그 사람으로 하여금 희망과 용기를 가지고 살아갈 수 있는 길을 제시할 줄도 알아야 합니다.

법을 보시해야 하는 경우라면 불법은 물론이고 세속의 법률이나 경제·역사·의학·위생에 관한 것 등을 아는 대로 자비심으로 정성껏 가르쳐주어야 합니다. 병으로 고통을 당하는 이가 있다면 그 병에 대한 지식을 아는 대로 일러주고 치료를 특별히 잘 하는 의사를 알 경우에는 서슴없이 인도해

주어야 합니다.

그렇다고 하여 모든 사람에게 무조건 베풀라는 것은 아닙니다. 때때로 그 대상에 따라서는 법을 베풀지도 재물을 주지도 말아야 할 경우가 있습니다. 법을 수용할 기틀이 전혀 갖추어져 있지 않은 사람, 깊은 법문을 듣고서 비방할 사람에게는 법을 보시하지 말아야 합니다.

그 법을 설해주지 않음으로써 상대의 나쁜 마음을 꺾을 수 있는 경우, 법을 묻는 당사자가 공손하지도 존중하지도 않은 태도로 임할 경우, 몸가짐을 정돈하지 않았을 경우, 상대의 근기가 매우 우둔하여 묘한 법문을 들으면 오히려 두려운 마음을 내게 되는 경우, 법문을 듣고 오히려 삿된 소견을 더욱 기르게 되는 경우, 법문을 듣고 헐뜯거나 비방을 할 염려가 있는 경우, 법문을 듣고 그것을 나쁜 사람들에게 말해주어 정법을 파괴할 염려가 있을 경우에는 법문을 하지 말아야 합니다.

그리고 보시해서는 안 될 재물이 있습니다. 그 재물로 나쁜 짓을 하거나, 또는 재물로 말미암아 화를 당하게 되는 경우, 또는 어떤 목숨을 해롭게 하게 되는 등의 염려가 있는 경우에는 보시하지 않는 것이 마땅합니다.

그리고 재물을 보시하지 않고 야단을 치거나, 법을 가르쳐 주지 않고 꾸짖더라도 계를 범한 것이 되지 않는 예외의 경우도 있습니다. 상대의 악을 고치기 위해 나쁜 마음이나 성내는 감정 없이 그를 꾸짖어 뉘우치게 하였다면 이는 오히려 큰 보살의 적절한 방편이요 묘용인 것입니다.

또한 여러 경전에서는, '보살이 비록 적은 법보시나 얼마 안 되는 재물을 보시하고도 그 공덕을 무상정등정각의 보리에 회향하면 한량없는 큰 과보를 성취하게 된다'고 말씀하셨습니다. 적은 재물을 삼보전에 보시하거나 보리 한 줌을 보시하고 나서, 위없는 그 공덕을 보리를 향하여 회향하면 그 힘으로 한량없는 과를 얻게 되는 것입니다.

간석가훼계의 참뜻은 보시에 있습니다. 재물과 법을 아끼는 것이 아니라 중생을 아끼고 사랑하는 마음으로 널리 은혜를 베풀어서, 중생심의 밑바닥에까지 깊이 뿌리를 내리고 있는 간탐심을 보리심으로 바꾸어 놓아야 합니다. 이것이 '나의 것을 아끼고자 남을 헐뜯지 말라'는 간석가훼계慳惜加毁戒를 제정하신 부처님의 참뜻임을 꼭 기억하시기 바랍니다.

나무범망경보살심지대계.

제9중계
진심불수회계 嗔心不受悔戒
성내어 참회를 물리치지 말라

너희 불자들이여, 스스로 성을 내거나[自嗔] 남에게 성을 내도록 가르치지 말지며[敎人嗔], 성내는 인[嗔因]과 성내는 연[嗔緣]과 성내는 법[嗔法]과 성내는 업[嗔業]을 짓지 말지니라.

보살은 마땅히 일체 중생에게 착한 마음으로 대하여 다투는 일이 없도록 하고, 항상 자비심과 효순심을 내어야 할 것이거늘, 도리어 일체 중생이나 중생이 아닌 물질에 대해서라도 나쁜 말로 욕설을 하고 폭행을 하고 칼로 가해하고도 마음속의 성을 풀지 아니하거나, 그 사람이 뉘우쳐서 진실로 참회를 구하는 데도 오히려 성난 마음을 풀지 않으면 이는 보살의 바라이죄니라.

若佛子야 自嗔이어나 敎人嗔하야 嗔因과 嗔緣과 嗔法과 嗔業이니라. 而菩薩이 應生一切衆生의 善根無諍之事하야 常生慈悲心과 孝順心이어늘 而反更於一切衆生中과 乃至於非衆生中에 以惡口罵辱하며 加以手打하며 及以刀杖하고도 意猶不息하야 前言求悔하야 善人懺謝하야도 猶嗔不解者는 是菩薩의 波羅夷罪니라.

성을 내지 말라

　제9 진심불수회계는 성난 마음을 진정하지 못하여 참회하는 것을 물리쳐서는 안 된다는 것을 밝힌 계입니다. 제8 간석가훼계는 간탐심을 다스리는 것에 초점을 맞추었고, 이 계는 간탐이 마음대로 되지 않을 때 빠져들게 되는 성냄을 다스리고자 제정한 것입니다.

　경문에서는 진심瞋心을 자진自瞋과 교인진敎人瞋으로 나누었습니다. 자진은 자기 마음에 맞지 않는 경계에 대해 분한 마음을 일으키는 것입니다. 이 진심 속에 스스로 휘말리게 되면 본심을 잃음은 물론, 주위의 모든 사람까지 해롭게 만들어 버립니다. 그리고 교인진은 남을 시켜서 성내는 마음을 일으키게 하는 것입니다.

　보살은 모름지기 스스로 성을 내거나 남을 분노 속에 휘말리게 해서도 아니 되며, 성내는 인因 · 연緣 · 법法 · 업業에 빠져드는 일이 없어야 합니다.

　처음 한 생각 성내는 마음을 일으켜 진인瞋因을 심게 되면, 여러 가지 사연들을 끌어들여 처음 일어난 분노심을 더욱 부채질합니다. 이것이 진연瞋緣이며, 인과 연이 합하여지면 화풀이를 할 구체적인 방법인 진법瞋法이 확정됩니다. 그 결과 참회를 받아들이지 않고 욕을 하거나 때리는 등의 진업瞋業을 짓게 되는 것입니다.

이것이 분노 속에 사는 중생의 흐름입니다. 그러나 보살은 이와 같은 흐름을 따라 살아서는 안 됩니다. 오히려 그 흐름을 되돌려 본래의 원천인 본원심지本源心地의 세계로 나아가야 합니다.

"한 생각 진심이 일어나면 백만 가지 장애의 문이 열리느니라〔一念嗔心起 百萬障門開〕."

『화엄경』에 있는 이 구절은 한 생각 진심을 처음 일으킬 때 모든 장애가 동시에 일어나게 된다는 것을 일깨워주는 말씀입니다. 하물며 진심을 일으키는 인연을 끌어들여 진업을 짓는다면 곧바로 재앙을 받게 되거나 세세생생 풀기 어려운 원한을 맺을 수도 있습니다. 그러므로 이 진심만은 삼가고 삼가 해야 합니다.

여러 경전에서는 성을 많이 내면 삼악도에 떨어지게 되고, 사람으로 태어나더라도 다른 사람으로부터 항상 잘못한다는 비판을 받거나 괴롭힘을 당하게 된다고 하였습니다.

또한 진심을 극도로 일으키면 온갖 죄악의 길로 빠져들게 됩니다. 그 결과 살생을 할 수도, 큰 거짓말을 할 수도, 도둑질 등을 저지를 수도 있게 되고, 그 결과에 따라 결죄結罪가 되는 것입니다.

실로 이 진심은 우리의 삶을 지옥으로 만들어 놓습니다. 탐심과 진심이 만들어놓은 혹독한 고통의 세계, 그것이 지옥인 것입니다. 특히 진심은 도산지옥刀山地獄과 열지옥熱地獄

을 만들어 냅니다.

　자기 마음대로 되지 않을 때 화를 벌컥 내고 욕을 하는 이 것이 지옥의 칼날을 만들어 내는 도산지옥입니다. 진심을 크게 일으킬 때마다 마음속으로부터 튀어나온 칼이 산을 이루어 내세의 우리를 기다리고 있는 것입니다. 큰 성을 낼 때마다 큰 칼이 튀어나오고, 큰 총알이 터져 나옵니다.

　현재 인류가 만든 가장 큰 무기는 원자폭탄입니다. 인류의 몰지각한 탐욕심이 강성할 대로 강성해졌기 때문에 원자폭탄과 같은 무서운 폭탄이 만들어진 것이며, 분노의 마음이 원자탄을 터뜨리는 스위치가 되어 인류를 파멸의 위기 속으로 몰아넣을 수도 있습니다.

　그러나 우리가 만일 본성을 잃지 않고 참회하며 불심으로 사는 이가 많게 되면 자연히 원자탄·수소탄과 같은 무서운 무기들은 터지지 않게 되고, 설사 터진다고 하더라도 사는 길이 열리게 됩니다. 이것이 불법이고 묘법이며 위신력입니다.

　잠시 이야기가 원자탄 쪽으로 돌려졌습니다만, 중생이 화를 내고 욕설을 하고 매질을 함에 따라 눈에 보이지 않는 마음의 기운이 업도(業刀 : 업의 칼)를 하나하나 만들어 내고, 그 업이 무르익으면 마침내 도산지옥에 가게 되는 것입니다. 그리고 자꾸 화를 내어 남을 해롭게 하고 살상殺傷을 저지르게 되면 그것이 열지옥의 불길을 더욱 거세게 만들고 마는 것입니다.

 이제 간탐과 분노로 지옥의 문을 연 실화 한 편을 살펴보도록 합시다.

❀

 수십 년 전, 경주에 아주 신비할 정도로 의술이 뛰어난 한 의사가 있었습니다. 아무리 난치병이라도 이 의사로부터 치료를 받으면 며칠 만에 거뜬히 낫는 명의였습니다. 그러나 그 의사는 재물에 대한 집착이 너무나 강했습니다. 그는 큰아들이면서도 돈을 아끼느라 어머니를 봉양하지 않았으므로, 가난한 작은 아들이 어머니를 모시고 살았습니다.

 어느 때 그 어머니가 병이 심하게 들자, 작은 아들은 어머니를 업고 형님을 찾아갔고, 진맥을 한 다음 머리를 끄덕이는 형에게 아우는 물었습니다.

 "형님, 어머니의 병명이 무엇인지요? 고칠 수 있겠습니까?"

 "좀 어려운 병환이긴 하지만 고칠 수는 있지. 그런데 너 돈은 가지고 왔느냐?"

 "무슨 돈을 말씀하십니까?"

 "어머니 약값 말이다. 약값을 내야 할 것 아니냐?"

 "아니 형님! 아무리 돈을 좋아하여도, 어머님 병환을 치료하면서까지 돈을 받으려 하시다니요?"

"약값을 안 내면 안 된다. 모시고 집으로 가거라."

아우는 기가 막히고 어이가 없고 화가 치밀어 올라 어머니를 다시 업고 가면서 욕을 퍼부어 댔습니다.

"사람의 탈을 쓰고 어찌 그런 짓을 할 수 있소?"

그 모습을 지켜보고 있던 의사 부인도 남편의 하는 짓이 인간의 행위로 보이지 않았지만, 꾹 참고 한 가지 꾀를 냈습니다. 그날 저녁, 부인은 진수성찬을 마련하고, 전에 없이 친절하게 밥상 시중을 들면서 남편의 마음이 누그러진 틈을 타서 물어 보았습니다.

"대관절 어머님의 병명이 무엇입니까? 혹 중환이라도 드신 것은 아닙니까?"

"중환은 아니지만 그 병은 나 아니면 못 고칠 걸?"

"어머니 병환에 무슨 약을 써야 하길래 당신이 아니면 안 됩니까?"

큰 아들은 부인이 살살 꾀는 바람에 무심결에 병 이름, 약 방문을 다 가르쳐주고 말았습니다. 부인은 수십 년 동안 남편 곁에서 약 만드는 것을 도와 왔기 때문에 한 번 들어 다 알 수가 있었고, 이튿날 아침에 약을 조제하여 시어머니께 갖다 드렸습니다.

아우가 돈을 가지고 다시 와서 약을 지어 갈 줄로 믿고 있었던 큰아들은 며칠이 지나도 소식이 없자 궁금증을 이기지 못해 사람을 시켜 알아보았습니다. 그 결과, 어머니가 병이 나아 걸어다닌다는 것이었습니다.

'어머니의 그 병환은 내가 아니면 치료하기 힘든데 어떻게 나았을까?'

곰곰이 생각한 끝에 범인이 자기 부인임을 알게 된 그는 크게 분노하여 아내의 아혈啞穴이라는 경락經絡에 침을 놓아 말을 할 수 없게 만들었습니다.

§

이상은 실제로 있었던 일입니다. 아무리 돈 욕심이 많다고 하더라도 자기 어머니의 병을 어찌 돈을 받고 치료하며, 어머니의 병을 자기 몰래 고쳐 드렸다고 하여 진심을 내어서 아내를 벙어리로 만들어 놓을 수 있겠습니까? 이 사람은 죽어 분명 도산지옥이나 열지옥에 떨어졌을 것입니다.

탐심과 진심에 포로가 되면 인간은 상식을 벗어난 행위 속으로 빠져듭니다. 모름지기 탐심과 진심을 멀리하여 지옥의 씨앗을 심지 말아야 할 것입니다.

참회는 허물을 벗는 행위

그런데 진심불수회계는 경문에 나타난 바대로 단순히 진심을 일으키는 사실 하나만을 가지고 제정한 것은 아닙니다. 진심을 일으킨 그 자체가 큰 죄업이긴 하지만, 마음의 분노를 풀지 못하여 다른 사람이 과거의 잘못을 진정으로 참회하는 것을 받아주지 않는 것이야말로 바라이죄로 결죄結罪된다는 것을 밝히고 있습니다.

이 계에서 진심을 내는 그 자체보다, 참회하는 상대방에게 진심을 내어 응해주지 않음을 더 큰 죄로 규정한 데는 까닭이 있습니다. 그것은 모든 보살계가 자기 자신만 잘못을 저지르지 않으면 된다는 소승의 틀에서 벗어나 중생 구제에 더 큰 비중을 두고 있기 때문이며, 이타利他를 자리自利로 삼는 보살도를 구현시키는 데 목적을 두고 있기 때문입니다.

그러나 이 자리이타의 길을 걷는 보살이라고 하여 완벽한 인격을 갖춘 존재는 아닙니다. 그리고 중생은 다생을 살아오면서 각각 자기 나름대로 익힌 생활 습관이 있습니다. 불교에서는 이를 숙세宿世에 익힌 훈습熏習 또는 습기習氣라고 하는데, 중생은 다생을 두고 윤회전생하면서 익힌 훈습을 스스로의 잠재의식 속에 간직함으로써 깊은 주관적 근기根機를 형성하고 있습니다.

그런데 서로 익힌 습관이 다르고 근기가 다른 사람들끼리 모여서 생활을 하고 수행을 하다 보면 서로 맞지 않는 일도 있고 도저히 용납할 수 없는 경우도 있으며, 성도 내기 마련입니다.

그럼 이러한 일들이 일어날 때 어떻게 해야 하는가? 부처님께서는 이에 대해 분명히 설하셨습니다. 상대방이 과오를 범하였을 때는 적절한 충고를 해주어야 하며, 본인 스스로가 잘못을 알고 참회할 때는 반드시 그 참회를 받아주어야 한다고 가르쳤습니다.

만일 그 참회를 받지 않으면, 허물은 도리어 참회를 받지 않은 사람 쪽으로 되돌아 간다고 하셨습니다. 허물을 저지른 이가 자신의 잘못을 뉘우치고 용서를 빌 때 그 용서를 받아주지 않는 것 자체가 큰 허물이 된다는 것입니다. 더욱이 나쁜 마음으로 진심을 일으켜서 참회를 거부하는 것은 보살로서는 절대로 하지 말아야 할 행위입니다.

왜 허물을 참회하면 반드시 받아 주어야 하는가?

일체 중생의 본성은 다 거룩하고 청정한 불성佛性자리입니다. 오직 탐심과 진심과 어리석은 마음에 훈습이 되고 미혹되어 불성이 가리어져 있을 뿐입니다. 따라서 보살은 중생들의 본성을 깨우쳐주고 허물을 벗겨 주어, 무한한 생사의 괴로움으로부터 벗어나게 해야 합니다.

참회는 허물을 벗는 행위이며, 허물을 벗어 버릴 때 본성이 나타나는 것입니다. 만일 본성을 찾고자 하는 도반의 참회를 받아 주지 않는다면, 이는 그 사람이 청정본성의 길로 나아가는 것을 막는 행위일 뿐 아니라, 보살이기를 스스로 포기하는 행위입니다. 따라서 바라이죄로 다스릴 수밖에 없는 것입니다.

그리고 경문의 "항상 자비심과 효순심을 내어야 한다."고 한 구절 속의 '자비심'은 일체 중생을 자기 아들처럼 생각하는 것을 말하고, '효순심'은 일체 중생을 부모처럼 보라는 것입니다. 자비심으로 일체 중생을 자식처럼 생각한다면 어찌 차마 헐뜯고 욕할 수 있을 것이며, 효순심으로 일체 중생을 부모처럼 여긴다면 어찌 감히 미워하고 거슬리게 하겠습니까?

그리고 생각을 해보십시오. 이 세상 어디에 잘못을 진실로 뉘우치며 용서를 비는 자식을 받아들이지 않는 부모가 있겠습니까? 부모의 마음이라면 어떠한 용서도 가능합니다.

보살은 불법을 배우면서 자리이타의 보살행을 실천하여 성불할 것을 발심한 사람입니다. 바꾸어 말하면 보살은 중생의 어버이입니다. 보살은 어버이 된 마음으로 일체 중생을 이끌어야 합니다. 이와 같은 보살이 그 전에 맺힌 원한을 풀지 못하여 잘못을 참회해 오는 이에게 성을 내거나 욕을 하거나 폭력을 휘두르면서 뉘우침을 받아 주지 않는다면, 이는 보살이기를 포기하는 행위입니다. 그러므로 바라이죄를 범한 것이 되고 보살의 집단에서 쫓겨나게 됩니다.

그렇지만 참회를 받지 않더라도 죄가 되지 않고 범계犯戒가 되지 않는 경우가 있습니다. 그것은 참회하는 당사자의 마음이 진실하지 않을 때와 참회하고 사죄하는 생각이 간절하지 않을 때, 전에 저지른 잘못을 깊이 뉘우치게 하고 다시는 잘못을 저지르지 못하게 하기 위해 자비심으로 그 사람에게 일부러 화가 난 모습을 보인다면 계를 범한 것이 아닙니다.

보살은 이리와 같이 사나운 중생과 부끄러움을 모르는 악한과 사견을 가지고 있는 중생들을 절복折伏하기 위해 무서운 위엄을 보일 수 있습니다. 그러나 이때에도 마음으로는 연민과 자비심을 버리지 말아야 합니다. 이렇게만 한다면 분노의 모습을 나타내는 그 자체가 자비행인 것입니다.

모름지기 우리 불자는 모든 선행을 내일로 미루지 말고 선업을 닦으며 나아가야 합니다. 내일의 참회보다는 오늘의 선행이 중요하고, 참회를 이야기하기 전에 진심을 일으키지 않고 죄를 짓지 않는 것이 더욱 중요하다는 사실을 분명히 명심해야 합니다.

다행히 우리 불자들은 얻기 어려운 사람의 몸을 받아 나왔고, 그 위에 부처님의 법을 만나 인과법과 삼세윤회를 알게 되었습니다. 적어도 이제부터는 큰 허물이나 큰 죄를 짓지 않게 될 것이니, 이 얼마나 다행한 일입니까? 만나기 어려운 사람 몸을 받았을 때 선업을 자꾸 지어야 내생에도 불법을 만나고 복을 누리며 살 수 있게 되는 것입니다. 아무쪼록 정진을 많이 하고 효행과 선행을 많이 쌓아야 합니다.

그렇다면 어떻게 정진하고 어떻게 선업을 쌓을 것인가?

성 안내는 그 얼굴이 참다운 공양구요
부드러운 말 한마디 미묘한 향이로다
面上無嗔供養具 면상무진공양구
口裡無嗔吐妙香 구리무진토묘향

부처님 상 앞에 코가 아프고 눈이 따갑고 다리가 아프도록 향을 꽂고 공양을 올리고 절을 한다고 하여 참다운 공양이나 불공이 이루어지는 것은 아닙니다. 부드러운 말 한마디로 중생들을 깨우치고 성 안내는 얼굴로 이웃을 대하는 것이야말로 참다운 공양이요 불공입니다.

우리 다함께 성 안내는 얼굴을 갖는 것 하나만이라도 실천해 보도록 합시다. 밤늦게 남편이 술을 먹고 현관문을 차고 비틀거리며 들어와 냄새를 풍기더라도 성을 내어 바가지만 긁지 말고 반가이 맞아들이십시오.

"어디 갔다 오셨기에 이렇게 늦으셨습니까?"

부드러운 말 한마디와 함께, 겨울이면 속이 풀어지는 꿀물을 따끈하게 데워주고, 여름이면 시원한 음료수를 내어줄 줄 알아야 합니다. 이것이 비록 작은 일인 것 같지만, 이와 같은 마음가짐을 가질 수 있다면 이미 대보살의 길에 들어선 것입니다. 그러면 남편 되는 분도 자연히 바뀝니다. 사랑의 마음은 모든 것을 능히 바꾸어 놓을 수 있습니다.

아무쪼록 불자는 성내지 않도록 해야 합니다. 그것이 바로 보살도입니다.

그리고 가족과 친척과 이웃 사이에서 조그마한 잘못을 가지고 서로 오해하며 밉다고 욕질을 하여서는 안 됩니다. 또 전에 잘못을 저질렀던 친구나 이웃이 진심으로 사과를 하면 받아 주고 너그럽게 용서할 줄 알아야 합니다.

아주 독한 마음을 품고 가족이나 친척들끼리 서로 비틀어져 으르렁대면 집안이 불화해져서 될 일까지도 뒤틀어져 버립니다. 남편이 잘못한 것을 뉘우치거나 아내가 허물을 고백하고 참회하면 받아 주고 감싸 주어야 집안이 회복해지고 모든 것이 잘 이루어집니다.

보살계를 받은 보살불자는 더욱 그렇게 해야 하며, 같은 도반 사이에는 말할 것조차 없습니다. 부처님의 법을 배우고 닦아 함께 부처님 세계에 나아가고, 이 세계를 지상극락으로 이룩해야 할 책임이 있는 보살들끼리 서로 붙들어주고 이끌어주고 밀어주고 칭찬해주고 서로 높여주고 용서해 주어야 복을 받는 것입니다. 전에 잘못한 일에 대해 진심을 풀지 못하여, 그 사람이 진실되고 간절한 마음으로 참회하는 것을 용서해주지 않아서야 되겠습니까?

적어도 우리 불자들은 이 진심불수회계를 통하여 한 가지 사실만은 분명히 명심해야 합니다. 그것은 진심어린 참회를 용서하지 않으면 그 죄가 도리어 참회를 받아주지 않는 쪽으로 온다는 것입니다. 이것만이라도 또렷이 마음에 새겨, 성 안 내는 얼굴과 부드러운 말과 남을 위하는 행동으로 스스로의 인생을 가꾸시기를 깊이 당부드립니다.

나무범망경보살심지대계.

제10중계
방삼보계 謗三寶戒
삼보를 비방하지 말라

너희 불자들이여, 스스로 삼보를 비방하거나[自謗] 남을 시켜 비방하게[敎人謗] 하지 말지며, 비방하는 인[謗因]과 비방하는 연[謗緣]과 비방하는 법[謗法]과 비방하는 업[謗業]을 짓지 말지니라.

보살은 외도나 악인들이 부처님을 비방하는 말을 듣거든 삼백자루의 창으로 심장을 찌르는 것처럼 여겨야 할 것이거늘, 하물며 제 입으로 스스로 비방을 하리오. 신심과 효순심을 내지 아니하고 도리어 악인과 사견인을 도와서 비방하는 것은 보살의 바라이죄니라.

若佛子가 自謗三寶하고 敎人謗三寶하야 謗因과 謗緣과 謗法과 謗業이리요.
而菩薩이 見外道와 及以惡人의 一言이라도 謗佛音聲이어든 如三百矛刺心이어늘 況口自謗이리요. 不生信心孝順心하고 而反更助惡人邪見人謗者는 是菩薩波羅夷罪니라.

대승 삼보에 대한 비방

제10 방삼보계謗三寶戒는 불佛·법法·승僧 삼보를 비방하지 말 것을 설한 계입니다. 방삼보계의 '방謗'은 '어긋나고 등진다'는 뜻으로, 아는 것이 진리에 맞지 않고 진실하지 않은 것을 말합니다. 곧 정법에 맞지 않은 이단적인 이해와 설명을 합해 방이라고 합니다.

이 방삼보계에서는 스스로 삼보를 비방하는 **자방삼보**自謗三寶는 물론이요, 남을 시켜 삼보를 비방하는 **교인방삼보**教人謗三寶를 짓지 말 것을 설하고 있습니다. 특히 이 계는 대승불교의 흥기興起와 밀접한 관계를 지니고 제정된 계로써, 대승의 삼보를 비방하는 허물을 막고자 하는 뜻이 밑바닥에 감추어져 있습니다.

그럼 어떻게 하는 것이 삼보를 비방하는 것인가?

삿된 것으로 바름을 삼고 바른 것으로 삿됨을 삼아, 대승보살의 경과 율을 비방하여 '부처님의 말씀이 아니다'라고 하면 부처님을 비방하는 것이요, '대승경전이 아니다'라고 하면 법보를 비방하는 것이며, 대승경전을 독송하는 이를 가리켜 '불제자가 아니다'라고 하면 승보를 비방하는 것입니다.

또한 부처님께서는 삼보를 비방하는 인因·연緣·법法·업業을 짓지 말라고 하셨습니다.

대승불교를 비방하고자 하는 삿된 생각을 일으키면 곧 방인謗因을 짓는 것이요, 삿된 생각을 계속 일으켜 비방의 조건을 더욱 합리화시키면 방연謗緣을 형성하는 것이며, 삿된 소견을 교묘하게 말하는 방법을 정하면 방법謗法을 범한 것이요, 대승의 정법을 비방하여 듣는 사람을 납득시키게 되면 방업謗業이 이루어지게 되는 것입니다.

삿된 소견으로 정법正法을 비방하는 이 방삼보계는 단순하게 누군가를 헐뜯고 욕하는 것과는 그 무게가 엄청나게 다릅니다. 그냥 욕하고 헐뜯는 죄는 오히려 참회할 수 있는 것이지만, 정법계인 보살계를 비방하여 지키지 못하도록 혼란을 일으키거나, 보살의 바른 법인 대승법을 비방하게 되면 그 참회조차 쉽게 이루어지지 않게 된다는 것을 꼭 명심하시기 바랍니다.

이제 삼보에 대한 구체적인 비방은 어떠한 것이며, 삿된 소견은 어떠한 것인지를 보다 구체적으로 살펴보아, 몰라서 방삼보계를 범하는 일이 없도록 하고자 합니다.

가령 예수나 노자나 장자의 말이 부처님의 가르침과 꼭 같다고 하거나, 세상을 살아감에 있어 필요한 기술을 불교의 심지법문心地法門과 견주어 말함으로써 사람들의 마음을 현혹되게 하고 바른 도를 잃게 하였다면, 이것은 중생을 삿된 길로 빠져 들게 하고 '삼보를 비방하는 계'를 범한 것이 됩니다.

특히 이와 같은 사견을 담은 저술을 남겨 후세에까지 끊임없이 전해지도록 하면 용납될 수 없는 큰 죄를 범하는 것이 됩니다. 요컨대 진리에 어긋나고 정법에 위배되는 삿된 견해와 이론을 가지고 삼보와 대승보살의 교리를 비난하는 것을 일컬어 '방삼보계를 범하였다'고 하는 것입니다.

그럼 중생이 일으킬 수 있는 삿된 소견〔邪見〕은 구체적으로 어떠한 것인가? 그 소견은 수없이 많지만, 크게 상품·중품·하품·잡품의 사견 등 네 가지 유형으로 분류할 수 있습니다.

첫째, **상품의 사견**은 인과가 있다는 것을 부정하는 것으로, 인과응보를 부정하는 것이 가장 큰 사견이 됨을 명심해야 합니다.

둘째, **중품의 사견**은 '삼보가 외도만 못하다'고 비방하는 것입니다. 만일 마음으로 이와 같이 생각하여 실천에 옮기게 되면 계를 잃게 됩니다. 곧 입으로 분명하게 '삼보가 외도만 못하다'고 말을 하였다면 중죄를 범하게 됩니다.

셋째, **하품의 사견**은 대승을 버리고 소승으로 돌아가는 것입니다. 그렇게 생각하여 실천에 옮겼으면 보살계를 잃은 것이고, 생각만 했을 뿐 실천은 하지 않았으면 48경계 중 제8 경구계인 배대향소계背大向小戒를 범하는 것이 됩니다.

넷째, **잡품의 사견**은 ① 편벽되게 치우쳐 집착하는 것〔偏執〕 ② 잡된 믿음〔雜信〕 ③ 소승만 항상 생각하는 것〔繫念小乘〕

④ 지혜와 지식이 모자라 뜻을 잘못 이해하는 것〔思義僻謬〕의 네 가지로 분류할 수 있습니다.

①'치우쳐 집착하는 것'에는 대승이 좋다고 하여 소승을 비방하는 경우와, 같은 대승경전 중 어느 특정한 경전 등을 비방하는 경우가 있는데, 이 둘은 모두 경구죄에 해당됩니다.

②'잡된 믿음'이란, 인과와 대승의 삼보를 등지지는 않았지만, 외도의 신이나 외도의 위력에 대해 크게 긍정하고 글을 지어 그 신묘함을 해석하고 다른 이에게 이것을 권하는 것으로, 이 또한 경구죄에 해당됩니다.

③'소승을 자꾸 생각하는 것'은 대승이 높고 뛰어남을 알면서도 소승의 작은 과를 먼저 취한 다음에 대승을 닦겠다고 하는 것입니다. 이 경우에는 48경계 중 제8 경구계와 제24 경구계에 저촉됩니다.

④'지식이 모자라 잘못 알고 있는 것'이라고 한 것은 뜻이 얕은 사람이 주석서를 올바로 해독하지 못하는 경우를 가리킵니다. 이렇게 지혜와 지식이 미치지 못하는 것은 죄라고 할 수 없으나, 잘 알지도 못하면서 다른 사람에게 전하면 잘못된 것을 옳게 여길 수 있습니다. 그렇게 되면 경구죄를 범하는 것이 됩니다.

그럼 종단의 행정이나 승려 개인이 사견에 빠져들었을 때 그들의 잘못을 이야기하는 것은 방삼보계에 위배되는가? 아닙니다. 잘못된 사견을 지적해주는 것은 오히려 정법이요 공덕이지 삼보에 대한 비방이 아닙니다. 이러한 경우, 계율을 잘못 해석하는 일이 없기를 당부드립니다.

이상과 같이 방삼보계가 되는 사견의 폭은 매우 넓습니다. 요컨대 인과를 부정하는 것이 가장 나쁜 상품의 사견이요, 중품 사견은 삼보가 외도보다 못하다고 보는 것, 하품 사견은 대승을 버리고 소승으로 돌아서는 것입니다. 이와 같은 사견을 분명히 파악하여, 불자들은 어떠한 일이 있어도 방삼보계에 빠져들지 말아야 합니다.

꼭 기억하십시오. 인과법을 무조건 거부하면 곧바로 계를 잃게 되고, 외도를 좇아 불교를 비방하면 어떠한 경우라도 중계를 범한 것이 됩니다. 이렇게 인과법을 믿는 것은 불교 신행에 있어 그 무엇보다 중요한 일입니다. 그리고 보리심을 포기하지 않고 외도를 따르지 않는 것이 불교신행의 기본이 됨을 알아야 합니다.

바꾸어 말하면 인과를 믿고 발보리심發菩提心하여 부처님의 가르침에 따라 성불의 길로 나아가는 것이 불교인 것입니다.

아울러 사이비 법을 좋아하고 사이비 법을 천명하기 위해 불교를 비방하는 불제자가 있다면, 그는 이미 불제자가 아닙니다. 불자는 모름지기 사견을 버리고 지극한 마음으로 불법을 믿어야 합니다. 어찌 감히 삼보를 비방할 것이며, 어찌 외도에 휩쓸려 정법을 훼손시킬 수가 있겠습니까?

믿음과 정법에 입각한 수행

그래서 경문에서는 말씀하셨습니다.

"보살은 외도나 악인들이 부처님을 비방하는 말을 듣거든 삼백 자루의 창으로 심장을 찌르는 것처럼 여겨야 할 것이거늘, 하물며 제 입으로 스스로 비방을 하리오."

❀

옛날 한 어리석은 바보가 남의 집에 초대되어 주인이 주는 대로 음식을 받아먹었습니다. 그러나 그는 간을 맞추어 먹을 줄 몰랐기 때문에, '이 집 음식은 싱겁기만 하고 맛이 없다'고 불평을 했습니다. 그 말을 들은 주인이 소금을 조금 쳐주자 어리석은 사람이 아주 맛있게 먹었습니다. 그는 생각했습니다.

음식은 오로지 이 소금 때문에 맛이 좋아지는구나. 조금만 넣어도 이렇게 맛이 있는데 많이 넣으면 얼마나 맛있을까?'

이렇게 생각한 그는 아예 소금만을 먹기로 했습니다. 그러나 그 결과는 속이 뒤틀리고 구역질을 하다가 큰 병만 얻었을 뿐입니다.

❧

이것은 불자들 가운데 외도의 고행을 수도의 구경목표로

삼아야 한다고 주장하는 사람들에게 해당되는 이야기입니다.

외도에도 여러 종류가 있겠지만, 이 고행외도를 수도하는 이들은 음식을 먹지 않고 절제를 해야 높은 경지를 수행할 수 있다는 말을 듣고 열흘 또는 보름씩 음식을 끊고 먹지 않습니다. 그러나 그 결과는 기운이 떨어지고 배고픔에 시달릴 뿐, 도에는 작은 이익도 얻지 못하는 것입니다.

이와 같이 고행을 위한 고행주의의 수도는 마치 저 어리석은 사람이 음식의 간을 맞추기 위해 조금씩 넣는 소금을 맛 자체로 착각하여 소금만을 퍼먹다가 병을 얻은 것과 조금도 다를 바가 없습니다.

만일 어떤 불자가 고행주의를 내세워 불교의 정법을 비방한다면 이야말로 용서받을 수 없는 중죄를 범하는 것입니다. 더욱이 보살도를 행하는 보살이라고 자처하면서 이와 같은 고행외도를 받아들여 불법을 비난한다면 어찌 바라이죄에 해당되지 않겠습니까?

또 이와는 반대인 경우도 허다합니다. 만약 어떤 사람이 간을 맞추는 것이 소금이 아니라 설탕이나 깨소금 등의 단맛이 나는 조미료나 기름이라 가정을 하고, 밥은 아예 먹지 않고 설탕만 먹는다든가 깨소금 또는 참기름만을 먹었다고 합시다. 그 역시 배탈이 나고 설사가 나고 영양실조로 병만을 얻게 됩니다.

이 비유는 외도 중 고행주의와 정반대편에 선 향락주의자에 적용될 수 있을 것입니다. 향락지상주의의 외도들은 인과를 전혀 믿지 않고 내세도 윤회도 부정합니다. 오로지 금생의 향락, 순간의 즐거움만을 추구하여 온갖 죄악을 거침없이 저지르며, 살생·도둑질·음행·망어 등의 온갖 나쁜 짓을 많이 지어, 금생에는 국법을 범할 뿐 아니라 질병과 타락의 구렁에 빠지고, 내생에는 지옥에 떨어지는 업을 짓게 됩니다.

고행주의와 향락주의는 결코 참된 불교가 아닙니다. 참된 보살불자라면 향락은 물론이요 고행도 추구하거나 선전하지 말아야 합니다.

그리고 이 세상에는 불교의 이론이나 술어를 채택하여 불교의 한 유파인 것처럼 선전하는 종교들이 많습니다. 그러나 그 내면을 살펴보면 불교의 깊은 뜻, 바른 뜻, 중도의 정법을 어긋나게 말하는 사이비가 많습니다.

이와 같이 사이비법을 표방하면서 명리를 탐하여 정법을 비방하는 경우조차도 있어서는 안 될 일인데, 하물며 보살계를 받은 이가 사이비법을 내세워야 되겠습니까?

또한 내가 아는 것에만 빠져 살아서도 안 됩니다. 대부분의 수행승들이 처음에는 법왕인 부처님의 가르침에 대한 신심을 일으켜 거룩한 법을 닦고 위대한 성과를 얻기를 희망합니다.

그러나 불법을 익혀 조금 친숙해지면 부처님께서 여러 중생을 제도하기 위해 가지가지 방편으로 때에 따라 다르게 말씀하신 8만 4천 법문의 참된 도리를 알지 못하고, 자기가 익힌 것에만 집착하여 불법의 다른 가르침을 잘못 해석하거나 비방을 합니다. 그 결과 부처님의 정법을 잃어버릴 뿐 아니라, 삼악도에 떨어지기까지 합니다.

거듭거듭 이 방삼보계를 마음에 새기면서, 참된 믿음과 효순하는 마음으로 불법의 생명을 잘 보호하고 자타일시성불 自他一時成佛의 길인 보살도를 구현하기시를 축원드립니다.

나무범망경보살심지대계.

십중대계十重大戒
총결總結

잘 배우는 모든 인자들이여, 보살의 열 가지 바라제목차(波羅提木叉)를 마땅히 잘 배워서, 이 가운데에 낱낱이 티끌만큼도 범하지 말아야 할 것이어늘, 하물며 열 가지 계를 다 범하겠느냐? 만약 범하는 자는

① 현재의 몸으로 보리심을 일으키지 못할 것이며,
② 왕의 지위나 전륜왕의 지위를 잃을 것이며,
③ 비구·비구니의 지위를 잃을 것이며,
④ 십발취(十發趣)와 십장양(十長養)과 십금강(十金剛)과 십지(十地)와 불성이 상주하는 묘과를 모두 다 잃어버리고,

삼악도에 떨어져서 2겁·3겁을 지내도록 부모와 삼보의 이름도 듣지 못하리라. 이런 까닭에 한 가지라도 범하지 말아야 하느니라.

너희들 일체 보살이 지금 배우고 미래에 또한 배울 것이며 과거에 이미 배웠으니, 이 열 가지 계를 마땅히 배워서 공경하는 마음으로 받들어 지닐지어다.

善學諸仁者야 是菩薩十波羅提木叉를 應當學하야 於中에 不
應一一犯如微塵許니 何況具足犯十戒리요. 若有犯者는 不得
現身發菩提心하며 亦失國王位와 轉輪王位하며 亦失比丘比丘
尼位하며 亦失十發趣와 十長養과 十金剛과 十地와 佛性常住妙
果하며 一切皆失하야 墮三惡道中하야 二劫三劫토록 不聞父母三
寶名字하리니 以是로 不應一一犯이니라.
汝等一切菩薩이 今學이며 當學이며 已學이니 如是十戒를 應當
學하야 敬心奉持니라.

부처님께서는 『범망경보살계』 가운데 가장 중요시되는 10중대계를 설명해 마치신 다음, 다시 한 번 잘 지킬 것을 당부하면서 이 총결總結 부분을 설하셨습니다. 특히 이 계를 범하는 자는 금생에 다시 이 계를 받을 수 없을 뿐 아니라 국왕의 지위, 비구·비구니의 지위, 나아가 보살의 지위까지를 모두 잃고 삼악도에 떨어지게 됨을 강조하고 있습니다.

곧 이 총결 부분은 10중대계를 범하면 현재 얻어 가지고 있는 수승한 과위(勝果)를 잃게 되며, 마침내 악도에 떨어져서 부모의 자애慈愛와 삼보의 은혜를 입을 수 없게 된다는 것을 들어 간곡하게 훈계하신 결구結句입니다.

이 얼마나 무서운 교훈입니까? 그러므로 우리는 보살계를 잘 지켜야 합니다. 하지만 우리 범부들은 보살계와 구족계를 언제나 완벽하게 지킨다는 것이 오히려 불가능합니다. 십발취(화엄경의 십주十住와 같음) · 십장양(십행十行과 같음) · 십금강(십회향十廻向과 같음)의 경지에 있는 3현보살三賢菩薩은 물론 어렵고, 십지의 보살도 완벽하게 계를 지키는 것은 쉽지가 않습니다. 오직 부처님 한 분만이 완전한 의미의 지계자持戒者라고 할 수 있습니다.

오히려 범부가 계를 감히 다 잘 지킨다는 생각을 한다면 그것이야말로 커다란 착각이요 망상일 수도 있습니다. 그렇다고 하여 계를 다 잘 지키지 못할 바에는 아예 계를 받을 필요조차 없다고 생각할지 모르지만, 그것은 마치 벼슬살이를 하는 사람이 처음부터 대통령을 하지 못할 바에는 벼슬살이를 아예 하지 않겠다는 것과 같고, 사업하는 사람이 처음부터 재벌이 되지 않으면 아무 것도 하지 않겠다는 것과 조금도 다를 바가 없습니다.

그러므로 보살계나 구족계를 받은 사람이 만약 한 가지 계율을 범하였다면 곧 부끄러워하고 깨끗이 참회하면서 잘 지킬 것을 거듭 다짐하고 노력해야 합니다. 그런데 이 때 모든 것을 포기하는 사람이 많습니다.

"한 가지 계율을 깨뜨렸으므로 이제 계율을 완전히 갖추기는 틀렸다. 이미 깨진 그릇이니 계율을 가져 무엇 하랴."

이렇게 생각하고 모든 계를 다 파계한다면, 어리석은 사람이 호랑이에게 소 한 마리를 잃고나서, '나의 소떼는 완전한 모습을 잃었다'고 비통해하며 나머지 소들을 모두 죽여 없애는 것과 조금도 다를 바 없는 무지한 짓이 되는 것입니다.

어찌 부처님께서 중생을 구속하기 위해 이와 같은 계를 만들겠습니까? 모름지기 이 10중대계를 설하신 근본정신을 깨달아서 우리의 인생을 행복의 길, 자유의 길로 이끌어 나가도록 합시다.

보살계를 지키며 나아가면 반드시 불국정토에 다다를 수 있으며, 그 곳에는 우리가 앉을 연화좌대가 마련되어 있습니다. 결코 마음의 고삐를 늦추지 말고 공경하는 마음으로 이 10중대계를 잘 지키고자 노력하면서 애써애써 정진하시기를 간곡히 당부 드립니다.

나무범망경보살심지대계.

二, 사십팔경계

사십팔경계四十八輕戒
총표總標

부처님께서 모든 보살들에게 이르셨다.
"이미 열 가지 바라제목차를 설하셨으니 이제 마흔 여덟 가지 경구계를 설하리라."

佛告諸菩薩言_{하사대} 已說十波羅提木叉竟_{이니} 四十八輕_을 今當說_{하리라.}
(불고제보살언) (이설십바라제목차경) (사십팔경) (금당설)

48경계輕戒는 48가지의 가벼운 계, 곧 48경구계輕垢戒의 약칭입니다. 『범망경보살계』는 10중대계十重大戒와 48경계의 경중양계輕重兩戒로 구성되어 있습니다. 10중대계는 바라이波羅夷라고 하여 범하면 곧 교단으로부터 축출되는 무거운 계인데 비해, 이 48경계는 허물이 가벼우므로 참회하면 곧 용서를 받을 수 있는 계입니다.

그러나 이 '경계'의 죄가 비록 가볍다고는 하지만, 그것은 중계에 비해서 그렇다는 뜻이요 교단으로부터 축출되지 않는다는 뜻일 뿐, 경계라고 하여 결코 소홀히 해도 좋다는 뜻은 아닙니다. 이 경구계를 범하면 본원심지本源心地를 물들일 수 있으며, 또한 참회를 구하지 않으면 마음자리에 장애를 일으켜서 성스러운 과보를 이루기가 어려워지기 때문입니다.

요컨대 48경계가 10중대계에 비해 허물이 가벼운 것은 사실이지만, 아무리 가벼운 허물이라 할지라도 거듭거듭 짓게 되면 큰 허물로 바뀌게 됩니다.

가령 제1경계인 '스승과 벗을 공경하라〔不敬師友戒불경사우계〕'는 것을 가벼운 계라고 하여 지키지 않고 소홀히 하게 되면 십중대계의 제6 사부대중의 허물을 말하지 말라〔說四衆過戒설사중과계〕, 제7 자기를 칭찬하고 다른 이를 헐뜯지 말라〔自讚毀他戒자찬훼타계〕, 제10 삼보를 비방하지 말라〔謗三寶戒방삼보계〕고 한 세 가지 중계를 마침내 범하게 됩니다.

또 제2경계인 '음주계飮酒戒'는 우리의 본래 성품을 근본적으로 어기는 살생계나 투도계와는 다른 것이며, 술 먹는 그 자체가 본질적이고 직접적인 죄악이 될 수는 없지만, 술을 먹다 보면 정신을 잃고 점차 탐·진·치의 삼독에 물들어 여러 가지 중계를 범하게 됩니다.

이와 같이 48경계를 소홀히 하면 마침내 중계를 깨뜨릴 염려가 있으므로, 보리심을 일으켜서 올바른 수행을 하고자 하는 이는 모름지기 48경계까지도 조심하여 지키고 잘 받들어 행해야 합니다.

확실하게 성불의 길로 향하도록 도와주는 이 48경계를 통하여 불자들은 미세한 번뇌를 다스리고 불연佛緣을 더욱 기를 수 있습니다. 지켜야 할 것이 많은 것을 싫어하기보다는, '우리의 마음이 맑을 때 이와 같은 금기의 행위들이 스스로 자취를 감춘다'는 사실을 명심한다면, 48경계를 잘 지켜나갈 수 있을 것입니다.

※ 48경계의 전체 이름은 앞쪽의 '목차'를 참고하시기 바랍니다.

제1경계
불경사우계 不敬師友戒
스승과 벗을 공경하라

　너희 불자들이 국왕위를 받고자 하거나 전륜성왕위를 받고자 하거나 백관위를 받고자 할 때, 마땅히 보살계를 먼저 받으면 온갖 신이 왕의 몸과 백관의 몸을 보호하며, 모든 부처님께서도 환희하시느니라. 이미 계를 받았을진대는 효순심과 공경심을 가지고 상좌와 화상과 아사리와 대덕과 도반(同學)과 지견이 같은 이(同見)와 행이 같은 이(同行)를 보거든 마땅히 일어나 맞이하여 예배하고 문안을 드려야 하느니라.
　어찌 보살이 방자한 마음(憍心)과 교만한 마음(慢心)과 어리석은 마음(癡心)과 성내는 마음(嗔心)으로 일어나 마중하지 않고 예배하지 아니하며 하나하나를 법다이 공양하지 않으리요. 자신의 몸을 팔고 그 나라 속의 남녀와 칠보와 백 가지 물건이라도 공급해야 하리니, 만일 그렇게 하지 않는 자는 경구죄를 범하느니라.

若佛子가 欲受國王位時와 受轉輪王位時와 百官受位時에

應先受菩薩戒하면 一切鬼神이 救護王身百官之身하며 諸佛歡喜하시나니 旣得戒已하야 生孝順心恭敬心하야 見上座와 和尙과 阿闍梨와 大德과 同學同見同行者어든 應起承迎하야 禮拜問訊이니라. 而菩薩이 反生憍心慢心癡心嗔心하야 不起承迎禮拜하며 一一不如法供養이리오. 以自賣身 國城男女 七寶百物하야 而供給之니 若不爾者는 犯輕垢罪니라.

    이 계는 스승을 공경하고 선배와 도반을 존중할 것을 깨우친 계입니다. 48경계 가운데 첫머리에 둔 까닭은, 이미 보살계를 받았으니 모름지기 스승을 좇아서 열심히 배우도록 하기 위해서입니다.

    계율을 받아 보살의 자격을 취득하였으면 제일 먼저 보살법을 단단히 배워 익혀야 합니다. 그런데 스승이나 도반을 업신여기는 생각이 가득하다면 배움이 올바로 이루어질 수 있겠습니까? 그러므로 이 계를 통하여 잘 배울 수 있는 마음가짐을 조성하고자 한 것이며, 이것이 이 계를 48경계의 첫머리에 둔 까닭입니다.

    스승은 나를 바른 길로 이끌어 주는 분으로, 세간을 뛰어넘는 모범이 되고 부처님과 보살님을 대신하여 자비를 베푸시는 인천人天의 사범입니다. 그러므로 스승을 일컬어 '나의 계의 몸을 낳아 주고 나의 지혜의 생명을 길러주는 이[生我

戒身_{계신} 長我慧命_{장아혜명}'라고 합니다. 따라서 이와 같은 스승에게는 마땅히 공경하고 순종하여 어김이 없어야 하며, 만일 스승에 대해 거만하고 무례한 짓을 하면 바다보다 더 큰 죄를 짓는 것이 된다고 하셨습니다.

또, 벗인 도반道伴에 대해 홍찬스님은 이렇게 말씀하셨습니다.

"벗은 능히 사람의 됨됨이를 가지런히 꾸며 주고 덕을 쌓게 하여 수행을 도우나니, 뭇 선이 이로 말미암아 이루어지고 만 가지 행이 이로 말미암아 나아가게 된다. 마치 큰 바다를 건너감에 있어 돛대와 삿대가 서로 돕는 것과 같나니, 이것을 소홀히 하면 곧 스스로 물에 빠지게 된다. 그러므로 여래께서 '도반을 공경하고 존중하기를 부처님 대하듯이 하라'고 하신 것이다."

이처럼 스승과 벗은 참된 수행에 없어서는 안 될 중요한 분들입니다. 그러므로 범망경보살계에서, 왕위에 오르거나 고관대작이 될지라도 결코 교만하지 말고 스승과 벗에게 효순심과 공경심으로 공양해야 한다고 강조하신 것입니다.

그리고 이 계의 첫머리에서 "국왕위를 받거나 전륜성왕위를 받거나 백관위를 받고자할 때 마땅히 보살계를 먼저 받아라."고 하였습니다.

그런데 왜 보살계를 먼저 받으라고 한 것인가?

보살계를 받아 올바른 마음을 가진 왕이나 대신이 정치를 하면, 선신의 보살핌을 받아 나라가 윤택해지게 되고 백성들이 편안해질 수 있다는 대승보살도의 정신에 입각하여 먼저 수계를 받도록 하신 것입니다.

만일 왕이 이 계를 받지 않으면 곧 선신의 구호를 받는 이익을 잃게 되고, 거만한 마음으로 덕 있는 이를 존경하지 않게 되기 때문에 나라와 백성을 매우 위태롭게 할 수 있습니다. 경문에서 "국왕·대신이 보살계를 받으면 일체의 신이 왕과 백관의 몸을 보호한다."고 하였지만, 왕과 대신이 보살계를 받으면 결과적으로 온 나라가 편안해지게 됩니다.

그리고 10중대계와 48경계를 설하면서 부처님께서 첫머리마다 국왕을 먼저 언급하신 까닭은, 왕이 올바르면 온 나라가 바르고, 왕이 착하면 서민이 바르게 되기 때문입니다. 또한 왕은 그 교화의 힘과 영향력이 크고 권선징악을 할 수 있는 위치에 있는 사람이기 때문입니다.

임금이 정법으로 정치를 할 때 나라는 올바로 나아갑니다. 왕이 십선을 행하면 백성 또한 십선을 행하게 됩니다. 반야般若의 정치, 정법正法의 정치를 할 때 지상불국토가 전개되는 것입니다. 왕에게 보살계를 받게 하는 까닭도 여기에 있습니다. 곧 정법으로 정치를 하라는 뜻입니다. 단순히 보살계를 받는 공덕만을 취하여 국왕이나 대신에게 보살계를 받으라고 한 것이 결코 아님을 분명히 새겨야 할 것입니다.

경문에서는 '상좌·화상·아사리·대덕·도반 등을 보면 일어나서 마중하고 예배하고 문안을 드려야 한다'고 하였습니다. 먼저 경문에 열거된 여러 스승에 대해 간략히 살펴봅시다.

첫 번째의 상좌上座는 한 사찰 안에서 덕이 제일 높은 스님을 가리키며, 장로長老나 대덕大德 중에서 추대되는 방장方 또는 조실祖室 스님이 이에 해당합니다

그리고 화상和尙은 옆에서 시봉해야 할 은사恩師스님 및 친교사親敎師 등을 가리키며, 아사리阿闍梨는 제자의 행위를 바르게 지도하고 법을 가르치는 큰스님으로서, 일반적으로는 계를 주신 계사戒師를 아사리라고 부르고 있습니다.

또 대덕大德은 수행을 잘하여 덕이 높은 스님에 대한 존칭입니다.

이와 같은 여러 스승이나 대덕, 함께 공부하는 동학 등에게 일어나서 마중하지 않고 예배하지 않는 것은 스승과 선배, 도반을 업신여기는 교만한 마음이 있거나 배울 마음이 없기 때문일 것입니다. 모름지기 마음을 닦는 사람은 언제나 자신의 부족함을 생각하여 겸손할 줄 알아야 하며, 스승이나 선배만이 아니라 일체 중생에 이르기까지 불보살을 대하듯 공경하고 하심下心할 줄 알아야 합니다.

그럼 이 불경사우계에서 가장 중요한 단어인 예배禮拜는

어떠한 의미를 지닌 단어인가?

예배는 곧 하심下心을 뜻합니다. 스스로의 마음을 낮추어 교만을 꺾는 것이 예배의 참뜻입니다. 그리고 마땅히 존경해야 할 분에게 존경의 예배를 드리는 것은 오히려 너무나 당연한 일입니다. 어찌 보살이 세속인들까지도 당연하게 지키는 이 일을 스스로의 교만으로 행하지 않을 수 있겠습니까?

그리고 불교의 예배 속에는 깊은 뜻이 담겨져 있습니다.

예배의 예禮는 도리이고 실천입니다. 공경과 겸손, 나아가고 물러감에 법도가 있는 것으로, 이를 일컬어 큰 도리라고 합니다. 그리고 배拜인 절은 '좇아 따르는 것'으로, 지극한 공경의 표시입니다.

우리 불자들이 세 번 절하는 까닭은 지극한 마음으로 삼보三寶에 귀의함으로써 스스로에게 깃들어 있는 삼독三毒을 제거하고 삼업三業을 닦는 행위입니다. 따라서 그 이익은 스스로만이 얻을 수 있게 됩니다.

그런데도 보살이 도리어 방자하고 오만한 마음으로 일어나 맞이하지도 않고 예배하지도 않는다면, 스스로의 마음을 더욱 탁하게 만들 뿐입니다.

경문에서 밝힌 교심憍心은 몸과 마음을 방자하게 가지는 것이요, 만심慢心은 자신이 남보다 더 훌륭하다고 생각하면서 다른 이를 업신여기는 것이며, 여기서의 치심癡心은 높은 이 낮은 이를 분별할 줄 몰라 결례를 하는 것을 일컬으며, 진심嗔心은 상대에 대해 성을 내어 예의를 갖추지 못하는 것을 말합니다.

만일 이 네 가지 마음 중 하나라도 가슴에 품게 되면 불경不敬한 모양을 밖으로 표출시키게 되고, 결국은 허물을 짓게 되는 것입니다.

곧 보살이 명예를 탐하여 교만을 부리거나 진심과 치심에 사로잡혀 예의를 저버리거나 법문을 소홀히 취급한다면 도道와는 너무나 멀어지게 됩니다. 이러한 이가 어떻게 구도求道를 위해 '스스로의 몸을 파는 것'조차 두려워하지 않는 참된 보살이 될 수 있겠습니까? 홍찬스님은 이 구절에 대해 다음과 같이 말씀했습니다.

"'스스로 몸을 판다'고 한 것은 어른을 공경하고 법을 존중하는 마음을 지극히 가지라는 뜻이니, 정성을 다해 극진하게 공양하라는 것이다.

옛날에 상제보살이 반야의 법문을 듣기 위해 자신의 간과 골수를 팔아서 담무갈보살에게 공양한 것이 그것이며, 석가세존께서 여래인지如來因地의 보살행을 닦을 때 가난한 사람으로 살던 생애가 있었는데, 대열반경을 듣기 위해 날마다 자기의 살을 석 냥씩 베어 병을 고치려 하는 환자에게 팔아서 한 달 동안 모은 돈으로 부처님께 공양한 일이 있다.

오늘날 사람들이 비록 가난하지만 어찌 조금의 물질마저 없겠는가? 또한 자신의 몸 등을 팔지 못하는 것은 결국 재물을 중히 여기고 법을 가볍게 여기기 때문이다. 그러므로 죄를 얻는다."

초학보살은 마땅히 이 말을 명심하고 수행정진해야 합니다.

그러나 스승 등에 대하여 예의를 갖추지 못하더라도 범계犯戒가 되지 않는 경우가 있습니다. 중병을 앓고 있어서 몸을 움직일 수 없을 때, 정신에 혼란이 와서 비정상적인 때, 깊은 잠이 들어서 미처 알지 못한 때 등은 범계가 되지 않습니다.

또 법문을 듣고 있을 때, 방편으로 상대를 조복調伏시킬 필요가 있을 때, 화합중和合衆의 체제를 보호하고 많은 사람들의 뜻을 보호해야 할 불가피한 일이 있을 때에는 예를 지키지 않더라도 이 계를 범한 것이 아닙니다.

마땅히 영접해야 할 때 영접하고 마땅히 공양해야 할 경우에 공양하는 것은 보살의 당연한 규범이요 예의입니다. 당연한 예절조차 지키지 못하는 이가 어찌 보살의 지극한 수행을 이루어 낼 수 있겠습니까? 이것이 불경사우계를 제정한 근본동기입니다.

누구든 지극한 마음으로 정법을 구하고, 지극한 신심으로 스승과 선배를 공경할 때 참된 법의 문이 열리게 됩니다.

모든 교만을 버리고 한 마음으로 보살도를 행합시다. 불자의 나아갈 길은 이것입니다. 결코 조그마한 성취에 도취되어 스스로를 높이거나 예의를 잃어버리지 말고, 언제나 자신의 부족한 점을 생각하면서 성불의 길로 나아가기를 간곡히 당부 드립니다.

나무범망경보살심지대계.

제2경계
음주계 飮酒戒
술을 마시지 말라

너희 불자들이여, 집짓 술을 마시지 말지니, 술에서 생기는 허물은 한량이 없느니라. 자기의 손으로 술잔을 들어 다른 이에게 권하여 마시게 하고서도 5백 생 동안 손 없는 과보를 받거늘, 하물며 스스로 마시리요. 모든 사람들에게 술을 마시게 하지 말고 일체 중생들에게도 술을 마시게 하지 말 것이거늘, 하물며 스스로 마시리요.

일체의 술을 마시지 말지니 스스로 마시거나 남으로 하여금 마시게 하면 경구죄를 범하느니라.

若佛子가 故飮酒하면 而酒生過失이 無量이니 若自身手로 過酒器하야 與人飮酒者는 五百世가 無手어늘 何況自飮가. 亦不得敎一切人飮하며 及一切衆生飮酒어늘 況自飮酒리요. 一切酒를 不得飮이니 若故自飮하며 敎人飮者는 犯輕垢罪니라.

48경계 중 제1 불경사우계는 스승이나 선배를 업신여기면서 바깥으로 불경한 태도를 취하는 것을 경계한 것이고,

이 제 2음주계는 술로 인하여 생겨나기 쉬운 안으로의 혼란을 막기 위해 제정한 것입니다.

술은 대체로 사람의 정신을 흐리게 하고 이성을 잃게 하는 성질을 가지고 있습니다. 곧 알콜음료를 일정량 이상 마시게 되면 중추신경이 마비되기 시작하는데, 중추신경이 마비되기 시작하면 판단력이 흐려지고 감정의 억제력이 저하될 뿐 아니라, 행동이 경솔해지고 여러가지 허물을 저지르게 됩니다.

경문에서는 술을 권하여 다른 이로 하여금 마시게 하면 "5백생 동안 손 없는 과보를 받는다"고 하였습니다. 이는 5백 생 동안 손(手)이 없는 사람으로 태어난다는 것이 아니라, 5백 생 동안 어리석은 축생의 몸을 받게 됨을 가리킵니다.

그리고 경문에서는 "모든 사람들에게 술을 마시게 하지 말며, 일체 중생들에게도 술을 마시게 하지 말라"고 하면서 모든 사람과 일체 중생을 구별하고 있습니다. 이때의 모든 사람은 남녀노소, 재가·출가와 전인류를 지칭한 것이고, 일체중생은 사람이 아닌 중생, 곧 귀신·축생 등을 가리킨 것입니다.

이제 술로 인해 생겨나기 쉬운 허물을 살펴봅시다. 부처님께서는 불음주계를 처음 제정하실 때 말씀하셨습니다.

"술 마시는 이에게는 열 가지 허물이 있다.
① 얼굴빛이 나빠지고

② 힘이 적어지고

③ 눈이 밝지 못하고

④ 성내는 형상을 나타내고

⑤ 가산을 탕진하고

⑥ 질병이 더하고

⑦ 싸움이 늘고

⑧ 명예가 없어지고 나쁜 소문이 퍼지며

⑨ 지혜가 줄고

⑩ 몸과 목숨이 다하여 삼악도에 떨어지느니라.

지금부터 나를 스승이라 하는 이는 초목이라도 술 속에 넣었던 것은 입에 넣지 말라."

또 『보살행변화경菩薩行變化經』에서는 다음과 같은 이유로 음주를 경계하고 있습니다.

"지혜로운 사람은 응당 술을 많이 마시지 말아야 한다. 왜냐하면 술은 자제심을 잃게 하므로 그르치는 일이 많아서 바른 뜻(正義)을 얻는데 장애가 되며, 세간과 출세간의 도리를 잃게 되기 때문이다."

만일 술을 마셔 자제심을 잃고 올바른 삶의 뜻을 잃게 되면 타락의 나락으로 떨어집니다. 재물을 올바로 사용하지 못하게 됨은 물론이요 지혜로운 삶을 영위하지 못하게 됩니다.

또 『선생자경善生子經』에서는 술로 인한 여섯가지 나쁜 일을, 『제법집요경諸法集要經』에서는 음주의 해독과 10가지 허물을, 『분별선악소기경分別善惡所起經』에는 술을 마셔 중독이 될 때 생겨나는 36가지 허물을, 『대지도론』에서는 35종의 허물을 각각 설하여 술을 먹지 말 것을 간곡히 당부하고 있습니다.

특히 인도는 더운 나라이기 때문에 술을 마시게 되면 빨리 취하게 되고, 술을 마셔 병이 걸리게 되면 쉽사리 죽기까지 합니다. 따라서 술에 대한 허물을 온대지방인 우리보다 더 철저하게 밝히고 있습니다.

이 음주계를 지킴에 있어서는 출가보살과 재가보살 사이에 약간의 차이를 두어야 합니다. 모름지기 출가한 스님들은 이 계를 철저히 지켜야 합니다. 그러나 재가신도들에게는 다소의 여지가 있습니다.

십중대계의 제5 고주계를 이야기할 때도 강조하였지만, 재가불자들은 고통이나 슬픔에 젖은 사람들과 부득이 술을 마셔야하는 경우가 있습니다. 또한 중노동을 하는 사람들은 대개 술을 참으로 먹어야 피로도 풀리고 힘이 나는 모양인데, 그들이 술을 먹는다고 하여 허물이 되지는 않습니다. 그리고 사업상이나 직장의 회식 때 술을 먹는 경우라면 계를 어긴 여부를 굳이 따질 필요가 없습니다.

특히 중생을 깨우치기 위해 함께 술을 마셨고 술을 권한 것이라면 결코 죄가 될 수 없습니다.

※

파사익왕의 왕비인 말리末利부인이 부처님으로부터 계를 받은 뒤의 일입니다. 어느 때 왕이 음식을 잘못 만든 조리사를 죽이려 하자, 왕비는 왕이 좋아하는 술상을 잘 차려서 주연을 베풀고 서로 권하며 마음껏 술을 마셨습니다.

왕은 부인이 술을 마시는 것을 보고 즐거워하다가 조리사를 죽이는 일을 잊게 되었고, 이로 인해 조리사는 죽음을 면할 수 있었습니다.

그 뒤 왕비는 부처님께 나아가 이 일을 여쭙고 참회하자, 부처님께서는 말씀하셨습니다.

"그와 같은 이유로 술을 마신 것은 큰 이익을 얻은 것이고, 계를 범한 것이 아니니라."

§

그러나 말리 부인이 방편으로 베푼 이 선행을 함부로 흉내내어서는 안 됩니다. 실로 방편은 지혜와 자비에 기초를 두어야 합니다. 만일 지혜롭지 못하고 자비심을 잃은 방편이라면 그 과보를 피하기가 어렵게 되기 때문이고, 어리석은 범부가 방편의 선용善用을 빙자하여 술을 마실 기회로 삼을 수도 있기 때문입니다.

　모름지기 재가불자가 술을 마실 때에도 남을 돕고 살리는 정신으로 먹지 않으면 안 됩니다. 타락을 위한 술이 아니라, 살리고 돕는 술이 되도록 해야 합니다.

　또한 술을 즐겨 먹지 말고, 의식이 가물거릴만큼 취하도록 먹지 말 것이며, 남에게 함부로 권하지는 말아야 합니다.

　그럼 출가한 스님들은 절대로 술을 마셔서는 안 되는가? 예외가 있기는 합니다.

　옛날 중국의 담현曇顯스님은 남북조시대에 북주北周의 고승으로서 삼장을 해박하게 통달하여 지혜와 학문을 널리 떨쳤습니다.

　이 스님은 취한 가운데에서도 도교의 도사들과 말술로 다루어 항복케 하고 귀의시켰는데, 이로부터 불법이 크게 일어났다는 이야기가 있습니다.

　만일 누가 담현스님처럼 술을 독채 마시고 오줌을 누어 능히 돌을 부서뜨리며, 술과 고기를 먹으면서 『화엄경』을 하룻밤 사이에 외울 수 있는 법력이 있으면 술을 마셨다고 하여 허물이 생길 일이 없습니다.

　그러나 진정 그러한 능력이 없다면 그 해가 적지 않은 것입니다. 특히 스스로가 갖춘 조그마한 도력을 빙자하여 계율을 무시하고 함부로 술을 마신다면, 마침내 그 허물이 한없이 커져 겉잡을 수 없는 악의 구렁텅이에 빠져들게 되고 맙니다.

 실로 출가보살은 물론이거니와 재가보살도 함부로 술을 먹어서는 안 됩니다. 좋은 결과보다 나쁜 결과가 훨씬 많은 술을 함부로 마시는 그 자체가 이미 어리석음입니다. 재가보살 또한 설혹 마시더라도 취하거나 마음을 어지럽히지 않도록 조심하고 또 조심해야 할 것입니다.

 나무범망경보살심지대계.

제3경계
식육계 食肉戒
고기를 먹지 말라

너희 불자들이여, 짐짓 고기를 먹지 말지니, 어떤 중생의 고기라도 먹지 말지니라. 대저 고기를 먹으면 대자비의 불성종자가 끊어져서 일체 중생들이 보고는 도망을 가느니라. 그러므로 모든 보살은 일체 중생의 고기를 먹지 말아야 하느니라.

고기를 먹으면 한량없는 죄가 되나니, 만일 짐짓 먹으면 경구죄를 범하느니라.

若佛子야 故食肉이리요. 一切衆生肉을 不得食이니 夫食肉者는 斷大慈悲佛性種子라 一切衆生이 見而捨去하나니 是故로 一切 菩薩이 不得食一切衆生肉이니라.
食肉하면 得無量罪하리니 若故食者는 犯輕垢罪니라.

제2 음주계는 몸과 마음을 혼란하게 하는 술을 여의도록 하기 위해 제정한 것이고, 이 제3 식육계는 생명을 훼손시킨 음식을 여의도록 하기 위해 제정한 것입니다.

왜 고기를 먹지 말라고 한 것인가?

이미 보살이 되었으면 자비로써 마음의 바탕을 삼아야 하는데, 중생을 죽여서 그 고기를 먹는 것은 일체 중생을 사랑하는 마음에 위배되는 행위입니다. 그러므로 일부러 고기를 먹지 말라고 하신 것입니다.

이 식육계에 대한 경전상의 근거로는 대승의 『능가경』과 『능엄경』을 꼽을 수 있는데 『능가경楞伽經』에서는 일체중생의 윤회설에 초점을 맞추어 육식의 불가론不可論을 펴고 있습니다.

"일체 중생은 비롯함이 없는 그 옛적부터 서로가 항상 육친과 권속이 되었으나, 이제 생을 바꾸어 나는 새와 기는 짐승의 몸을 받은 것인데, 그 고기를 어떻게 취하여 먹을 수 있겠느냐? 보살은 모든 중생을 집안 식구와 같이 보고, 내지 외아들을 생각하는 부모의 마음으로 보느니라. 또 일체 생명의 고기는 다 피와 살과 온갖 더러운 것들이 모여서 이루어진 것인데, 청정을 구하는 보살이 어떻게 그것을 먹겠는가?"

인간이 먹는 고기는 뭍이나 물에 사는 중생, 허공을 날아다니는 중생의 생명을 희생시킴으로써 비로소 얻어지는 것입니다. 그러나 그와 같은 중생들에게는 불성이 있습니다. 보살은 불성이 있는 일체중생을 나와 더불어 한 몸이라고 보아야 하는데, 이제 고기를 먹는다는 것은 한 몸이기를 거부하는 것이며, 대자비불성종자大慈悲佛性種子를 스스로 끊는 행위입니다. 그러므로 고기를 먹지 말라고 하는 것입니다.

소승의 계율에서 부처님께서는 3정육 등을 먹는 것을 허락하신 바 있습니다.

3정육三淨肉은
① 나를 위해 죽이는 것을 직접 보지 않는 것〔不見爲我殺〕
② 나를 위해 죽였다는 말을 듣지 않은 것〔不聞爲我殺〕
③ 나를 위해 죽이지 않았을까 하는 의심없는 것〔不疑爲我殺〕

곧 가게에서 파는 고기나 저절로 죽은 고기가 이에 해당합니다.

그리고 병이 있어 불가불 고기를 먹어야 할 경우도 있습니다. 예컨대 약을 조제할 때에 녹용이나 호골虎骨 등을 넣는다든지, 위에서 말한 3정육, 모든 짐승이 자신의 명이 다하여 스스로 죽은 경우, 매나 솔개 등의 새가 먹다 남긴 고기 등은 병을 치료하기 위해 먹을 수 있도록 허락하셨습니다.

그러나 『능가경』에 이르러 고기 먹는 것을 허락하지 않는 것이 부처님의 본의임을 분명히 밝히고 있습니다. 그리고 처음 소승에게 3정육을 먹도록 허락한 것은 '점차로 고기 먹지 않는 것을 익혀서 아주 끊도록 하기 위한 하나의 과정'이라고 하셨습니다.

혹 어떤 이는 직접 살생하지 않은 것인데 무슨 죄가 있겠느냐고 할지 모르지만, 먹는 사람이 있기 때문에 살생을 하게 되는 것입니다. 내가 닭 한 마리를 먹으면 '닭 하나 죽여라'는 주문을 한 것이 되고, 내가 쇠고기 1근을 먹으면 '소 한 마리 잡자'는 공동 주문서에 날인한 것이 됩니다.

이와 같은 행위는 나중에 그 과보를 공동으로 함께 받게 되는 '공업共業'을 짓는 결과가 됩니다. 이 세상에서 전쟁이 끊일 날이 없는 것도 공업 때문이요, 많은 사람들이 흉한에게 끔찍한 일을 당하게 되는 것도 공업을 함께 받는 것이라고 합니다.

실로 이 식육계는 소승불교에 없는 계율입니다. 그래서 미얀마·태국·스리랑카 등 소승불교권의 스님들은 조금도 주저하지 않고 고기를 먹습니다. 하지만 식육계가 분명히 포함되어 있는 보살계를 받은 대승불교의 스님들은 고기를 먹지 않습니다.

왜냐? 소승은 자기 한 몸만 해탈하면 목표를 달성하는 것이지만, 대승은 뭇 생명 있는 이들을 해탈의 길로 인도해야 하기 때문에 중생들에게 혐오감을 주는 일체의 일을 모두 금하고 있는 것입니다. 나아가 이것은 대승불교, 특히 한국불교 승단의 위상이 되고 있습니다. 한 예를 들겠습니다.

❀

　일본이 우리나라를 강점하고 있던 시절, 전국의 31본산本山 주지들이 일본 불교계를 시찰하기 위하여 일본으로 간 일이 있었습니다. 일정에 따라 어느 날 조동종曹洞宗의 총본사를 찾아가자, 그분들 앞에 각종 고기로 요리하여 푸짐하게 차린 음식상을 내어놓는 것이었습니다. 그 당시는 일본의 대처帶妻 불교가 우리나라 불교계를 크게 잠식하고 있을 때였으므로, 31본사 주지가 그들이 차려준 고기를 생리적으로 먹지 못할 분은 없었습니다.

　그래서 "아, 잘 차렸구먼. 먹자, 먹어"하는 이가 있는가 하면, 눈치를 보고 있는 이도 있었습니다. 그때 부산 범어사 주지 오성월吳惺月 스님이 나서서 말했습니다.

　"조선 불교는 대승불교요, 범망경보살계 가운데에는 식육계가 있습니다. 식육계 가운데 '고기를 먹는 자는 대자비의 불성종자를 끊게 되어 일체 중생이 보고서는 도망을 간다'하였으니, 대승계를 지키는 우리로서는 이 고기들을 먹을 수가 없소."

　말이 떨어지기가 무섭게 일본 승려들은 "하! 그렇습니까?" 하더니, 그 상을 순식간에 치워버리고 즉시 채식으로 가득 차려진 음식상을 대령하였습니다. 그들은 미리 두 가지 상을 마련해놓고 31본사 주지들을 시험한 것이었으며, 다행히 오성월 스님 덕분에 우리 불교의 체면이 유지되었던 것입니다.

8

　불자라면 모름지기 살생은 말할 것도 없고 함부로 육식을 하여서도 안 됩니다. 출가한 승려보살이라면 당연히 육식을 금하여야 하고, 재가보살일지라도 육식을 좋아하는 생활태도에서 조금씩 벗어나 스스로의 자비심을 기르고 중생을 섭수攝受해야 할 것입니다.
　나무범망경보살심지대계.

제4경계
식오신계 食五辛戒
오신채를 먹지 말라

너희 불자들이여, 다섯 가지 냄새 나는 나쁜 채소를 먹지 말지니, 마늘·부추·파·달래·흥거, 이 다섯 가지 신채를 일체 음식에 넣어 먹지 말지니라. 만일 짐짓 먹는 자는 경구죄를 범하느니라.

若佛子야 不得食五辛이니 大蒜과 茖蔥과 慈蔥과 蘭蔥과 興渠의 是五辛을 一切食中에 不得食이니 若故食者는 犯輕垢罪니라.

제3 식육계에서는 생명을 끊어서 얻은 고기를 먹지 말 것을 경계하였고, 이 제4 식오신계에서는 생명은 없지만 먹으면 나쁜 냄새가 나고 우리의 마음을 청정하지 않게 하는 오신채五辛菜를 먹지 말 것을 설한 계입니다.

먼저 다섯 가지 채소가 무엇인지, 그것이 어찌하여 나쁜지를 살펴보도록 합시다.

오신五辛이란 5종의 맵고 신 냄새가 나는 채소인 마늘·파·흥거·부추·달래를 가리키며, 이 중 흥거는 중국이나 우리

나라에는 자생하지 않습니다. 그런데 경과 율에서는 이 오신채를 술과 고기 다음의 나쁜 음식으로 간주하여 먹지 말라고 했습니다. 왜 먹지 말라고 한 것인가?『능엄경』제8권에는 그 까닭이 비교적 자세하게 나타나 있습니다.

"모든 중생이 삼매를 닦을 때에는 마땅히 세간의 다섯 가지 매운 채소를 끊어야 하나니, 이 다섯 가지 채소를 익혀서 먹으면 음란한 마음이 일어나게 되고, 날 것으로 먹으면 성내는 마음을 더하게 하기 때문이니라.
　세상의 이 다섯 가지 냄새 나는 매운 채소를 먹는 사람이 능히 12부경을 널리 연설한다 하더라도 시방의 하늘과 신선들이 그 냄새를 싫어하여 다 멀리 떠나게 되고, 모든 아귀 등의 나쁜 귀신들이 함께 살게 되어 복덕이 날로 없어져서 길이 이익될 것이 없다. 이 오신채를 먹는 사람은 삼매를 닦더라도 보살·하늘·신선 및 시방의 선신들이 와서 수호하지 않느니라."

이『능엄경』의 말씀처럼 오신채는 음란심을 일으키고 성냄을 더하게 할 뿐 아니라, 성현을 멀리 여의게 하고 마의 무리를 끌어 들이기 때문에 경구죄로 먹지 말 것을 결죄하신 것입니다.
　모름지기 보살이라면 향그럽고 깨끗하게 머물도록 스스로 마음을 써야 할 것이거늘, 도리어 오신채를 먹고 나쁜 냄새를 피움으로써 현성과 하늘의 신들까지 싫어하는 사람이 된다면 어찌 중생을 제도할 수 있겠습니까?
　잠시 이 오신채와 관련된 설화 한 편을 살펴봅시다.

❀

　옛날 중국에 수행이 깊고 도덕이 장하신 큰스님께서 어느 날 날이 저문 다음 비탈길을 내려가다가 발을 헛디뎌 넘어졌습니다. 그 순간 누군가가 옆에서 부축을 하여 일으켜 주었으므로 다치지 않고 쉽게 일어나기는 하였지만, 누구인지 사람의 모습은 보이지 않았습니다. 그래서 스님은 물었습니다.
　"누가 이 산승을 부축해 일으켜 주었는가?"
　그러자 허공에서 대답의 소리가 울려왔습니다.
　"저는 사천왕궁의 왕자입니다. 법력이 장하시고 도덕과 원력이 거룩하신 큰스님을 항상 수호해 드리고 있습니다."
　"그러하신가? 분에 지나친 고마운 일이로구면. 그런데 기왕 붙들어주려면 넘어지기 전에 붙들어 줄 일이지, 왜 넘어지고 나서야 일으켜 주시는가?"
　"네, 죄송한 말씀이오나 스님께서는 오신채를 잡수시와 몸에서 나쁜 냄새가 진동하고 있습니다. 그래서 제가 그 냄새를 피하여 멀리 떨어져서 수호하고 있기 때문에 그렇게 되었사옵니다."

"그러하신가? 내 이제 계율에 따라 오신채를 먹지 않도록 하겠네."

그 뒤로 그 큰스님은 오신채를 끊었다고 합니다.

§

흔히들 오신채는 살생한 고기도 아니고 순수한 채소이니만큼 금할 아무런 이유가 없다고 생각하는 사람들이 많습니다. 그러나 시방의 중생계와 과거·현재·미래 삼세의 시간을 꿰뚫어보시는 불보살님의 혜안慧眼으로 볼 때에는 그렇지가 않습니다.

비록 우리의 육안으로는 그 허물을 알 수가 없지만, 불보살님의 혜안으로 볼 때 오신채는 선신을 멀리하게 하는 나쁜 음식이요 진심과 음심을 조장하는 나쁜 성질을 가지고 있는 채소이므로, 불법을 깊이 믿고 철저히 수행하는 사람은 그것을 끊으라고 하신 것입니다.

물론 출가 승려라면 그 생활환경과 음식 자체가 오신채를 사용하지 않으므로 마땅히 끊어야 합니다. 그러나 이 계에도 열어서 허락하는 개허開許의 경우가 있습니다. 가령 중병이 들어서 의사의 처방과 지시에 따라 오신채를 꼭 먹어야 한다고 했을 때는 독립된 방에 거처하면서 먹을 수 있도록 하였습니다.

그리고 재가 신도는 아주 다 끊을 수 없는 경우가 많습니다. 다만 절에 오는 날, 재일齋日에는 끊고자 노력해야 합니다.

또 재가 신도들 중에서는 오신채를 먹지 말라고 하였다 하여 파·마늘 등이 들어간 김치나 반찬을 일체 먹지 않는 사람들도 있습니다. 만약 스스로가 만들어서 먹는 것이 아니라 남이 해주는 것을 먹거나 외식을 할 경우라면, 스스로가 즐기는 마음을 일으키지 않는 범위 내에서 다소의 융통성을 보여야 합니다.

굳이 내가 먹는 음식은 파·마늘을 넣지 말아야 한다고 고집한다면, 그 음식을 해 주는 사람으로부터 미움을 받게 됩니다. 이렇게 되면 오히려 보살정신을 희석시킬 수도 있습니다. 재가보살이라면 '나는 고기가 있어야 밥을 먹을 수 있고 파·마늘이 든 음식이라야 먹을 수 있다'는 생각을 갖지 말라는 것입니다.

다만 재齋를 지내거나 기도하러 가는 날에는 고기나 파·마늘 등을 먹지 말고 목욕재계하는 정신을 가져야 합니다. 특히 부처님 말씀이 이와 같으니, 그대로는 하지 못하더라도 불자인 이상 최선을 다해야 할 것입니다.

나무범망경보살심지대계.

제5경계
불교회죄계 不教悔罪戒
죄를 참회하도록 가르쳐라

너희 불자들이여, 일체 중생이 8계를 범하거나, 5계와 10계를 범하거나, 금한 계를 헐뜯거나, 7역죄와 8난에 떨어지는 죄를 짓는 등 일체의 계를 범하는 것을 보거든 마땅히 참회하도록 가르쳐야 할 것이거늘, 보살이 도리어 참회하기를 가르쳐 주지 아니하고 대중과 함께 머물러 공양하게 하거나, 포살하여 대중 모두에게 함께 계를 설할 때 그 죄를 들어서 허물을 뉘우치도록 가르치지 아니하면 경구죄를 범하느니라.

若佛子가 見一切衆生이 犯八戒五戒十戒어나 毀禁하고 七逆八難과 一切犯戒罪어든 應敎懺悔어늘 而菩薩이 不敎懺悔하고 同住하야 同僧利養하고 同共布薩하야 一衆說戒하되 而不學其罪하야 不敎悔過者는 犯經垢罪니라.

48경계 중 제5계인 이 불교회죄계는 추한 행을 한 사람을 참회시켜 깨끗한 수행자로 만들고 청정한 도량을 만들어야 함을 깨우치고 있습니다.

먼저 경문에 나오는 8계·5계·10계·훼금훼금毁禁·7역죄·8난이 무엇인가를 간략히 살펴봅시다.

팔관재계八關齋戒

8계八戒에는 소승의 8계와 대승의 8계가 있습니다. 소승의 8계는 흔히 팔관재계八關齋戒 또는 팔재계八齋戒라고도 하는 것으로, 출가한 스님네와 같이 재가의 불교신도로 하여금 일정기간 동안 청정행을 닦게 하는 데 그 본의가 있습니다. 팔관재계의 여덟 가지 계는 다음과 같습니다.

① 살생을 하지 말라〔不殺生〕
② 훔치지 말라〔不偸盜〕
③ 사음하지 말라〔不邪淫〕
④ 거짓말하지 말라〔不妄語〕
⑤ 술을 지나치게 먹지 말라〔不飮酒〕
⑥ 꽃다발 쓰고 향을 지니거나 몸에 바르지 말며〔不着香華鬘不香塗身〕, 노래하고 춤추는 데 가서 구경하거나 듣지 말라〔不自歌舞倡伎不往觀聽〕
⑦ 높고 넓고 크게 꾸민 평상에 앉지 말라〔不作高廣大床〕
⑧ 때 아닌 때에 먹지 말라〔不非時食〕

이 가운데 제8 불비시식不非時食은 '재齋'이고, 나머지 일곱 가지는 계戒이기 때문에 합하여 팔재계라 한 것입니다. 또

제6계를 '꽃다발을 쓰고 향을 지니거나 몸에 바르지 말라'와 '노래하고 춤추는 데 가서 구경하거나 듣지 말라'의 두 가지 계로 나누어 8계로 만든 다음, 불비시식의 재계齋戒를 더함으로써 팔관재계를 구성하게 된다고도 합니다. 그리고 '관關'은 '닫는다'는 뜻으로, '그렇게 하지 못하게 함으로써 환患을 면하게 한다'는 것입니다.

5계五戒

5계는 곧 재가 5계인 불살생不殺生·불투도不偸盜·불사음不邪淫·불망어不妄語·불음주不飮酒를 가리키며, 대승의 5계는 『우바새계경優婆塞戒經』에 상세히 설하여져 있는데, 소승의 5계 각각에 보살의 발원을 겸한 자리이타自利利他의 내용을 포함시키고 있습니다.

십계十戒

10계는 소승과 대승의 계가 완전히 다릅니다. 소승에서는 사미 10계, 곧 앞에서 설명한 팔관재계에서의 제6계를 '꽃다발을 쓰고 향을 지니거나 몸에 바르지 말라'와 '노래하고 춤추는 데 가서 구경하거나 듣지 말라'의 두 가지 계로 나누어 8계로 만든 다음, '때 아닌 때에 먹지 말라'고 한 것을 제9계로 삼고, 여기에 다시 '빛나는 금이나 물들인 은이나 보물들을 손대지 말라'는 계를 더하여 10계를 구성하고 있습니다.

이것은 처음 출가한 어린 사미와 사미니 등이 지키는 계율입니다.

그리고 대승의 십계는 우리가 이미 공부한 이『범망경』에서 설한 10중대계를 가리킵니다.

훼금毁禁

훼금의 '훼毁'는 헐뜯고 범하는 것이고 '금禁'은 막아서 금하는 것으로, 곧 계를 가리킵니다. 여래께서 계를 지으신 것은 중생의 감관을 막아서 몸과 입으로 짓는 나쁜 행위를 경계한 것이므로 중생의 소견으로 헐뜯어서는 안 된다는 것입니다.

7역七逆

7역은 달리 7차죄七遮罪라고도 하며, 이 죄를 범하면 무간지옥에 떨어지는 일곱 가지 큰 죄입니다.
① 부처님 몸에 피를 내는 것〔出佛身血〕
② 아버지를 죽이는 것〔殺父〕
③ 어머니를 죽이는 것〔殺母〕
④ 은사 스님을 죽이는 것〔殺和尙〕
⑤ 수계사를 죽이는 것〔殺阿闍梨〕
⑥ 경법을 배운 스승을 죽이는 것〔破羯磨轉法輪僧〕
⑦ 성인인 아라한을 죽이는 것〔殺阿羅漢〕

8난八難

8난은 부처님을 친견할 수도, 부처님 법을 듣지도 배울 수도 없는 여덟 가지 나쁜 세계를 가리킵니다. 그 여덟 세계란 무엇이며, 왜 불법을 배울 수 없는가?

① **지옥**地獄과 ② **아귀**餓鬼는 고통이 너무나 극심하기 때문에 불법을 듣지 못합니다. ③ **축생**畜生은 어리석음이 너무 짙어 불법을 듣거나 배울 수 없습니다.

④ **장수천**長壽天은 색계 제4선천第四禪天에 있는 무상천無想天으로 5백겁의 긴 수명을 누리면서 살지만, 아무런 생각도 일으키지 않기 때문에 불법을 배울 마음을 내지 못합니다.

⑤ **북구로주**北俱盧州는 향락이 끊임없이 이어지는 세상으로, 이곳의 중생은 향락에 빠져 불법을 들으려 하지 않습니다.

⑥ **눈멀고 귀먹고 말을 못하는 이** ⑦ **지혜가 너무 뛰어나거나 교만한 이** ⑧ **부처님 전후에 나는 이**[生在佛前佛後] 는 불법을 가까이 할 수가 없습니다.

이상의 여덟 가지는 부처님의 정법을 듣지 못하는 장난障難이므로 8난이라 합니다.

이 불교회죄계는 함께 수행하는 도반이 이상과 같은 각종 계를 범하거나 계를 비방할 때, 또 7역죄를 지으려 하거나 8난의 업을 지을 때 충심으로 타일러서 마음을 돌려 참회하도록 이끌어야 한다는 것을 가르친 것이고, 만일 그 죄를 덮어

두거나 쑥덕거리며 뒤에서 비방하게 되면 경구죄를 범한 것이 된다는 것을 밝힌 계입니다.

재가신도가 5계를 범하는 것을 비롯해서 팔관재계를 범하였을 때, 또는 사미나 사미니가 10계를 지키지 않는 것을 보면, "그래서는 안 된다. 계를 범하면 죄가 무거워지고 수행을 하는데 장애가 생겨 마침내 정진할 수 없게 된다."는 등의 충고를 하고 잘 가르쳐서, 뉘우치고 마음을 고쳐 가지게 해야 합니다.

또 부모를 살해하거나 스승을 살해하는 등의 7역죄를 지으려 할 때는 물론이거니와, 비구·비구니의 구족계나 보살계를 범하는 것을 보게 되면 마땅히 참회하도록 가르쳐야 합니다. 뉘우치고 참회를 하면 거듭 죄를 범하지 않게 되므로 나쁜 과보를 받는 것을 면할 수 있습니다. 금생에 계를 범하고 죄를 지으면 당래세에 반드시 8난의 과보를 받을 것이니, 마땅히 참회하고 뉘우치도록 가르쳐야 합니다.

요컨대 불자가 삼악도와 육도윤회의 세계에 떨어지는 원인은 계를 지키지 않고 불법을 비방하는 데 있습니다. 그 죄업의 과보가 이렇게 무섭기 때문에, 마땅히 참회하고 뉘우치게 하여 장차 닥쳐올 과보를 면하도록 해야 합니다.

이 경우 계를 범함으로써 받게 되는 죄의 과보가 크고 작은 것에 상관할 바가 아닙니다. 어떤 계를 범하였든지 일단 범한 사실을 알았으면 참회시키도록 해야 합니다.

만일 범한 이가 손아랫사람이라면 타이르고 훈계할 것이며, 손윗사람이면 정성껏 간언諫言을 드려서, 뉘우치고 참회하여 죄를 벗을 수 있도록 해주어야 하는 것입니다.

잘못을 여법하게 참회하도록 가르쳐 주지 않아서 날로 죄악이 늘어가게 하거나 다음 생에 삼악도로 떨어질 인因을 짓게 한다면 불법을 욕되게 할 뿐 아니라, 중생을 구제하고 보호한다는 보살의 근본 홍원弘願에도 어긋나게 됩니다. 이와 같은 까닭으로 불교회죄不敎悔罪를 계로써 규제한 것입니다.

이제 포살에 대해 살펴봅시다.

절에서는 본래 음력 보름날과 그믐날(29일 또는 30일), 곧 한 달에 두 번씩 포살布薩을 하도록 되어 있습니다. 포살이란 한 도량 안에 있는 스님네가 한 자리에 모여 계경戒經을 읽으면서, 보름 동안 지은 죄를 참회하여 죄를 없애고 선善을 기르는 참으로 중요한 의식입니다.

포살Posadha을 뜻으로 번역하여 한자로 옮기면 장정長淨(길이 청정하게 한다)·장양長養(선근을 길이 기른다)·증장增長(선근을 더욱 잘 자라게 한다)·장주長住(불법에 길이 머문다)·근주近住(불법에 가까이 머문다)·단사斷捨(악을 끊어 여읜다)라고 하며, 혹은 재齋라고도 합니다. 경전에서는 다음과 같이 정의하고 있습니다.

"어찌하여 포살이라 이름 하는가? 끊는 것(斷)을 포살이라 이름 하나니, 능히 범하는 바를 끊고 능히 번뇌를 끊고 일체의 착하지 않은 법을 끊는 것을 포살이라 이름 하며, 청정을 포살이라 하느니라."
『비니모경毘尼母經』

"어떤 까닭으로 포살이라고 하는가? 모든 악과 착하지 않은 법을 다 버리게 하기 때문이요, 번뇌와 애착을 다 버려서 청정한 백법白法을 얻게 하기 때문이요, 거룩한 범행梵行을 그 마지막까지 다 이루게 하므로 포살이라 이름 한다."
『살바다비니마득륵가薩婆多毘尼摩得勒伽』

이토록 중요한 것이 포살이기 때문에 부처님께서는 여러 대중이 함께 있을 때는 물론이요 혼자 있을지라도 포살을 행하라고 하셨습니다.

요컨대 포살은 매달 두 번씩 대중이 한 자리에 모여 계를 설함으로써 선법善法을 길이 기르고 마음을 청정하게 하며 모든 불선不善을 없애고자 하는 목적에서 행하여지는, 승가의 매우 중요한 의식입니다.

이 포살의식을 행할 때는 도반 가운데 누가 됐든지 잘못하는 것을 보았거나 들어서 의심되는 것이 있으면 그 잘못을 말해 주어 참회하도록 해야 합니다. 그런데 그것을 말하지도 않고 가르쳐 주지도 않으면 불거기죄不擧基罪에 해당하고 불교회죄계不敎悔罪戒를 범하게 됩니다.

그런데 왜 꼭 참회를 하도록 한 것인가? 『열반경』을 통하여 부처님께서는 분명히 설하셨습니다.

"계를 지니고 정법을 보호하는 비구가 정법을 무너뜨리는 비구를 보고 곧 몰아내거나 꾸짖음과 나무람으로 다스려 징계하였다면, 마땅히 알라. 이 사람이 얻는 복은 한량없이 많아 이루 다 헤아릴 수 없느니라. 그러나 만일 그대로 둔 채 꾸짖거나 나무라거나 몰아내지 않거나 죄를 들어 말해주지 않는 이는, 마땅히 알라. 이 사람은 불법 가운데 원수이니라. 그러므로 능히 쫓아내고 꾸짖고 나무라는 이라야 나의 제자이니라."

이와 같이 잘못된 점을 꾸짖고 타일러서 바르게 가르치는 것이 불자로써 행하여야 할 매우 중요한 일이기 때문입니다.

아무리 신심이 굳건하고 지혜가 총명하며, 선정과 수행이 장하다 해도 부처님이 아닌 이상 모든 것을 완벽하게 갖출 수는 없습니다. 모자라는 것도 많고 잘못하는 경우도 한 두 가지가 아니기 마련입니다. 이럴 때 옆에서 충고해 주고 꾸짖어 바로잡아 주는 것이 함께 배우는 도반의 도리입니다. 그 충고의 힘에 의해 더욱 정진할 수 있기 때문에 탁마琢磨를 중시하게 되고, 승가僧伽의 대중생활에 뜻을 두는 것이며, 총림叢林의 수행제도를 존중하는 것입니다.

그러나 허물을 지은 이가 도저히 다스릴 수 없는 사람이라면 오히려 참회를 시키는 것이 무리가 될 뿐입니다. 특히 미워하는 마음을 잘 일으키거나 원한을 잘 품는 사람, 또 타이른다는 것이 논쟁을 유발하여 승단을 파괴할 우려가 있을 경우에는 오히려 관망하고 내버려두어야 합니다. 만약 이와 같은 경우가 아니라면 당연히 충고하고 참회를 시켜 올바른 길로 나아가도록 이끌어야 합니다.

남을 타이르고 가르쳐서 교화한다는 것은 곧 남과 더불어 함께 한다는 대승적인 의미가 담겨져 있는 행이고, 남의 잘못이나 벗의 허물을 충고하지도 않고 외면하는 것은 혼자만의 해탈을 구하는 소승의 틀에 갇혀 버리는 행위입니다.

모름지기 죄 짓는 것을 막고 지은 죄를 참회 시키고자하는 이 계의 뜻을 마음에 새기고 또 새겨서, 대승보살답게 뭇 생명 있는 이들을 능력껏 교화하여 성불의 저 언덕으로 함께 건너가야 할 것입니다.

나무범망경보살심지대계.

제6경계
불공급청법계 不供給請法戒
공양을 올리고 법을 청하라

너희 불자들이여, 대승법사나 대승을 같이 배우는 이[同學]나 대승의 지견이 같은 이[同見]나 대승의 수행이 같은 이[同行]가 백리나 천리 밖으로부터 승방이나 사택이나 성읍에 오는 것을 보거든 즉시 일어나 영접하고 예배하고 공양할지니라. 날마다 삼시로 공양하고 정성으로 음식을 차려 대접하며[日食三兩金], 백 가지 음식과 앉고 눕는 자리와 먹는 약으로 법사에게 공양하되 온갖 필요한 물건을 다 제공할지니라. 법사에게 삼시로 설법하기를 청하고 날마다 삼시로 예배하되 성내거나 귀찮은 마음을 내지 말고, 법을 위하여 몸이 다하도록[爲法滅身] 부지런히 법문을 청하여야 하느니라. 만일 이렇게 하지 않는 이는 경구죄를 범하느니라.

若佛子야 見大乘法師와 大乘同學과 同見과 同行이 來入僧坊과 舍宅과 城邑하되 若百里千里來者어던 卽起迎來送去하며 禮拜供養하되 日日三時供養하며 日食三兩金하되 百味飮食과

^{상좌의약} ^{공사법사} ^{일체소수} ^{진급여지} ^{상청법}
牀座醫藥으로 供事法師하야 一切所須를 盡給與之하고 常請法
사 ^{삼시설법} ^{일일삼시예배} ^{불생진심환뇌지심}
師하야 三時說法하며 日日三時禮拜하되 不生嗔心患惱之心하며
^{위법멸신} ^{청법불해} ^{약불이자} ^{범경구죄}
爲法滅身하야 請法不懈어늘 若不爾者는 犯輕垢罪니라.

48경계 중 제5 불교회죄계는 계를 범하는 사람을 참회시키지 않는 것을 경계한 계법이고, 제6번째인 이 계는 대승법사를 비롯하여 동학 등에게 예배와 공양을 하지 않고 법문을 청하지 않는 것을 경계한 계입니다.

먼저 백리 천리 밖에서 대승법사大乘法師가 오실 때는 물론이고, 대승동학大乘同學·동견同見·동행同行의 벗이 오면 반가이 일어나 공손하게 정성으로 맞이해야 합니다.

그런데 경문에서 '대승법사'·'대승동학'이라 한 것은 소승을 가르치는 법사와 구별하기 위한 것입니다.

대승법사大乘法師는 대승경률을 두루 통달하였을 뿐 아니라 중생을 능히 교화하여 능히 부처님 세계로 들어가게 하는 이를 가리키며, 대승동학大乘同學은 동일한 스승에게 대승불교를 배우는 이로서 나이와 배운 횟수가 선배인 사람을 가리킵니다. 동견同見은 대승보살장大乘菩薩藏에 대해 같은 견해를 가지는 도반이며, 동행同行은 보살행을 함께 닦는 사람을 가리킵니다.

경문에서는 이러한 이가 '승방에 오거나 사택이나 성읍에 오거든'이라고 하였습니다. 이때의 승방僧房은 스님네가 거주

하는 곳으로 절에 있는 법당과 강당과 선방을 총칭하는 것이며, 출가보살이 머무는 곳입니다. 이에 대해 **사택**과 **성읍**은 재가보살이 머무는 집으로, **성**城은 중앙행정부가 있는 도성, **읍**邑은 지방관청이 있는 도시, **택**宅은 고관·부호·장자의 집, **사**舍는 서민의 집을 가리킵니다. 이와 같은 곳에 출가 및 재가의 보살이 찾아오면 마땅히 일어나서 맞이하여 예배하고 공양하라고 가르치신 것입니다.

또한 법사에게 진심으로 지극한 공경을 할 줄 알아야 대승보살불자라 할 수 있다는 뜻에서 날마다 '삼시공양'과 '삼량금'과 '백미음식'을 공양하라고 말씀하신 것이니, 여기에 조금이라도 아끼는 마음을 두어서는 안 됩니다.

삼시공양三時供養이라 함은 이른 아침에 먹는 소식(小食 : 일반적으로 죽을 많이 먹음)과 점심때의 정식定食, 점심 뒤에는 먹지 않는 때이므로 탕약을 공양하는 것을 가리킵니다. 또 하루 식사에 **삼냥금**〔日食三兩金〕이라고 한 것은 곧 큰 액수를 뜻하는데 정성껏 음식을 마련하라는 것이며, **백미음식**百味飮食은 극진히 공양하라는 의미로 해석하면 무리가 없습니다.

이와 같은 극진한 공양을 받는 이는 자신이 이런 공양을 받을 만한가를 마음으로 생각하여, 마땅히 부끄러워하고 과분한 줄을 알아야 비로소 시주의 공양을 소화할 수 있을 것입니다.

이때 공양을 베푸는 사람은 도반이나 객승에게도 잘 해야 하겠지만, 상대가 법사인 경우에는 더더욱 지극한 공양을 해야 합니다. 법사는 법을 설하는 분이기 때문에, 법사를 지극히 공양함은 법을 존중하는 것이 됩니다. 그러므로 마땅히 법사에 대한 정성이 부족하지 않을까 두려워하고, 그 뜻을 어김이 없이 '온갖 필요한 물건을 다 받들어 공양하라'는 것입니다.

우리는 이 계를 제정한 근본 취지가 '법을 존중하라'는 것임을 분명히 알아야 합니다. 법사를 공양하고 공경하며 지극한 마음가짐과 정성을 강조한 까닭도 이 법과 관련되기 때문입니다.

『열반경』제6권에는 다음과 같은 구절이 있습니다.

"이 대열반의 미묘한 경 가운데 네 가지 종류의 사람이 있나니, 능히 정법을 보호하는 사람, 정법을 건립하는 사람, 정법을 항상 잊지 않고 마음으로 생각하는 사람, 능히 많은 이익을 주고 세간을 불쌍히 여겨 세간의 의지가 되며 인천人天을 안락하게 하는 사람이니라. 이 네 가지 종류의 사람은 세상에 출현해서 많은 이익을 주고 세간을 불쌍히 여기며, 세간의 의지가 되어 사람과 하늘을 안락하게 하느니라."

이렇듯 세간을 이익 되게 하고 사람과 하늘을 안락하게 하며 세간의 의지가 되는 대승법사를 만나면 **마땅히 청하여 삼**

시로 설법을 듣고 삼시로 예배를 해야 하며, 성내거나 귀찮아하는 마음을 버리고 오직 법을 위해 청법을 해야 합니다.

이렇게 법을 좋아하는 마음이 간절하여 나쁜 생각과 게으른 생각을 버리고 부지런히 청하고 듣고 배우는 것을 경문에서는 "부지런히 법문을 청한다〔請法不懈〕"라고 하였으며, 법사의 사소한 허물에 대해 진심을 내지 않고 공양하여 재물을 소비하는 것을 싫어하거나 근심하지 않는 것을 "성내거나 귀찮은 마음을 내지 않는다〔不生瞋心 患惱之心〕"라고 하였습니다. 그리고 육신을 차라리 버려서 죽을지라도 공양하고 법을 듣는 일에 대해 게으른 마음을 내어서는 안 된다는 뜻으로 "법을 위해 몸을 멸한다〔爲法滅身〕"고 한 것입니다.

위법멸신!

석가모니부처님께서는 과거 전생의 보살행을 닦으실 때 반 구절의 게송을 듣기 위해 몸을 나찰귀羅刹鬼에게 던지신 일이 있습니다. 또 어떤 생에서는 몸을 깎아 피를 내고 기름을 짜내어 등을 밝히면서 법을 청하셨으며, 어떤 생에서는 처자를 야차의 음식으로 바쳐서까지 법문을 듣기도 했습니다.

또 『화엄경』에서 보현보살님이 선재동자에게 말씀하시기를, "나의 이 진리의 법 바다 가운데 있는 한 글자 한 구절들은 전륜왕위轉輪王位 및 일체의 소유를 다 버리고 보시함으로써 얻은 것이다."라고 하셨습니다.

만일 보살이 재물을 아끼고 몸을 도사린다면 이는 결코 위법멸신의 행동이 될 수가 없습니다. 법사에게 법을 청하고 지극히 공경하는 것은 곧 우리의 근본 마음자리인 본심本心을 공경하고 효순하는 행위입니다. 어찌 이를 소홀히 할 수 있겠습니까? 교만을 버리고 진정한 마음으로 공양을 올리거나 법을 배울 때 얻게 되는 공덕은 이루 다 말할 수가 없습니다. 『비유경』에는 진정한 마음으로 올리는 공양에 대한 다음과 같은 이야기가 있습니다.

❀

아난존자가 과거 전생에 향을 파는 동자로 있었을 때, 한 사미가 구걸하면서 게송을 외우는 것을 보고 그 까닭을 물었습니다.

"나의 스승이 산에서 수도를 하시는데, 나로 하여금 매일 쌀 한 되씩을 구해 오고 겸하여 한 게송을 한 구절씩 외우라고 하였기 때문이 이렇게 외웁니다."

향 파는 동자는 또 물었습니다.

"만일 쌀을 구하지 않으면 하루에 몇 게송을 외울 수 있습니까?"

"하루에 열 게송은 외울 수 있습니다."

"그렇다면 이제부터는 탁발을 그만두고 게송만 외우도록 하십시오. 내가 대신 그 쌀을 구해 드리리다."

사미는 그 뒤부터 조용히 머무르며 공부를 할 수 있게 되었습니다. 그 동자는 쌀을 아홉 섬을 대어 준 다음 사미가 게송을 다 외웠는지를 시험하였는데, 모두 통달하고 있었다고 합니다.

향 파는 동자는 이와 같은 복을 지은 과보로 뒷세상에 부처님의 사촌인 아난존자로 태어나 '다문제일多聞第一의 제자'가 되었으며, 삼명三明과 육신통六神通을 갖추고 부처님의 심인心印까지 전해 받게 되었다고 합니다.

8

무릇 불문에 귀의하여 법을 배우는 사람은 모름지기 법을 생명으로 삼고 살아야 합니다. 그리고 이 불공급청법계에서 법우法友를 존경하고 법사法師를 존경하라고 가르친 것 역시 법을 존경하는 정신에 바탕을 둔 것입니다.

정녕 대승의 불자라면 법을 구하는 일에 지성을 모아야 합니다. 가르쳐 줄만한 스승이 없다고 하기 이전에 스스로 참된 구도자가 되어야 합니다. 모름지기 지심공양至心供養 · 지심청법至心請法 · 지심귀명례至心歸命禮하는 참된 불자가 되기를 두 손 모아 당부 드립니다.

나무범망경보살심지대계.

제7경계
해태불청법계 懈怠不聽法戒
게으름을 부리지 말고 법문을 들어라

너희 불자들이여, 어느 곳에서든지 경법과 계율(毘尼經律)을 강설하는 데가 있거든, 세속의 큰 집에서 불법을 강설하더라도 새로 배우는 보살(新學菩薩)들은 마땅히 경전이나 율문을 가지고 법사가 있는 곳으로 가서 듣고 물을 것이며, 산이나 숲속의 절에서라도 불법을 말하는 곳이면 다 찾아가서 들을 것이니, 만일 가서 듣지 않고 묻지 않는 이는 경구죄를 범하느니라.

若佛子야 一切處에 有講法毘尼經律이어던 大宅舍中에 有講法處라도 是新學菩薩이 應持經律卷하고 至法師所하야 聽受咨問하며 若山林樹下의 僧地房中이라도 一切說法處에 悉地聽受니 若不至彼聽受하야 受咨問者는 犯輕垢罪니라.

제6 불공급청법계는 법사가 왔을 때 마땅히 공양하고 법을 청할 것을 밝혔고, 제7 해태불청법계는 법사가 다른 곳에서 설법할 경우 갈 수 있을 정도의 거리라면 마땅히 가서 들을 것을 말씀하신 것입니다.

경문에서 '강법講法'이라 함은 경·율·논 삼장을 강설하는 것을 총칭하는 말입니다. 특히 경문에서 율律과 같은 뜻인 '비니毘尼'라는 단어를 쓴 까닭은 이 『범망경』이 계율서이기 때문이며, 계율이 능히 신身·구口·의意의 나쁜 삼업을 다 조복하고 없애준다는 것을 강조하기 위해서입니다.

이 비니는 '멸滅·조복調伏'의 뜻과 함께 잘 다스린다는 뜻으로 '선치善治'라고도 번역하는데, 계율이 능히 음란한 마음·성내는 마음·어리석은 마음을 스스로 잘 다스리게 하는 힘이 있기 때문입니다.

그리고 경문에서는 특별히 새로 배우는 신학보살新學菩薩을 강조하여 말씀하셨습니다. 『범망경』의 심지계心地戒를 처음 받아 아직 학업을 익숙하게 성취하지 못한 신학보살들은 『범망경』 심지계心地戒의 중함을 알지 못한 채 게으름에 빠져서 큰 법의 이익을 잃을 수가 있고, 해탈을 향해 전진하기보다는 뒤로 물러나 허물에 떨어지게 될 수가 있는 이들입니다.

그러므로 신학보살들은 부지런히 설법처를 찾아다니면서 법문을 배워야 합니다. 출가보살의 경우에는 얽매임 없이 오로지 법을 익히는 것으로 일을 삼는 만큼 먼 거리라도 가서 배워야 하며, 재가보살은 생업과 살림에 지장이 없는 범위 내에서 설법처를 찾아가야 합니다. 곧 본분에 맞게 하되 법을 구함을 게을리해서는 안 된다는 요지를 담고 있습니다.

그리고 경문에서 세속의 큰집〔大舍宅〕을 꼬집어 말씀하신 까닭은, 사찰이 아니라하여 법문을 들으러 가지 않는 것을 경계하기 위한 것입니다. 특히 출가보살은 왕궁이나 관청의 공공건물이나 속인의 집이거나 따질 것 없이, 경법을 강설하는 곳이 있으면 찾아가서 법문을 들어야 합니다. 만일 특별한 사정없이 가서 듣지 않는다면 사람을 업신여기고 법을 소홀하게 생각하는 만인만법慢人慢法의 허물을 짓게 될 뿐 아니라, 게을러서 법을 멀리하는 허물을 범하게 되는 것입니다.

그런데 가서 법을 듣지 않았더라도 범계가 아닌 경우가 있습니다. 이것을 계의 개차법開遮法이라고 합니다.『보살계경』에서는 법회에 참석하지 않더라도 범계가 되지 않는다는 요지의 내용을 다음과 같이 말씀했습니다.

"병이 있거나 기운이 없을 때,
그 법사가 법문을 거꾸로 설하는 것을 알았을 때,
그 설법이 어디서나 듣는 흔한 법문임을 알았을 때,
그 법사의 법문을 많이 들었을 때,
이미 들어서 다 알고 있는 내용일 때,
선정을 닦고 있거나 특별한 기도 정진 중일 때,
하는 일을 잠시도 폐지할 수 없는 사정이 있을 때는
가서 법문을 듣지 않더라도 계를 범한 것이 아니다."

그리고 설법처에 참여하는 사람은 **마땅히 듣는 것**〔聽〕, **받아들이는 것**〔受〕, **묻는 것**〔問〕을 구별할 줄 알아야 합니다.

대저 학인이 법을 배우는 데는 **문聞·사思·수修**의 셋을 갖추어야 합니다. 법을 듣고 법을 생각하고 법을 실천 수행하는 세 단계를 밟아야 한다는 것입니다. 경문에서 밝힌 청聽·수受·문問은 문·사·수 3단계 중 듣고 생각하는 두 과정이라고 할 수 있습니다.

받아들인다〔受〕 함은 듣고 이해하는 것을 말하고, 묻는다〔問〕 함은 이해되지 않거나 의심나는 것을 법사에게 묻고 생각하여 깊이 통달하는 것을 말합니다.

말로만 듣고 이야기로만 이해하는데 그쳐서는 큰 진전이 없기 때문에, 법문의 깊은 뜻 내지는 구경의 근본까지라도 파고들어서 통달하여야 합니다. 이것이 참된 공부입니다.

의심이 가고 모르는 것에 대해 해답을 찾는 것이야말로 참된 공부이기 때문에, 마땅히 이를 법사에게 물을 줄 알아야 합니다. 이렇게 하여 참뜻을 알았으면 실천을 통하여 대승의 심지법을 깨우쳐야 하며, 이것이 수행〔修〕입니다.

불자는 모름지기 법문에 의지하여 살아야 합니다. 어찌 순간의 안일을 위해 행복과 영원한 해탈을 안겨다 주는 법문을 마다할 것입니까?

무릇 대법사가 가까운 곳에 와서 법문을 한다는 소식을 듣게 되면 적극적으로 찾아가서 마음을 집중하여 듣고, 그 법문을 나의 것으로 만들고자 해야 합니다.

　선종의 제2조이신 혜가慧可스님은 달마達磨스님을 찾아가 법을 청할 때, 밤새 눈이 무릎 위에까지 쌓이도록 미동도 하지 않고 간절히 청하였고, 신심을 보이기 위해 팔을 베었더니 눈 쌓인 땅 속에서 파초芭蕉가 솟아나와 그 떨어지는 팔을 받들어 올렸다는 고사가 널리 알려져 있습니다.

　이와 같이 법을 위해 모든 것을 버리는 위법망구爲法忘軀의 정성! 이것이 부족한 탓으로 요사이는 큰 선지식이 출현하지 않는다는 말들을 많이 하고 있습니다.

　물론 사람마다 혜가스님처럼 지극한 구법의 정성을 보이기는 힘들 것입니다. 그러나 가서 들을 수 있는 거리에 법사가 와서 부처님의 경과 율을 설법하는데 게으름을 부리고 거만을 부린다면 어떻게 되겠습니까? 자연 도와는 멀어지고 맙니다.

　스스로 혜가스님과 같은 옛스님들의 구법정신에 비추어 보고 자성의 심지법에 비추어 보아서, 부지런히 법문을 듣고 조금이나마 진리에 가까워지도록 언제나 마음을 가다듬기를 당부 또 당부드립니다.

　나무범망경보살심지대계.

제8경계
배대향소계 背大向小戒
대승을 등지고 소승으로 나아가지 말라

너희 불자들이여, 항상 함께 하는 대승의 경과 율을 마음으로 그르게 여겨 부처님의 말씀이 아니라고 하면서, 이승인 성문이나 외도들의 잘못된 견해를 비롯하여 그들의 금계와 삿된 경과 율을 배우고 지키면 경구죄를 범하느니라.

若佛子야 心背大乘常住經律하야 言非佛說하고 而受持二乘 聲聞과 外道惡見의 一切禁戒邪見經律者는 犯輕垢罪니라.

이 제8경계는 마음으로 대승불교가 열등하다고 생각하고 입으로 이승과 외도의 법이 수승하다고 말함으로써 대승을 등지고 소승을 향하는 것을 경계하기 위해 제정한 계입니다. 곧 이 계의 초점은, '심배대승상주경률心背大乘常住經律' 곧 '대승의 경과 율을 마음으로 그르게 여겨'라는 구절에 있습니다.

'심배心背'라 한 것은 입으로 말하는 것이 아니라 마음으로 등지고 외면하는 것을 강조하기 위한 것이며, '상주대승경률常住大乘經律'은 마음자리인 심지心地에서 나온 것으로, 본래부터 항상 머물러 나지도 멸하지도 않고 변하지도 바뀌지도 않는 이 법계의 참된 가르침을 가리킵니다. 곧 부처님께서 성도하신 직후의 깨달은 경지를 있는 그대로 말씀하신 교법과 계율을 말하는 것입니다.

그러므로 상주대승경률은 방편으로 중생의 근기에 따라 설하신 소승의 경이나, 제자들이 죄를 범함에 따라 점차적으로 제정하신 수범수제隨犯隨制의 구족계具足戒와는 다른 것입니다. 따라서 이 최상의 상주대승경률을 등지려는 생각만 하였다면 경구죄를 범한 것이 되지만, 만일 삼보를 비방하는 소리가 밖으로 나가 다른 이를 해롭게 하였다면 제10중계인 삼보를 비방하는 계〔謗三寶戒〕를 범한 것이 됩니다. 그러므로 중계를 범하는 것을 근원적으로 차단하기 위해 이 계를 제정하신 것입니다.

그런데 이 경문을 보면 외도만이 아니라 이승二乘, 곧 소승小乘불교의 경률도 사견처럼 평가하고 있어 선뜻 이해가 되지 않을 것입니다.

"소승인 성문은 부처님을 극진히 모시고 부처님의 가르침인 네 가지 진리〔四諦法〕를 깨달아 도과道果를 얻는데 어찌하여 그것을 나쁜 소견이라고 할 수 있는가?"

이러한 의문을 누구나 가질 수 있습니다. 과연 무슨 까닭으로 외도가 아닌 이승의 경률까지를 구체적으로 경계한 것일까?

일찍이 『대지도론大智度論』에서는 "차라리 나쁜 야호와 같은 마음을 일으킬지언정 성문·벽지불의 마음을 내지 않으리라" 하였습니다. 차라리 여우와 같이 삼악도의 마음을 일으킬지언정 대승을 버리고 이승에 빠져들지는 않겠다는 뜻입니다.

이승이 되어 희·노·애·락과 선·악·시·비를 다 끊고 공한 경지만 지키면서 혼자만의 열반涅槃을 추구하게 되면 부처님을 만날 때를 기약할 수가 없고, 중생을 구제할 보리심을 일으키거나 대승법을 닦지 않기 때문에 성불할 수도 없게 되고 맙니다.

다시 말하면 대승의 수행자는 갈 길을 한결같이 나아가 값을 매길 수 없는 무가無價의 여의주를 얻게 되지만, 소승의 수행자는 길 가는 도중에 보이는 아름다운 경치 속의 큰 기와집 속으로 들어가 빠져나오려고 하지 않기 때문에 무가의 여의주를 얻을 수 없게 된다는 것입니다.

이와 같은 까닭으로 소승의 성문과 벽지불도 추구하지 말라고 하신 것입니다. 하물며 외도들의 가르침과 계율 속으로 빠져 들어가서야 되겠습니까?

외도들의 삿된 견해는 스스로를 어리석은 데 떨어뜨리는 것은 물론이고, 다른 사람들까지 크게 현혹시키는 것이기에 더더욱 추구하여서도 아니 됩니다.

그런데 여기에서 한 가지 주의할 점이 있습니다.

그것은 이 계가 금한 것이 '대승을 저버리고 오로지 소승만을 생각하거나 외도만 생각하는 경우'를 대상으로 삼고 있다는 점입니다. 만일 대승을 철저하게 지키는 사람이라면, 이승법은 물론이요 경우에 따라서는 외도법을 익혀도 무방한 경우가 있음을 아울러 알아야 합니다.

결국 이 계는 대승을 외면하고 소승으로 마음을 돌리는 자를 경계한 것일 뿐, 이승의 불법을 외도의 삿된 법과 똑같이 취급하여 전혀 배우지 말라는 것은 아닙니다.

대승보살이 성문과 연각의 법을 아울러 겸하여 배우는 것은 당연한 것입니다. 오히려 성문이나 연각의 법을 전적으로 배격하는 것이야말로 범계가 됩니다. 그러므로 보살은 성문·연각·보살의 삼승법을 마땅히 다 배워야 합니다. 결코 교만한 생각으로 대승을 내세우면서 성문이나 연각의 법을 헐뜯는 일이 있어서는 안 됩니다.

곧 부처님께서는 대승을 버리고 오로지 소승의 법만을 배우고 익힐까 염려하여 이 계로써 경계하신 것일 뿐, 대승법을 배운다 하여 성문의 계율을 가볍게 여기거나 소홀히 해도 된다는 뜻이 결코 아님을 알아야 합니다.

대승불교권에 사는 우리는 흔히 이승법이니 외도법이니 하면서 비판을 하지만, 그 법의 차이를 명백히 따져 보면 결국은 '무엇에 집착하는가?'하는 데로 모아집니다. 외도법은 인간의 근본 5욕에 집착한 법이라 할 수 있고, 이승법은 공한 도리에만 집착하여 나와 남이 함께 성불하는 대승행을 모른다고 할 수 있습니다.

이 땅의 불교도는 스스로를 대승불자라고 합니다. 그러나 말로만 대승불자라고 소리치는 것은 소용이 없습니다. 마음도 대승이 되어야 하고 행동도 대승이 되어야 합니다.

대승불자의 마음속이 탐貪 · 진瞋 · 치癡 삼독으로 가득하다고 합시다. 만일 그가 탐심으로 행동하면 아귀가 될 것이요, 늘 진심으로 행동하면 죽어서 지옥에 갈 것이며, 어리석은 치심으로 행동하면 축생보를 받을 것입니다. 이렇게 되면 형식으로는 대승이면서 그 실제는 외도나 다를 바가 없게 됩니다.

대승불자는 모름지기 그 마음도 말도 행동도 대승으로 사무쳐야 합니다. 대승답게 큰 사람이 되어 큰 사람의 길을 가고 큰 사람의 삶을 살아야 합니다. 언제나 대승을 생각하면서 이승이나 외도까지 저버리지 않는 이, 그를 일컬어 진정한 보살이라고 하는 것입니다.

이제 대승과 소승의 마음가짐을 알 수 있게 하는 한 편의 이야기를 음미해 봅시다.

옛날 타심통他心通을 깊이 성취한 큰스님이 사미제자를 데리고 길을 가고 있었습니다. 그런데 바랑을 걸머지고 가던 사미가 사홍서원의 한 구절인 "가없는 중생을 모두 다 건지리라〔衆生無邊誓願度〕"를 생각하다가 보리심을 일으켜 발원發願했습니다.

'뭇 중생을 다 건져야 하리라. 내 한 몸의 고달픔과 어려움이 아무리 크다 해도, 일체 중생은 다 나의 전생 부모요 스승이요 제자요 형제 자매이니, 내가 결정코 다 제도해야 하리라.'

타심통으로 그 생각을 읽은 큰스님은 사미에게 말했습니다.

"바랑을 이리 다오. 내가 지고 가야겠다. 나무보살마하살."

큰스님은 바랑을 손수 지고 갔습니다. 조금 가다가 어린 사미는 망상을 하게 되었습니다.

'중생은 끝도 없고 한도 없는데 그들을 어떻게 다 제도할 수 있겠는가? 그 어렵고 힘들고 지루한 일을 다 한다는 것은 불가능하다. 내 한 몸의 생사해탈부터 하고 볼 일이다.'

그러자 큰스님은 곧장 바랑을 벗어 사미에게 주었습니다.

"옛다. 이 바랑 도로 지고 가거라."

이상한 생각이 든 사미는 큰스님께 여쭈었습니다.

"스님, 조금 전에는 바랑을 굳이 빼앗아 가시더니, 왜 금방 이렇게 돌려주십니까?"

"조금 전에 너는 큰 보리심을 일으켜 보살이 되었었다. 어찌 보살에게 바랑을 지게 할 수 있겠느냐? 그래서 내가 진 것이다. 이제는 네가 소승의 마음을 내었으니, 소승이라면 바랑을 지고 가는 것이 마땅하지 않겠느냐?"

☸

이 이야기에서 느낄 수 있듯이 소승과 대승은 일체 중생을 제도하겠다는 서원이 있느냐 없느냐에 달려 있다고 할 수 있습니다. 보살불자는 모름지기 대승의 서원을 마음에 품고 대승의 삶을 살아야 합니다. 그 삶의 중심을 대승경률에 두고 대승의 입장에 서서 모든 것을 풀어야 하는 것입니다.

착각과 부질없는 사견에 몸과 마음을 맡기지 맙시다. 우리가 사견을 벗어버릴 때 한시도 우리를 떠나지 않았던 근본 마음자리가 스스로 그 모습을 나타냅니다. 우리 모두 대승에 대한 지극한 신심을 통하여 근본 마음자리를 회복해 가지기를 축원드립니다.

나무범망경보살심지대계.

제9경계
불간병계 不看病戒
병든 이를 간호하라

너희 불자들이여, 모든 병든 이를 보거든 항상 공양하되, 마땅히 부처님과 다름이 없이 여길지어다. 여덟 가지 복전 가운데 병을 간호하는 것이 가장 으뜸가는 복전이니라. 만일 부모나 스승이나 스님이나 제자가 병이 들어 팔다리나 기관이 온전치 못하고, 여러 가지 병으로 고뇌하거든 이들을 다 공양하여 낫게 할 것이거늘, 하물며 보살이 성내고 미워하는 생각으로 간호하지 않거나 절에서나 도시에서나 들이나 산이나 숲속이나 길가에서 병든 이를 보고도 구제하지 아니하면 경구죄를 범하느니라.

若佛子야 見一切疾病人이어든 常應供養하되 如佛無異하라. 八福田中 看病福田이 是第一福田이니 若父母師僧弟子病 諸根不具하며 百種病으로 苦惱어든 皆供養令差어늘 而菩薩이 以嗔恨心으로 不看하며 乃至僧坊城邑과 曠野山林과 道路中에 見病不求濟者는 犯輕垢罪니라.

제9경계인 불간병계는 바로 병자를 못 본 체하는 그 마음가짐 자체를 경계한 것입니다. 보살은 자비심으로 일체 중생을 구제하는 것을 본령으로 삼고 있습니다. 그러므로 질병으로 고통을 받는 중생을 자비심으로 보살피는 것은 당연한 일이며, 못 본 체한다면 보살의 마음이라 할 수가 없습니다.

보살이 간병을 해야 할 대상은 경문에서 밝힌 바와 같이 모든 병든 이입니다. 위로는 대승·소승의 성현과 스승과 승보 및 부모, 중간으로는 형제·친구 등의 동료, 아래로는 제자와 세속의 대중과 불쌍한 노인, 어린이, 귀한 이, 착한 이, 타향살이하는 이, 이방인 또는 금수까지를 모두 포함하고 있습니다.

부처님께서는 병자를 간호하고 치료함에 있어 부처님께 하는 것이나 다름없이 하라고 가르치셨습니다. 일찍이 부처님께서 스스로 병든 비구를 간호하신 뒤 설법을 해주심으로써 그 병든 비구로 하여금 도를 얻게 하신 일이 있는데, 『사분율』 권41에 자세히 기록되어 있습니다.

❁

부처님께서 사위국舍衛國에 계실 때, 오줌·똥을 가리지 못하는 병든 비구가 있었습니다. 그는 오줌·똥으로 더럽혀진 방에 드러누워 있었으므로 차마 볼 수 없을 지경이었습니다. 이를 보신 부처님께서는 그에게 물으셨습니다.

"어찌하여 돌보아 주는 사람이 아무도 없느냐?"

"제가 아프지 않았을 때 병자를 한 번도 간호해 주지 않았기 때문에, 지금 병들었지만 아무도 저를 돌보아 주지 않는 듯합니다."

이에 부처님께서는 직접 병자의 몸을 일으켜 세워 더러운 몸을 닦아 주시고 옷을 빨아서 말려 주셨습니다. 그리고 방을 깨끗이 청소하신 다음 새 풀을 깔고 그 위에 병자를 편안히 눕혔으며, 또 다른 옷으로 덮어 주었습니다. 그리고 공양을 하신 뒤 비구 대중을 모이게 하여 말씀하셨습니다.

"지금 어서 가서 병든 비구를 간호하라. 병자를 간호하지 않는 것은 옳지 않느니라. 나에게 공양하고자 하거든 마땅히 병자를 공양하라."

⁂

직접 병든 비구를 돌보고, '나에게 공양하고자 하거든 마땅히 병자를 공양하라'고 하신 부처님. 부처님의 이 자비를 어찌 우리의 마음속에 담지 않을 것입니까?

나아가 병든 이를 병든 이를 간호하는 공덕에 대해 경문에서는, "여덟 가지 복전[八福田] 가운데 병을 간호하는 것이 가장 으뜸가는 복전이 된다."고 하였는데, 여덟 가지 복전은 다음과 같습니다.

① 공경삼보恭敬三寶(불佛·법法·승僧 삼보를 공경하는 것)이니,

삼보를 공경할 줄 알아야 복을 받습니다.
② 효양부모孝養父母이니, 부모님께 효도하면 복을 받습니다.
③ 급사병인給事病人이니, 병든 사람을 내 힘이 미치는 데까지 구완을 해 주면 복을 받게 됩니다.
④ 구제빈궁救濟貧窮이니, 가난하고 궁한 사람을 도와주면 복을 받습니다.
⑤ 광로의정廣路義井이니, 평원이나 광야의 물이 없는 곳에 우물을 파서 오고 가는 사람이 먹을 수 있도록 하거나, 동네에 우물을 파서 온 동네 사람이 다 먹도록 하는 것입니다.
⑥ 건조교량建造橋梁이니, 개울에 다리를 놓아 사람들이 쉽게 건너갈 수 있도록 해 주는 것을 말합니다.
⑦ 치평험로治平險路이니, 험한 길을 고르게 닦아 사람들이 잘 다니도록 해 주는 것입니다.
⑧ 무차법회無遮法會이니, 법회를 열어 어떤 사람이든지 법문을 들을 수 있게 해주는 것을 말합니다.

　이 여덟 가지 모두가 복이 되는 훌륭한 일이지만, 그 중에서도 병자를 돌보는 것이 가장 으뜸이 된다는 것입니다.
　병든 이를 돌보는 것, 그것은 수행이기도 합니다. 어찌 보살이 병든 이를 보고 구하지 않을 것입니까? 병이나 가난으로 인해 고통을 받는 중생을 보거든 그 아픔을 외면하지 말고 물질적으로 육체적으로 정신적으로 능력껏 보살펴야 합니다.

보살에게 있어 남의 아픔은 곧 나의 아픔입니다. 남의 아픔을 보았을 때 내 마음이 아픈 것이 자연스러운 까닭은 우리의 본래 마음에 안과 밖이 없고 나와 남에 대한 차별이 없기 때문입니다.

병들어 신음하는 이를 보고 간호하는 것은, 자기의 근본 마음자리를 돌보는 것과 다름이 없기 때문에, 부처님께서 제9경계인 불간병계를 설하신 것입니다.

마음속에 보살심이 깃들면 세상은 자연히 바뀌기 마련입니다. 정성을 다한 간병, 그것이 진심일 때 모든 환란은 저절로 사라지고 무량한 복과 좋은 일들이 스스로 찾아듭니다.

자비로 가득 채워진 보살의 간병. 그 값은 결코 따질 수가 없습니다. 우리 모두 기꺼이 병자를 돌아보는 자비보살의 마음을 기르고 또 길러 봅시다.

나무범망경보살심지대계.

제10경계
축살중생구계 畜殺衆生具戒
중생을 죽이는 기구를 마련해 두지 말라

너희 불자들이여, 남을 해롭게 할 칼·몽둥이·활·화살·창·도끼 등 싸움하는 기구를 쌓아 두지 말 것이며, 짐승을 잡는 그물·망·덫 등의 살생 도구 일체를 비축하지 말지니라. 보살은 부모를 죽인 이에게도 오히려 원수를 갚지 말아야 하거늘, 하물며 다른 중생을 어찌 죽이리요. 중생을 살해하는 기구를 비축하지 말 것이니, 만일 일부러 비축하는 자는 경구죄를 범하느니라.

若佛子야 不得畜一切刀杖弓箭矛斧 鬪戰之具하며 及惡網羅胃殺生之器의 一切를 不得畜이니라. 而菩薩이 乃至殺父母라도 尙不加報어늘 況殺一切衆生가. 不得畜殺衆生具니 若故畜者는 犯輕垢罪니라.

제9 불간병계는 생명을 구하는 간병을 게을리 하지 말 것을 가르친 것이고, 이 축살중생구계 생명을 죽이는 무기를 비축해 두지 말 것을 경계하고 있습니다.

보살은 언제나 일체 중생의 이익을 생각해야 하고, 특히 생명을 구하는 일에는 최우선을 두어야 합니다. 따라서 남의 생명을 빼앗는 일은 여하한 일이 있더라도 도모하지 말아야 합니다. 그런데 중생을 이롭게 하기는커녕 남을 해롭게 하고 살생을 하는 도구를 쌓아 두는 것은 보살심을 근본적으로 등지는 것이기 때문에 계율로 정하여 제지하게 된 것입니다.

경문에서 밝힌 것과 같이 살생의 도구에는 여러 가지가 있습니다. 그 가운데 '도끼'는 베고 자르는 칼이지만 여기서는 특히 살생의 도구로서의 칼을 가리키며, 부엌의 조리용 칼 등은 포함시키지 않습니다. '장杖'은 때리는 몽둥이로 형틀과 같이 형벌을 가하는 도구까지를 포함하고 있으며, '모矛'는 세모로 예리한 날이 서 있고 손잡이까지의 전체 길이가 20자 정도 되는 창을 가리킵니다.

칼·몽둥이·활·살·창·도끼 등 경문에서 나열한 여섯 가지는 단순한 연장이 아니라 전쟁을 할 때 사용하는 무기이기 때문에 특별히 '싸움하는 기구〔鬪戰之具〕'라고 한 것입니다. 현대로 따지면 총이나 수류탄, 공격용 미사일 등이 모두 포함되어야 합니다. 요컨대 살생의 도구는 생명 있는 존재, 곧 사람이든 짐승이든 그 목숨을 빼앗을 목적으로 만들어진 것이므로, 계기가 마련되면 그러한 행위를 도모하는 자들의 손에 들어가 남의 목숨을 손상시키는 데 사용됩니다.

따라서 이러한 무기를 만들거나 비축하는 것은 자비로 뭇 중생을 제도해야 할 보살의 본심을 크게 위해危害하는 것이므로 이것을 계로써 제지하신 것입니다.

더욱이 '보살은 부모를 죽인 이에게도 원수를 갚지 않는다'고 하였습니다. 이 세상에서 제일 큰 원수는 부모를 죽인 원수입니다. 이 원수와는 한 하늘 아래 같이 머리를 들고 살 수 없다는 뜻으로 불공대천不共戴天의 원수요 불구대천不俱戴天의 원수라고 흔히들 말합니다. 따라서 이 원수만은 반드시 죽여야 한다는 것입니다.

그러나 보살은 다릅니다. 홍찬스님은 말씀하셨습니다.

"세속을 버리고 출세간의 법을 닦는 보살은 원수나 친한 이를 평등하게 보는 자비(平等慈)를 닦는 이로서, 일체 중생을 자신의 친부모와 조금도 다름이 없이 보기 때문에 보복하지 않는다."

이와 같은 평등관과 자비관에 의하여 보살은 부모의 원수조차 갚지 않거늘, 하물며 다른 이나 다른 생명을 살생할 까닭이 없다는 것입니다.

이 세상의 중생들은 약육강식의 생존경쟁 속에서 서로가 죽이고 죽는 삶을 살아가고 있습니다. 모두가 세세생생의 윤회를 통해 피차의 살생업을 되풀이해 왔기 때문입니다. 그런데 이 금생에 다시 보복과 살생을 한다면 이 같은 일이 영생을 두고 쉬지 않을 것이기에, 굳이 계로써 금한 것입니다.

그러나 국가기관에서 국가의 안위 및 국민의 생명과 재산을 보호하기 위하여 병기를 제작하고 비축하는 행위는 예외로 삼고 있습니다.

곧 그물이나 덫 등은 짐승을 상해하는 도구이므로 재가나 출가가 다 이것을 하지 말도록 금하지만, 형 집행을 위한 형틀이나 몽둥이, 미사일·잠수함·총·칼·활·화살 등을 나라를 지키기 위한 목적으로 비축하고 사용하는 것에 대해서는 이 계를 적용하지 않는다는 것입니다. 하지만 국가라 할지라도 다른 나라를 침략하기 위해서나 고의적인 살상을 도모하기 위해 군비를 비축한다면 이 계목戒目에 저촉 받게 됩니다.

불자들은 모름지기 맺힌 것을 풀어야 합니다. 인과의 법칙은 너무나 분명하며, 지금 우리가 서 있는 이 자리는 바로 모든 업을 푸는 자리인 동시에 새로운 업을 맺게 되는 자리입니다. 그러므로 우리는 무한한 자비심과 근본 효순심에 입각하여 모든 그릇된 인과를 풀어야 합니다.

푸는 것. 그것이 보살의 삶이기 때문에 설사 부모·형제의 원수라 할지라도 보살은 원수를 갚지 않는다고 한 것입니다.

어찌 보살이 살생의 도구를 모으고 보관하여 자비심과 효순심을 그르칠 수 있겠습니까? 조그마한 살심殺心이 해탈의 길을 그릇되게 만드나니, 모름지기 보살불자들은 스스로의 마음을 잘 단속해야 할 것입니다.

나무범망경보살심지대계.

제11경계
국사계 國使戒
나라의 심부름꾼이 되지 말라

너희 불자들이여, 이익만 생각하는 나쁜 마음으로 나라의 사신이 되어, 군진에서 모의하여 군사를 동원하고 전쟁을 일으켜서 많은 중생을 죽게 하지 말지니라. 보살은 군진 가운데를 오고 가는 것도 해서는 안 되거늘 하물며 나라의 도적이 되겠느냐. 짐짓 이렇게 하는 자는 경구죄를 범하느니라.

若佛子야 不得爲利養惡心故로 通國使命하고 軍陣合會하며 興師相伐하야 殺無量衆生이니라. 而菩薩이 尙不得入軍中往來어늘 況故作國賊이리요. 若故作者는 犯輕垢罪니라.

제10 축살중생구계는 각종 살생도구나 무기를 비축하는 것을 금한 계이고, 이 계는 스스로 전쟁의 심부름꾼이 되는 것을 막기 위해 제정한 것입니다.
보살은 마땅히 여래의 사자가 되어 뭇 중생을 두루 편안하게 하는 것으로 원을 삼아야 합니다. 그런데 적국의 명을 받아 움직이는 자가 되고, 이해득실을 구하는 마음으로 간사하고 거짓된 권모술수를 부려 전쟁을 일으켜서 중생들을 죽고 다치게 하여서야 되겠습니까? 이와 같은 행위는 자비스럽고 거룩한 마음으로 중생들을 편안하게 해야 하는 보살심에 크게 위배되는 것입니다.

만일 보살이 명예나 자신의 이익을 추구하여 두 나라 사이를 왔다갔다하면서 두 임금의 명령을 받드는 통국사신通國使臣이 되었다고 합시다. 그리하여 더욱이 두 나라 사이를 더욱 어긋나게 하고 마침내 살상이 벌어지게 한다면 이것이야말로 단순한 살생계를 범한 것보다 더한 허물을 짓는 것이며, 이와 같은 허물을 미연에 방지하기 위해 부처님께서는 이 계를 제정하셨습니다.

이 계를 범한 경우는 성차이계性遮二戒, 곧 성계와 차계를 겸하여 범한 것으로 판정합니다.

예컨대 이 계를 제정한 본래의 뜻은 이양利養을 추구하는 그 자체를 제지하려는 것인 만큼, 이런 점에서는 본질적인 죄업을 막는 죄[性戒]라기보다는 큰 죄에 떨어질 것을 미리 막는 차계遮戒의 성격을 띠고 있습니다.

그러나 두 군진을 다니며 싸움을 일으키게 했다면 이것은 곧 살생을 하게 한 인연을 저지른 것이므로 살생이라고 하는 본질적인 죄업이 되고 마는 것입니다. 또 만일 보물을 탐내어 저질렀거나 싸움의 기회를 틈타 어떤 재물을 취하였다면 이것은 도계盜戒를 범한 것이므로 역시 성계性戒에 해당합니다. 따라서 제11경계인 이 국사계는 성계性戒와 차계遮戒를 겸한 계가 되는 것입니다.

수많은 살상뿐만 아니라, 나라를 그르치고 모든 백성을 재앙 속으로 빠뜨리는 그 죄업을 어찌 보살이 된 몸으로 저지를 수 있겠습니까?

언제나 중생을 이롭게 하고 자비심으로 마음의 근본을 삼는 보살이 다른 이로 하여금 그 어떤 군진을 정벌하게 하거나 그 싸움을 마음속으로 기뻐한다면, 그는 이미 보살이 아닐 뿐 아니라 온 나라의 도적인 국적國賊인 것입니다.

대승보살의 할 일은 두 나라 사이를 잘 설득하고 화해시키는 일입니다. 화해를 통하여 전쟁을 쉬게 하고 나라와 백성을 편안히 할 수 있다면, 이야말로 보살의 바른 권방편權方便이요 오히려 크나큰 공덕이 됩니다.

그리고 일부에서는 서산대사西山大師 · 사명대사四溟大師 등의 고승들이 임진왜란 당시 승병을 조직하여 의거義擧한 것을 승려의 본분을 이탈한 행위로 규정하는 이들도 있습니다. 그러나 이것은 무도한 왜병들에 의해 무고한 동포와 양민들이 학살되고 나라의 운명이 백척간두百尺竿頭에 있음을 묵과할 수 없어 일으킨 보살심의 발로였습니다.

이것은 결코 계를 범한 것이 아닙니다. 더구나 사명대사께서는 적진에 들어가 우리나라와 동포를 괴롭히려는 간계를 물리쳤을 뿐 아니라, 목숨을 돌보지 않고 바다를 건너가 일본에 포로가 된 수많은 동포를 구출해 오기도 한 실적 등으로 미루어, 결코 사사로운 명리를 위해 전쟁에 뛰어드는 이 계의 내용과는 전혀 다른 보살의 권방편權方便이라 할 것입니다.

개인의 사사로운 이익을 버리고 뭇 생명 있는 자들의 이익을 위해 신명身命을 다하는 보살! 만약 참된 보살이 나라와 나라 사이를 연결하는 사신이 된다면 그 나라들은 우애롭고 서로 살리는 관계가 될 것입니다.

우리 또한 보살도 정신으로 개인과 개인, 단체와 단체 사이를 엮어 간다면 이 사회는 부처님 나라를 닮아 갈 것입니다.

이것은 우리 보살들의 소명입니다. 모두가 이와 같은 보살이 될 수 있도록 함께 노력합시다.

나무범망경보살심지대계.

제12경계
판매계 販賣戒
나쁜 마음으로 장사하지 말라

너희 불자들이여, 양민이나 노비나 가축들을 판매하거나, 관이나 널빤지 등 장례에 쓰는 기구를 판매하지 말지니라. 이는 스스로 해서도 안 되거늘 하물며 남이 하도록 가르치고 시키겠느냐. 만일 스스로 팔거나 남을 가르쳐서 하게 하면 경구죄를 범하느니라.

若_약佛_불子_자야 故_고販_판賣_매良_양人_인과 奴_노婢_비와 六_육畜_축하며 市_시易_이棺_관材_재板_판木_목盛_성死_사之_지具_구니 尙_상不_불應_응自_자作_작이온 況_황敎_교人_인作_작이리요. 若_약故_고自_자作_작커나 敎_교人_인作_작者_자는 犯_범輕_경垢_구罪_죄니라.

제11 국사계는 한 나라의 심부름꾼이 되어 나라를 해롭게 하는 것을 금한 계이고, 이 계는 한 나라의 양민이나 노비 등을 겁탈하는 일이 생겨나지 않도록 하기 위해 제정한 계입니다.

이 판매계는 크게 세 가지 장사를 하지 말 것을 가르치고 있습니다.

① 양민이나 노비를 파는 인신매매업
② 가축을 판매하는 장자
③ 장례도구를 파는 장의사

양민이나 노비를 팔고 사는 인신매매업은 결코 직업이 될 수 없는 것이요 가장 나쁜 죄를 짓는 것임은 누구나 다 아는 바이므로 특별히 강조할 필요가 없는 사항입니다. 그러나 예로부터 인간을 팔고 사는 예가 허다하였고, 요즘도 법망을 피해 인간의 매매가 성행하고 있습니다. 그것도 가족 모두를 사서 데려 가는 것이 아니라 필요한 사람만을 골라 가기 때문에, 부자·모녀·부부 사이의 뼈아픈 이별이 뒤따르게 됩니다.

또한 노비의 경우에는 이별의 아픔은 물론, 돈을 주고 사 간 사람이 짐승 부리듯 혹독한 노역을 시키고 무자비한 매질을 가하기까지 합니다. 이는 부처님의 평등사상에서는 허용될 수 없는 일입니다. 어찌 물건을 팔고 사듯 사람을 매매하는 것을 일미一味의 평등을 주창하셨던 부처님께서 용납할 수 있었겠습니까?

두 번째는 '**가축을 사고파는 장사는 하지 말라**'고 하셨습니다. 경문의 '육축六畜'은 원칙적으로 소·말·개·양·돼지·닭을 가리키지만, 이것 말고도 오리·비둘기·매 등 일체의 사육동물과 사육동물이 아닌 산짐승 등의 야생동물 전반을 모두 포함하는 광의의 육축을 생각할 수도 있습니다.

　육축을 사 가는 주인공은 그 짐승을 잡아먹기 위한 용도로 사 가기 때문에 그와 같은 사람들에게는 팔지 말라고 한 것입니다.

　수행인이 짐승을 죽이는 것을 보고도 염불 한 번 해 주지 않고 지나가면 그 짐승이 원한을 품는다고 하는데, 더구나 보신탕이나 해장국용으로 잡아먹힐 것을 뻔히 알면서도 가축 장사를 하는 것은 보살의 행위가 결코 될 수 없습니다. 그러므로 경구계로 금한 것입니다.

　이제 짐승이 죽는 것을 보고 아예 모른 척하여 업보를 받은 이야기 한 편을 하겠습니다.

❁

　조선 태조의 왕사王師였던 무학대사(無學大師 : 1327~1405)가 출가하여 얼마 지나지 않았을 무렵의 일입니다.

　어느 날 무학대사가 삿갓을 쓰고 길을 가는데, 한 마을에서 큰 돼지를 틀에 묶어 놓고 시퍼런 식칼로 잡고 있었습니다. 식칼로 목을 푹 찌르자 돼지는 꽥 하며 소리를 질렀고, 소리를 지를 때마다 붉은 피가 콸콸 쏟아져 나오면 사람들이 넓은 자배기를 갖다 대어 그 피를 받았습니다. 조금 지나 피가 덜 나오면 또 칼로 찌르고, 돼지가 다시 소리를 지르면 피가 나오고 하는 찰나에 무학대사가 그 앞을 지나치게 되었습니다.

"에잇, 중생들이 살생하고 있구나."

그러나 무학대사는 죽어가는 돼지를 위해 염불 한 번 해주지 않고 그냥 지나쳤습니다. 이제 죽었다며 체념을 하고 있던 돼지가 어쩌다 눈을 떠서 쳐다보는데, 웬 삿갓 쓴 스님이 위로나 축원의 말 한 마디 없이 지나가는 것을 보고 원한을 품었습니다.

'세상 사람들은 무지막지한 중생들이니 으레 그러하겠지만, 저 거룩하고 대자대비한 스님마저 나를 외면하고 지나가는구나. 어찌 저럴 수가 있는가? 두고 보자.'

돼지는 모든 앙심을 무학대사에게 품었습니다.

그런데 이 돼지가 전생에 잠깐 돼지 같은 짓을 하여 돼지의 몸을 몇 년 동안 받기는 하였지만, 그 이전 생에 지은 복덕 또한 많아 돼지의 몸을 벗고 난 그 다음 생에 훌륭한 장군이 되고 대신이 되어 태조를 모시게 되었습니다. 껍데기인 몸을 바꾸어 쓴 것입니다.

그 뒤 무학대사는 그 대신으로부터 돌아가실 때까지 괴롭힘을 받았다고 합니다.

§

죽음을 맞는 중생은 모닝 자동차를 탔다가 그랜저 자동차를 탔다가 하는 것과 같이 옷을 갈아입지만, 진짜 '나'는 모닝 차도 그랜저 자동차도 아닙니다. 운전수가 주인이요 자동차가 주인이 될 수 없듯이 껍데기인 육신은 참 주인이 될 수 없습니다. 돼지라는 차를 몰고 다니던 그 운전수가 다시 사람의 몸을 받아 사람이라는 자동차를 몰고 다니는 운전수가 되는 것입니다. 그때가 되면 가축에게 매정하게 대한 과보는 받지 않을 수 없게 된다는 것을 기억해야 합니다.

다음으로 '장례에 쓰는 기구들을 판매하는 사업을 하지 말라'고 하셨습니다. 경문에서 열거한 관재棺材는 나무나 돌을 가지고 시체를 넣어 둘 수 있도록 짜 놓은 관을 가리키고, 판목板木은 널을 짜지 않은 나무나 판이지만, 장사를 지내는 데 쓸 수 있도록 한 나무나 판을 지칭합니다. 또 성사지구盛死之具는 시체를 담을 수 있는 큰 독이나 상주의 옷, 신발 등 장례에 쓰이는 일체의 물품을 총괄해서 말한 것입니다.

중생들의 심리는 자기중심적인 생각에서 벗어나기가 쉽지 않습니다. 그 자기 중심적인 생각은 자연히 자기가 하는 일만은 잘 되어야 한다고 생각합니다. 그럼 장의사는 어떠하겠습니까? 장사 지내는 물건이 잘 팔리기만을 기다릴 수밖에 없는 것이 장의사의 인지상정人之常情입니다.

보통 때라면 아무네 집에 누가 죽었다고 하면 '그것 참 안됐구나. 아직 좀 더 살았어야 할 터인데'하며 딱하게 생각할 것도, 일단 자신이 그런 사업을 차려 놓고 나면 '그 사람이 죽었나. 무엇 무엇을 사 가겠구나'하는 생각이 먼저 나기가 쉽습니다. 만일 그와 같은 생각이 전혀 일어나지 않는다면 그 사람이야말로 보살이라고 해야 할 것입니다.

그런데 여기에 그치는 것이 아니라 물건이 잘 팔리지 않으면 '사람이 죽지 않나?' 하는 생각이 일어나게 되고, 심지어 나쁜 유행병이 창궐하면 '이제 장사가 잘 되려나 보다' 하는 기대가 생기기도 하기 때문에, 그와 같은 장사는 하지 말라고 하신 것입니다.

이 밖에도 살생과 관련된 직업은 부득이한 경우 외에는 선택을 하지 않는 것이 좋습니다.

❀

젊은 시절 내가 창원 성주사聖住寺에 있었을 때, 마산에 신심이 돈독한 박처사라는 이가 있었습니다. 집이 부자여서 시주를 많이 하였는데, 나중에 알고 보니 큰 배를 부리면서 고래를 잡는 원양어업遠洋漁業을 한다는 말을 듣고 박처사에게 청했습니다.

"박처사, 정말 고래 장사를 합니까?"

"예. 그렇습니다."

"박처사님, 그 고래 잡는 배를 당장 팔아버리고 무역선으로 바꾸시지요."

"예. 이번만 하고 안 하겠습니다."

만날 때마다 물으면 '이번 한 번만 더 하고 안 하겠다'는 것이었습니다.

그러던 그 해 겨울, 태평양 한복판의 남양군도로 큰 고래를 잡으러 갔다가 산더미 같은 큰 고래를 만났습니다. 대포를 쏘았지만 고래가 어찌나 크고 힘이 센지 달려들어서 배를 엎어 버리려고 했습니다. 그 바람에 돛을 내리고 밧줄을 끊으려 하다가, 선장과 갑판장 등 선원 여러 명이 죽고 배는 아주 파선이 되어 버렸습니다.

결국 그 일 때문에 파산한 박처사는, "스님 말씀을 진작 들을 것인데 잘못했다"고 땅을 치며 한탄했지만, 이미 때는 늦고 소용이 없는 일이었습니다.

불자는 모름지기 직업을 잘 선택해야 합니다. 신중히 살펴 평생의 업을 잘 선택함으로써 그릇된 업을 짓지 말도록 해야 할 것입니다.

나무범망경보살심지대계.

제13경계
방훼계 謗毁戒
비방을 하거나 욕하지 말라

너희 불자들이여, 나쁜 마음으로 양인과 선인과 법사와 스승과 국왕과 귀인을 근거 없이 비방하되, '7역죄나 십중 대계의 큰 죄를 범하였다'고 말하지 말지니라. 나아가 부모 형제 등의 육친들에게도 마땅히 효순심과 자비심을 일으켜야 할 것이거늘, 도리어 거스르고 해로운 일을 꾸며 좋지 못한 환경에 떨어지게 하면 경구죄를 범하느니라.

若佛子야 以惡心故로 無事謗他良人과 善人과 法師와 師僧과 國王과 貴人하야 言犯七逆十重이리요. 於父母兄弟六親中에 應生孝順心과 慈悲心이어늘 而反更加於逆害하야 墮不如意處者는 犯輕垢罪니라.

제12 판매계는 자기보다 아래에 있는 양민·노비·육축 등을 업신여김이 없도록 하기 위해 제정한 계이고, 이 방훼계는 자기보다 위에 있는 양인·선인·법사·스승 등을 비방하지 못하도록 하기 위해 제정한 계입니다.

곧 이 계는 나쁜 마음을 일으켜서 남이 잘 되는 것을 시기하고 질투하여, 남의 이익이나 공덕을 자신의 것으로 돌리고 빼앗으려는 나쁜 마음 자체를 금한 것입니다.

경문에서 '나쁜 마음[惡心]'이라 한 것은 '상대방을 유익하게 하려는 마음이 아닌 나쁜 저의底意'를 가리킵니다. 이 마음은 탐욕과 성내는 마음이 바탕이 되어 남의 명예와 이익과 공덕을 헐뜯고 무너뜨려서, 상대방을 구렁텅이로 빠트리고자 하는 마음가짐입니다.

그리고 '근거 없이[無事]'라고 한 것은 상대방의 허물을 보지도 듣지도 않았고, 의심되는 근거가 없음에도 불구하고 무단히 헐뜯고 비방하는 것을 지칭하는 것입니다.

또 양인良人은 어질고 도의가 있는 순박한 사람을, 선인善人은 착한 마음과 자비심으로 만물을 대할 줄 아는 이를 가리킵니다. 법사法師는 불교의 가르침을 글이나 말로 선양하는 이를 가리키고, 사승師僧의 '사師'는 곧 스승으로서, 하루라도 의지하여 하나의 주문이나 게송이나 법문을 배웠으면 이 모두가 광의廣義의 스승이 됩니다. 또 '승僧'은 대중 스님네들로 구성된 교단을 가리킵니다. 그리고 귀인貴人은 나라의 중요한 직책을 맡은 고관대작이나 만인의 존경을 받는 덕망이 있는 이를 뜻합니다.

이러한 분들에게 칠역죄七逆罪를 지었다고 비방하거나 십중대계를 범하였다고 모함한다면 '참으로 허물이 크다'고 하지 않을 수 없습니다.

 십중대계는 이미 살펴보았듯이 지옥고를 면치 못하는 계요, 칠역죄는 ① 부처님께 상처를 입힘 ② 아버지를 죽임 ③ 어머니를 죽임 ④ 은사스님을 죽임 ⑤ 계사스님을 죽임 ⑥ 교단을 파괴함 ⑦ 성인을 죽임 등 가장 나쁜 일곱 가지 죄입니다.

 그런데 존경 받아 마땅한 분들께 십중대계나 칠역죄를 지었다고 비방한다면 어찌 그 허물을 쉽게 용서받을 수가 있겠습니까?

 보살은 어떠한 중생이라도 좋지 않은 함정에 빠지게 하여서는 안 됩니다. 하물며 아무런 근거도 없이 남을 비방한다면, 나아가 그 비방의 대상이 덕망 있는 이나 자신의 스승에까지 이른다면, 그 죄과는 더욱 커질 수밖에 없습니다.

 특히 법사를 비방하거나 경멸하는 죄는 말할 수 없이 크다는 것을 알아야 합니다.

 또한 보살불자들은 부모 형제 등의 육친을 효순심과 자비심을 일으켜 보살펴주고 마땅히 바른 길로 이끌어 주어야 합니다. 그런데 부모 형제 처자를 거스르고 해롭게 하거나 좋지 않은 지경에 떨어지게 한다면 이것을 어찌 경구죄로만 다스릴 수 있겠습니까?

 이 계 속에 담겨져 있는 핵심은 '모름지기 구업口業을 잘 다스려라'는 것입니다.『보은경報恩經』에서는 구업의 무서움을 다음과 같이 경계하였습니다.

> 인간 세상 모든 재앙 입에서 생겨 나오나니
> 맹렬하기가 타오르는 불보다 더하도다
> 맹렬한 불길은 한 생만을 불사르지만
> 나쁜 말은 능히 무수한 생을 불태우며
> 맹렬한 불길은 세간의 재물을 불태우지만
> 악한 구업은 성현의 법을 능히 태우느니라
> 마땅히 일체 중생은 입을 보호해야 하나니
> 입 안의 혀는 몸을 찍는 도끼요
> 나쁜 말은 몸을 망치는 화근이 되느니라
> 모든 사람에게 널리 이르노니
> 항상 맹렬히 반성하여 입을 조심하고
> 마음을 삼가하여 재앙이 이르지 않게 할지니라

진정 불자는 남을 비방하는 나쁜 말이 스스로의 몸을 태우는 맹렬한 불길이요 스스로를 다치게 하는 독화살과 같은 것임을 명심하여, 언제나 단속하고 단속해야 합니다.

또 『발각정심경發覺淨心經』에는 이 방훼계와 관련된 다음과 같은 게송이 있습니다.

> 다른 이의 극단적인 소견과 허물을 비방하지 말라

다른 사람의 옳고 그른 것을 말하지 말라
다른 이의 청정한 생활을 시샘하지 말라
온갖 나쁜 말일랑 마땅히 다 버려라
뭇 사람의 시끄러운 일을 멀리하여 귀 기울이지 말라
그리고 법답지 않은 비구를 가까이 하지 말라
조용한 도량에서 부처님이 찬탄하신 바를 힘써 닦아
명리를 탐착하지 않게 되면 열반을 얻으리

이 게송을 조용히 새겨 보십시오. 제13경계인 방훼계에서 경계한 구업 하나만이라도 잘 단속할 수 있다면 능히 열반의 해탈대도解脫大道로 나아갈 수 있음을 부처님께서 설하고 계십니다.

제13경계인 방훼계에 대한 설명은 이 한 게송으로 충분할 것입니다.

나무범망경보살심지대계.

제14경계
방화분소계 放火焚燒戒
불을 놓아서 태우지 말라

너희 불자들이여, 나쁜 생각으로 불을 질러서 산림이나 광야를 태우리요. 4월부터 9월 사이에 불을 놓아 남의 집이나 도시나 승방이나 논밭이나 숲이나 사당이나 신당神堂이나 관청의 공공물을 불태우지 말며, 온갖 산 생명이 있는 곳을 짐짓 불태우지 말지니라. 만일 짐짓 불태우는 이는 경구죄를 범하느니라.

若佛子야 以惡心故로 放大火하야 燒山林曠野리요. 四月로 至九月히 放火하야 若燒他人家屋宅과 城邑과 僧坊田木과 及鬼神官物이리요. 一切有生物을 不得故燒니 苦故燒者는 犯輕垢罪니라.

"청정비구와 보살은 산길을 다닐 때 살아있는 풀도 밟지 않거늘, 하물며 그 위에 불까지 질러 생명이 있는 유정물과 무정물을 상해한다면 그 죄과가 적지 않느니라." 『능엄경』

옛날 인도에서 비구들이 산길을 가다가 도둑떼를 만났습니다. 도둑들은 스님네들을 발가벗겨 풀에다 묶어 놓은 다음, 옷을 빼앗아 달아났습니다. 비구들은 몸을 움직여 일어날 수도 있었지만, 그렇게 하면 풀들이 뿌리째 뽑혀 죽게 되므로 배고픔과 괴로움을 참으면서 그대로 누워 있었습니다.

그때 마침 사냥을 나왔던 임금이 이를 보고 풀어 준 다음, 그 내력을 듣고 감동하여 불교에 귀의하였습니다.

§

불자의 마음가짐은 이러해야 합니다. 그런데 하물며 불을 질러서 남의 재산과 생명을 손해나게 하여서야 되겠습니까? 스님네가 육환장六環杖이라는 소리 나는 지팡이를 짚고 다니는 까닭도, 걸음마다 땅을 울려 미물들로 하여금 미리 도망가게 함으로써 밟혀 죽지 않도록 하기 위한 것입니다.

이와는 반대로 무수한 생명을 까닭 없이 죽게 하는 방화는 참으로 나쁜 행위입니다. 무단히 불을 지르는 것도 나쁘지만, 특히 나쁜 마음을 품고 남의 산이나 건물 등에 불을 질러 재산을 손실시키고, 그 가운데 사는 무수한 생명들을 까닭 없이 죽게 한다면 그 허물을 어찌 다 측정할 수 있겠습니까?

여기서 '나쁜 마음〔惡心〕'이라 함은 자신의 이익을 위하거나 질투심 또는 원한에 의해 악한 감정을 일으킨 것 등을 가리킵니다. 곧 재산상의 이익을 위한 방화, 감정이 있는 사람의 재산이나 감정이 있는 마을에 불을 지르는 행위를 하여서는 안 된다는 것입니다.

특히 4월에서 9월 사이의 6개월 동안은 짐승과 곤충들이 한창 생을 누리며 번식하는 때이므로, 이때의 방화는 더욱 나쁘다고 한 것입니다. 또한 논이나 밭에 여름이나 가을에 불을 지르면, 그 곳에 재배하는 곡물을 모두 태워 농민과 다른 사람의 양식까지 전부 빼앗는 결과를 초래하기까지 합니다.

신당 또한 귀신들이 의지해 사는 곳이라고 파악한다면, 신당을 불 지르는 것은 곧 귀신들의 거처를 불 질러 없애는 것이고, 그 곳을 신앙의 대상으로 삼는 이들의 의지처를 불 지르는 결과가 되므로, 보살계를 받은 불자는 이런 짓을 하지 말라고 한 것입니다. 그렇다고 하여 그릇된 신당이나 미신을 찬양하라는 것은 결코 아닙니다. 다만 방화라는 폭력을 통하여 그것을 제지하는 것이 올바른 자세가 아니기 때문입니다.

보살은 오히려 귀신을 불쌍히 여겨 천도를 해주고, 그릇된 신앙인에게 바른 진리를 일깨워주어 법으로 귀의할 수 있도록 해야 합니다. 이제 이 방화와 관련된 인연설화 한 편을 살펴봅시다.

❁

부처님 당시 한 아귀餓鬼가 목건련존자께 여쭈었습니다.

"저는 제일 괴롭고 항상 걱정되는 것이 뜨겁고 목마른 것입니다. 항하의 물이 흐르는 것을 볼 때마다 그 물 가운데 들어가서 뜨거움과 목마름을 식히고 싶은 생각이 간절하지만, 막상 물 가운데로 뛰어들면 그 순간 온몸이 펄펄 끓고 피부와 살과 뼈까지 타들어 갑니다. 그리고 목이 말라 물을 한 모금이라도 마시면 오장육부가 다 타는듯하며, 그 아픔을 이루 다 형용할 수가 없습니다. 도대체 저에게 무슨 죄가 있기에 이와 같은 고통을 받게 된 것입니까?"

아귀의 하소연을 들은 목건련존자께서 말씀하셨습니다.

"네가 전생에 사람으로 있을 때, 산이나 못가에 불 지르기를 좋아하여 많은 중생의 생명을 상해하였으므로 금생에 그 과보를 받고 있는 것이니라."

⸸

이와는 달리, 옛날 아득한 겁劫 이전에 한 나무꾼이 산에 불이 난 것을 보고 몸을 돌보지 않고 불을 끈 공덕으로 죽어서 범천왕이 되었으며, 수명이 1겁에 이르렀다고 합니다.

불난 집에서 벗어나게 해 주는 것은 불보살의 일이요, 탐·진·치 삼독三毒의 불난 집으로 인도하는 것은 마魔의 일입니다. 어찌 보살이 자비심을 버리고 마의 업을 지을 것입니까?

우리 모든 불자들이 발보리심發菩提心하여, 삼계三界의 불타는 집에서 살고 있는 중생들을 살리는 참다운 보살이 되기를 축원 드립니다.

나무범망경보살심지대계.

제15경계
벽교계 僻敎戒
편벽되게 가르치지 말라

너희 불자들이여, 부처님 제자를 비롯하여 외도와 악인과 육친과 모든 선지식에게 마땅히 대승경률을 낱낱이 가르쳐주어 수지케 하고, 그 뜻과 이치를 알 수 있도록 일러주어 보리심을 일으키게 하며, 그리하여 십발취심과 십장양심과 십금강심인 30심心의 차례와 그 법의 작용을 낱낱이 알게 할 것이니라. 만일 보살이 나쁜 마음과 성내는 마음으로 이승 성문의 경률과 외도의 삿된 소견과 이론을 함부로 가르쳐 주면 경구죄를 범하느니라.

若佛子야 自佛弟子로 及外道惡人과 六親과 一切善知識을 應一一敎受持大乘經律하며 應敎解義理하야 使發菩提心하되 十發趣心과 十長養心과 十金剛心을 於三十心中에 一一解其 次第法用이어늘 而菩薩이 以惡心嗔心으로 橫敎二乘聲聞經律과 外道邪見論等하면 犯輕垢罪니라.

제14 방화분소계는 바깥으로 손해를 끼치는 것을 막기 위한 계이고, 이 벽교계는 안으로의 이익을 보호하기 위해 제정한 것입니다.

이 제15경계는 출가한 승려보살에게만 해당되는 계율로, 이 경문에서는 삿되고 편벽된 법으로 중생을 교화하지 말 것을 가르치고 있습니다. 먼저 용어 해설부터 간략히 하겠습니다.

경문에서 '자불제자自佛弟子'라 하며 '자自'를 앞세운 것은 '…로부터'라고 풀어야 합니다. 곧 불제자로부터 불제자가 아닌 외도나 악인에 이르기까지를 모두 포함하기 위해 쓴 것일 뿐, 특별한 의미를 지닌 것은 아닙니다.

불제자는 불법 안의 대중, 곧 내중內衆을 가리키고, 외도는 불법 밖의 외중外衆을 가리키는데, 달리 이교異敎·이단異端이라 칭하기도 합니다.

그리고 이 경문에서의 '악인惡人'은 바르지 않은 법, 나쁜 법을 따르는 사람을 가리킵니다. 곧 인과를 부정하는 법으로 사람을 가르쳐서 악도에 떨어지게 하는 사람으로, 만일 그 가르침을 따르면 선근(善根 : 성불할 수 있는 씨앗)이 아주 끊어진 일천제一闡提에 떨어져 길이 벗어날 기약이 없게 되고 맙니다.

또한 '선지식善知識'은 일반적으로 불법의 진리를 두루 알고 삼장을 널리 통달한 학덕이 높은 분을 지칭하지만, 여기서는 '바른 지식을 갖추고 있는 친한 이', '좋은 벗'으로 파악하면 됩니다.

  그리고 불자가 마땅히 배우고 익혀야 할 삼십심三十心 가운데 십발취심十發趣心은 보살의 52위 수행계위 가운데 제11위부터 20위까지로『화엄경』의 십주十住에 해당하고, 십장양심十長養心은 보살의 52위 수행계위 가운데 제21위부터 제30위까지로『화엄경』의 십행十行에 해당하며, 십금강심十金剛心은 보살의 52위 수행계위 가운데 제31위에서 제40위까지로『화엄경』의 십회향十廻向에 해당합니다. 이들 30심에 대해서는 명칭만 열거합니다.

십발취심十發趣心 :

①사심捨心 ②계심戒心 ③인심忍心 ④진심進心 ⑤정심定心
⑥혜심慧心 ⑦원심願心 ⑧호심護心 ⑨희심喜心 ⑩정심頂心

십장양심十長養心 :

①자심慈心 ②비심悲心 ③희심喜心 ④사심捨心 ⑤시심施心
⑥호심好心 ⑦익심益心 ⑧동심同心 ⑨정심定心 ⑩혜심慧心

십금강심十金剛心 :

①신심信心(간절히 믿는 마음)

②염심念心(일념을 이루는 마음)

③회향심廻向心(회향하는 마음)

④달심達心(진리를 통달하는 마음)

⑤직심直心(곧은 마음)

⑥불퇴심不退心(물러나지 않는 마음)

⑦대승심大乘心(깊은 대승의 마음)

⑧무상심無想心(생각을 초월한 마음)

⑨혜심慧心(지혜가 열린 마음)

⑩불괴심不壞心(무너지지 않는 마음)

이제 제15경계 벽교계가 담고 있는 전체적인 내용을 살펴봅시다.

출가한 보살이라면 마땅히 불자·비불자를 가릴 것 없이 누구에게나 대승의 경과 율을 말하여 보리심을 일으키게 하고, 보살의 수행계위인 52위를 잘 이해할 수 있도록 가르쳐야 합니다. 그리고 어떤 경지에 이르게 되면 어떻게 수행을 하고, 어떤 과정에서는 어떤 만행萬行을 닦아야 성불을 하게 된다는 것을 분명히 알아서, 중생들의 근기根機에 맞는 방편과 법용法用을 적절히 구사하고 성불의 길로 인도하여 주어야 합니다.

다시 말하면, 불교교단 내외의 대중에게 믿음으로 대승의 경전과 대승의 계율을 받아 지니고 독송하게 한 다음 그 가르침을 이해시켜야 하며, 뜻을 이해시킨 뒤에는 보살의 마음을 일으키도록 가르쳐야 합니다.

만일 대승의 경과 율을 믿지도 않고 받아 지니지도 않는다면 대승의 진리가 미묘함을 어찌 알 것이며, 그 바른 뜻과 이치를 요달하지 못한다면 발심이 어찌 올바를 수 있겠습니까?

그러므로 참된 대승의 가르침이 무엇인지, 그 내용이 무엇인지를 먼저 가르치고 선양하는 일이 중요합니다. 그리고 다른 사람에게 대승의 경률을 가르쳐서 발심시켜 주는 일은 이 세상의 어떤 공덕보다도 수승합니다.

아무쪼록 대승의 뜻과 어치를 사무쳐 안 다음 발심을 하게 되면, 행行과 해解가 서로 맞아 들어가서 보다 빨리 깨달음을 증득할 수 있게 됩니다.

그런데 이 깨달음에도 깊고 얕고 넓고 좁은 차이가 있고, 완전무결함과 부분적인 미완성의 차이가 있기 마련입니다. 이것을 바로 알지 못하면 스스로는 깨달음에 들었다고 판단할지라도 조금 지나 방황을 하거나 그릇될 우려도 없지 않기 때문에, 이 15경계에서 보살의 수행계위인 30심의 하나하나를 정확하게 가르쳐서 닦을 수 있게 하라는 것입니다.

또한 보살은 반드시 위없는 깨달음을 이루겠다는 무상보리심에 입각하여 보살행을 실천해야 합니다. 그런데 **나쁜** 마음을 스스로 일으켜 사람들을 삿되고 옳지 않은 데 떨어지게 하거나, 자기의 마음에 맞지 않는다는 이유로 성을 내어 삿된 길로 끌어 들인다면, 참된 보살의 길이라고 할 수 있겠습니까?

곧지 않은 마음으로 마땅히 가르쳐야 할 것을 가르치지 않고, 마땅히 가르치지 말아야 할 것을 가르치며, 상대가 대승을 배우고자 하는데 소승을 가르치거나 외도의 사견을 가르친다면 이 모두가 제15경계인 벽교계를 범하는 것이 됩니다.

모름지기 보살은 법을 분명히 배우고 분명히 익힌 다음, 틀림없는 법으로 중생들을 이끌어야 합니다. 유명한 백장스님의 일화를 살펴보면 이것이 얼마나 중요한가를 분명히 알 수 있습니다.

❀

당나라 때의 고승인 백장회해(百丈懷海 : 720~814)스님은 중국의 선종을 일으키는데 들보와 같은 역할을 하신 큰 선지식으로, "하루 일하지 않으면 하루 먹지 말라〔一日不作 一日不食〕."는 가르침을 실천으로 보여 주신 것으로도 유명합니다.

이 백장스님께서는 때때로 대중을 위해 설법을 하셨는데, 어느 때부터인가 늘 낯선 노인이 말석에 앉아 대중과 함께 법문을 듣는 것이었습니다. 어느 날, 설법이 끝나고 대중이 다 물러갔는데도 그 노인만은 가부좌를 한 채 그대로 앉아 있었습니다. 백장스님이 누구인지를 묻자 노인이 말했습니다.

"스님, 저는 사람이 아닙니다. 스님과 같이 저도 과거 가섭불 시대에 바로 이 도량의 주인으로 있었습니다. 그러던 어느 날 한 학인이 물었습니다.

'대수행인大修行人도 인과에 떨어집니까?'

'대수행인은 인과에 떨어지지 않느니라〔不落因果불락인과〕.'

이렇게 대답하였는데, 그 과보로 5백 생 동안 여우의 몸을 받고 있습니다. 바라옵건대, 화상께서 옳은 법문을 해 주시와 이 여우의 업을 벗게 하소서."

백장스님이 응락을 하자 노인은 옷깃을 바로 하고 정중하게 법문을 청했습니다.

"대수행인도 인과에 떨어집니까? 떨어지지 않습니까?"

"인과에 어둡지 않느니라〔不昧因果불매인과〕."

이 말을 들은 노인은 곧 크게 깨닫고 기쁨에 넘쳐 세 번 절하고 또 말했습니다.

"저는 이제 여우의 탈을 벗을 수 있게 되었습니다. 이 은혜는 참으로 갚을 길이 없사옵니다. 그런데 또 한 가지 청이 있습니다. 저의 시체가 이 뒷산 굴에 있을 테니 돌아가신 스님네의 예법대로 다비를 해 주셨으면 합니다."

공양 뒤에 백장스님은 대중을 이끌고 뒷산으로 올라가 바위 밑 굴속에서 죽은 여우 한 마리를 꺼내어 망승亡僧의 예로써 장사를 지내 주고, 그 날 저녁 이 여우에 대한 인연설법을 하셨다고 합니다.

§

법을 잘못 가르쳐 주어 5백 생 동안 여우의 몸을 받은 이 경우는 나쁜 마음으로 법을 잘못 가르쳐 준 것이 아니라, 자신이 그 법을 제대로 알지 못하면서 허물을 저지른 것인 만큼 고의성은 전혀 없다고 해야 할 것입니다.

따라서 나쁜 마음으로 고의적으로 잘못 가르쳐 준 경우에 비하면 그 허물이 훨씬 가벼울 수밖에 없습니다. 그런데도 불구하고 5백 생 동안 여우의 몸을 받은 것입니다. 만일 나쁜 마음을 가지고 고의로 그랬다면 그 죄가 어떠할지 생각만 해도 끔찍한 일입니다.

어떤 경우에 처하더라도 보살은 그릇되이 법을 일러주거나 모르면서도 아는 체하는 잘못을 저지르지 않도록 해야 합니다. 어찌 불자가 정법正法을 깨뜨리는 마구니가 될 수 있겠습니까? 오히려 모르는 것을 채찍으로 삼아 더욱 더욱 정진해야 할 것입니다.

나무법망경보살심지대계.

제16경계
위리도설계 爲利倒說戒
이익을 생각하여 그릇되이 설하지 말라

　너희 불자들이여, 마땅히 좋은 마음으로 먼저 대승의 위의와 경과 율을 배워서 널리 그 의미를 이해할 것이며, 새로 배우려는 보살이 백리·천리를 와서 대승경률을 구하거든 응당 여법하게 일체 고행을 일러주되, 몸을 태우거나 팔을 태우거나 손가락을 태워서 공양케 할지어다. 만일 몸이나 팔이나 손가락을 태워 부처님께 공양하지 아니하면 출가한 보살이 아니니라. 나아가 주린 호랑이나 사자나 아귀들에게까지 몸과 살과 손발을 던져서 먹여줄 수 있을만한 굳건한 신심을 본 연후에야 날날이 차례로 바른 법을 설법해 주어 마음이 열리고 뜻이 통하게 할 것이니라. 만약 보살이 이양을 위하여 마땅히 답할 것을 대답해 주지 아니하거나, 경률의 문자를 뒤바뀌게 설하여 앞뒤가 없게 하며, 삼보를 비방하면 경구죄를 범하느니라.

若佛子야 應好心으로 先學大乘威儀經律하야 廣開解義味하고
見後新學菩薩이 有從百里千里來하야 求大乘經律이어든 應如

法爲說一切苦行하되 若燒身燒臂燒指니 若不燒身臂指하야
供養諸佛하면 非出家菩薩이며 乃至餓虎狼獅子와 一切餓鬼에
悉應捨身肉手足하야 而供養之然後에사 一一次第로 爲說正法
하야 使心開意解니라. 而菩薩이 爲利養故로 應答不答하며
倒說經律文字하야 無前無後하야 謗三寶說者는 犯輕垢罪니라.

제15 벽교계는 잘못된 법을 함부로 가르치는 것을 경계한 것이고, 이 위리도설계爲利倒說戒는 신심으로 법을 구하는 이에게 올바로 가르쳐 주지 않는 것을 경계한 계입니다. 이 계는 제15계처럼 출가한 승려보살만이 지키도록 되어 있습니다.

불자는 명예나 이익을 위한 나쁜 마음이 아니라 좋은 마음, 곧 보살이라면 마땅히 일으켜야 하는 자리이타自利利他의 원에 따라 중생을 가르쳐야 합니다.

만일 스승의 위치에 있는 이가 명예나 이익에 관계없이 경문을 잘못 해설하였다면 바른 뜻을 드러내지 못한 잘못일 뿐, 사사로운 욕심으로 저지른 잘못은 아닙니다. 따라서 단지 스승으로서의 모범만 잃게 될 뿐입니다.

그러나 자신의 명예나 이익을 위해 법을 아끼고 뜻을 틀리게 설법한다면, 중생을 교화하는 보살의 원과는 크게 어긋나고 마는 것입니다.

특히 출가보살은 언제나 거룩한 마음, 착한 마음을 가져야 합니다. 명예나 이익이나 사사로운 생각은 꿈에도 갖지 않는, 그야말로 자리이타의 보살핌으로 일거수일투족을 움직여야 하고 한 생각 한 생각을 옮겨야 합니다.

모름지기 스승이 되어 다른 이를 이롭게 하기 위해서는 먼저 자기의 실력부터 갖추어야 합니다. 봉사활동 등의 단순한 이타행을 할 때는 자신의 수행이 깊지 않아도 되지만, 진리를 베푸는 법시法施의 이타행을 실천하고자 할 때에는 먼저 배워서 이해하고 실천하는 스스로의 수행이 반드시 선행되어야 합니다.

다시 말하면 나의 재물을 남을 위해 베푸는 재시財施나 다른사람의 몸과 마음을 편안하게 해 주는 무외시無畏施 등은 이타행만으로도 가능하지만, 경전이나 수행법, 계를 지키는 율의律儀를 가르쳐 주기 위해서는 스스로가 먼저 배우고 익혀 자리自利부터 충족시켜야 합니다.

그러므로 경문에서 "먼저 대승의 위의를 말씀한 경률을 배워서 널리 그 의미를 이해하라"고 했던 것입니다.

스님들이 대승의 경률을 배우면 안으로 몸과 마음이 바르게 되고 밖으로 위의를 갖추게 됩니다. 곧 거룩한 계에 의해 청정한 범행梵行과 단정하고 뛰어난 승상僧相과 온갖 덕과 위엄을 갖추게 되면 사람들이 저절로 외경畏敬하게 됩니다.

또한 움직임과 고요함이 법에 계합하여 엄숙하고 온화한 모습이 넘쳐흐르고 거동과 표정이 단정하면 사람들이 저절로 공경하게 됩니다. 자연, 그는 사람과 하늘의 모범이 되고, 중생들은 스스로 감화되어 찬탄하면서 불법의 품으로 들어오게 되는 것입니다.

그리고 '삿된 법으로 교화하지 말라〔僻敎戒〕'고 한 제15경계는 대승의 가르침을 숨기고 소승을 가르치는 잘못을 막기 위한 것이고, 이 제16 위리도설계는 비록 대승을 설하기는 하지만 그 깊은 뜻을 숨기고 감춘 채 앞과 뒤를 뒤집고 소승의 법을 설하는 허물을 제지하기 위한 계입니다.

만일 남을 가르칠 때 이익을 위해 의미를 모호하게 설명하거나 참뜻을 숨기거나 감추어, 듣는 이로 하여금 제대로 알아들을 수 없게 하였다면 이 계를 범하게 되는 것입니다.

그리고 경문에서는 법을 구하는 사람에게 몸을 태우거나 팔을 태우거나 손가락을 태우는 소신燒身·소비燒臂·소지燒指를 말씀하셨습니다. 이는 계를 받을 때나 큰 서원을 할 때 불보살 앞에서 그 의지를 다짐하는 의식의 일환입니다. 수계식을 할 때도 몸이나 팔에 뜸을 뜨고 손가락을 태우는데, 이것 또한 일종의 참회의식이요 구도의 공양의식입니다.

부처님께서 이 소신소비소지의 의식을 채택하신 까닭은 참회하는 마음을 철저히 갖도록 하여 과거의 죄업을 소멸시키고, 다시는 물러서지 않는 불퇴전의 서원을 세우도록 하기 위함이었습니다.

또 "날날이 차례로 바른 법을 설법해 주어 마음이 열리고 뜻이 통하게 하라〔一一次第 爲說正法 使心開意解〕"고 설하신 것은 대승의 교리를 차례로 설하여 마음을 열어주고, 그 이치를 환하고 밝게 이해시켜 깨달음을 얻을 수 있게 해 주어야 한다는 것입니다.

나아가 5온五蘊이 공空함을 깨달아 아집我執에서 벗어날 것을 설하고, 위로는 모든 불보살을 공경하고 아래로는 모든 중생에게 두루 베푸는 보시바라밀을 닦는 수행을 가르친다면, 이는 곧 도에 들어가는 문을 올바로 일러준 것이 됩니다.

이제 올바른 법사를 만나지 못해 도를 그르친 옛 수행담 한 편을 살펴보도록 합시다.

❁

옛날 어떤 스님이 공부를 하다가 자신도 모르는 사이에 어디로든 자유롭게 오갈 수 있는 신족통神足通을 얻게 되었습니다. 벽을 뚫고 나가더라도 몸이 다치거나 벽이 허물어지지 않았고, 밖으로 나가겠다는 생각만 하면 문도 열지 않은 채 밖으로 나갈 수 있게 되었습니다.

그러나 그 스님은 공부하는 순서와 수행의 여러 경지를 전혀 모르는 이였습니다. 그는 강원의 강사스님을 찾아가서 이 경지에 대해 물었습니다. 그런데 하필이면 공부가 부족한 강사에게 가게 되었고, 물음을 받은 그 강사스님은 오히려 놀라워했습니다.

"그것이 사실이라면 육신통을 얻은 것이나 마찬가지이니, 수행 하느라고 더 이상 고생할 것이 없지 않겠습니까? 그러나 시험은 한 번 해 보아야겠습니다."

강사스님은 신족통을 얻은 스님과 함께 큰 종각으로 갔습니다. 그리고는 대중스님네들을 동원하여 범종 주위에 둘러서게 하고, 신족통을 얻은 스님에게 작은 돌을 쥐고 종 안으로 들어가게 한 다음, 범종을 풀어 땅에 내려놓았습니다.

강사스님은 범종 안에 있는 스님에게 돌로 범종을 치도록 했습니다. 그러자 그 스님은 돌로 범종을 땅땅땅 세 번 쳤고, 세 번째 울리는 종소리가 끝나기도 전에 여러 사람 뒤에서 "하하하!"하고 소리쳐 웃는 것이었습니다.

사람들은 돌아다보며 놀라워했습니다. 조금 전까지 갇혀 있던 사람이 범종을 뚫고 나와 등 뒤에서 깔깔 웃고 있으니…. 이것을 본 강사스님은 말했습니다.

"공부가 다 성취되신 것이 틀림없습니다. 스님은 이제 계를 꼭 지키실 필요도 없으니, 고기를 먹고 싶으면 고기를 먹고 술이 먹고 싶으면 술을 자셔도 되겠습니다."

이 말을 들은 스님은 그날부터 막행막식莫行莫食 을 하기 시작했습니다. 술도 먹고 육식도 하고 기생집에 가서 잠도 잤습니다. 이렇게 한 달 두 달 세 달이 지나자 정신이 탁해지기 시작했고 몸도 점점 무거워졌습니다. 그렇지만 "어떠랴" 하는 생각으로 그 재미있는 막행막식을 버리지 않았습니다.

얼마를 더 떠돌아다니다가 어느 날 밤늦게 절로 돌아와 자기의 방으로 들어가는데 몸에 벽이 스치는 것 같은 느낌이 들었고, 다시 몇 달 뒤에는 벽에 부딪혀 이마가 깨어졌으며, 나중에는 아예 통과되지 않아서 보통사람처럼 문을 열고 출입하게 되었습니다. 완전히 신통을 잃고 만 것입니다.

§

이 스님은 마음을 깨달은 것이 아니라 육신통 가운에 하나인 신족통의 일부를 얻은 것이었는데, 법을 제대로 모르는 어설픈 강사를 만나 그릇된 지도를 받았기 때문에 신통도 잃고 다시는 돌아갈 수 없는 길로 빠져들고 말았던 것입니다.

그리고 강사스님의 경우는 법의 참뜻을 제대로 알지 못하였기 때문에 수행인을 그릇되게 인도하고만 것입니다. 그러나 몰랐다고 하여 법을 그릇 설한 허물이 적다고 할 수는 없습니다. 하물며 이익을 위해 일부러 법을 잘못 가르쳐 주는 허물은 말로 다 할 수 없는 것이며, 보살의 정신에도 정면으로 위배되는 짓입니다.

설사 법이나 경을 잘 알았다 할지라도 이 계를 제대로 알지 못하면 자신의 아는 것을 아끼고 이익을 위해 그릇되이 가르쳐 주는 과오를 범하는 경우가 비일비재하므로, 특별히 열여섯 번째의 경구죄로 정하여 경계하신 것입니다.

그리고 또 한 가지 명심할 것은 저 신족통을 얻었던 스님과 같이 한 번 얻은 신통을 막행막식 등으로 잃어버리고 나면 다시는 그와 같은 신통을 얻기가 힘들게 된다는 사실입니다. 신통을 얻지 못한 사람은 수행을 함으로써 얻을 수 있지만, 얻었다가 파계를 하여 잃어버린 이는 다시 얻기가 어렵습니다.

수행인은 신통을 얻는 일에 마음을 빼앗겨서는 안 됩니다. 신통에 현혹되지 말고 참다운 도를 닦도록 합시다. 나아가 명예나 이익을 좇는 사람이어서도 안 됩니다. 특별한 신통보다는 마음자리를 올바로 다스리게 하는 대승경률을 잘 배우고 익히고 힘써 실천하는 자리이타의 불자가 되어, 참된 보살도를 이 땅에 구현시켜야 할 것입니다.

나무범망경보살심지대계.

제17경계
시세걸구계 恃勢乞求戒
세력을 믿고 구하지 말라

너희 불자들이여, 스스로 음식과 돈과 재물과 이익과 명예 등을 위해 국왕이나 왕자나 대신이나 관원을 짐짓 가까이 사귀고, 그들의 세력을 빙자하여 때리고 협박하여 돈이나 재물을 횡령하거나 취하지 말지니라. 이와 같은 일체의 이익을 구하되, 이른바 나쁜 짓으로 구하고 욕심으로 많이 구하고 남을 시켜서 구하여, 도무지 자비심이 없고 효순심이 없으면 경구죄를 범하느니라.

若佛子야 自爲飮食錢財利養名譽故로 親近國王王子大臣百官하야 恃作形勢하야 乞索打拍牽挽하며 橫取錢物하며 一切求利하되 名爲惡求하며 多求하며 敎他人求하야 都無慈心하며 無孝順心者는 犯輕垢罪니라.

제16경계인 위리도설계는 순리로써 법을 구하는 이에게 거꾸로 설법하여 비방을 일으키는 것을 경계한 것이고, 이 시세걸구계 恃勢乞求戒는 분수에 맞지 않게 세력을 믿고 이익과 명예를 구하여 비방을 불러일으키는 것을 경계한 것입니다.

음식이나 돈 등, 도와 관련 없는 것을 대중 모두를 위해서가 아니라 스스로의 일신을 위해 지나치게 추구한다면, 그 허물이 적지 않을 것은 너무나 분명한 일입니다.

설사 대중을 위해 스스로의 몸을 돌보지 않고 돈이나 이익을 구할지라도 세력에 기대어서는 안 되고, 도를 위해서 이익을 돌보지 않는 경우에도 명예를 찾아서는 안 되는 것이 보살의 도리입니다.

보살은 언제나 자비심으로 일체 중생을 자기 자식처럼 보고 부모처럼 여기며 공경하고 감싸주고 보호해주고 바른 길로 인도하여야 하며, 자신의 이익을 도모하기 위해 감히 어떤 세력을 이용하거나 권모술수로써 남을 해롭게 하는 일을 저질러서는 절대로 안 됩니다.

실로 보살은 자비심으로 가난하고 어려움을 당하는 사람들을 민망하게 여기고 항상 다른 이에게 은혜로이 베풀 것을 생각하는 이이며, 일체중생을 평등하게 보고 자신의 친부모처럼 여겨 늘 공손하고 공경하는 효순의 도를 닦는 이입니다.

그런데 어찌 왕이나 권력가나 고관대작에게 붙어 세력을 믿고 그릇된 것을 억지로 구하며, 심지어는 때리고 협박하고 위세를 부리면서 강압적으로 남의 재물을 취할 수 있단 말입니까?

『유교경遺敎經』에는 다음과 같은 말씀으로 욕심을 경계하고 있습니다.

> 욕심 많은 사람은 구함이 많은 까닭에 고뇌 또한 많게되고
> 욕심 적은 사람은 마음이 평탄하고 근심과 두려움이 없느니라
> 多欲之人 多求利故 苦惱亦多　다욕지인 다구리고 고뇌역다
> 行小欲者 心卽坦然 無所憂畏　행소욕자 심즉탄연 무소우외

모름지기 보살은 모든 공덕과 이익을 다 보리심과 중생을 위해 회향할 뿐, 자신을 위해 복을 구하지 않는 것이 원칙입니다.

❀

옛날, 어떤 절의 노장님이 평소 한 푼 두 푼씩 보시 받은 것을 저축하여 돈이 얼마만큼 모이면 논 한 마지기를 사고, 몇 해를 또 모아서 한 마지기를 사곤 하였습니다.

옛날의 절에서는 스님네가 돈을 만질 수 있는 일이 아주 드물었습니다. 큰 재齋가 들어왔을 때 조금씩 보시를 받는 것, 또는 한 끼 굶으면 절에서 쌀 한 홉을 자기 몫으로 주는 것 정도였습니다. 이 노장님은 몇 십 년을 모아서 마침내 논 열 마지기를 소유하게 되었습니다.

열 마지기를 완전히 채운 해에 이 노장님은 논을 다 팔았습니다. 그리고 그 돈을 다 투자하여 산을 사서 개간하였습니다. 사람을 사서 땅을 파고 돌을 캐어다 둑을 쌓는데 많은 인건비가 들기 때문에, 열 마지기를 판 돈으로는 겨우 다섯 마지기의 논밖에 만들 수가 없었습니다. 그러나 일을 마치는 날, 노장님은 얼굴에 희색이 만면하여 즐거워하면서 대중에게 이렇게 말하는 것이었습니다.

"올해는 논 닷 마지기 벌었다. 참 좋은 해이다."

이 말을 들은 대중들은 어이가 없어져 노장님을 빤히 쳐다보았고, 한 젊은 수좌는 답답하다는 듯이 핀잔을 주었습니다.

"노장님도 참 딱하십니다. 다섯 마지기를 손해 보신 것인데, 어떻게 다섯 마지기 벌었다고 하십니까?"

대중들은 동감이라는 듯이 모두 웃었고, 노장님은 그 젊은 수좌의 물음에 답했습니다.

"그 논 열 마지기는 저 아랫마을 김서방이 사서 잘 짓고 있어 좋고, 이 윗마을 산모퉁이에 없었던 논 다섯 마지기가 새로 생겨났으니 어찌 좋은 일이 아니겠는가. 더욱이 전체로 보면 논 다섯 마지기를 번 것이니…."

그만한 이치는 알아들을 수 있는 스님네들이었으므로 노장님의 말씀에 고개를 끄떡였습니다.

노장님의 이와 같은 행이 바로 보살행입니다. 보살이나 조사는 복덕을 누리고자 하지 않습니다. 은행에다 자꾸만 저축하여 필요한 사람은 누구든지 찾아 쓰라는 것입니다. 나를 위한 저축이 아니라 필요한 사람이 빌려 쓸 수 있도록 하기 위해 저축하는 것이 보살이나 조사의 마음가짐입니다.

그런데 거꾸로 세력 있는 사람에게 빌붙어서 그것을 빌미로 삼아 남을 위협하고 가해加害하며, 온갖 수단을 동원하여 이익을 추구하는 것은 있을 수 없는 일로서, 그 잘못은 말로 다 표현할 수 없는 것입니다.

다시 말하면, 보살행은 끝없는 선행으로 복덕을 닦아 저축만 하는 것과 같습니다. 좋은 것은 남에게만 베풀고 나는 받지 않는 수행을 하는 것이 보살도입니다. 따라서 남의 것을 빼앗고 가해하는 것은 보살도를 거꾸로 행하는 역행逆行에 불과합니다. 그것은 마치 남의 얼굴이 잘생겼다고 하여 내 얼굴과 바꾸겠다며 엉뚱한 욕심을 부리는 것과 다를 바가 없습니다.

자기에게 돌아올 복이 아닌 것을 억지로 세력을 기대어 옳지 않은 방법으로 재물을 구한다는 것은 세속에서도 잘 하지 않는 일인데, 하물며 불제자의 경우이겠습니까? 더구나 출가한 몸으로는 절대로 하지 말아야 할 일입니다.

보살불자라면 자신을 위해 복을 닦고 복을 모으고자 해서는 안 됩니다. 마땅히 모든 복과 공덕을 보리심과 중생에 회향하는 자세로 살아야 합니다. 이것이야말로 진정한 복이요 진정한 공덕입니다. 어찌 순간적이고 세속적인 이익을 추구하며 살 것입니까?

자유롭고 영원한 행복이 남김없이 갖추어져 있는 대해탈의 복락은 복을 바라지 않는 보살의 것입니다. 이를 깊이깊이 생각하여 세속의 계산법을 벗어 버릴 수 있을 때, 우리는 참된 부처님의 제자인 보살이 될 수 있을 것입니다.

나무범망경보살심지대계.

제18경계
무해작사계 無解作師戒
아는 것 없이 스승이 되려고 하지 말라

너희 불자들이여, 마땅히 12부의 경전을 배우고 계를 외우는 이는 날마다 여섯 때로 보살계를 수지하여 의리와 불성의 성품을 잘 알아야 할 것이거늘, 보살이 한 구절 한 게송과 계율의 인연을 알지 못하고 일체법을 알지 못하면서, 남의 스승이 되어 계를 전해 주는 이는 경구죄를 범하느니라.

若佛子야 應學十二部經하야 誦戒者는 日日六時에 持菩薩戒하야 解其義理와 佛性之性이어늘 而菩薩이 不解一句一偈와 及戒律因緣하고 詐言能解者는 卽爲自欺誑이며 亦欺誑他人이니 一一不解하며 一切法을 不知하되 而爲他人하야 作師授戒者는 犯輕垢罪니라.

제17 시세걸구계는 세력을 업고 강제로 피탈하는 것을 금한 계이고, 이 무해작사계無解作師戒는 알지도 못하면서 거짓 스승이 되어 수계를 하는 것을 금한 계로써, 출가한 스님들께만 적용이 되는 계율입니다.

요컨대 이 계는 자신이 보살계를 익히고 지녀서 그 깊은 뜻을 통달하기 전에는 다른 사람에게 절대로 계를 주려고 해서는 안 된다는 것을 밝히고 있습니다. 왜냐하면 그것이 스스로도 속이고 남도 속이는 행위가 되기 때문입니다.

무릇 남의 스승이 되고 모범이 되기 위해서는 먼저 경·율·논 삼장 가운데 담겨 있는 부처님의 가르침을 널리 배우고, 12부경十二部經을 밝게 요달해야 합니다. 그리고 언제나 보살계를 외우고 율에 의지하여 행동을 조심하며, 계율의 바른 뜻을 잘 알아서, 근본 원천이 되는 중도中道와 불성佛性의 마음자리에 깊이 계합해야 합니다.

그리하여 사람들로 하여금 성문의 공空에 치우친 도에 떨어지게 하는 일이 없어야 하고, 외도의 망령된 견해에 떨어지게 하는 과오를 범하는 일이 없어야 합니다.

특히 이 계는 대승의 길로 인도하지 못하고, 소승이나 외도의 길로 사람들을 인도하지 않을까 염려하여 설한 것입니다.

진짜 율사가 되려면 계율의 뜻을 자세히 알고 경·율·논 삼장三藏을 통하여 불성의 근본을 바르게 알아야 합니다. 그리하여 불성의 마음자리, 절대경지인 나의 본체를 사무쳐 알고, 인과의 차별세계인 이 현상계의 연기법을 분명히 알고 난 다음에 계를 설하여 주어야 하는 것입니다.

만일 계를 설하는 사람이 생사를 초월한 불생불멸의 경지를 알지 못하여 불성의 마음자리에 대해 일러주지 못하게 되면, 계의 본원을 저버려서 계를 받는 사람의 근본을 그르치게 할 수도 있습니다. 또 불생불멸의 불성자리만을 알고 이 차별세계의 인과법을 알지 못하면 계의 올바른 활용을 가르칠 수가 없게 됩니다.

이와 같은 까닭으로 경문에서 "보살이 한 구절, 한 게송과 계율의 인연도 알지 못하면서"라는 표현을 하신 것입니다. 이 글 가운데 '안다〔解〕'는 것은 도리를 확실히 깨달아 아는 해오解悟를 말하며, 글자를 풀이할 줄 아는 것을 가리키는 것이 아닙니다. 따라서 외워서 읽을 줄 아는 것이 아니라 뜻을 아는 것, 바르게 이해하는 것을 가리킵니다.

만일 출가보살이 위에서 말한 12부경을 다 모르는 것은 그만두고라도, 한 구절·한 게송도 이해하지 못하고 있다면 어떻게 법을 안다고 할 수 있을 것이며, 남의 스승이 될 수 있겠습니까? 율장律藏에서는 율사의 자격에 대해 다음과 같이 설하고 있습니다.

"비구는 마땅히 삼장을 배워서 익히기를 10년 동안 하여야 바야흐로 법사라 할 수 있나니, 비록 경과 논의 이장二藏은 통하지 못하였다 할지라도, 율장은 반드시 밝게 알아야 한다."

그리고 율사는 능히 '계율인연戒律因緣'을 잘 풀이할 수 있는 분이어야 합니다. 곧 10중 48경계를 설할 때 각 계율마다 그 계를 범하는 것과 관련된 인因·연緣·업業·과果를 잘 풀이하는 분이요, 각 계를 제정하게 된 연기緣起를 잘 풀이할 수 있는 분이어야 한다는 것입니다.

『보운경寶雲經』에서는 율사의 자격을 다음의 열 가지로 규정하고 있습니다.

"열 가지 법을 구족해야 비로소 율사라 할 수 있다.
① 계율을 제정하게 된 최초의 동기를 잘 알아야 한다.
② 계율의 깊은 뜻이 어디에 있는지를 잘 알아야 한다.
③ 계율의 세밀한 사항을 잘 알아야 한다.
④ 계율에 있어 이 일을 따르다 보면 저 일을 그르치게 되는 경우를 잘 알아야 한다.
⑤ 계율 속에는 본질적으로 중계重戒가 있음을 잘 알아야 한다.
⑥ 왜 중계로 제지하는지를 잘 알아야 한다.
⑦ 각 계율이 제정된 인연을 잘 알아야 한다.
⑧ 성문의 계율을 잘 알아야 한다.
⑨ 벽지불의 계율을 잘 알아야 한다.
⑩ 보살의 계율을 잘 알아야 한다.
이와 같은 이라야 남에게 계를 줄 수 있는 수계사授戒師로서 한 점의 부끄러움도 없다 하리라."

이렇게 볼 때 율사가 되고 수계사가 되는 일이 얼마나 막중하고 어려운 일인가를 알 수 있습니다. 그런데 자기 자신의 본심을 속이고 불성을 등지면서까지 남을 그르치는 죄업을 짓게 되면, 마침내 자신도 미혹되고 남도 미혹시키는 길로 빠져들어 헤어날 수가 없게 되고 맙니다.

이 계를 범한 죄를 형식적으로는 경구죄로 규정하였지만 실제에 있어서는 중죄와 다름이 없다는 것을 능히 알 수 있습니다.

실로 오늘날의 비구들 중에는 조그마한 이양利養을 탐내다가 공덕과 계율의 보배를 다 빼앗기는 사람들이 허다합니다. 스승이 될 자격이 없고 계를 전해줄 능력이 없는 이가 명리를 탐하여 남의 스승이 되고 계를 준다면, 스스로도 속이고 남을 기만함은 물론 계율의 공덕을 잃고 죄업만 얻는 결과를 자초하고야 마는 것입니다.

부디 잘 새겨 참된 스승의 길로 나아가시기 바랍니다.

나무범망경보살심지대계.

제19경계
양설계 兩舌戒
두 가지로 말하지 말라

너희 불자들이여, 나쁜 마음으로 계를 지키는 비구가 손에 향로를 들고 보살행을 하는 것을 보고 이간질을 하여 서로 싸움을 빚게 하거나, 어진 이를 비방하고 모함하는 등의 못된 짓을 하면 경구죄를 범하느니라.

若佛子야 以惡心故로 見持戒比丘가 手捉香爐하야 行菩薩行하고 而鬪遘兩頭나 謗欺賢人하야 無惡不造者는 犯輕垢罪니라.
(약불자 이악심고 견지계비구 수착향로 행보살행 이투구양두 방기현인 무악부조자 범경구죄)

제18 무해작사계는 아는 것 없이 스승이 되는 것을 금한 계이고, 이 양설계兩舌戒는 덕 있는 사람을 비방하여 이간질 시키는 것을 금한 계입니다.

먼저 경문의 어려운 용어부터 풀이해 봅시다. 손에 향로를 들고 부처님께 공양하는 '수착향로手捉香爐'는 보살 만행 가운데 하나로서, 지극한 신심으로 보살행을 닦는 것을 표한 것입니다. 또 이 사람에게 저 사람의 허물을 말하고 저 사람에게 이 사람의 잘못을 말하여 두 사람 사이를 어긋나게 하고 싸움하게 하는 것을 '투구양두鬪遘兩頭'라고 합니다. 그리고 '방기謗欺'는 하지 않은 나쁜 짓을 했다고 하며 속이거나 두 가지 말을 하여 이간질하는 것을 가리킵니다.

요컨대 이 양설계는 나쁜 마음을 일으켜서 덕 있는 사람을 비방하고 중상하는 것과 화합하는 두 사람 사이를 이간하는 행위를 경계하고 제지한 계입니다.

곧 이 사람에게는 저 사람의 좋지 않은 점을 말하고 저 사람에게는 이 사람의 잘못을 말하여 서로 싫어하게 함으로써, 여섯 가지로 화합해야하는 육화경六和敬을 깨뜨리고 두 사람의 좋은 사이를 허물어뜨리는 것을 경계한 것입니다.

육화경은 부처님의 법을 깨닫기 위해 함께 수행하는 대중들이 화합하여 함께 지내는 여섯 가지 규범을 말합니다.

① 신화동주身和同住 : 몸으로 화합함이니 함께 머물러라.
② 구화무쟁口和無諍 : 말로써 화합함이니 다투지 말라.
③ 의화무위意和無違 : 뜻으로 화합함이니 어긋남이 없게 하라.
④ 견화동해見和同解 : 정견으로 화합함이니 함께 이해하라.
⑤ 계화동준戒和同遵 : 계율로써 화합함이니 함께 준수하라.
⑥ 이화동균利和同均 : 이익으로 화합함이니 같이 나누어라.

이것을 깨뜨릴 때 모든 싸움은 시작됩니다. 그러므로 부처님께서는 육화경을 철저히 지키라고 하셨습니다.

사실 남에게 다른 이의 과실을 말하는 데는 몇 가지 구별할 점이 있습니다.

가령 보살계를 받지 않은 대중에게 보살계를 받은 사부대중의 허물을 말하게 되면, 10중대계 가운데 제6중계인 설사중과계說四衆過戒에 해당합니다. 또 자신의 덕을 칭찬하는 것과 동시에 남을 비방하게 되면, 제7중계인 자찬훼타계自讚毀他戒를 범하게 됩니다.

그러나 이 제19경계에서의 비방은 오직 같은 사부대중 사이의 이 사람과 저 사람을 이간시켰을 때이므로, 경구죄로 다스리는 것입니다.

그리고 48경구계 중에서도 제13경계인 방훼계謗毀戒와 이 제19경계에는 차이점이 있습니다. 제13경계는 동법同法 대중을 비방하였지만 친한 사이가 아닌 데 비해, 이 제19경계는 친분 관계가 두터운 동료를 비방하고 이간하는 경우를 말합니다. 따라서 제13경계는 아무 근거 없이 비방한 경우에만 해당되고, 이 19경계는 비방을 하게 되면 사실 여부를 떠나 무조건 계를 범하게 되는 것입니다.

그리고 경문에서, 계를 지키는 사람들 가운데 특별히 '지계비구持戒比丘'를 든 까닭은, 지계비구가 승가의 7중七衆 가운데 우두머리가 되기 때문에 대표로 든 것일 뿐, 이 말속에는 비구니·사미·사미니·식차마니·우바새·우바이까지가 다 포함되어 있습니다.

이 양설계에도 예외적인 경우는 있습니다. 나쁜 사람들이 모여 개인이나 사회에 나쁜 일을 도모하려고 할 때나, 사회에 크게 해로운 영향을 미칠 삿된 악지식惡知識과 악한 무리들이 그릇된 법으로 해독을 끼치려 할 때, 이들을 무찌르고 해산시킬 목적으로 이간하고 비방하였다면 오히려 공덕이 될 뿐 계를 범한 것이 아닙니다.

모름지기 보살은 두 가지 말로써 집안의 어른이나 친한 대중들을 이간시키지 말아야 합니다. 남을 칭찬만 할지라도 공부를 온전히 이루기 어려운데, 어찌 가까이에 있는 이들을 시기하고 질투하고 비방하면서 해탈하기를 구할 수 있겠습니까? 마땅히 도심道心이 아닌 것은 따르지 말아야 할 것입니다.

나무범망경보살심지대계.

제20경계
불행방구계 不行放救戒
방생하고 구제하라

너희 불자들이여, 자비로운 마음으로 방생업을 행하라. 이 세상의 모든 남자는 다 나의 아버지였고 모든 여인은 나의 어머니였으니, 나의 세세생생으로 보면 그들로부터 태어나지 않은 적이 없다. 육도중생이 다 나의 아버지요 어머니거늘, 그들을 잡아서 먹는 것은 곧 나의 부모를 죽이는 것이며, 또한 나의 옛 몸을 먹는 것이니라. 모든 지대地大와 수대水大는 다 나의 옛 몸이고, 모든 화대火大와 풍대風大는 다 나의 본래의 몸이니, 그러므로 항상 방생을 행할지어다.

세세생생 몸을 받아 상주하는 법으로 사람들로 하여금 방생을 하도록 가르치고, 만일 세상 사람들이 축생을 죽이는 것을 보거든 마땅히 방편으로 구호하여 그 고난을 풀어 줄 것이며, 항상 널리 교화하되 보살계를 강설하여 중생을 제도해야 하느니라. 부모나 형제가 돌아가신 날에도 법사를 청해 보살계와 경률을 강하여, 죽은 이의 복을 빌어 주면 부처님을 뵙고 천상이나 인간세상에 태어나게

될 것이니, 만일 그렇게 하지 않는 이는 경구죄를 범하느
니라.

若佛子야 以慈心故로 行放生業이니 一切男子는 是我父요 一
切女人은 是我母라. 我生生에 無不從之受生故로 六道衆生이
皆是我父母어늘 而殺而食者는 卽殺我父母며 亦殺我故身이니
一切地水는 是我先身이며 一切火風은 是我本體故니 常行放
生이어다.
生生受生하야 常住之法으로 敎人放生하며 若見世人이 殺畜
生時어던 應方便救護하야 解其苦難하며 常敎化하되 講說菩薩戒
하야 救度衆生하며 若父母兄弟死亡之日엔 應請法師하야 講菩
薩戒經律하야 福資亡者하면 得見諸佛하고 生人天上하나니 若不
爾者는 犯輕垢罪니라.

제19 양설계는 현인을 이간질하고 비방하는 것을 경계한 것이고, 이 불행방구계는 괴로움에 처한 중생을 보고서도 구원하지 아니함을 경계한 계입니다. 특히 이 계에서는 마땅히 보살의 자비심으로 죽게 된 목숨을 살려 주는 방생放生을 하도록 권하고 있습니다.

왜 방생을 하라는 것인가?

세상 사람들은 '너다·나다' 하는 상대관념에 떨어져서 서로 속이고 능멸하고 시기하면서, 당장 배부른 것을 제일로

압니다. 보살은 모든 중생이 다 나의 아버지요 어머니였던 분이라는 마음으로 대합니다. 그리고 스스로의 마음을 안으로 모아 일체 중생이 한 몸이라는 동체대비심同體大悲心을 일으키고 보면 저들이 다 나의 부모 형제요, 저들이 편안하면 내가 편안해진다는 것을 깨닫게 됩니다. 그리고 이와 같은 깨달음이 있게 되면 저절로 방생을 하기 마련입니다.

이와는 반대로 중생들은 몸과 마음이 공함을 깨닫지 못하여 생사를 면하지 못하고 있습니다. 그리고 다른 이의 고통을 모른 체하고 그 생명의 위급과 환란을 구해줄 생각을 하지 않습니다. 또한 비어 있어야 할 마음에 지은 바 업을 가득 채워, 세세생생토록 몸을 받아 났다가는 죽고, 다시 태어났다가 또다시 죽는 육도윤회를 되풀이 합니다.

그러나 비록 윤회 속의 생존이라 할지라도 본마음의 불생불멸한 자리는 사라지지 않으며, 누구나 이 본마음만은 갖추고 있습니다. 모든 생명에게는 바로 이것이 있기 때문에 불자들은 마땅히 방편을 베풀어 불쌍한 목숨을 구해 주어야 합니다.

나아가 이러한 도리를 자신이 알았으면 다른 사람에게도 가르쳐서 방생을 하도록 해야 한다는 것입니다.

방생의 기본 원리는 이상과 같지만, 방생을 하는 그 자체의 공덕 또한 매우 큽니다. 굳이 경문을 상세히 해설하는 것보다 몇 편의 실화가 방생의 공덕을 알리는데 더욱 효과적일

듯하여 소개합니다.

❀

1980년에 있었던 일로 생각됩니다. 저 멀리 남태평양으로 큰 외항선을 타고 가서 고기잡이를 하던 한 청년이 있었습니다. 어느 날 저녁 휘영청한 달빛 아래 망망한 태평양을 바라보노라니 불현듯 고향 생각이 나서 술을 한 잔 마시고 갑판 위에 앉아 노래를 부르고 있었습니다.

그런데 갑자기 배가 꿈틀하는 바람에 바다 속으로 굴러 떨어졌습니다. 한밤중에 사람 하나 떨어진다고 하여도 금방 알 수 없는 몇 만 톤의 큰 배였으므로 배는 배대로 가버렸고, 청년은 집채만한 파도에 휩싸여 꼼짝없이 죽게 되었습니다. 처음에는 어떻게 해 보려고도 하였지만 거센 파도를 이길 수 없어 정신을 잃고 말았습니다.

얼마 뒤 정신이 나서 눈을 떠 보니, 이상하게도 자신의 몸이 바닷물 위에 둥둥 떠 있는 것이었습니다.

'이것이 어찌된 일인가? 내가 분명히 갑판에서 바다로 떨어져 죽은 것이 틀림없는데 어떻게 살아 있는 것인가? 지금도 바다 한복판에 있는데, 어떻게 떠 있는 것일까?'

이상하게 생각하면서 자신이 떠 있는 물밑에다 가만히 손을 대보니, 무엇인가가 자기를 떠받치고 있음을 알 수 있었습니다. 마침 날이 밝아 왔으므로 주위를 살펴보니 역시 자신은 망망대해에 떠 있었고, 자신을 떠받치고 있는 것이 큰 거북이임을 알게 되었습니다. 거북이는 물 속 깊이 들어가지 않고 등이 물 위에 나타날 정도로만 가고 있었으며, 또한 파도 없는 곳으로만 찾아다녔습니다.

그는 사흘 동안을 거북이의 등 위에서 살았습니다. 이튿째 되는 날, 멀리서 배 한 척이 지나는 것을 보고 소리를 치며 옷을 벗어 흔들어 보였지만 거리가 너무 멀어 배는 그냥 지나쳐서 가버렸고, 3일만에 영국 상선을 만났습니다.

영국 사람들은 물에 빠진 사람이 살려 달라고 구조를 청하는 것을 보고 배를 가까이 대었더니, 웬 사람이 고무보트를 탄 것 같지도 않은데 물 위에 그대로 서 있었으므로 사람인지 귀신인지를 분간할 수가 없었다고 합니다. 고무보트를 탔더라도 파도에 흔들리고 일렁이게 마련인데, 거북이가 밑에서 물결을 조절해 주어 평지에 서 있는 사람처럼 보였으므로 더욱 의심스러웠다는 것입니다.

영국 사람들은 곧 작은 배를 띄워 그를 구조했습니다. 그때 거북이는 고개를 쑤욱 내밀고 그가 큰 배에 오르는 것을 보고는 배 주위를 한 바퀴 돌아서 물속으로 모습을 감추었다고 합니다.

이 사건이 국내에 전해지자 신문마다 사회면의 톱뉴스로 보도하였습니다. 그런데 이 사람이 누구인가? 바로 그 당시 부산 대각사大覺寺의 방생회 회장보살님의 아들이었습니다.

어머니는 방생을 하면서 항상 아들을 위해 빌었습니다.

"우리 아들 몸 성히 돌아오게 해 주십시오."

어머니의 정성이 아들에게 미쳐서 그와 같은 가호加護를 받게 된 것입니다.

❁

옛날 관상을 잘 보는 스님이 친구의 아들을 상좌로 데리고 있었습니다. 아들의 명이 너무 짧으므로 스님을 만들면 짧은 명을 넘길 수 있을 것이라고 하여 보내 왔던 아이였습니다. 그런데 어느 날 상좌의 관상을 보던 스님은 깜짝 놀랐습니다. 1주일 안에 상좌가 죽을 상이었기 때문이었습니다. 스님은 친구의 어린 아들이 절에서 죽으면 친구 내외가 너무나 섭섭해 할 것 같고, 다만 며칠이라도 부모 옆에서 같이 지내게 해 주는 것이 좋으리라 생각하여 상좌에게 일렀습니다.

"집에 가서 삼베옷도 한 벌 만들고 무명옷도 만들고 버선도 짓고 하여, 한 열흘 다녀 오너라."

그 동안에 집에 가서 부모도 만나고 부모 앞에서 죽으라는 것이었습니다. 그런데 그 상좌는 열흘이 지난 뒤에 옷도 만들고 버선도 짓고, 스님 잡수시라고 떡까지 해 가지고 아무 일 없이 돌아왔습니다.

돌아온 상좌의 얼굴을 보고 스님은 이상하게 생각했습니다. 얼굴이 본래 단명할 상에다 최근에 상이 아주 나빠져서 꼭 죽는 줄 알았는데, 그 나쁜 기운은 완전히 사라졌을 뿐 아니라 앞으로 장수할 상으로 변하여 있었습니다.

틀림없이 사연이 있을 것이라고 생각한 스님은 상좌에게 자초지종을 캐물었더니, 이렇게 말했습니다.

"집으로 가는 길에 작은 개울을 건너가게 되었는데, 개미떼 수천 마리가 새까맣게 붙어 있는 큰 나무 껍질이 흙탕물에 떠내려오는 것이 보였습니다. 조금만 더 가면 작은 폭포가 있고 그 아래 물이 소용돌이를 치고 있어서 모두가 물에 빠져 죽을 상황이었습니다. 순간 스님께서, '죽을 목숨을 살려 주어야 불자로서의 도리를 다하는 것이고 복을 받는다'고 하신 말씀이 생각나서 얼른 옷을 벗었고, 그 옷으로 나무껍질과 그 개미들을 다 받아 가지고 마른 언덕 땅에다 놓아 주었습니다."

스님은 그 말을 듣고 무릎을 탁 쳤습니다. 그리고 상좌의 등을 두드려 주며 말했습니다.

"그러면 그렇지! 개미떼를 살려준 방생의 공덕으로 장수하게 되었고 부처님의 법을 잘 공부하게 되었구나. 다 불보살님의 가피력이시다. 나무관세음보살마하살."

7일 뒤에 죽을 상좌의 생명이 방생한 공덕으로 70년을 연장했다는 것입니다.

ξ

이와 같은 영험담은 경전이나 영험록에 허다하게 많이 있습니다.

 무릇 콩 심은 데는 콩이 나고 팥 심은 데는 팥이 납니다. 좋은 씨앗을 양질의 토양에 심으면 잘 자라 좋은 열매를 맺지만, 나쁜 씨앗은 아무리 좋은 땅에 심더라도 잘 자라지 않습니다. 좋은 씨앗이라도 바위 위에 얹어 놓으면 생명력을 발휘하지 못하는 반면, 좀 나쁜 씨앗이라도 양질의 토양에 심고 알맞은 햇볕과 온도와 함께 정성을 쏟아 물을 주면 잘 자라기도 합니다.

 방생은 좋은 씨앗을 품게 만들고 좋은 환경을 만드는 일입니다. 꾸준히 방생을 하고 기도를 하면 몸에 있는 병도 낫고 업장도 소멸되고 운명도 개척됩니다. 근심 걱정이 많고 하는 일에 장애가 있거든 모든 것을 떨쳐버리고 방생을 해보십시오. 오히려 맺혀진 모든 일의 매듭이 풀어집니다.

 방생은 한량없는 복덕을 짓는 것이니, 방생을 널리 권함은 물론이요 스스로도 세세생생 방생하겠다는 원을 일으켜 무량복덕을 쌓으시기 바랍니다.

 또 한 가지 이 계에서 권장하고 있는 사항은 중생들에게 널리 보살계를 설하여 주라는 것입니다. 특히 **부모 형제의 제삿날에 법사를 청하여 보살계를 설하여 주거나**, 가족 중 누군가가 보살계를 읽어주면 능히 천도를 할 수 있음을 설하고 있습니다.

 실제로 사찰에서 보살계를 설할 때 망인의 이름을 올려 동참시키면 그 망인이 천도가 되는 선몽을 가족들이 꾸는 경우가 많이 나타나고 있습니다.

제삿날 단순히 제사만을 지내기보다, 보살계를 설해주거나 대승경전을 읽어주는 것은 매우 바람직한 행법이요 방생법입니다. 꼭 실천해 보시기를 당부드립니다.

무릇 방생은 죽어가는 생명만을 살리는 것이 아닙니다. 나도 살리고 가족도 살리고 이웃도 살리고 사회도 살리는 것이 참된 자비 방생입니다. 나와 남에 대한 그릇된 이기심과 고집을 놓아버리고, 서로가 서로를 살려가는 것이 방생입니다.

살리는 방생! 살려가는 방생! 부디 동체대비심을 일으켜 방생을 널리 권함은 물론이요, 가족을 살리고 이웃을 살리고 죽음에 처한 생명을 살려주는 방생을 행하면서, 스스로를 살려가는 향상된 삶을 이루시기 바랍니다.

나무범망경보살심지대계.

제21경계
진타보수계 嗔打報讐戒
성내고 때리면서 원수를 갚지 말라

너희 불자들이여, 성냄을 성냄으로써 갚거나 폭력을 폭력으로 갚지 말지니라. 설사 부모나 형제나 육친을 죽인 원수라 할지라도 보복을 하지 말 것이며, 나라의 임금이 타인에 의해 죽임을 당했을지라도 그 원수를 갚지 말아야 하나니, 살생하여 목숨 빚을 갚는 것은 효도가 아니니라. 오히려 노비를 부려 욕을 하고 때려서 날마다 삼업을 일으키고 한량없는 구업의 죄를 짓지 말아야 할 것이거늘, 하물며 짐짓 칠역죄를 지을 것인가. 출가한 보살이 자비심 없는 마음으로 원수를 갚거나 육친의 원수를 갚기 위해 복수를 하면 경구죄를 범하느니라.

若佛子야 不得以嗔報嗔하며 以打報打니 若殺父母兄弟六親이라도 不得加報하며 若國主가 爲他人弑者라도 亦不得加報어다. 殺生報生은 不順孝道니라. 尙不畜奴婢하야 打拍罵辱하야 日日起三業하여 口罪無量이온 況故作七逆之罪리요. 而出家菩薩이 無慈心報讐하되 乃至六親中이라도 故報者는 犯輕垢罪니라.

제20 불행방구계不行放救戒는 죽어가는 생명을 구하지 않는 것을 경계한 계이고, 이 진타보수계嗔打報讐戒는 원수진 사람에게 앙갚음을 하여 정행正行을 어기는 것을 금한 계입니다.

성냄을 성냄으로 갚지 않고 폭력을 폭력으로 갚지 않으면 원수나 미운 사람과 만나는 괴로움을 면하게 되며, 원수를 갚지 않으면 누겁의 원한이 다 쉬게 됩니다. 특히 참는 마음과 자비심과 평등심으로 모든 중생을 친 어버이처럼 생각하면 업장은 저절로 소멸되고 마는 것입니다.

이에 반해 원한을 원한으로 갚는 것은 보살의 평등한 자비심이 아니며, 성냄으로써 성냄을 갚고 폭력으로써 폭력을 갚는 것은 생사를 초월하여 위없는 깨달음을 이루고자 하는 보살의 마음씨가 아닙니다.

원수를 죽여서 나의 원한을 갚으면 세세생생 그 원수의 갚음이 되풀이되고, 성냄으로써 나의 분한 마음을 폭발시키면 분과 분이 되풀이될 뿐 쉴 날이 없게 됩니다.

그리고 성내거나 때리는 등의 보복을 하는 것은 이 경구죄만 범하게 되지만, 복수를 하다가 살생을 하게 되면 중계를 겸하여 범하게 된다는 것도 분명히 명심해야 합니다.

그리고 부모를 죽인 원수에게 복수를 하지 않은 예로써 장생왕자長生王子의 이야기를 많이 들고 있습니다. 이는 불교에서 매우 중요하게 여기는 이야기이므로 상세히 소개하고

자 합니다.

❀

옛날 인도 가사국의 범시왕梵施王과 교살라국의 장수왕長壽王은 선조 때부터 대대로 원수를 맺어 온 사이였습니다. 마침 이들 두 임금이 통치하던 시절에는 가사국의 재정과 군사력이 막강하였기에, 범시왕은 군대를 이끌고 교살라국으로 침입하여 모든 국토와 군대와 보배를 빼앗았습니다.

장수왕은 첫째 왕비와 가까스로 도망하여 바라나국의 한 옹기장이의 집에 은신하였습니다. 이때 장수왕의 부인이 남편에게 말했습니다.

"대왕이시여, 두 나라 군대가 싸우던 칼을 씻은 평화의 물을 마셨으면 합니다. 그렇지 않으면 소첩은 죽을 것입니다."

이에 장수왕은 자신의 친구이자 대신인 부로혜치에게 의논하였고, 부로혜치는 왕비를 살펴 임신사실을 확인하였습니다. 곧 배 속의 아기가 평화의 물을 원하였던 것입니다.

부로혜치는 달려가 두 나라 군사들에게 싸우던 칼을 씻게 한 뒤, 그 칼 씻은 물을 얻어다 왕비에게 마시게 하였습니다.이후 왕비는 산기를 보여 단정한 왕자를 낳았고, 왕은 아들의 이름을 장생長生이라 하였습니다.

왕자가 조금 자랐을 때 범시왕은 장수왕이 첫째 부인과 함께 도망하여 옹기장이 집에 숨어 있다는 것을 알고, 부하들에게 장수왕과 첫째 부인을 붙잡아 일곱 조각으로 찢어 죽이고, 높은 장대에 매달 것을 명했습니다. 소식을 들은 장수왕은 어린 아들에게 속히 피할 것을 명한 다음 잡혀갔습니다.

아들 장생은 미복차림으로 부모의 뒤를 따르면서 피눈물을 흘렸습니다. 장수왕은 처형 직전 먼발치로 아들의 모습을 보고 큰소리로 외쳤습니다.

"원수는 가볍거나 무겁거나 모두 갚을 것이 아니니, 복수로써 원수를 갚으면 끊일 날이 없다. 오직 원망치 않음으로써 원수를 없애야 한다."

아버지의 목멘 유언을 듣고 찢어지는 가슴을 안은 채 왕자 장생은 학문과 기악과 천문·지리·예언·점술 등을 남김없이 다 배웠고, 광대놀이까지 배워 뭇 사람 가운데 으뜸이 되었습니다.

장생은 또 범시왕의 기녀妓女들이 사는 마을 근처에서 코끼리 길들이는 법을 배웠는데, 밤이면 거문고를 치고 노래를 불러 끝없이 아픈 마음을 달래곤 하였습니다. 범시왕이 기녀들의 마을에 놀러 왔다가 그 소리를 듣고, 장생왕자를 불러 총애하였습니다.

장생왕자는 부모와 나라의 원수를 갚기 위해 입안의 혀처럼 범시왕을 받들어 마침내 왕만이 드나들 수 있는 첫째 부인의 처소에까지 출입할 수 있게 되었습니다. 또 그의 남다른 지혜를 크게 인정한 범시왕은 높은 직위를 내려 늘 곁에 있도록 하였습니다.

　어느 날 범시왕은 군사를 이끌고 사냥을 나갔다가 심한 피로감을 느껴 그늘진 곳에서 쉬게 되었습니다. 마침 장생왕자만이 왕과 함께 있게 되었는데, 범시왕은 장생왕자의 무릎을 베고 깊이 잠들었습니다.

　"나의 아버지와 어머니를 처참하게 죽였고, 우리 종족을 무수히 살해한 이 철천지원수!"

　순간적으로 장생왕자는 몸을 떨며 칼을 뽑아 들고 범시왕의 목을 자르려 했습니다. 이때 마지막 죽음의 마당에서 아버지가 목메어 말씀하시던 유언이 환청처럼 들려왔습니다.

　"원수는 가볍거나 무겁거나 모두 갚을 것이 아니니, 복수로써 원수를 갚으면 끊일 날이 없다. 오직 원망치 않음으로써 원수를 없애야 한다."

　그 말씀이 너무나 쟁쟁하여 칼을 거두는 순간, 범시왕이 식은땀을 흘리며 깨어나 소리쳤습니다.

　"교살라국의 왕자가 칼을 뽑아 들고 나를 죽이려 했다. 참 이상한 꿈이로다."

　그리고는 다시 잠이 들어버리는 것이었습니다. 이 말을 듣자 원한이 끓어올라 다시 칼을 빼어 들고 죽이려 하다가, 아버지 유언을 생각하며 칼을 거두어 들였습니다. 왕이 또 한 번 놀라 깨어나면서 똑같은 말을 하자, 장생왕자는 왕을 안심시켰습니다.

"어디에 장수왕의 아들이 있습니까? 여기에는 오직 대왕과 저뿐이옵니다. 편안히 주무시옵소서."

세 번째 잠들었을 때에도 장생왕자는 먼저와 같이 칼을 빼어 들었고, 왕은 또 놀라며 깨어났습니다. 이에 장생왕자는 왕의 머리를 움켜잡았습니다.

"왜 나를 죽이려 하느냐? 무엇 때문이냐?"

"선조의 원수, 내 나라의 온 국토와 보물을 빼앗고, 끝내는 내 부모를 처참하게 죽인 철천지원수이기 때문이다."

그리고 두 번이나 죽이려하다가 못 죽인 것은 아버지의 거룩한 유언 때문이었다고 하자, 범시왕이 말했습니다.

"장수왕이 그토록 거룩한 유언을 남기다니! 아, 내가 잘못했다. 너의 아버지·할아버지의 나라와 군대와 재물을 모두 돌려 줄 것이다. 나를 용서해다오."

이렇게 하여 조상 때부터의 원수관계를 풀고 함께 화합하였습니다. 뿐만 아니라, 범시왕은 장생왕자에게 군대와 국토와 보배들을 모두 돌려주고 딸까지 주어 함께 살도록 하였습니다.

❧

부처님께서는 이 이야기를 들려주시면서 화합하지 않고 다투는 비구들에게 말씀하셨습니다.

"비구들아, 저 칼을 잡았던 장생왕자는 아버지와 할아버지의 원수와도 도리어 화합하고 마치 부자간과 같이 하였다. 하물며 집을 떠나 수도하면서 같은 스승에게 함께 배우는 너희 비구들이야 더 말할 것이 무엇이겠느냐? 마땅히 화합하기를 마치 물과 젖같이 하면 불법 안에서 이익을 얻고 안락하게 살리라. 비구들아, 같이 싸우거나 욕하거나 비방하거나 시비를 따지지 말고 모름지기 화합을 하며 지내야 하느니라."

우리는 부처님의 이 말씀을 깊이 새겨야 합니다.

진리의 큰 모습 속에서 보면 이 세상의 모든 것은 한 뿌리요 한 몸뚱이이며, 저의 목숨과 나의 목숨이 어디 따로 있는 것이 아닙니다. 이것을 깨닫고 보면 세상의 예의와 도덕과 국법을 그대로 좇아서 원수를 갚아야 할 까닭이 없습니다. 본원을 거스리고 심지心地를 어기며 긴 겁 동안 생사의 흐름에 순종하게 하는 세속법이라면, 보살은 이를 초월해야 합니다.

보살은 은혜를 베풀다가 도리어 욕을 당하거나 명예에 손상을 입더라도 마땅히 다음과 같이 생각하고 발원해야 합니다.

"이것이 다 숙세의 인연 소치이니, 내 응당 기꺼운 마음으로 받으리라. 그리하여 전일의 허물을 다 없애리라."

"나는 보살도를 실천하는 사람이다. 일체중생으로부터 온갖 모욕을 받더라도 보복할 생각을 일으켜서는 안 된다. 만약 보복을 생각한다면 나의 깨달음을 향한 행원行願만 잃을 뿐이다."

　이렇게 생각하여 뜻을 수미산과 같이 가지면 좋고 나쁜 어떠한 것도 우리를 물들이지 못하게 되는 것입니다.

　잘 기억하십시오. 모욕을 당하거나 해침을 당하더라도 그 마음을 수미산과 같이 하여 중생을 교화하라는 것.

　이것이 부처님께서 가르치신 보살도요, 이 계의 참 뜻입니다.

　성냄을 성냄으로써 갚지 말고 때림을 때림으로써 갚지 말며, 죽임을 죽임으로써 갚지 말라는 이 계의 교훈을 거듭 음미하면서, 보복으로는 궁극적인 해결책을 얻을 수 없다는 것을 깨달아서, 분노와 원한을 내려놓고 중생 놀음을 완전히 해탈하시기를 축원해 봅니다.

　나무범망경보살심지대계.

제22경계
교만불청법계 憍慢不請法戒
교만을 버리고 법을 청하라

너희 불자들이여, 처음 출가하여 아직 이해를 못하면서 지혜가 총명하다고 믿거나, 신분이 고귀하고 나이가 많은 것을 믿거나, 가문이 훌륭하고 혹은 지식이 많고 복이 많으며 큰 부자로서 온갖 보물이 있는 것을 믿고서, 교만한 생각을 하여 먼저 배운 법사에게 경과 율을 묻지도 배우지도 않음이리요. 법사의 나이가 비록 젊고 가문이 낮고 가난하여 보잘것없거나 총명하지 않고 육신이 온전하지 못하더라도, 진실로 덕이 있고 여러 경률을 널리 알거든 새로 배우는 보살은 마땅히 법사의 출신 성분을 보지 말지어다. 만일 법사에게 가서 제일의第一義의 진리를 묻고 배우지 않으면 경구죄를 범하느니라.

若佛子야 初始出家하야 未有所解어늘 而自恃聰明有智어나 惑恃高貴年宿이나 或恃大姓高門과 大解大福과 大富饒財七寶하야 以此憍慢으로 而不咨受先學法師經律이리오. 其法師者는 或小姓年少어나 卑門貧窮下賤이어나 諸根不具라도 而實有德하

며 <ruby>一切經律<rt>일체경률</rt></ruby>을 <ruby>盡解<rt>진해</rt></ruby>어던 <ruby>而新學菩薩<rt>이신학보살</rt></ruby>이 <ruby>不得觀法師種姓<rt>불득관법사종성</rt></ruby>이어라.
<ruby>而不來咨受法師第一義諦者<rt>이불래자수법사제일의제자</rt></ruby>는 <ruby>犯輕垢罪<rt>범경구죄</rt></ruby>니라.

제21 진타보수계는 원수를 갚고자 함을 경계한 것이고, 이 교만불청법계는 덕 있는 이를 공경하지 않음을 경계한 계입니다. 또 앞의 계는 원수를 갚기 위해 미혹된 업을 더하는 것을 경계하였고, 이 계는 자신의 교만 때문에 덕 있는 사람으로부터 배움을 얻지 못하게 되는 것을 경계하고 있습니다.

처음 출가를 하면 아직 법을 모르고 사람을 공경할 줄을 모르며, 깨달음에 계합하는 것이 무엇인지를 바로 알지 못하는 사람이 많습니다. 그런데 이와 같이 아는 바가 없는 출가 수행자들 중에는 세상 사람들처럼 일곱 가지를 믿고 교만심을 일으키는 사람이 있습니다.

① 세상에 대한 지혜가 총명함을 믿고 교만함〔恃世智聰〕
② 지위의 고귀함을 믿고 교만함〔恃高貴位〕
③ 나이 많은 것을 믿고 교만함〔恃年臘尊〕
④ 가문이 훌륭함을 믿고 교만함〔恃門族大〕
⑤ 보고 들은 것이 많음을 믿고 교만함〔恃見聞大〕
⑥ 복덕이 많음을 믿고 교만함〔恃福德大〕
⑦ 재산이 많음을 믿고 교만함〔恃富饒大〕

출가한지 오래된 이라 할지라도 감히 교만을 부릴 것이 아니거늘, 처음 출가한 자가 이상의 일곱 가지를 믿고 교만한 마음을 일으켜 거만해진다면, 스스로 깨달음을 향해 나아가는 길을 가로막는 결과만을 초래하게 됩니다. 그들은 선배나 법사 등의 선지식이 눈앞에 있더라도 물어서 배울 생각을 하지 않기 때문에 참된 도로 나아갈 수 있는 큰 이익을 모두 다 잃게 되는 것입니다.

현재 생사의 큰 병에 시달리고 있는 나에게 있어 선지식은 곧 의사요 그 가르침은 좋은 약과 같은 것이므로, 그 가르침에 따라 부지런히 수행하게 되면 마침내 생사의 병을 치료하여 생사가 없는 해탈대도解脫大道를 얻게 됩니다. 그러므로 선지식을 의지하지 않고는 불법을 성취하기가 용이하지 않습니다. 그런데도 처음 발심한 보살이 교만한 마음을 일으켜 선배 선지식에게 열심히 배우지 않는 것은 곧 불법을 멀리하는 것과 같은 행위입니다.

특히 선지식은 수행에 있어 중요한 역할을 하는 분입니다. 경·율·논 삼장을 잘 익히고 마음의 본바탕을 사무쳐 요달한 이로서, 참과 거짓을 알아 분별하고 병을 알아 약을 쓰며, 중생의 갖가지 마음과 몸의 병을 잘 다스려 고쳐주기 때문에, 경문의 후반 부분에서 "법사가 비록 나이가 젊고 가문이 낮고 가난하여 보잘것없거나…"라는 말씀을 통하여 선지식을 잘 받들어야 함을 강조하신 것입니다.

만약 초학자가 스스로의 세속적인 기준에 따라 선지식을

업신여기게 되면 불법의 진리와 생사해탈은 영원히 자기 것으로부터 멀어질 뿐 아니라 선지식을 업신여기는 데 대한 큰 과보도 함께 받게 됩니다.

모름지기 초학보살은 선지식과 설법하는 이에 대해 헛된 생각을 일으켜 스스로 믿음을 저버리는 일이 없도록 해야 할 것입니다. 『보살지지경』에서는 앞에서 밝힌 일곱 가지 경계와는 조금 다른 다섯 가지를 지적하고 있는데, 그 뜻에 있어서는 크게 다를 바가 없습니다.

"첫째는 파계했다는 생각을 하지 말 것이니, '저 법사는 율의를 범한 사람인만큼 그로부터는 경법을 듣고 배울 것이 없다'는 생각이나 말을 해서는 안 된다.

둘째는 가문이 하찮다는 생각을 하지 말 것이니, '내가 어찌 저렇게 출신이 높지 않은 사람에게 경법을 듣고 배울 수 있으랴' 하는 생각이나 말을 해서는 안 된다.

셋째는 모양이 추하다는 생각을 하지 말 것이니, '내가 어찌 저렇게 추한 사람에게 경법을 듣고 배울 수 있으랴' 하는 생각이나 말을 해서는 안 된다.

넷째는 발음이나 말재주가 없다는 생각을 하지 말 것이니, '내가 어찌 말을 바로 하지 못하는 저 사람에게 경법을 듣고 배울 수 있으랴' 하는 생각이나 말을 해서는 안 된다. 오직 뜻에 의지할 뿐, 그 말재주에 의지하지 말 것이니라.

다섯째는 아름다운 말을 하지 않는다는 생각을 말 것이니, '어찌 추악한 말을 하는 저런 사람에게 경법을 듣고 배울 수 있으랴' 하는 생각이나 말을 해서는 안 된다."

물론 여기에도 예외는 있습니다. 법사를 업신여기거나 단점을 보지 말랬다고 하여 잘못 설법하는 것을 분별없이 그대로 받아들이거나, 그릇된 행까지 본받으라는 것은 아닙니다.

만일 삿된 법을 함부로 받아들여 삿된 길을 걷게 된다면 스승과 제자가 함께 삼악도에 떨어져서 불법을 멀리하는 결과를 초래하게 되기 때문입니다.

그러므로 법문을 바로 들을 줄 알아야 하고, 악인인가? 선인인가? 불법을 바로 아는 이인가? 를 함께 알아야 합니다.

곧 법을 배우는 초학보살은 스스로의 그릇에 비추어 보아 추악한 사람을 존경하고 따라서는 안 됩니다. 법사의 옳고 그름을 능히 알아서, 따를 것은 마땅히 따르고 이을 것은 마땅히 이어야 합니다.

또한 대중의 병을 고치는 스승은 약을 잘못 쓰지 말아야 합니다. 만일 약을 잘못 쓰면 약을 먹고 병만 더할 뿐입니다. 얽힌 것을 풀고자 하면 마땅히 매듭을 풀어야 하는데, 또 다른 매듭을 맺는다면 더욱 풀기가 어려워지는 것입니다.

행이 추악한 법사를 따르는 것은 원숭이를 제석천으로 섬기는 것과 다를 바가 없고, 그릇 처방된 약을 잘못 복용한다면 깨진 기와쪽을 황금덩이로 잘못 아는 것과 무엇이 다르겠습니까?

나아가 수행인은 혜안을 갖추고 시비를 살필 줄 알아야 합니다. 그리하여 바른 말만 취하고 그른 말은 받아들이지 말아야 할 것이니, 한 생각 어긋나면 천생이 그릇되기 때문입니다. 우리 불자들은 경에 말씀한 바를 깊이 명심하여, 후회해도 다시 되돌릴 수 없는 지경에는 이르는 일이 없도록 해야 합니다.

교만이 아니라 정법正法의 눈을 갖추고, 부지런히 부지런히 정진해야 합니다. 지극한 마음으로 눈 밝은 선지식을 받들면서 구도求道를 위해 신명身命을 다할 뿐, 법사의 외형을 보고 교만을 일으켜서 법까지 뿌리쳐서는 안 됩니다. 외형적인 조건이 아니라 법을 따라야 하며, 정법을 듣기 위해서라면 생명까지도 기꺼이 바쳐야 한다는 것이 이 계의 가르침입니다.

결코 잊지 마십시오. 교만으로 삿된 길로 빠져들어서도 안 되지만, 어리석음으로 삿된 도를 맹신해서도 안 됩니다. 불자는 오로지 정법을 생명으로 삼아, 정법으로 판단하고 정법으로 실천하고 정법으로 깨어나는 이가 되어야 한다는 것을 꼭 기억하시기 바랍니다.

나무범망경보살심지대계.

제23경계
교만벽설계 憍慢僻說戒
교만한 마음으로 편벽되게 설하지 말라

너희 불자들이여, 부처님께서 멸도한 다음 좋은 마음으로 보살계를 받고자 하는 이는 불보살의 형상 앞에서 스스로 계를 받는 것을 맹서하되, 마땅히 7일 동안 부처님 앞에서 참회하여 좋은 상서를 보게 되면 문득 계를 얻은 것이 되느니라.

만일 좋은 상서를 얻지 못했으면 마땅히 2·7일, 3·7일 내지 1년이라도 참회하여 좋은 상서를 얻어야 하나니, 좋은 상서를 얻음과 동시에 문득 불보살님 형상 앞에서 계를 받은 것이고, 만일 좋은 상서를 얻지 못하면 비록 불상 앞에서 계를 받았더라도 계를 얻지 못한 것이 되느니라.

그러나 먼저 보살계를 받은 법사 앞에서 계를 받을 때에는 꼭 좋은 상서를 보지 않아도 되느니라. 무슨 까닭인가? 이 법사에게는 법사와 법사가 서로 이어 전해 주었기 때문이다. 그러므로 꼭 좋은 상서를 보지 않아도 되느니라. 그러므로 법사에게 계를 받을 때에는 반드시 계를 얻게 되나니, 지극히 존중하는 마음을 일으키면 문득 계를 얻느니라.

 만일 천리 안에 계를 줄 법사가 없어서 불보살님 상 앞에 스스로 계를 받기를 서원할 때는 좋은 상서를 보아야 하느니라.

 만일 법사가 경률과 대승계를 아는 것을 믿고 스스로 국왕과 태자와 백관들의 선지식이 되어, 새로 배우는 보살이 경과 율의 뜻을 물어 올 때 업신여기는 마음과 나쁜 마음과 교만한 마음으로 하나하나를 자세하게 물음에 따라 대답해 주지 않으면 이는 경구죄를 범하느니라.

若佛子야 佛滅度後에 欲以好心으로 受菩薩戒時에 於佛菩薩形像前에 自誓受戒하되 當以七日을 佛典懺悔하야 得見好相이어던 便得戒요 若不得好相이면 應二七三七이라도 乃至一年이라도 要得好相이니 得好相已라사 便得佛菩薩形像前에 受戒요 若不得好相이면 雖佛像前에 受戒라도 不名得戒니라. 若先受菩薩戒法師前에 受戒時엔 不須要見好相이니 何以故오. 是法師는 師師相授故로 不須好相이니라. 是以로 法師前에 受戒時엔 卽得戒니 以生至重心故로 便得戒니라. 若千里內에 無能授戒師하야 得佛菩薩形像前에 自誓受戒어던 而要見好相이니 若法師가 自倚解經律大乘學戒하야 與國王太子百官으로 以爲善友하고 而新學菩薩이 來問若經義와 律義어던 輕心惡心慢心으로 不一一好答問者는 犯經垢罪니라.

제22 교만불청법계는 교만한 마음으로 법을 구하지 아니함을 경계한 것이고, 이 교만벽설계憍慢僻說戒는 교만한 마음으로 법을 설하는 것을 경계한 계입니다. 또 앞의 계는 먼저 배운 사람을 업신여기는 것을 막기 위해 제정한 계문이고, 이 계는 후진들을 업신여기지 못하도록 하기 위해 제정한 계로, 출가보살에게만 해당이 되는 계입니다.

이 경문에서의 멸도滅度는 단순히 부처님의 돌아가심을 지칭한 것입니다.

부처님께서는 멸도滅度하셨으며, 우리는 부처님께서 멸도하신 이후의 세계에 살고 있습니다. 그런데 부처님께서 멸도하신 다음에는 누가 중생들을 제도하는가? 위로는 부처님의 묘도妙道를 구하고 아래로는 중생을 교화할 대보리심을 일으킨 보살들이 그 역할을 담당합니다.

특히 큰 보살은 중생을 제도하는 이타행을 위해 일부러 삼악도에 들어가서 그 곳의 중생들로 하여금 큰 마음, 곧 보리심을 일으켜 보살계를 받도록 이끌어 들입니다.

왜 보살계를 받도록 이끌어 들이는가? 보살계가 곧 심지법문이기 때문이요, 중생을 부처로 만드는 지름길이기 때문입니다. 그래서 『보살영락본업경』에서는, "만일 한 사람이라도 교화하여 보살계를 받게 한다면 그 공덕이 삼천대천세계에 불탑을 가득하게 세운 것보다 뛰어나다."고 하였습니다.

『화엄경』에서 "한 중생을 제도하기 위해 한량없는 세월 동안 지옥의 고를 받는다."고 한 말씀과 같이, 보살은 중생을 위해 사는 분입니다. 지옥이라도 들어가서 중생을 제도하는 분이 보살인데, 어찌 보살계를 받고자 찾아온 중생을 좋지 않게 대할 수 있겠습니까?

또한 보살계를 그릇되거나 편벽되게 설한다면 그것은 선행을 어기고 악업을 더하는 행위로서, 교화의 위의를 잃고 삼취정계三聚淨戒의 정신을 어기는 것이 됩니다. 결코 그 허물을 작다고 할 수 없기 때문에 이와 같은 계율을 제정하여 법을 묻는 중생들을 기꺼이 맞이하도록 하신 것입니다.

그런데 부처님께서 멸도하신 지 오래되어 말세에 이르면 보살계를 제대로 설법하고 계를 줄 수 있는 법사가 없을 경우가 있습니다. 우리나라는 억불정책을 쓴 조선시대가 이에 해당합니다.

이와 같은 경우에는 불보살님 상 앞에서 계를 구하여야 합니다. 나의 인생과 현실의 삶 자체가 삼세의 무거운 업장임을 알고 큰 서원을 일으켜서 참회하며 정진하기를 1·7일(7일)로부터 2·7일(14일) 또는 3·7일(21일)을 행하여 좋은 상서를 얻으라는 것입니다.

만일 좋은 상서를 얻지 못하면 죄업의 두려움을 한층 느끼고 눈물과 지성으로 더욱 참회하고 기원하여, 2·7일, 3·7일, 나아가서는 1년 동안이라도 그렇게 하여, 선정 중에서나 꿈속에서 기이한 꽃을 보거나 광명을 보거나 불보살님이 정수리를 만져 주시는 상서 등을 얻어야 합니다. 그러면 상서를 얻음과 동시에 계를 얻은 것이 됩니다. 물론 이때에 계의 내용은 미리 스스로 공부해서 알고 있어야 하고, 만일 계법을 알지 못하였다면 계를 얻을 수 없습니다.

❈

신라의 진표율사眞表律師는 참회를 통하여 보살계를 얻은 가장 대표적인 분입니다. 그 당시에는 불교가 매우 성하여 보살계를 줄 법사가 없었던 것이 아니지만, 좀 더 여법한 계법의 법통을 세우기 위해 참회기도를 하신 것입니다.

진표율사는 미륵보살로부터 친히 계를 받겠다는 원력을 세우고, 산 위로 올라가 돌 위에서 밤 낮으로 참회하고 용맹정진하기를 7일, 지장보살께서 금으로 된 주장자를 짚고 현신하시어 계를 얻기 위해 더욱 분발할 것을 권했습니다.

진표율사는 더욱 용맹정진하여 2·7일에 이르매 큰 악귀가 나타났고, 3·7일에 이르러서는 마침내 미륵보살이 나타나시어 이마를 어루만져 주시고 3의三衣와 계법을 주셨으며, 진표眞表라는 이름을 아울러 주셨다고 합니다.

❈

그러나 일반적인 수계는 **사사상수**師師相授를 하는 것이 원칙입니다. 노사나불께서는 석가모니불께 보살계를 주셨고 석가모니불은 미륵보살께 주셨으며, 이렇게 20여 보살께 차례로 수수授受하시어 등에서 등으로 불을 옮겨 붙이듯이 상승상전하신 것으므로 법사가 있을 때는 따로 상서를 볼 필요가 없습니다.

계를 받을 때는 반드시 스승을 의지하여 전수를 받아야 합니다. 전해 주는 스승 없이 계를 받는다는 것은 범부로서는 쉽지가 않으며, 사람마다 상서를 다 얻을 수 있는 것이 아니기 때문입니다. 그리고 계법을 스스로 공부해야 한다는 것도 쉬운 일이 아닙니다.

이와 같은 의미에서 본다면 오늘날 우리나라에서 큰 스님을 모시고 자주 보살계산림菩薩戒山林을 하여 뜻있는 이들이 쉽게 보살계를 얻을 수 있다는 것이 얼마나 고마운 일인지 모릅니다.

비유하면 상서를 얻어서 계를 받는 것과 스승에게 보살계를 받는 것은, 나무를 비벼서 불을 얻는 경우와 등불로부터 불을 얻는 것과 같은 차이라고 할 수 있습니다. 나무를 비벼서 불을 얻으려고 하면 비비는 공력을 잠깐만 쉬어도 불을 얻을 수가 없습니다. 불이 일어날 때까지 쉼 없이 마찰하여 발화점發火點에 이르면 불을 얻어 낼 수 있습니다.

스승 없이 기도 정진하여 계를 얻는 어려움이 어떠한지를 가히 짐작할 수 있을 것입니다. 이에 비해 법사에게 설법을 듣고 계를 받아 계법을 잇는 것은 마치 이 등불의 불을 저 등불에 옮겨 붙이고 다시 등불에 옮기는 것처럼 쉽습니다.

이제 경문의 "만일 법사가 경률과 대승계를 아는 것을 믿고" 이하를 해설해 보기로 합시다.

계를 받고자 하는 이는 마땅히 위로 스승을 구하되 지극히 존중하는 마음을 내어 스승 섬기기를 부처님 섬기듯이 하고, 법을 구하기를 마니보배를 구하는 것처럼 싫증을 내지 말아야 하며, 법을 얻으면 진중하고 지극히 보존해야 합니다.

또 남의 스승 자리에 있는 이라면 마땅히 자애로운 마음과 가엾이 여기는 마음으로 법을 구하는 사람을 보거든 아기를 보듯이 끔찍하게 돌보아 주고, 묻는 바가 있으면 하나하나 열어 보여서 환희심이 나게 해야 하는 것이 도리입니다.

그런데 안으로 많이 알고 더 배운 것만을 믿고 새로 배우는 이들을 업신여겨 가르쳐 주지 않거나, 밖으로 자신이 사귀는 세력 있는 이를 믿고서 남에게 거만을 부리며 물어 오는 것을 대답해 주지 않는다면 그는 결코 보살이 아닙니다.

경문에서는 업신여기는 마음과 나쁜 마음과 교만한 마음이라는 표현을 썼습니다. 이때의 업신여기는 마음은 남을 멸시하는 것이고, 나쁜 마음은 자비심이 없는 메마른 마음이며, 교만한 마음은 자기를 믿고 남을 능멸하는 마음입니다.

스승이 된 자는 이 세 가지 마음으로 인해 가르치기를 소홀히 하게 됩니다. 나아가 이와 같은 마음이 가득하면 자기 동료들에게 허물이 잡히지 않을까를 지나치게 걱정하게 되고, 남들로부터 늘 제대로 알지 못하는 옹졸한 스승이라는 비난을 받게 되고 맙니다.

스승은 오로지 평등한 큰마음을 가져야 합니다. 그것이 스승의 길이요 심지대계에 계합하는 것입니다.

그리고 이 계의 경우에도 예외가 있습니다. 만일 지금 상대자가 악견惡見·사견邪見을 가진 사람으로 사부대중의 허물을 들추기 위해 찾아와서 묻는 경우라면, 가르쳐 주지 않더라도 범계가 되지 않습니다.

또 대승을 공경하지 않고 순종하지 않는 무리, 근기가 아주 암둔해서 깊은 법을 듣고는 도리어 사견을 일으킬 상대, 가르쳐 준 법문을 악인에게 일러주어 정법을 파괴할 우려가 있을 경우에는 대답하지 않더라도 범계가 아니라는 것도 이 계를 통해 아울러 배워야 할 사항입니다.

진정한 구도는 불보살님의 감응을 불러일으킵니다. 보살 불자는 모름지기 지극한 신심으로 무상보리를 깨우치는 큰일을 향해 한 걸음 다가가야 합니다. 어찌 제자가 스승을 우습게 대할 것이며, 어찌 스승이 제자를 소홀히 가르칠 수 있겠습니까? 스승과 제자가 한 뿌리를 이루어 심지본원心地本源의 자리로 나아가야 할 것입니다.

나무범망경보살심지대계.

제24경계
불습학불계 不習學佛戒
불법을 잘 배우고 익혀라

　너희 불자들이여, 부처님 경률 속의 대승법과 정견正見과 정성正性과 정법신正法身을 부지런히 배워서 익히지 아니함은 마치 칠보七寶를 버리는 것과 같느니라. 삿된 소견과 이승과 외도와 세속의 글과 아비담阿毘曇과 잡론雜論과 일체의 글들을 배운다면, 이는 불성을 끊는 것이요 도에 장애되는 인연이며 보살의 도를 행하는 것이 아니니, 만일 이런 일을 저지르면 경구죄를 범하느니라.

若佛者야 有佛經律에 大乘法과 正見과 正性과 正法身이어늘 而不能勤學修習하야 而捨七寶하고 反學邪見과 二乘과 外道 俗典과 阿毘曇과 雜論과 一切書記하면 是斷佛性이라 障道因緣이요 非行菩薩道者니 若故作者는 犯輕垢罪니라.

　제23 교만벽설계는 교만하여 사람을 업신여기는 것을 경계한 것이고, 이 불습학불계不習學佛戒는 참됨을 등지고 거짓을 향하는 것을 경계한 계입니다.

먼저 경문의 생소한 용어를 간략히 풀이한 다음 전체를 살펴보도록 합시다. 첫 구절에서 경률이라 하지 않고 '불佛'자를 붙여 '불경률佛經律'이라 한 것은 외도나 이교도의 것과 구별하기 위한 것이며, '대승법大乘法'이라 한 것은 소승의 성문이나 연각의 법과 다름을 밝히기 위한 것입니다.

그리고 '정견正見'은 부처님의 바른 가르침에 따라 얻게 되는 지견으로서 정법에 의지하여 생기는 인생관 또는 우주관을 가리키며, '정성正性'은 정법을 표출시키는 참되고 바른 진리의 본체를, '정법신正法身'은 상대적이거나 절대적인 세계의 공덕을 남김없이 성취한 근본자리를 가리킵니다.

또한 '칠보七寶'는 일반적으로 금·은·유리 등 진귀한 7종의 보석을 지칭하는 단어이지만, 여기서는 정법의 진귀하기가 저 물질 가운데 칠보와 같다는 것을 나타내기 위해 칠보라는 용어를 채택한 것입니다. 세간의 보배인 칠보가 가난과 괴로움을 능히 해결하여 육신을 편안하게 해 주듯이, 모든 법 가운데 가장 수승하고 보배로운 심지心地의 대승교법은 마음의 굶주림을 없애 주고 만가지 덕을 얻게 하는 것임을 깨우치기 위한 것입니다.

그리고 '아비담阿比曇'은 '대법對法·무비법無比法·논論'이라고 번역합니다. 처음 아비담은 '경에 관한 연구'를 뜻하는 용어로 사용되었습니다. 곧 '율에 관한 연구'와 상반되는 용어로 사용되었으나, 나중에 경·율 2장藏과는 완전히 독립된

체재를 갖춘 논장論藏의 뜻으로 쓰이게 되었습니다. 여기서는 특히 소승의 논, 분별상좌부分別上座部·설일체유부設一切有部 등의 부파불교 교학을 가리키는 용어로 사용되고 있습니다.

또 '잡론雜論'은 소승의 온갖 이론異論과 외도들의 학문을 가리키고, '서기書記'는 세간의 온갖 서적을 포괄적으로 지칭한 것입니다. 곧 논리학·의학·역학 등과 13경·제자백가, 경經·사史·자子·집集류의 서적, 무속 또는 각종 신통류의 술수를 익히는 책을 모두 포함하고 있습니다.

이제 이 계가 가르치고 있는 내용이 무엇인가를 살펴봅시다. 이 불습학불계는 근본인 심지心地를 저버리고 대승의 도가 아닌 이승의 교법을 따르거나, 특히 외도 및 세속의 학문이나 기예를 익히는 데 몰두하는 것을 경계한 계입니다.

부처님의 정법正法인 심지법은 얕은 생각이나 분별로써 손쉽게 파악되어지는 것이 아닌데 비해, 외도의 교리나 세속의 글들은 그 해답이 당장 구해지는 것처럼 보이기 때문에 쉽게 빠져들게 됩니다.

또 우리 마음의 본바탕을 찾는 일은 당장의 현실적인 문제와 무관한데 비해, 사주를 보고 관상을 보는 것, 묘자리를 잡고 점치는 것은 현실과의 이해관계가 밀접한 것이기 때문에 쉽게 믿게 되고 끌려가기 마련인 것입니다. 그러나 눈앞의 달콤함에 빠져드는 그것이 큰 문제임을 깨달아야 합니다.

정녕 보살도를 닦는 이가 보리심을 흐리게 하고 보살행을 저버리는 잡된 공부에 빠져들어서야 되겠습니까? 보살계를 받은 이는 보살될 자격을 얻은 이입니다. 그러므로 마땅히 부처님의 궁극적인 가르침을 담은 대승경전을 배워 해탈의 세계로 나아가야 합니다.

물론 소승의 경률도 다 부처님의 말씀이지만, 소승의 경률은 해탈에 대한 입문서와 같고 예비지식과 같은 것입니다. 만약 보살이 소승의 경률을 즐겨 익히면서 대승의 경률을 소홀히 한다면, 그것은 곧 자기의 본분을 망각한 행위가 될 뿐 아니라, 보리심을 뒷걸음질치게 하는 결과를 가져올 뿐입니다.

나아가 경문에서는 대승의 경률과 그 안에 담긴 심지법문을 칠보에 비유하였고, 이승·외도·세속의 학문이나 종교를 삿된 것에 비유하고 있습니다.

비유컨대, 대승의 정법을 금이나 진주와 같은 보물이라고 하면 성문·연각의 소승법은 구리나 주석과 같다고 할 수 있으며, 유교의 사서삼경四書三經이나 외도의 가르침 중 조금 나은 것은 쇠와 같다고 할 수 있습니다. 또 세속의 잡된 글이나 외도의 삿된 가르침은 깨진 기와쪽과 같고, 심지어는 독풀과 같은 것도 있을 것입니다.

특히 세속 사람들은 현상계의 유위적有爲的인 현실에 집착하여 육신 위주, 물질 위주, 현실 위주의 생활을 하는 것이 일반적이며, 나아가서는 내세를 부정하고 인과를 불신하는 삼악도의 업을 서슴없이 짓는 이들이 많습니다.

이와 같이 외도나 속인의 마음으로 살다 보면 불성을 끊는 것이요 도에 장애되는 인연 "단불성 장도인연斷佛性 障道因緣"을 조장하는 삶이 되어버리기 때문에 경문에서 금하고 경계하신 것입니다.

불자는 모름지기 불성을 근거로 불도를 성취하는 삶을 살아야 합니다. 그리고 무엇보다 대승보살로서의 뚜렷한 목표를 가지고 살아야 합니다.

❀

옛날 어떤 사람이 자기 아들에게 말했습니다.

"내일 아침에는 아버지와 함께 강 건너 마을로 가서 거기 있는 물건을 가지고 오자."

그 말을 들은 아들은 다음날 아침 일찍 일어나 혼자 노를 저어 건너마을로 갔습니다. 그러나 마을에 당도한 아들은 무슨 물건을 가져 와야 하는지를 몰라 난감해 하다가, 갈증과 허기만 가득 안고 집으로 돌아왔습니다. 돌아온 아들을 보고 아버지는 크게 꾸짖었습니다.

"이 미련하고 한심한 녀석아, 왜 아버지를 기다려 함께 가지 않고 쓸데없이 시간만 낭비하고 남의 웃음거리가 되느냐?"

범부중생들의 어리석음도 이와 같습니다. 출가하여 아무리 삭발염의하였다고 하더라도 훌륭하고 덕 높은 스승을 찾아 대승의 바른 도법道法을 배우지 않고 이승과 외도의 법이나 세속의 학문에만 마음을 쓰다보면, 온갖 선정禪定과 도품道品의 공덕을 다 잃어버리게 됩니다.

마치 저 어리석은 아들이 헛되이 왔다 갔다 하면서 스스로 지치기만 하는 것처럼, 형상은 사문沙門이지만 실은 사문으로서 얻을 것을 하나도 얻지 못하게 되는 경우 또한 많습니다.

수행의 비결은 특별한 것이 아닙니다. 오직 쌀로 밥을 짓는 것과 같이 하면 됩니다. 쌀로 밥을 짓는다는 것은 상식 이전의 상식입니다. 그리고 하나에다 둘을 보태면 셋이 되는 것은 당연한 일입니다.

버들은 푸르고 꽃은 붉으며, 까마귀는 검고 백로는 흰 색입니다. 적赤은 적赤, 백白은 백白, 선善은 선善, 악惡은 악惡 그대로인데, 그 이상의 무엇이 또 있겠습니까?

대승보살은 성불의 길을 가는 보살이고, 보살도는 자비심으로 자리이타의 길로 나아가는 수행입니다. 보살은 마땅히 대승의 가르침에 따라 누구나 본래 갖추고 있는 심지의 본성을 개발하고 한량없는 공덕을 이루어 내는 자비보살행을 닦아야 합니다. 이 도리는 쌀로 밥을 짓는 것과 같은 것입니다.

보살로서 당연히 해야 할 일은 바로 이것입니다.

그렇지 않고 공만을 집착하거나 인과를 부정하고 삿된 지견을 집착하는 법으로 해탈의 길을 구하고 진리를 탐구한다면, 그것은 모래를 쪄서 밥을 짓겠다는 것과 다름없는 도리입니다.

"대승의 보살답게 마땅히 배워야 할 것을 당연히 배워야 한다."

이것이 제24경계인 불습학불계 속에 담긴 참 의미입니다. 잘 새겨 갈등없이, 흔들림없이 배움을 성취하시기 바랍니다.

나무범망경보살심지대계.

제25경계
불선지중계 不善知衆戒
대중을 잘 다스려라

너희 불자들이여, 부처님이 멸도하신 뒤에 설법주가 되거나, 행법주가 되거나, 승방주가 되거나, 교화주나 좌선주나 행래주가 되었거든, 마땅히 자비심을 내어서 다툼을 잘 화해하고 삼보의 재물을 잘 지키되 자기 소유물처럼 함부로 쓰지 말아야 할 것이거늘, 도리어 대중을 혼란하게 하고 다투게 하며 방자한 마음으로 삼보의 물건을 거침없이 쓰면 경구죄를 범하느니라.

若佛子야 佛滅度後에 爲說法主어나 爲行法主어나 爲僧坊主어나 敎化主어나 坐禪主어나 行來主어든 應生慈心하야 善和鬪諍하며 善守三寶物하야 莫無度用하야 如自己有어늘 而反亂衆鬪諍하며 恣心으로 用三寶物者는 犯輕垢罪니라.

제24 불습학불계는 참됨을 등지고 거짓을 향하는 것을 경계한 계이고, 이 불선지중계不善知衆戒계는 삼보법의 재물을 손상시키는 것을 경계한 계입니다.

이 계는 승려, 곧 출가보살에게만 해당되는 계입니다. 따라서 이 경문에는 승려들의 사중寺中 역할과 관련된 용어들이 많아 일반인들은 다소 생소하게 느껴질 수 있습니다. 먼저 용어풀이부터 하겠습니다.

경문의 '설법주說法主'는 부처님을 대신하여 부처님의 가르침을 대중에게 강설하는 분입니다. 오늘의 조실스님을 비롯하여 법사·강사 등이 설법주에 포함됩니다. 그리고 옛날에는 법사가 가장 큰스님이었기 때문에 설법주를 가장 첫머리에 든 것입니다.

'행법주行法主'는 아는 것뿐만 아니라 행위 또한 여법한 이로서, 대중의 기강을 바로잡는 중책을 맡은 스님입니다. 곧 계율이 잘 유지되도록 하는 역할을 담당하고 있습니다.

'승방주僧坊主'는 정진하는 방사를 관리하거나 절을 중창하고 사중의 재산 전반 및 살림살이를 관장하는 스님으로, 오늘날의 주지에 해당합니다.

이 주지 제도는 양무제가 광택사光宅寺를 세우고, 법운法雲법사를 사주寺主로 삼아 승가의 제도를 만들게 한 데서 비롯되었습니다. 이 제도는 인도의 본식本式을 기본으로 삼아 채택한 것으로, 인도에서는 덕이 높은 상좌를 어른으로 하여 절을 짓고 그를 사주라 이름하였습니다. 그러나 무슨 일이 있을 때에는 대중들과 함께 의논하고 대중의 허락을 얻어 실시하였습니다. 만일 대중들이 반대하면 사주가 절대로 행하지 않았습니다.

 우리나라에서도 얼마 전까지만 하여도 대중공사大衆公事를 통하여 모든 것을 결정하였습니다. 공양이 끝난 뒤에 큰스님으로부터 사미에 이르기까지 모든 대중이 참석한 가운데 대중의 공론에 따라 사중의 일을 결정할 뿐 아니라, 직책도 여러 분야로 분담이 되어 있어서 일이 매우 합리적으로 집행되었습니다. 대중공사야말로 전 대중의 화합 속에서 이루어지는 이상적인 운영방법이었습니다. 그런데 요사이는 사중의 모든 일이 주지 위주로 집행되는 경우가 많습니다.

 '교화주敎化主'는 사람들에게 선공덕善功德의 복을 짓도록 교화하는 책임을 맡은 스님입니다. 곧 삼보가 복전福田이 되므로 믿고 귀의하여 항상 높이고 공양해야 하는 도리를 가르치고, 가난한 이나 불쌍한 이, 재액을 만난 이를 구제하여 선업善業을 짓도록 인도하는 책임을 맡게 됩니다.

 '좌선주坐禪主'는 대중의 참선 삼매를 지도하는 스님으로, 오늘날의 선방 입승立繩이 여기에 해당합니다.

 그리고 '행래주行來主'는 대중의 출입과 손님의 접대를 관장하는 스님을 가리킵니다. 오늘날의 지빈知賓·지객知客이 이에 해당합니다.

 만일 출가보살이 이상과 같은 직책을 맡아 대중의 책임자가 되었으면서도 대중을 편안하게 화합시킬 줄 모르고 삼보의 재물을 함부로 쓴다면, 자기도 남도 모두 해롭게 하는 결과를 초래하기 마련입니다.

이렇게 되면 남도 이롭게 하고 나도 이롭게 하는 자리이타의 보살도에 크게 어긋나는 행위가 되기 때문에, 부처님께서 계율로 정하여 금하신 것입니다.

부처님께서 이 세상에 계셨을 때는 사람들이 부처님의 교화를 직접 받을 수 있었으므로 잘못된 문제가 곧 해결될 수 있었습니다. 그러나 부처님이 계시지 않을 때는 다릅니다. 부처님께서 직접 지도를 하지 않기 때문에 그릇된 번뇌의 법이 날로 성하여 잘못되는 일이 많이 일어나게 됩니다.

그런데 그 폐단의 주된 발단은 소임을 맡아 보는 책임자로 말미암는 경우가 많습니다. 그러므로 부처님께서는 보살계를 통하여 그 대표적인 책임자 여섯을 들어 허물을 저지르지 말도록 경계하신 것입니다.

그리고 경문에서는 "마땅히 자비심을 내어서 다툼을 잘 화합하라〔應生慈心 善和鬪諍〕"고 하였습니다. 출가보살이라면 그 맡은 바 직책이 무엇이 되었든지간에 늘 자비심을 중심으로 삼아야 합니다. 자비심을 가득 품고 직무를 수행하면 어떠한 다툼도 잘 화합할 수 있습니다.

또한 경문에서는 직책을 맡은 이들에게 "삼보물을 잘 지켜라〔善守三寶物〕"고 하였습니다. 홍찬스님은 이를 다음과 같이 주석하고 있습니다.

"마땅히 자비심으로 삼보물을 잘 지켜 대중으로 하여금 법답게 수지하고 법답게 활용하도록 해야 한다. 잘 지킨다고 함은, 부처님께 올린 공양물과 승물僧物은 속하는 바가 다르기 때문에 서로 섞어 사용해서는 안 된다는 것과, 사용함에 있어 절도를 갖추어 자기 생각대로 자기 물건 쓰듯이 사용해서는 안 됨을 말하는 것이다."

이 말씀과 같이 불·법·승 삼보의 물건은 각각 구별하여 사용하여야 합니다.

불보물佛寶物은 불보에 해당한 불사, 곧 불상·탑·불화를 조성하거나 법당을 증축하고 단청하는 등의 일에 써야 합니다.

또 법보물法寶物은 경전을 간행할 때나 법회를 열어 경산림불사經山林佛事를 할 때 써야 합니다.

승보물僧寶物은 스님네의 가사나 장삼을 짓는 등 스님과 관련된 일에 사용하여야 합니다. 이 승보의 재물은 그 절에 있는 스님을 위해서만 쓸 수 있는 것과 다른 곳에서 온 스님들을 위해 쓸 것으로 다시 구분되어 있는데, 이들 물건도 서로 섞어서 쓰면 안 되도록 되어 있습니다.

이렇게 삼보의 재물을 엄격하게 세분하여 사용토록 한 것은 재물에 대해 허공처럼 맑은 마음을 가져야 참된 승려가 될 수 있음을 분명히 심어주기 위함입니다.

단 한 가지, 바꾸어 써도 되는 예외는 있습니다. 중생을 자비심으로 구제하는 경우입니다. 그러나 자비구제를 위한 일이 아니면 감히 삼보의 재물을 혼용하지 말아야 합니다.

잊지 마십시오. 삼보의 재물을 함부로 하는 과보는 무섭습니다. 특히 불교의 인연설화 중에는 화주승化主僧으로서 탐욕을 일으켜 시주를 받은 돈을 착복하고, 죽어 뱀이 된 이야기가 많이 전해지고 있습니다.

❀

옛날 한 노스님이 사미를 데리고 가다가 다리를 건너게 되었는데, 노스님께서 다리를 건너지 않고 물로 들어가는 것이었습니다. 이를 이상히 여긴 사미가 여쭈었습니다.

"스님, 왜 편안하고 좋은 다리 위로 가지 않고 힘들게 물로 가십니까?"

"너는 모를 것이다. 이 다리를 놓을 때 내가 화주에게 재물을 맡겼더니, 화주가 재물의 반 이상을 착복하고 다리를 이렇게 대강 놓았다. 그 과보로 인해 화주는 구렁이가 되어 여기 살고 있다. 나를 따라오너라."

사미가 노스님을 따라 다리 밑에 이르자, 노스님께서는 능엄경을 독송하였습니다. 그러자 큰 구렁이가 다리 밑에서 기어 나왔고, 뒤따라서 여러 마리의 작은 뱀들이 나왔습니다.

"저 작은 뱀들은 어찌된 것입니까?"

"재목을 운반할 때 중간에서 도둑질한 일꾼들이다. 만약 저 무리들을 천도하려 하면 냇가에서 수륙재를 베풀고 뱀들을 화장해주면 된다."

"제가 그 일을 맡겠습니다."

사미가 3일 동안 정성껏 수륙재를 베풀자, 기어 나온 수십 마리의 뱀과 구렁이가 독경소리를 들으며 피워 놓은 장작불 속으로 기어 들어가, 머리를 하늘로 향하게 하여 꼿꼿이 선 채 죽었습니다. 이 장면을 목격한 마을 사람들은 모두 감탄하고 발심을 하여 말했습니다.

"만약 천당이나 극락이 있다면 착한 사람들이 갈 것이요, 지옥이 있다면 욕심 많은 이들이 갈 것이다."

֍

화합중인 출가승단의 구성원들은 자비심을 품고 살아야 합니다. 자비심으로 중생을 교화할 뿐 아니라, 어떠한 다툼도 자비심으로 잘 화해시켜야 합니다.

특히 사중에서 중요한 직책을 맡은 스님들은 다툼을 그치게 함은 물론, 사중의 재물을 함부로 쓰는 일을 저질러서는 안 됩니다. 인과응보의 지엄한 법칙을 생각해서라도 헛된 것에 눈을 돌리는 일이 없도록 해야 할 것입니다.

나무범망경보살심지대계.

제26경계
독수이양계 獨受利養戒
혼자만 이양을 받지 말라

　불자들이여, 먼저 승방에 머물러 있으면서 뒤에 객보살이나 객비구가 절방이나 집이나 도시나 임금의 집이나 여름 안거를 하는 곳이나 여럿이 모인 집회에 참여하기 위해 오는 것을 보거든, 먼저 있던 비구는 마땅히 마중하고 또 배웅할 것이며, 음식을 공급하고 방과 침구와 평상과 의자와 방석 등을 일일이 공양할 것이니라. 만일 물건이 없으면 마땅히 자신이나 아들 딸의 몸을 팔고 자신의 살을 베어서라도 필요한 바를 공급하여 줄 것이니라.
　만일 단월이 와서 대중스님을 청하거든 객스님도 공양을 받을 자격이 있으니, 승방주는 마땅히 차례에 따라 객스님도 보내어 공양청을 받게 할 것이니라. 만일 먼저 있던 스님만 홀로 공양청을 받고 객스님을 참여하지 못하게 하면 그 승방주는 한량없는 죄를 얻을 것이니, 축생과 다를 바가 없고 사문이 아니요 부처님의 제자가 아니며, 경구죄를 범하느니라.

若佛子야 先在僧坊中住하야 後見客菩薩比丘來入僧坊과 舍宅城邑이어나 若國王宅舍中이어나 乃至夏坐安居處어나 及大會中이어던 先住僧이 應迎來送去하며 飮食供養과 房舍臥具와 繩床을 事事給與하라. 若無物이어던 應賣自身及男女身이어나 割自身肉賣하야 供給하되 所須를 悉以與之어다. 若有檀越이 來請衆僧이어든 客僧도 有利養分하니 僧坊主가 應次第로 差客僧受請어늘 而先住僧이 獨愛請하고 而不差客僧者는 僧坊住가 得無量罪하리니 畜生無異라 非沙門이며 非釋種姓이니 犯輕垢罪니라.

제25 불선자중계는 책임을 맡은 이가 책임을 다하지 못하는 것을 경계한 계이고, 이 계는 손님에게 예를 다하지 못하는 것을 경계한 계이며, 이 계 또한 출가보살에게만 해당되는 계입니다.

이 계는 평등한 마음으로 모든 이익을 균등하게 나눌 것을 가르치고 있습니다. 단월, 곧 시주의 공양은 언제나 평등한 마음으로 받아야 합니다. 설혹 그 시주가 나 한 사람을 위해 보시를 하였더라도 보살은 이타행의 정신에 따라 공양물을 다른 사람에게 고루 나누어 시주의 공덕이 더욱 늘어나도록 마음을 써야 합니다. 이익을 자기 혼자에게만 돌리는 것은 결코 보살의 할 바가 아니므로, 부처님께서는 사사로운 마음으로 공양의 절차를 어기는 일이 없게끔 하기 위해 이 계를 제정하신 것입니다.

더욱이 절은 본래부터 개인의 소유물이 아닙니다. 절은 오직 불교 교단의 공공재산일 뿐입니다. 따라서 정한 주인이 꼭 있는 것이 아니라, 이전부터 머물러 있던 이가 주인이 되고 뒤에 오는 이는 손님이 됩니다. 절이 무소유無所有의 공간이라는 것을 출가 불자들은 결코 잊어서는 안 됩니다.

그리고 절 가운데에는 스님네가 머무르는 '승방僧坊'이 있습니다. 이 승방은 부처님의 아들을 기르는 곳이요 도의 싹을 틔워 성인의 열매를 맺게 하는 곳이라는 뜻을 간직하고 있습니다. 그리고 '국왕택사國王宅舍'는 국왕이 승려들의 주거를 위해 특별히 창건한 건물이며, '사택舍宅'과 '성읍城邑'은 재가보살의 집을 가리킵니다.

이 계에서는 주지스님을 비롯하여 절의 주인 되는 이들이 보살계를 받아 지키는 보살객승을 지극 정성으로 맞이하고 균등하고 융숭하게 공양할 것을 가르치고 있습니다.

절에서는 단월檀越(시주)이 옷이나 음식을 공양해 오면 그것을 대중에게 골고루 분배해야 하는데, 그 분배는 반드시 규칙에 따라야 합니다. 그 규칙은 차례대로 분배해야 한다는 것이니, 이야말로 경제적 민주주의의 이상이라고 할 수 있는 이화동균利和同均, 곧 이익을 균등하게 나누며 화합하는 정신에 의한 것입니다.

만일 음식을 공양받았다면 일정량씩 나누어 먹으면 될 것이지만, 법복이나 내복 등의 옷은 대중의 수만큼 시주하지 않는 경우가 많으므로 한 번에 다 나누어 주기가 어렵습니다.

가령 대중이 30명인데 시주한 사람이 5인분의 법복을 시주하였다면 대중의 서열에 따라 제일 큰스님부터 제 5서열에 해당하는 스님까지만 드리고, 다음에 3인분의 법복이 왔으면 제 6좌부터 세 분 스님께 배분을 한다는 것입니다.

또 신도가 음식 공양을 하기 위해 스님네를 집으로 청하는 경우, 그 신도의 형편에 따라 열 분을 청할 수도 있고 세 분만을 청할 수도 있는데, 이때에도 당연히 차례대로 응해야 합니다. 가령 먼젓번에 한 신도의 공양청이 있어 제1좌로부터 제5좌까지가 응하였다면, 다음번에 어떤 신도가 세 분 스님의 공양청을 해 왔을 경우에는 제6좌부터 제8좌까지가 그 공양을 받게 해야 합니다.

그런데 이와 같은 공양을 받을 권리가 그 절에 상주하는 스님에게만 있는 것이 아닙니다. 객스님에게도 그 권리, 곧 이양분利養分이 있다는 것입니다. 절에 찾아와 대중공양을 하는 경우에는 말할 것도 없고, 옷이나 공양청이나 기타 어떤 공양의 경우에도 다 이와 같은 기준에 따라야 하며, 만일 이렇게 하지 않으면 주지 등의 책임자는 경구죄를 범한 것이 됩니다.

보살비구가 이와 같이 차례대로 공양 받는 공양차제법供養次第法을 어기고 가까운 이들끼리만 공양을 받으면, 그는 곧 짐승과 다를 바가 없고 승가의 법을 어긴 것이 되기 때문에 '축생과 다를 바 없고 사문이 아니요, 석존의 종족이 될 수 없다〔非釋迦種族〕'고 한 것입니다.

또한 객승을 영접한 다음에 방이나 음식을 공급하지 않고, 객승이라고 하여 승보의 물건을 배분하지 않는 경우에도 다 같은 죄를 얻게 됩니다. 그러나 단월이 특별히 전부터 머물러 있던 스님네만을 지정하여 청한 경우에는 지정한 스님들만 간다고 하여 범계가 되는 것은 아니라고 옛스님네들은 해석하였습니다.

모름지기 우리 불자들은 이 공양차제법을 잘 알아서 화합의 승단을 이루어야 합니다. 출가비구가 이와 같은 차제법을 따르지 않고 남이 얻을 이익을 가로챌 경우에 받게 되는 과보는 상상을 벗어난 것입니다. 이와 관련된 인연설화를 함께 보도록 합시다.

❀

부처님 당시, 신통제일인 목건련존자目犍連尊者 앞에 한 귀신이 나타나서 여쭈었습니다.

"스님, 저는 일생 동안 목이 타고 배고픈 고통을 항상 당하며 살고 있습니다. 어찌나 배가 고픈지 변소에 가서 대변이라도 집어먹으려 하지만, 그때마다 큰 귀신이 나타나서 몽둥이로 저를 내려치는 바람에 대변조차도 먹을 수가 없습니다. 전생에 무슨 죄를 지은 탓이온지 말씀해 주십시오."

목건련존자는 그 까닭을 말씀하셨습니다.

"네가 전생에 사람으로 태어나 어느 절의 주지로 있었는데, 한 객스님이 찾아왔을 때 인색한 마음을 일으켜 일부러 밥을 주지 않았고, 그 객스님이 간 다음에 전부터 있던 대중들과 밥을 먹었느니라. 그와 같이 나의 절, 나의 대중이라는 생각을 일으켜서, 객승에게 마땅히 주어야 할 승물을 아꼈기 때문에 지금의 업보를 받고 있지만, 너의 진짜 과보는 장차 지옥에서 받게 되느니라."

또 한 귀신이 목건련존자에게 물었습니다.

"저는 귀신이 된 그때부터 구리병 하나가 어깨 위에 얹혀 있습니다. 그 병 안에 구리물이 가득 차 있어 무거울 뿐 아니라, 때로는 저의 머리에 구리물을 쏟아 붓는 바람에 아프기가 말할 수 없습니다. 전생에 무슨 죄를 지었기 때문입니까?"

"네가 사람으로 있었을 때 절에서 유나維那의 직책을 맡아 사중寺中의 일을 주관하였는데, 소의 젖을 정제하여 만든 연유가 들어 있는 병을 깊숙한 곳에 감추어 객승들의 눈에 띄지 않게 한 다음, 객승들이 가고 난 뒤에야 그것을 꺼내어 전부터 머물던 대중들끼리만 먹었느니라. 연유는 모든 스님네가 함께 먹어야 하는 공통의 승물이므로, 모든 스님에게 다 응분의 몫이 있는 것이었다. 그런데도 그 승물을 아꼈기 때문에 지금의 그 업보를 받고 있지만, 너의 진짜 과보는 장차 지옥에서 받게 되느니라."

목건련존자의 말씀과 같이, 시방승十方僧의 물건을 객승에게 돌리지 않는 죄가 이처럼 큽니다. 대신 객스님에게 공양을 잘하면 그만큼 복이 큰 것은 말할 나위가 없습니다.

마땅히 모든 불자들은 공양차제법을 법답게 행하여 이화동균利和同均의 교단을 만드는 데 이바지해야 할 것입니다.

나무범망경보살심지대계.

제27경계
수별청계 受別請戒
별청을 받지 말라

너희 불자들이여, 어느 누구에게든 별청別請을 받아서 그 이양利養을 자기에게 돌리지 말지니, 이 이양은 시방승十方僧 모두에게 속하는 것이니라. 따로 청을 받는 것은 곧 시방승의 물건을 자기에게 돌리는 것이니, 여덟 가지 복전 가운데 모든 부처님과 성인과 여러 스승 스님과 부모와 환자들의 재물을 자기가 쓰는 것이 되므로 경구죄를 범하느니라.

若佛子야 一切에 不得受別請하야 利養入己니 而此利養은 屬十方僧이니라. 而別受請하면 卽是取十方僧物하야 入己니 及八福田中에 諸佛聖人과 一一師僧과 父母와 病人物을 自己用故로 犯輕垢罪니라.

제26 독수이양계는 손님에 대한 예를 잃는 것을 경계한 것이고, 이 계는 청을 받았을 때 법칙을 잃는 것을 경계한 것입니다. 이 계 또한 출가보살에게만 해당되며, 출가보살이

개별적으로 따로이 공양청供養請을 받는 것을 금하기 위해 제정한 계입니다.

경문 속의 '시방승十方僧'은 특정한 사찰에서 살고 있지 않은 승려를 가리킵니다. 어느 사찰에 정착하여 거주하는 스님네를 상주승常住僧이라 하는데 대해, 다른 사찰의 상주승이나 만행을 위해 정처없이 다니는 스님이 잠시 그 절에 와 있게 되었을 때 그 객승을 시방승이라고 합니다.

또한 '팔복전八福田'은 공경하고 공양하면 복을 지을 수 있는 8종의 대상을 가리키는데, 경전敬田인 ① 불타 ② 성인 ③ 승보, 은전恩田인 ④ 화상 ⑤ 아사리 ⑥ 아버지 ⑦ 어머니, 그리고 비전悲田인 ⑧ 병자가 그것입니다.

복을 심고자 하는 시주자의 본의가 평등함에 있을 때에는 시방의 모든 스님네가 그 이양利養(여기에서는 공양)을 고르게 받을 자격이 있습니다. 그런데 어떤 특정한 승려가 그 청을 홀로 가로채어 대중 스님네로 하여금 이양을 받지 못하게 한다면, 이는 승단의 화합을 깨뜨리는 짓이요 보살의 효순심을 어기는 행위이며, 본원심지의 자비심과 평등심을 등지는 행위이기 때문에 제27경계로 제정하여 금하신 것입니다.

만일 어떤 승려가 시주한 단월의 평등한 공양청을 홀로 취하였다면 자신의 복과 덕을 스스로 깎음은 말할 것도 없거니와, 공양하는 단월이 큰 복덕을 지을 수 있는 기회마저 박탈하는 결과를 초래하고 맙니다. 별청의 공덕이 차례로 법에 따라 청하는 차제청次第請에 비해 그 복덕이 아주 적기 때문이며, 더욱이 탐욕이 많아 독차지하려는 비구는 결코 중생을 위한 복전이 될 수 없기 때문입니다.

또 경문에서는, "따로 청을 받는 것은 곧 시방 스님네의 재물〔僧物〕을 취하여 자기 몫으로 돌리는 것이다"라고 하였습니다. 승물은 특별한 경우를 제외하면 대부분이 사원의 공유물로서, 크게 2종 또는 4종으로 나누어 말합니다.

2종 승물은 일반적으로 현전승물現前僧物과 사방승물四方僧物로 나누어집니다.

현전승물은 한 절에 사는 여러 스님네들에게 딸려 있는 재물로서, 현재 머물고 있는 스님 개개인에게 공양되는 의복이나 음식 등을 말합니다.

사방승물은 시방승물十方僧物이라고도 하고 승기물僧祇物이라고도 하는데, 사방 또는 시방의 모든 스님네가 그 이양을 받을 수 있는 물건이라는 뜻입니다. 곧 절의 방이나 양식 등은 어느 곳에서 온 것을 가릴 것 없이 모든 스님에게 공양을 해야 하기 때문입니다.

또 4종 승물은 상주상주승물常住常住僧物 · 시방상주승물十方常住僧物 · 현전현전승물現前現前僧物 · 시방현전승물十方現前僧物로 분류하는데, 다소 복잡하므로 여기에서는 생략합니다.

스님네들은 신도들이 승물을 보시할 때 기꺼이 받아야 합니다. 그 까닭은 중생의 복밭이 되어야 하기 때문입니다.

그러므로 『계본경戒本經』에서는 어느 곳에서든지 단월이 옷과 갖가지 음식과 스님네에게 필요한 물자 등을 베풀 때, 성내고 거만한 마음으로 받지 않거나 가지지 않는 것을 염오범染汚犯으로 규정하고 있습니다.

그러나 만일 병이 있든지 거동할 기운이 없거나, 먼저 다른 이의 공양청을 받았거나, 법회·기도정진·재회齋會 등 선법을 닦아야 할 일이 있거나, 남에게 이익이 되는 행을 베풀어야 할 일이 있어 참석하지 않는 경우 또한 범계가 되지 않습니다.

이제 이 별청과 관련된 부처님 당시의 일을 살펴봅시다.

『사분율』에 보면, 처음 부처님께서는 걸식을 하여 얻은 공양을 먹도록 정하셨습니다. 그리고 대중의 공양청이 들어오게 되면 세 사람씩 가서 공양하게 하되, 반드시 상좌로부터 아랫사람에 이르기까지 차례대로 공양을 받는 승차제僧次第에 따르도록 하였습니다.

아울러 몇몇 무리들이 따로 모여 공양을 하는 것을 엄히 금하셨습니다. 계를 잘 지키지 않는 무리들이 따로 몰려다니면서 저희들끼리 공양을 하다 보면, 좋지 않은 풍습이 생기고 기강이 떨어지게 된다는 이유 때문이었습니다.

그런데 부처님께서 비구들에게 이와 같이 계를 제정하자 가장 곤란을 느끼게 된 것은 병든 비구들이었습니다. 청을 받은 곳에는 병에 맞는 음식과 약이 없고, 병에 맞는 음식과 약이 있더라도 따로 먹지 못하는 계를 범하게 될까 두려웠기 때문입니다.

이를 아신 부처님께서는 비구들에게 "지금부터 병든 비구는 따로 모여 먹도록 허락하노라."고 하셨습니다.

그 뒤 시주들이 공양청을 하였으나 오직 세 사람밖에 갈 수 없다는 규정 때문에 세 사람에서 제외된 다른 비구들이 걸식을 위해 나갔다가 도둑을 만나 수난을 당하는 일이 적지 않았으므로 계율을 바꾸게 되었습니다. 이어서 '일을 갈 때', '배를 탈 때', '대중이 모인 때'가 삽입되었습니다.

이제까지 살펴본 비구계는 이 『범망경』의 수별청계受別請戒의 정신과 일치하는 바가 있습니다.

승가는 대중 공동의 수행생활인 만큼 화합·질서·평등·자비 등의 여러 가지 원칙을 근간삼아 운영되고 있습니다. 따라서 자신의 이양을 따로 구하는 것 자체를 승가에서는 철저하게 금지하고 있는 것입니다.

또한 특별한 경우를 제외하고는 따로 무리를 지어 음식을 먹는 것, 청을 받은 것도 아닌데 자신들이 특청을 강요하여 먹는 것 등을 강력하게 금지하게 된 것도, 대중과의 관계에서 이탈하여 승가의 화합과 질서와 위의와 자비와 존중의 정신을 깨뜨려서 그릇된 길로 나아가는 것을 막고자 함이었습니다.

나의 편리보다는 중생의 이익과 해탈을 중요시하는 출가 보살의 본분이기 때문에 제27 수별청계를 소홀히 하여서는 안 됩니다. 오로지 그 공양의 참뜻을 생각하면서 마땅히 보살의 길을 걸어야 할 것입니다.

나무범망경보살심지대계.

제28경계
별청승계 別請僧戒
스님네를 별청하지 말라

너희 불자들이여, 출가보살과 재가보살과 일체의 단월이 복전인 스님네를 청하여 소원을 구할 때, 마땅히 승방에 들어와 책임자에게 "이제 스님네를 청하여 원을 얻고자 합니다" 하고 문의하거든, 책임자는 "스님네를 차례로 청하는 것이 곧 시방의 현성승賢聖僧을 얻는 것이니라"라고 할지니라. 만일 세상사람들이 특별히 오백나한이나 보살을 청한다면 차례대로 한 사람의 범부 비구를 청하는 것만 못하나니, 만일 따로 스님네를 청하는 것은 외도들이 하는 법이니라. 과거 칠불께서도 별청법을 두지 않았으니 효순하는 도가 아니기 때문이니라. 만일 짐짓 별청하는 이는 경구죄를 범하느니라.

若佛子야 有出家菩薩과 在家菩薩과 及一切檀越하야 請僧福田하야 求願之時에 應入僧坊하야 問知事人하되 今欲請僧求願이니다 하면 知事報言하되 次第請者는 即得十方賢聖僧이요. 而世人이 別請五百羅漢과 菩薩僧이라도 不如僧次一凡夫僧이니라.

若別請僧者는 是外道法이라. 七佛도 無別請法하니 不順孝道니
라. 若故別請僧者는 犯輕垢罪니라.
<small>약별청승자 시외도법 칠불 무별청법 불순효도
약고별청승자 범경구죄</small>

  제27 수별청계는 중생의 복전인 승려가 되어 별청別請을 받는 것을 경계한 것이고, 이 별청승계別請僧戒는 시주가 특별한 스님네를 별청하는 것을 경계한 계입니다. 곧 제27계는 출가보살이 별청을 받는 것을 금한 계이고, 이 계는 재가보살이 별청을 하는 것을 금한 계입니다.

  왜 별청을 하지 못하게 하였는가? 우리들 근본 마음자리의 평등심을 잃지 않게 하기 위해서입니다. 만일 보시를 할 때 보시하는 이[施者^{시자}], 보시를 받는 이[受者^{수자}], 보시하는 물자[施物^{시물}]의 세 가지가 다 공한 도리[施受物三輪空^{시수물삼륜공}]를 모른다면 보살의 무주상無住相 보시행이라 할 수 없습니다.

  자연 특별한 스님만을 따로이 청하는 별청은 결코 무주상의 보시가 될 수 없으며, 무주상이 아닌 별청은 보살의 법에 크게 어긋나는 것이기 때문에 이 계를 제정한 것입니다.

  만약 불자들이 간택심을 일으켜서 별청을 하게 되면 그 복이 별로 크지 않지만, 시방의 일체 성현에게 공양을 한다는 마음으로 평등하게 스님을 차례대로 청하는 차제청次第請을 하게 되면 그 복은 그 마음과 같이 시방에 두루하게 됩니다.

  또한 평등한 마음으로 차제청을 하면 그 마음이 저절로 불심과 합해지는데, 불심과 합해진다는 것은 곧 성불의 인연이

된다는 뜻을 포함하고 있습니다. 이것 이상 더 큰 공덕이 어디에 있겠습니까? 마땅히 보살의 공양청은 무주상의 차제청이 되어야 합니다. 이제 부처님 당시에 있었던 일을 통하여 별청과 차제청의 차이를 살펴보도록 합시다.

❁

부처님 당시에 사위성에는 큰 부호의 아내인 녹자모鹿子母가 있었습니다. 그녀는 많은 비구에게 음식과 비옷을 공양하였고, 특히 병든 비구에게 약을 보시하기를 즐겨하였습니다. 또, 그녀는 기원정사 동쪽에 2층의 큰 강당을 세웠습니다. 이 강당은 동원정사東園精舍·녹자모강당鹿子母講堂 등으로 불리어졌는데, 상하 2층에 각 층마다 5백 실의 승당僧堂이 있었습니다. 어느 날, 녹자모는 5백 아라한을 따로 청하였는데, 이것을 아신 부처님께서는 녹자모를 꾸중하셨습니다.

"녹자모여! 그것은 슬기가 없고 착하지 못한 짓이며, 큰 복을 얻지 못할 일이다. 승가 가운데의 스님을 차례로 청하는 것이야말로 큰 공덕을 짓는 것이며, 그 과보와 이익이 가장 뛰어나니라."

"그러하오면 5백 아라한을 공양한 공덕이 차례에 의해 평범한 스님을 공양한 공덕보다 못하다는 말씀이옵니까?"

"모름지기 알라. 그 복으로 말하면 백천만분의 일도 되지 못하느니라. 평등한 마음으로 인한 복을 어찌 다 헤아릴 수 있겠느냐?"

§

이상과 같이 부처님께서는 평등한 마음의 보시를 강조하셨습니다. 또한 이 이야기에서 별청과 차제청의 공덕 차이가 어떠한 것인지를 쉽게 알 수 있습니다.

'저 스님은 참으로 복전福田이 될 만하다', '저 스님은 복전이 아니다'고 분별하여 별청을 하는 것은 마음이 그 만큼 좁고 열등한 탓이므로, 평등법인 심지법에 계합하기에는 너무나 큰 거리가 있습니다. 그리고 인과응보의 측면에서 말한다면 별청은 평등무상법平等無相法에 어긋나기 때문에 광대하고 원만한 복덕을 잃게 될 뿐입니다.

그러나 법을 강설하거나 계를 받을 때나 여러 대중을 교화할 필요가 있어서 재덕이 구비한 스님을 초청할 때는 별청을 하여도 범계가 되지 않습니다.

이상에서 살펴본 바와 같이 모든 계법의 한 구절 한 조목에는 모두 다 이치가 있고 까닭이 있으며, 교리를 가지고 있습니다. 계는 곧 교리이고 선善입니다. 이 계를 모르면 그만큼 교에 어둡고 선에도 미혹되고 마는 것입니다.

부디 계의 형식에만 치우치지 말고, 보살계 하나하나에 깃들어 있는 진정한 의미를 찾아내어 참된 본원심지의 세계로 돌아가기를 축원드립니다.

나무범망경보살심지대계.

제29경계
사명자활계 邪命自活戒
삿된 직업으로 생활을 하지 말라

너희 불자들이여, 나쁜 마음으로 이양을 위하여 남색이나 여색을 판매하거나, 제 손으로 생명을 죽여 스스로 갈고 스스로 찧어 나쁜 음식을 만들어 먹거나, 남녀를 점치고 관상보고 해몽하면서 길흉을 말하거나, 이 남자 저 여자에게 주술로써 교묘한 술수를 부리거나, 매를 길들이는 법과, 백 가지 약이나 천 가지 약을 섞어 독약을 만들거나 뱀독과 금과 은과 벌레로써 독약을 만들면, 이는 도무지 자비로운 마음과 효순심이 없는 것이니, 만일 짐짓 이런 짓을 하면 경구죄를 범하느니라.

若佛子야 以惡心故로 爲利養하야 販賣男女色하며 自手作食하며 自磨自舂하며 占相男女하며 解夢吉凶하되 是男是女呪術工巧와 調鷹方法과 和合百種毒藥과 千種毒藥하되 蛇毒과 生金銀毒과 蠱毒하면 都無慈愍心이며 無孝順心이니 若故作者는 犯輕垢罪니라.

제28 별청승계는 수승한 복전을 평등하게 청하지 않음으로써 선근을 잃는 것을 경계한 것이고, 이 사명자활계는 건전하지 못한 일을 함으로써 악을 더하게 되는 것을 경계한 계입니다. 곧 이 사명자활계는 좋지 않은 직업에 종사하는 그 자체를 금하고 있습니다.

다른 계에서와는 달리 이 경문에는 이해하기 어려운 용어가 많으므로 먼저 용어부터 풀이하겠습니다.

'나쁜 마음惡心'은 좋은 마음이 아닌 나쁜 동기를 지닌 마음입니다. 구체적으로는 탐욕과 성냄과 어리석음의 삼독심三毒心을 가리키며, '이양을 위하여爲利養'는 이와 같은 삼독심에 사로잡혀 자신의 사사로운 이익을 추구하는 것을 뜻합니다.

남색이나 여색을 판매하는 '판매남녀색販賣男女色'은, 소년 소녀를 음란과 타락의 소굴에 빠뜨려 매매하고 돈을 버는 일이며, '자수자식自手自食'은 생명을 죽여 삶고 끓이고 빻는 일을 스스로 행하는 것입니다.

또한 자신의 이익을 위해 점법으로 남녀의 수명이나 길흉 등을 판단해 주고 돈을 버는 '점상남녀占相男女'와 외도의 삿된 주술이나 부적 등으로 사람을 현혹시키는 '주술呪術' 등의 행위, 환술 등 갖가지 속임수로써 돈을 버는 '공교工巧' 등이나, 사냥할 목적으로 매나 개 등을 기르는 '조응調鷹' 등도 할 바가 아닙니다.

특히 삼독심에 사로잡히면 독약을 만드는 무서운 일까지

주저없이 저지르게 됩니다. 경문에서 '화합백종독약和合百種毒藥'·'천종독약千種毒藥'이라 한 것은 백종의 독약, 천종의 독약을 섞어서 더욱 독한 약을 만드는 것을 밝힌 것이고, '사독蛇毒'은 5월 5일 독이 오른 뱀을 잡아서 섞어 만든 독약이나, 독약을 뱀에게 먹인 다음 더욱 독이 오른 그 뱀을 잡아서 만든 독약을 말한 것입니다.

'생금은生金銀'에 대해서는 두 가지 해석이 있습니다. '가짜 금과 은을 섞어서 사람을 속이는 것'으로 해석하거나, 생금과 생은은 그대로 독약'이라고 해석하는 경우입니다.

또 '고독蠱毒'의 고蠱는, 독한 뱀이나 지네 등 각양각색의 독충을 잡아 한 항아리에 넣어 두면 서로 잡아먹어 마지막으로 남게 되는 가장 강한 놈을 가리키는 것으로, 이것을 잡아 독약을 만든 것을 고독이라고 합니다.

실로 중생을 해롭게 하면서까지 나를 이롭게 하는 이상의 직업들은 보살의 자비심이나 청정한 마음을 따질 필요도 없이, 하여서는 안 되는 직업이요 행위인 것입니다.

마땅히 하지 말아야 할 짓을 저지르는 것…. 물론 자신의 생활을 위해 남을 해롭게 하는 일을 구체적으로 따지기는 그렇게 간단하지 않습니다. 그러나 손해를 본 상대가 어느 정도 가벼운 손해만 보았다면 경구죄를 범하는 것으로 그치겠지만, 만일 사람의 목숨을 해치거나 정신적인 불구자로 만들었다면 그 행위는 중계에도 해당됩니다.

가령 나의 생활을 위해 아편이나 히로뽕을 제조하여 불법적으로 판매하고, 그 결과 사람들의 건강을 완전히 버려 놓았거나 생명을 위태롭게 하였다면 이것은 경구죄가 아니라 중계에 해당하는 죄입니다.

그리고 상대의 재산에 많은 손실을 주면서 그것이 곧 나의 이익이 되도록 하였다면 투도죄를 동시에 범한 것이며, 만일 직업적으로 사음邪淫을 하도록 이끌었다면 사음계를 범한 것이므로 중죄를 범한 것이 너무나 자명해지는 것입니다.

이와는 반대로 위에서 열거한 내용 중에서도 그것이 남을 해롭게 할 목적이 아닌 경우, 예컨대 극약이라 할지라도 어떤 질병을 치유할 목적으로 독약을 제조하였다면 결코 범계가 되지 않습니다. 그리고 정법正法에 입각하여 관상을 보고 주문을 외우고 기술을 활용하되 노력 이상의 대가를 바라는 사리사욕이 없다면, 이 계를 범한 것이 되지 않습니다.

과연 어떻게 사는 것이 사명邪命이 아닌 바른 생활, 곧 정명(淨命:正命)으로 사는 것인가?

요컨대 정명은 뭇 생명 있는 자들을 나의 몸과 같이 생각하는 생활법입니다. 남을 살리는 생활, 남을 살아나게 하는 생활, 한 마디로 요약하면 활명活命이 바로 정명인 것입니다.

인과업보가 명백하거늘, 보살이 되어 삿된 생활로써 목숨을 유지해서야 되겠습니까? 마땅히 정명의 생활, 활명의 생활을 하여야 합니다.

만약 뭇 생명 있는 자들을 살리는 활명의 생활을 할 수 없는 이라면 인과의 도리라도 철저히 믿고 살아야 합니다.

어떤 이가 나쁜 약을 만들거나 눈속임의 운명판단법으로 남을 현혹하여 몇 푼 수입을 얻고서 잘못한 일이 아니라고 생각한다면, 이보다 더 어리석은 일은 다시없을 것입니다. 만일 인과의 도리를 어렴풋이나마 알고 있다면, 이와 같은 무서운 죄업을 저지르지 않을 것입니다.

물론 어느 계에서나 예외는 있을 수 있습니다. 독약이라 하여도 마땅히 유용하게 쓸 곳이 있다면 써야 합니다. 요컨대 남을 이롭게 하는 이타利他인가 남을 해롭게 하는 해인害人인가 하는 것이 문제입니다. 이와 관련된 고사故事 한 편을 소개합니다.

※

조선왕조 효종때, 서인의 거장인 송시열과 남인의 거두인 허미수는 쌍벽을 이루고 있었으며, 서로를 위한 당파싸움에는 한 치의 물러남도 없었습니다.

어느날 송시열은 병이 들어 눕게 되었습니다. 의원의 약으로는 좀처럼 차도가 보이지 않자, 송시열은 아들을 시켜 허미수에게 처방을 얻어 오게 하였습니다.

'왜 하필이면 정적인 허미수란 말인가?'

아들은 평소 사이가 좋지 않은 그에게서 처방을 얻는 것이 내키지 않았지만, 아버지의 명이라 어쩔 수 없이 허미수에게 갔습니다.

이야기를 들은 허미수는 처방 가운데 비상砒霜을 다량 넣도록 하였습니다. 비상은 극약인만큼 아들은 자기 아버지 우암을 해치려는 음모로 생각하고 쓰지 않으려 하였습니다. 하지만 허미수의 인품을 알고 있었던 송시열은 그 처방대로 약을 썼고, 마침내 비상이라는 독약으로 병을 치유하였습니다.

⁂

송시열 선생은 평소 속병이 있어 자기 소변을 받아 잡수셨는데, 오랜 세월 동안 소화기가 소변에 절어 체한 것이므로, 그것을 뚫으려면 비상을 써야 한다고 판단하여 그와 같은 처방을 준 것입니다. 이런 경우의 비상은 독약이 아니라 좋은 치료제가 되므로 나쁜 행위라고 할 수 없습니다.

이와 같이 계에는 지키고 범하고 열고 닫는 지범개차持犯開遮의 뜻이 있음을 아울러 알아야 합니다. 모름지기 모든 일을 함에 있어 살리는 데로 초점을 모으고, 또 함께 살려 가는 묘妙를 살려야 합니다.

나쁜 직업은 이 마음이 만들어 내는 것입니다. 스스로의 능력과 함께 보살은 마땅히 이타利他를 생각하며 생업을 택해야 한다는 것을 꼭 기억해 주시기를 당부드립니다.

나무범망경보살심지대계.

제30경계
불경호시계 不敬好時戒
좋은 때를 공경하라

너희 불자들이여. 나쁜 마음으로 스스로 삼보를 비방하면서도 거짓으로 좋아하는 척하고, 입으로는 공空을 설하면서도 행동은 현실에 얽매임이랴. 마을 사람들과 사귀기를 좋아하고, 마을의 속된 남녀로 하여금 음란한 짓을 하게 하여 온갖 속박을 짓거나, 저 육재일과 삼장재월에 살상과 도적질을 하여 재를 깨뜨리고 계를 범하면 경구죄를 범하느니라.

若佛子야 以惡心故로 自身이 謗三寶하고 詐現親附하며 口便
說空이나 行左有中이리요. 經理白衣하며 爲白衣하야 通致男女하야
交會淫色하야 作諸縛著하며 於六齋日과 年三長齋月에 作殺生
劫盜하며 破齋犯戒者는 犯輕垢罪니라.

제29 사명자활계는 나쁜 것을 만들어서 중생을 손상시키는 것을 금한 계이고, 이 불경호시계는 금계禁戒를 훼방하는 것을 금한 계입니다. 곧 삼보의 그늘에 있으면서 삼보를 비

방하는 등, 겉으로는 귀의하는 척하면서 속으로는 나쁜 일을 하여서야 되겠습니까?

이에 출가인으로 하여금 함부로 마을 사람들과 교류하면서 마을 사람들을 음란 속에 빠져들게 하는 일을 금하고, 재가인으로 하여금 육재일과 삼장재월을 지키지 않는 것을 경계하고 있습니다.

이 계의 전반은 출가 5중(五衆 : 비구·비구니·식차마니·사미·사미니)으로 하여금 백의白衣의 세속살이에 함부로 관여하지 말 것을 밝힌 것입니다. 경문에서 백의白衣라고 한 것은 출가인이 먹물옷을 입는 데 대응하여 속인은 물들이지 않은 흰 옷을 입기 때문에 속인을 '백의'라 한 것입니다.

출가인은 세속의 남녀와 교제하여 그 집안의 일을 함부로 관여하거나, 사사로이 남자와 여자를 중매하고 서로 정을 통하도록 선동하는 일을 하여서는 안 됩니다. 속세의 음행은 출가인의 청정행이 아니기 때문에 하지 말라고 한 것이요, 정으로 얽어매는 것은 곧 생사의 업일 뿐 해탈의 업이 아니기 때문에 하지 말라고 한 것입니다.

실로 출가승려들이 세속의 일에 현혹되어 도를 잃은 경우는 너무나 많습니다. 그러므로 부처님께서는 출가사문으로 하여금 세속의 일에 함부로 개입하지 못하게 하신 것입니다.

승려들의 사회활동이 커지는 요즘, 이 계율을 잘 유념하여 중생을 이롭게 하고 중생을 살리는 일이 아니면 될 수 있는 한 세속의 일에 관여하는 것을 자중해야 할 것입니다.

이제 재가인이 지켜야 할 재일齋日에 대해 살펴봅시다.

경문 속의 육재일六齋日은 사천왕이 인간의 선악을 살피는 날이라 합니다. 『사천왕경四天王經』에 의하면 8일과 23일에는 사자를 파견하여 선악을 살피고, 14일과 29일은 태자를 보내며, 15일과 30일은 사천왕이 몸소 중생의 선악을 조사하여 제석천왕帝釋天王에게 보고를 한다고 합니다. 그러므로 이 6일 동안 특히 선행을 할 것을 권장하고 있는데, 이는 인도 고유의 풍속에서 유래된 육재일입니다.

삼장재월三長齋月은 정월·5월·9월의 세 달 동안 제석천이 큰 보배거울로 우리가 살고 있는 남섬부주南贍浮州를 비추어 인간의 죄와 복을 살피는 달이기 때문에 재를 잘 지켜야 한다는 인도 고유의 풍습에서 비롯되었습니다.

그러나 불교에서는 새해가 시작되는 첫 달인 정월과 모든 생명이 번식하는 5월, 모든 동물들이 생식生殖하는 9월에는 마땅히 재가인들도 살생을 금하여야 한다고 하여 재월로 정한 것입니다.

바꾸어 말하면 육재일과 삼장재월은 선행을 할 것을 권장하는 날입니다. 더구나 부처님 오신날을 비롯하여 출가재일·성도재일·열반재일·우란분절 등은 모든 불자들이 재계齋戒를 지켜야 할 뜻 깊은 날입니다. 어찌 이와 같은 성스러운 날, 계를 어겨 성스러운 뜻을 그릇되게 할 수 있겠습니까?

경문에서 이러한 날에는 살생이나 도둑질을 특히 하지 말라고 하였는데, 이 살생과 도둑질은 여덟 가지 계를 대표하여 말한 것뿐입니다. 재일에 꼭 8계를 지킬 것을 강조한 것으로 파악하면 됩니다.

그리고 경문에서 파재破齋, 곧 '재계齋戒를 깨뜨린다'고 한 것은 재가불자가 매월 8일·14일·15일·23일·29일·30일의 6일 동안 지키게 되어 있는 팔관재계八關齋戒를 깨뜨리는 것을 말합니다.

팔관재계는 재가 불자가 하루 낮 하루 밤 동안 지키는 8가지 계와 하나의 재(一齋)를 가리킵니다.

여덟 가지 계는 다음과 같습니다.

① 축생을 죽이지 말라.
② 훔치지 말라.
③ 음행하지 말라.
④ 거짓말하지 말라.
⑤ 술 먹지 말라.
⑥ 꽃다발을 쓰거나 향을 바르고 요란한 화장을 하지 말라.
⑦ 노래하고 춤추는 등 풍류를 즐기지 말라.
⑧ 규격 밖의 높고 넓게 꾸민 평상에 앉지 말라.

또 1재一齋는 '때 아닌 때에 먹지 않는 것'이니, 곧 오후에는 식사를 하지 않는 오후불식午後不食을 뜻합니다.

이렇게 육재일과 삼장재월에 팔관재계를 지키는 것은 재가불자에게만 적용되는 것입니다. 그 까닭은 출가인의 경우 1년 365일 동안 언제나 이와 같은 계를 지키고 있어야 하기 때문입니다. 따라서 출가인에게는 육재일과 삼장재월을 따로 제정할 필요가 없습니다. 그러나 출가인이라도 이 때는 특별히 유념하여 일거일동을 삼가고 조심하면 더욱 큰 공덕을 짓게 될 것은 틀림없는 일입니다.

우리나라에서는 초하루와 15일과 24일을 특별히 재일로 택하여 절에 가서 기도하는 날로 삼고 있습니다. 새 달 새 날인 초하루와 달이 가득 차는 보름날을 택한 것은 초하루·보름을 중요시하는 우리 조상 전래의 신앙과 불교가 결합된 좋은 예라 할 것입니다. 그리고 24일을 택한 것은 관음신앙이 그 어떠한 신앙보다 강했던 일반인의 믿음을 대변하는 것이라 할 수 있습니다.

만약 불자들이 재계를 실천하면서 지성으로 불보살님께 기도하면 반드시 업장을 소멸할 뿐 아니라 큰 공덕을 성취하게 됩니다. 이는 의심할 여지가 없습니다.

부처님의 일월 같은 광명은 사사로움이 없어서 모든 중생에게 다 비추지만, '선조유신先照有信하고 선조유연先照有緣이라' 신심 있는 중생에게 먼저 비치고 인연 있는 중생에게 먼저 내리기 마련입니다.

결코 잊지 마십시오. 모름지기 재계齋戒는 정성입니다. 이제 나의 부모님이 부처님께 불공을 드렸던 자세를 이야기 하면서, 재계齋戒의 참뜻을 되새기고자 합니다.

❀

불심이 매우 깊었던 우리 부모님은 자식들을 낳기 위해 정성으로 불공을 드렸는데, 시골에서 농사를 지을 때도 재계하는 마음으로 임하셨습니다. 논밭의 거름으로는 대변을 주지 않고, '관세음보살'과 '대방광불화엄경大方廣佛華嚴經'을 부르면서 고운 풀만 베어다가 논에 넣었고, 손으로 직접 벼를 훑어 방아를 찧었습니다.

그리고 아버지께서는 직접 만든 무명베 자루에 쌀을 한 말 담고 깨끗한 무명옷으로 갈아입은 다음, 그 쌀을 마곡사 대원암까지 짊어지고 가서 불공을 드렸습니다. 집에서 절까지는 80리 길인데, 그 먼 길을 아들 낳기 위한 불공을 드리러 다녔던 것입니다.

한 번은 나의 생남불공生男佛供을 드리기 위해 평소와 같이 쌀을 짊어지고 마곡사 대원암을 향하였는데, 그날따라 마침 배가 사르르 아픈 것이 자꾸만 방귀가 나오려 하는 것이었습니다. 억지로 참으며 가다가 대원암을 10리 남겨 놓은 약 70리 되는 지점에서, 고랑을 건너다 그만 방귀를 뀌어 버리고 만 것입니다.

"아! 내가 부처님께 공양을 올리러 가다가 방귀를 뀌다니…. 방귀 기운은 이미 쌀로 올라갔을 것이 아닌가?"

방귀 기운이 섞인 쌀로는 공양을 올릴 수 없다고 생각한 아버지는 그 쌀을 도로 짊어지고 집으로 돌아왔습니다. 그리고 그 쌀을 부어 버리고 쌀을 새로 찧어 새 자루에 넣은 다음, 다시 80리 길을 걸어 불공을 드리러 가셨다고 합니다.

그 끝에 저를 낳으셨으니 부모님의 정성과 은혜를 어찌 다 말할 수 있겠습니까?

§

재계는 정성이요, 불공은 나의 정성으로 드리는 것입니다. 내 불공 내가 드리고, 내 정성 내가 드리고, 내 기도 내가 하고, 내 축원 내가 해야 참 불공, 참 축원입니다.

남이나 스님네가 대신해 주는 것은 모두가 반쪽입니다. 자기의 정성을 다할 때 부처님의 광명이 환히 비쳐 올 뿐 아니라, 지혜가 샘솟고 무명업장無明業障으로부터 벗어날 길이 열리는 것입니다.

해인사에는 매년 많은 학생들이 와서 수련대회를 합니다. 다 귀한 집 아들이고 딸들인데 3천배를 하면서 땀을 뻘뻘 흘리고 무릎이 벗겨지도록 절을 합니다. 어떤 여학생들은 그냥 쓰러져 졸도를 하였다가, 이튿날 절을 다하지 못하였다고 울면서 기어이 3천배를 채우는 것을 보면 참으로 대견합니다.

이 학생들이 누가 시킨다고 그렇게 하겠습니까? 부처님의 종자들이요, 숙세에 선근을 심은 불자들이기 때문에 그렇게 하는 것입니다. 이 얼마나 갸륵하고 고마운 일입니까?

이와 같이 정성으로 하는 기도와 생활! 그 정성이 바로 재계인 것입니다.

육재일이나 삼장재월 또는 초하루·보름24일의 재일만이라도 술 먹지 말고 담배 피우지 말고, 누린내나 비린내 나는 것 먹지 말고, 지성으로 염불이나 참선 등의 수행을 하고자 노력해야 합니다. 이 날만이라도 출가한 아라한처럼 거룩하게 살아 보십시오. 그렇게 하면 한량없는 복덕이 저절로 쌓입니다.

나무범망경보살심지대계.

제31경계
불행구속계 不行救贖戒
값을 치르고 구원하라

너희 불자들이여, 부처님 멸도하신 후 저 악한 세상에서 외도와 온갖 악인과 도둑들이 불보살이나 부모의 형상을 판매하거나, 경률을 팔거나, 비구·비구니를 사고 팔거나, 불심을 일으킨 보살과 도인을 팔아서 관청의 하인이 되게 하거나, 여러 사람의 노비를 만드는 것을 보거든, 보살은 마땅히 자비심을 내어 방편으로 구원해 주며, 가는 곳마다 교화하고 권하여 재물로써 불보살의 형상과 비구·비구니와 발심한 보살과 일체 경률을 구해 낼 것이니라. 만일 구하여 모시지 아니하면 경구죄를 범하느니라.

若佛子야 佛滅度後於惡世中에 若見外道와 一切惡人劫賊이 賣佛菩薩父母形像하며 及賣經律하며 販賣比丘比丘尼하야 亦 賣發菩提心菩薩道人하야 或爲官使하며 與一切人으로 作奴婢者어던 而菩薩이 見是事已하야 應生慈悲心하야 方便救護하야 處處敎化取物하야 贖佛菩薩形像과 及比丘比丘尼와 發心菩薩과 一切經律이어다. 若不贖者는 犯輕垢罪니라.

제30 불경호시계는 좋은 날에 중죄와 경계를 범하는 것을 막고자 한 것이고, 지금 이 불행구속계不行救贖戒는 고난에 처한 성인이나 손윗사람을 구제할 것을 밝힌 계입니다.

곧 이 계에서는 불·법·승 삼보三寶가 있을 자리에 있지 않고 그릇된 사람들에 의해 매매되거나 속박된 상황에 처할 때 어떻게 해야 하는지를 가르치고 있습니다.

부처님께서 출현하여 계실 때에는 사람들이 다 선법善法을 잘 알기 때문에 나쁜 짓을 하지 않았지만, 부처님이 가신 지 오래되어 말법末法시대가 되면 여러 가지 재앙이 안팎으로 무수히 생겨나기 마련입니다.

이러한 시대가 바로 악한 세상인 악세惡世입니다. 이 악세가 되면 겁탁劫濁·견탁見濁·번뇌탁煩惱濁·중생탁衆生濁·명탁命濁 등의 다섯 가지 탁한 기운이 세상을 지배하게 되므로, 흔히 오탁악세五濁惡世라고 합니다.

질병이 창궐하고 전쟁 등이 일어나 시대를 어지럽히게 되므로 **겁탁**이라 하고, 사견과 삿된 법이 무성해지므로 **견탁**이라 하며, 번뇌가 끊임없이 들끓게 되므로 **번뇌탁**이라 합니다. 또 인륜과 도덕이 땅에 떨어져 중생들이 악한 과보를 두려워하지 않으므로 **중생탁**이라 하고, 목숨이 자꾸 짧아지므로 **명탁**이라 하는 것입니다. 한 마디로 맑음과 밝음이 모자라기 때문에 생겨난 탁하고 어두운 세상을 오탁악세라고 합니다.

그리고 경문에서 말한 매불보살부모형상賣佛菩薩父母形像은 나무·돌·흙 등으로 상을 조성하거나 그림으로 그린 것을 가리킵니다. 불보살은 도심道心을 길러 주는 부모이고, 부모는 이 육신을 낳아 준 분입니다. 나의 육체를 낳아 주고 정신을 길러 주신 이 분들이야말로 가장 존중하고 받들어야 할 대상입니다.

설혹 중생이 고난에 빠져 있다 하더라도 자비심으로 구하고자 하는 것이 보살의 마음가짐이거늘, 하물며 불보살이나 부모의 상을 파는 것을 보고 사서 구하려고 하지 않는 보살이 있겠습니까마는, 무심코 지나치고자 하는 것이 중생의 마음 한 쪽에 자리 잡고 있기 때문에 부처님께서 특별히 지적하신 것입니다.

말법시대의 중생에게 있어 불상은 불보가 되고, 경이나 율은 법보가 되며, 발심한 보살의 상은 대승의 승보가 됩니다. 그런데 이들 삼보를 상품으로 취급하여 매매하는 것을 보면 어떻게 해야겠습니까? 당연히 구제해 주어야 합니다. 특히 불보살의 상이 상품으로 매매되거나 값없이 취급되는 것을 보면, 돈을 주고 사든지 방편을 베풀어 구해야 합니다.

우리는 지금 말법의 악한 세상에 있습니다. 이 시대에 태어났기 때문에 불법을 더욱 보호하고 받들어서 삼보를 드높여야 합니다. 나아가 착한 일을 널리 행하여 중생을 교화하고 인도할 뿐 아니라 모든 사람들의 모범이 되어야 합니다.

그런데 어찌 삼보를 매매하고 헐뜯고 욕하는 일을 가만히 앉아서 보고만 있을 것입니까? 마땅히 그 매매현장을 보면 돈을 주고 사서 구해야 할 것입니다.

만일 자신이 돈이 없고 힘이 없다면 갖가지 방편으로 다른 이에게 권하고 인연 있는 이를 설득하여 구해야 할 것입니다. 만일 게으른 마음으로 못 본 체 한다면 바로 경구죄를 범한 것이 되는 것입니다.

그러나 이 때에도 예외는 있습니다. 자신에게 구해 낼 힘이 전혀 없는 사람의 경우에는 죄가 없다고 보아야 합니다. 단지 자신에게 구제할 힘이 있든지, 방편을 베풀면 제3자의 힘을 빌려 구할 수 있는데도 하지 않는 것이 죄가 되는 것입니다.

폐사에 방치되어 있는 불보살상, 흙 속에 몸을 묻은 채 제자리를 잃어버린 불보살상, 향과 등과 꽃의 공양을 받지 못한 채 비바람에 시달리고 계신 불보살상, 그리고 방치되어 있는 경전, 팔려가거나 노비가 되어 자유를 잃은 승려나 도인, 불자 등도 마땅히 자비심을 발하여 구원해 주어야 합니다.

존경하는 마음으로 삼보를 구하는 것은 불자의 마땅한 도리입니다. 비록 살아 움직이는 불보살이나 승려가 아니라 할지라도, 그것을 구하고자 하는 마음은 곧 크나큰 발심의 씨앗이 되는 것입니다. 그러니 삼보를 구하는 공덕이 어찌 작다고 하겠습니까?

  삼보를 구호할 인연이 돌아온다면 기꺼운 마음으로 최선을 다해 모시도록 합시다. 그 마음이 바로 불심이요 보살심이니, 보살불자답게 정성을 아끼지 말아야 할 것입니다.

  나무범망경보살심지대계.

제32경계
손해중생계 損害衆生戒
중생을 해롭게 하지 말라

너희 불자들이여, 칼과 몽둥이와 활과 화살 등을 판매하지 말 것이며, 저울눈을 가볍게 하거나 되를 적게 하지 말며, 관청의 세력을 믿고 남의 재물을 빼앗지 말며, 해롭게 할 마음으로 얽어매거나 남의 재물을 빼앗지 말며, 고양이·이리·돼지·개 등을 기르지 말지니, 만일 짐짓 범하는 자는 경구죄를 범하느니라.

若佛子야 不得販賣刀杖弓箭하며 畜輕秤小斗하며 因官形勢하야 取人財物하며 害心繫縛하야 破壞成功하며 長養猫狸猪狗니 若故養者는 犯輕垢罪니라.

제31 불행구속계는 높은 이의 재난을 보고도 구제하지 않는 것을 경계한 것이고, 이 손해중생계는 중생에게 손해를 주는 일이 없도록 하기 위해 제정한 계입니다. 곧 이 계는 남을 상해하는 것을 미리부터 막는 데 목적이 있고, 살생이나 도둑의 업을 짓게 되는 근원을 미리 제거하는 것을 취지로 삼고 있습니다.

왜 이와 같은 소행을 미리부터 금하였는가? 이와 같은 소행들이 중생을 사랑하는 마음과 불쌍히 여기는 마음, 중생을 바른 길로 인도하려는 보살의 이타심利他心에 정면으로 위배되는 행위이기 때문입니다.

경문에서 밝힌 '칼·몽둥이·활·화살'은 남을 상해하거나 생명을 빼앗기 위한 목적으로 만들어진 기구입니다. 이것은 보살이 팔 물건이 아닙니다.

그리고 저울과 되는 물건을 거래할 때 사용하는 도구입니다. 그런데 '경평소두輕枰小斗', 곧 '저울눈을 가볍게 한다' 함은 물건을 팔 때에 가벼운 것이 무겁게 보이도록 하는 것을 가리키며, '되를 적게 한다' 함은 조금 담고는 많이 담은 것처럼 보이도록 조작하는 것입니다. 정확히 말하면 저울과 되를 도둑질하는 기구로 바꾸어 놓은 것입니다. 또 자의 눈금을 속이는 것도 도둑질과 관련된 행위입니다.

나아가 남에게 물건을 받을 때 저울눈을 가볍게 보이도록 조작하거나 되를 큰되로 사용하는 것, 눈금이 먼 자를 사용하는 것도 동일한 죄에 해당합니다.

그러나 이것은 더 벌려고 하는 욕심 그 자체의 상태일 뿐, 아직은 직접적으로 살생을 하거나 도둑질을 한 것이 아니기 때문에 경구죄로 다스리는 것입니다. 만일 그 정도를 넘어서서 상대를 전적으로 사기하여 사취詐取하였다면 도둑질의 중계를 범한 것이 됩니다.

그리고 경문의 관청의 세력에 의지하는 '인관형세因官形勢'는 권력에 의지하여 핍박을 가하고 재물을 빼앗는 것으로, 만일 관청의 세력을 업고 권력의 힘으로 협박하여 자신의 소유가 아닌 것을 취하였다면 역시 도둑질의 중계를 범한 것이 됩니다.

'해롭게 할 마음으로 얽어매는 것〔害心繫縛〕'은 남의 사지와 몸을 구속하고 상하게 하는 것이요, 남의 자유를 크게 가해하는 것입니다. 또 '남의 성공을 파괴한다〔破壞成功〕' 함은 그 사람이 상당한 기간 또는 평생을 두고 쌓아 온 공을 허물어뜨리는 행위입니다. 그러므로 결코 보살의 행이 될 수 없는 것입니다.

그리고 '고양이나 이리를 기르지 말라'고 함은 쥐 등의 짐승을 잡아먹기 때문이요, '돼지와 개를 기르지 말라'고 함은 마침내는 먹기 위해 잡아 죽이게 되므로, 보살의 할 일이 아니라 하여 금한 것입니다.

이 계는 대체로 생활을 위해 매매업에 종사하는 재가인이 저지르기 쉬운 죄를 경계한 것으로, 출가인에게는 더 말할 것조차 없습니다.

"남에게 물건을 팔 때 저울눈을 속이고 되를 적게 주고, 남의 것을 사거나 받을 때 저울눈을 가볍게 하고 말을 큰 것으로 받으면, 비록 당시에는 이익을 많이 취할 수 있지만 남을 속이고 빼앗은 과보가 그만큼 많이 쌓여, 지옥에 떨어져 참으로 괴로운 보를 받게 된다."

『잡장경雜藏經』의 이 말씀 그대로, 남을 속여 지금 당장의 이익을 취하였다면, 기뻐하기 전에 그 업이 얼마나 많이 쌓이고 있는가를 생각해야 합니다. 삿된 방법으로 돈을 모으게 되면 올바른 결실이나 해탈의 도는 영영 멀어집니다.

만일 가까운 가족이나 친척 가운데 그와 같은 행위를 저지르는 사람이 있다면 보살은 자비심으로 이들을 올바르게 인도해 주어야 합니다. 이제 이 계와 관련된 이야기 한 편을 함께 음미해 봅시다.

❀

중국 양주楊州에 화물운반을 업으로 삼은 사람이 있었습니다. 그는 임종할 때 아들에게 저울 하나를 주며 말했습니다.

"이 저울은 우리 집안을 일으킨 물건이다. 오목烏木으로 만들었는데, 중간에 수은水銀을 넣었단다. 추錘가 뒤로 물러나가면 수은이 머리 쪽으로 쏠려 사람들에게는 무겁게 보이나 실은 무게가 작게 나가고, 추가 앞으로 가면 수은이 꼬리 쪽으로 몰려 사람들에게는 가볍게 보이나 도리어 무게가 많이 나가도록 만들어져 있다. 이 저울 덕에 나는 재산을 많이 모았느니라."

그러나 아들은 그 저울을 가보로 삼지 않았습니다. 오히려 아버지의 장사를 지낸 다음, 아버지의 죄를 사해 줄 것을 빌며 저울을 태웠습니다. 그런데 그 연기 속으로 푸른 뱀의 형상이 피어올랐고, 그 뒤 사랑하던 두 아들이 갑자기 죽어 버린 것이었습니다.

아버지의 죄를 사하려 한 것이 두 아들을 죽게 하다니! 인과가 거꾸로 됨을 탄식한 그는 넋을 잃은 채 모든 의욕을 잃고 있었습니다. 그러던 어느 날, 꿈에 금갑신金甲神이 나타나 깨우쳐 주었습니다.

"너의 아버지가 치부治富한 것은 전생에 작은 선(微善)을 쌓았기 때문일 뿐, 저울로 인한 것이 아니었느니라. 그러나 너의 아버지가 금생에 공평하지 못한 용심用心으로 저지른 죄가 매우 컸기 때문에 상제上帝께서 파모이성破耗二星(무엇이든 깨고 부수는 신)을 너의 아들로 태어나게 하여, 장차 집안을 망치고 화재를 당하도록 만들어 놓은 것이다. 다행히 네가 아버지의 허물을 참회하고 공정하게 살고 있기에, 상제께서 두 별(二星)을 다시 거두어들이신 것이다. 이제 멀지 않아 선신이 아들로 태어나 네 뒤를 빛나게 할 것이니, 앞으로 좋은 일을 힘써 행하도록 하여라."

꿈에서 깨어난 그는 크게 깨달아 좋은 일을 많이 행하였고, 그 뒤 다시 얻은 두 아들은 과거에 급제하여 이름을 떨쳤다고 합니다.

§

적어도 불자는 속이는 것을 업으로 삼아서는 안 됩니다. 진실한 마음이 진실한 도를 얻게 한다는 사실은 결코 변하지 않습니다. 정녕 진정한 행복이 무엇입니까? 한 푼의 돈과 한 조각의 명예입니까?

진실을 팔아 구할 수 있는 것은 악업惡業과 죄의 구렁텅이뿐입니다. 우리 모두 맑은 마음으로 깨어나 진실한 삶 속에서 진실한 도를 체험하는 보살불자가 되도록 다 함께 노력합시다.

나무범망경보살심지대계.

제33경계
사업각관계 邪業覺觀戒
삿된 짓은 생각하지도 보지도 말라

너희 불자들이여, 나쁜 마음을 가지고 모든 남녀의 싸움이나 군대가 진치고 싸우는 것이나 도둑들이 싸우는 것을 구경하지 말 것이며, 또한 나팔 불고 북 치고 거문고 타고 비파 뜯고 피리 불고 공후 치고 노래하고 춤추고 연주하는 것을 듣거나 구경하지 말며, 투전·바둑·장기·탄기·쌍륙·공차기·돌던지기·투호·팔도행성 같은 놀이를 하지 말며, 조경·시초·버들가지·바루·해골 같은 것으로 점치지 말며, 도둑의 심부름도 하지 말라. 그 어느 하나라도 하지 말 것이니, 만약 하게 되면 경구죄를 범하느니라.

若佛子야 以惡心故로 觀一切男女等鬪와 軍陣兵將劫賊等鬪라요. 亦不得聽吹貝와 鼓角과 琴瑟과 箏笛과 箜篌와 歌叫와 妓樂之聲하며 不得樗蒲와 圍棋와 疲羅塞戲와 彈棋와 六博과 拍鞠과 擲石과 投壺와 牽道八道行城하며 爪鏡과 蓍草와 楊枝와 鉢盂와 髑髏로 而作卜筮하며 不得作盜賊使命이니 一一不得作이어다. 若故作者는 犯輕垢罪니라.

제32 손해중생계는 남에게 손해를 끼치는 행위를 금한 계이고, 이 사업각관계는 듣고 보면서 자기의 마음을 산란하게 만들거나 악을 불러들이는 행위를 하는 것을 경계한 계입니다.

근기에 따라 중생을 이롭게 하지 않는 것에는 여러가지가 있습니다. 곧 삿된 생각으로 삿된 인생관이나 우주관을 가지게 되면 결코 자신을 이롭게 하지 않는 일에 깊이 빠져들게 되고 마는 것입니다.

이를 크게 나누어 경문에서는 ① **싸움** ② **오락** ③ **잡희**雜戲 ④ **점치는 것** 등의 네 가지로 분류하였습니다. 계를 제정한 뜻을 살펴보기 전에 경문 속의 어려운 용어부터 살펴보도록 합시다.

'취패고각吹貝鼓角'의 취패는 소라 등과 같이 부는 악기를 가리키고, 고鼓는 쳐서 소리를 내는 북·장구·경쇠 등의 악기를 말하며, 각角은 각저角笛로서 뿔로 만든 피리입니다. 그리고 '쟁箏'은 거문고와 비슷하게 생긴 현악기입니다.

또 '저포樗蒲'는 여러 마리의 코끼리나 말을 몰아 빨리 달리게 하는 일종의 전쟁놀이로서, 인도의 전통적인 풍속놀이입니다.

'탄기彈棋'는 한나라 때 대궐 궁녀들에 의해 시작되었는데 바둑알 같은 돌을 튕기는 놀이이며, '육박六博'은 6면체의 각 면에 1·2·3·4·5·6의 점을 새긴 다음 이것을 던져서 점수를 겨루는 주사위놀이입니다. '박국拍鞠'은 공차기, '척석擲石'

은 돌팔매질, '투호投壺'는 화살을 병에 던져 넣는 놀이로서, 옛날에는 작은 돌을 그릇에 던져 넣으며 놀았다고 합니다. 또 '팔도행성八道行城'은 가로 세로로 여덟 길을 만들어 바둑알을 튕겨서 길을 따라 들어가게 하는 고대 중앙아시아의 놀이입니다.

그리고 점치는 법으로, 손톱에 약을 바르고 주술로 점치는 것을 가리켜 '조경爪鏡'이라 하였고, 점괘를 뽑을 때 쓰는 풀을 가리켜 '시초蓍草'라고 하였으며, 버들가지로 사람의 형상을 만들어서 주술을 부리는 것을 '양지楊枝', 그릇으로 점치는 것을 '바루鉢盂', 해골을 두드려서 점치는 것을 '촉루髑髏', 그 밖의 점치는 것을 '복서卜筮'라고 합니다.

이 계의 제목을 후세 고승들은 '사업각관계邪業覺觀戒'라고 하였습니다. 삿된 감각이나 관법에 의지하여 나쁜 놀이 및 오락 등에 떨어져 정법과 정도에 대해 장애를 일으키는 것을 금한 계입니다.

이 계율을 접하면서 "그럼 음악·무용 등을 감상하고 관람하거나 운동 등을 하지 말아야 하는가?" 하는 생각을 갖는 사람도 있을 것입니다. 그 대답은 한마디로 아닙니다. 건전한 놀이나 운동, 예술을 즐기는 것은 이 계율에 저촉되지 않습니다.

나쁜 놀이나 '삿된 업을 쌓는 잡기를 멀리해야 한다'는 것이 이 계율을 제정한 기본 취지입니다. 곧 나쁜 마음으로 나

제33경계 삿된 짓은 생각하지도 보지도 말라 · 357

쁜 짓을 하면 안 된다는 것입니다.

　보살계를 받은 불자는 언제나 정도正道와 선심善心으로 살아야 합니다. 그러나 사람의 마음은 약하기 그지없습니다. 쉽게 싸움과 나쁜 놀이 등에 마음을 빼앗기고 집착을 하게 되는 존재가 중생입니다.

　우리 같은 중생에게 싸움과 오락과 잡희雜戲와 점복占卜은 바른 마음을 가리는 크나큰 장애로 등장하기 쉽습니다. 처음에는 마음의 여유와 재미삼아 시작한 일이 마침내 마음을 흔들어 도를 그르치게 하기 때문입니다. 그러므로 마음을 흔드는 것은 최대한 멀리해야 합니다.

　잠깐 **점복**占卜에 관해 살펴봅시다. 보살계를 받은 사람은 점을 치는데 사주팔자에 매달리지 말아야 합니다. 보살계는 세속의 사사로운 예언을 모두 초월한 해탈대도解脫大道이기 때문에, 보살계를 받은 사람은 세속의 술법術法을 의지하기 전에 내 마음을 의지하고 부처님을 의지하여 지극정성을 다 하여야 합니다.

　정성을 다하여 내 마음이 부처님 마음과 통할 때, 아들 딸의 마음과 통하고 남편의 마음에 통하여, 가정은 부처님의 광명으로 가득 채워지게 되는 것입니다. 불법의 광명을 버리고 점을 좇아 컴컴한 길로 나아가려 해서는 안 됩니다.

　마음이 삿되다 보면 점치는 집이나 무당집을 다니면서, '어느 날 절에 불공을 드리러 가는 것이 좋으냐'까지 물어 봅니다. 점보는 사람은 그 요구에 따라, '오늘은 나쁜 날이니 불공하러 가지 말라'고 합니다.

그러나 잘 생각해 보십시오. 나쁜 날도 불공을 하면 좋아질 것이고, 좋은 날에 불공을 하면 더욱 좋아질 것입니다. 부처님의 법 앞에 무엇이 나쁠 수가 있겠습니까? 그런 것을 따지는 자체가 삿된 법입니다.

부산 사람이 서울로 올 때 경부고속도로로 들어서서 환한 길로 계속 올라오면 서울에 도착하는데, 자꾸만 샛길로 빠져나가면 어떻게 되겠습니까? 점을 치며 앞일을 보는 것은 부처님의 정법이 충만되어 있는 밝고 곧은 고속도로에서 어두컴컴한 샛길로 빠지는 것과 같은 것입니다. 불자는 모름지기 열심히 염불하고 경 읽고 참선하고 절에 다니면서 향상의 길로 나아가야 합니다.

다음에는 **도박**에 대해 살펴봅시다.

부처님께서는 『육방예경六方禮經』에서 도박으로 인한 여섯 가지 나쁜 점을 말씀하셨습니다.

① 도박에 이기면 상대방이 앙심을 품게 된다.
② 지게 되면 분한 생각 때문에 마음이 멍들게 된다.
③ 이기든 지든 재산의 손실을 피할 수 없다.
④ 마침내 관가에 붙들려 가게 된다.
⑤ 이웃들로부터 항상 지탄을 받게 된다.
⑥ 자손까지 따돌림을 받게 된다.

이뿐만이 아닙니다. 도박을 하면 남의 마음을 훔쳐보고, 잃을수록 크게 걸며, 속임수를 씁니다. 좋은 패를 든듯 허세를 부리고, 시종일관 집착하며, 상대방을 주눅 들게 하고, 협박과 힘으로 상대방의 기를 꺾기도 합니다.

이 얼마나 삿된 행위들입니까? 로마제국 멸망의 3대 요소도 허영과 부패와 도박이었습니다. 도박은 동서고금의 망국 풍조로서, 그 어느 나라에서나 법으로 금지하고 있습니다.

보살계를 받은 불자가 나쁜 버릇을 감히 취하여서야 되겠습니까? 도박이 아닌 잡기라 하여도 마음을 밖으로 흩어지게 하는 것은 마찬가지입니다. 잡기나 도박을 즐기다 보면 작게는 거짓말로부터 크게는 사람을 죽이는 죄까지 저지르게 됩니다. 그러므로 보살은 결코 잡기나 점복, 도박 등에 빠져 정도正道를 그르쳐서는 안 됩니다.

불도는 마음을 안으로 모으는 수행입니다. 우리의 마음이 밖으로 흩어져서, 보기 좋고 듣기 좋고 향기롭고 맛 좋고 느끼기 좋은 것에 깊이깊이 빠져 들게 되면 해탈의 도는 그만큼 요원해지고 맙니다. 마음을 안으로 모으고 또 모아 삼매로써 살아가는 보살의 삶이 되도록 우리 다 함께 노력하고 또 노력합시다.

나무범망경보살심지대계.

제34경계
잠념소승계 暫念小乘戒
잠시라도 소승을 생각하지 말라

 너희 불자들이여, 금계를 보호하고 지니되, 다니거나 멈추거나 앉거나 눕거나 밤낮 여섯 때로 이 계를 읽고 외워 금강과 같이 여길 것이며, 부낭을 타고 바다를 건너는 것과 같이 할 것이며, 풀에 묶였던 비구와 같이 하여 항상 대승에 대해 거룩한 믿음을 낼 것이며, 스스로가 나는 이루지 못한 부처요 부처님은 이미 다 이룬 부처님인 줄을 알아서, 보리심을 일으키고 생각생각 마음을 버리지 말지니라. 만일 잠깐이라도 이승이나 외도의 마음을 일으키면 경구죄를 범하느니라.

若佛子야 護持禁戒하되 行住坐臥에 日夜六時로 讀誦是戒하야 猶如金剛하여 如帶持浮囊하고 欲度大海하며 如草繫比丘하야 常生大乘善信하며 自知我는 是未成之佛이요 諸佛은 是已成之佛하야 發菩提心하야 念念不去心하라 若起一念이라도 二乘外道心者는 犯輕垢罪니라.

제33 사업각관계는 바깥을 향해 나아가게 하는 모든 나쁜 업을 끊으라는 것이고, 이 잠념소승계는 내적으로 마음을 채찍질하여 하염없이 선을 닦을 것을 깨우친 계입니다.

'대승경률大乘經律을 그릇되게 여기지 말라'고 한 제8경계는 대승의 경률이 소승의 경률이나 외도의 것에 비해 조금이라도 못하다는 생각을 해서는 안 된다는 계입니다. 따라서 대승을 등지고 소승으로 향하려는 마음이 있으면 곧 제8경계를 범한 것이 됩니다. 그렇다면 이 제34경계를 범하게 되는 경우는 어떠한 것인가?

홍찬스님은 "마음에 대승을 싫어하거나 등지려는 생각은 전혀 없으면서도, 소승이 수행하기에 쉽다고 일컫는 것을 말한다〔其心不欲背大 而謂小乘易修〕."고 명쾌하게 해석했습니다.

보살은 중생을 교화하다가 피로함을 느끼거나 게으른 마음이 일어나게 되면 더욱 자비심을 일으켜야 합니다. 중국 천태종의 지자대사는 다음과 같이 설했습니다.

"보살은 생사 가운데 있으면서 용맹함을 보이고, 열반 가운데 있으면서 그 맛에 취하지 않는다. 생사에 용맹함을 보이기 때문에 생生이 없는 생이 되어 생사에 물들지 않게 되나니, 마치 연꽃이 진흙 가운데에서 피어나지만 진흙에 의해 더러워지지 않는 것과 같다."

연꽃은 높은 언덕 깨끗한 땅에 자라지 않고, 낮고 습한 진흙탕에서 비로소 피어납니다. 보살 또한 생사의 진흙 속에서 중생을 유익하게 할 때 수승한 연꽃으로 피어나게 됩니다. 하지만 보살은 연꽃처럼 생사 가운데 있어도 생사에 물들지 않습니다. 이는 보살이 굳세게 서원을 한 때문입니다.

만약 보살의 서원이 견고하고 용맹하다면 어찌 소승의 계로 돌아가겠습니까? 모름지기 보살계를 여의지 않으면 보살계의 힘으로 능히 보살도를 성취하게 됩니다. 그러므로 우리 불자들은 부처님께서 정해 주신 이 보살계법을 생명처럼 지킬 줄 알아야 합니다.

이 보살계는 금강金剛과 같은 것입니다. 금강은 모든 물질을 능히 부수지만 어떠한 물체에 의해서도 부서지지 않는 가장 굳센 물질입니다. 보살이 마음을 굳게 가져 앉거나 눕거나 서거나 항상 놓치지 않고 보살계를 지키면, 이 보살계의 힘이 마치 저 금강과 같이 강해지게 됩니다. 그 때가 되면 금강이 온갖 물질을 다 쳐부수듯이, 보살계법으로 모든 번뇌의 도적을 다 무찌를 수 있게 되는 것입니다. 그러므로 계를 철저하게 지키는 보살 앞에서 굴복하지 않는 번뇌는 없다는 것을 꼭 명심해야 합니다.

그리고 경문에서는 이 보살계법을 부낭浮囊에 비유했습니다. 옛날 인도에서는 바다를 건너는 사람들이 새의 깃털 또는 소나 양가죽으로 만든 주머니, 소의 오줌통으로 만든 주머니 등을 가지고 다녔습니다. 배가 파선이 되면 그 주머니에 바람을 불어 넣어서 띄우고, 그것에 의지하여 바다를 건넜다고 합니다.

요즈음도 위험한 바다를 건너는 사람은 비상용 구명대를 지니게 됩니다. 배가 조난을 당했을 때 구명대에 바람을 불어 넣고 입으면 안전하게 구제될 수 있기 때문입니다. 조난을 당한 사람이라면 아무리 대단한 사람이 구명대를 빌려달라고 해도 빌려줄 수 없는 일입니다. 그것은 곧 자기 생명을 포기하는 것과 다름이 없기 때문입니다.

생사의 큰 바다를 건너는 보살에게 계는 구명대와 같은 것입니다. 만일 계를 놓치면 사바의 고해를 건너 저 언덕에 이를 수 없게 될 뿐 아니라, 불법의 생명도 동시에 잃게 된다는 것을 명심해야 합니다. 곧 계를 자기 생명으로 삼으라는 말씀입니다.

그런데 여기서 한 가지 유의해야 할 점이 있습니다. 그것은 계를 지키는 것이야 물론 좋지만, 계를 지킬 줄만 알았지 대승의 자비를 기초로 한 보리심을 일으킬 줄을 모르면 안 된다는 것입니다.

만약 보리심을 일으킨 보살이 자비심으로 이타의 보살행을 닦지 않으면 이승二乘으로 떨어져 마침내 불과佛果를 얻을 수 없게 됩니다. 그러므로 '대승의 경률을 등지고 소승을 생각하지 말라'고 한 것입니다.

그리고 경문에서 밝힌 바와 같이 보살은 모름지기 거룩한 믿음을 일으켜야 합니다. 나와 모든 중생은 장차 반드시 성불할 수 있다는 것을 확실히 믿어야 한다는 것입니다. 그런데 이 믿음만 있고 보리심을 일으키지 않으면 그 믿음은 의지할 바를 잃고 맙니다. 그러므로 모든 중생과 함께 성불하겠다는 대승의 큰마음을 일으켜야 합니다.

그렇다면 대승의 보리심이란 무엇을 근거로 삼는 것인가?

『무진의경無盡意經』에서는, "일체 중생을 제도하겠다는 큰 자비의 원을 일으키는 힘으로 위없는 보리를 구하게 되나니, 만일 중생을 제도하기 위한 것이 아니었다면 나는 보리심을 일으키지 않았을 것이다."라고 하였습니다.

또 『화엄경』에서는, "초지로부터 십지보살에 이르기까지 각 지地가 모두 대비심으로 주主를 삼는다."고 하였습니다.

그리고 『보리심론』에서는, "자비로부터 큰 보리심이 발생하나니, 모든 존재들 가운데 가장 거룩한 부처님과 진리는 다 자비심으로 말미암았고, 자비로써 근본을 삼으셨느니라."고 하였습니다.

이상의 경론을 살펴볼 때, 상구上求의 보리심은 하화중생下化衆生을 위한 자비심에 근거를 둔 것이며, 자비심이 크면 클수록 보리심도 커진다는 것을 분명히 알 수 있을 것입니다.

그렇다면 보리심을 어떻게 정의해야 하는가? 한마디로 보리심은 제행무상諸行無常의 도리를 깨닫고, 한없는 자비심을 일으켜 위없는 깨달음과 중생제도를 추구하는 삶 자체라고 정의할 수 있습니다.

그러므로 보살불자들은 중생을 구제하고 위없는 불도를 성취하겠다는 행원을 일으키며 무상보리無上菩提의 세계로 나아가야 합니다. 이렇게 보리심을 수시로 다지고 거듭 서원할 때 보살의 대도大道는 더욱 널리 펼쳐지고, 그 어떠한 문제도 스스로 자취를 감추게 되는 것입니다.

이제 이와 같은 제행무상의 도리를 깨닫고 보리심을 일으켜, 몸을 아끼지 않고 중생을 교화한 차마差魔 비구니에 대해 살펴보기로 합시다.

✿

마갈타국의 절세미녀 차마差魔는 빈바사라왕의 왕비가 되었습니다. 그러나 빈바사라왕은 왕비가 자기의 아름다움에 빠져 교만한 마음으로 불법에 귀의하지 않는 것을 보고 매우 안타까워했습니다.

어느 날 왕은 왕비를 부처님께 보냈습니다. 부처님은 차마왕비가 오는 것을 보시고 신통력으로 한 천녀天女를 나타내어 시중을 들게 하였으며, 그 천녀를 본 차마왕비는 매우 놀랐습니다.

"저토록 아름다운 천녀가 시중을 들고 있다니! 나 같은 것은 저 천녀의 하인 정도밖에 될 수 없겠다."

이렇게 생각하는 순간, 그 천녀는 곧 중년 여인이 되고 노인이 되어 이가 빠지고 백발이 성성해지는 것이었습니다. 이것을 보고 차마왕비는 발심하여 출가하였고, 곧 깨달음을 이루었습니다.

어느 무더운 여름 날, 차마는 연화색蓮華色비구니와 함께 사위성 교외에 있는 한 숲속에서 수행을 하다가, 개울에서 목욕을 하게 되었습니다. 그런데 떼를 지어 다니며 난동을 부리던 흉악한 불량배들이 두 비구니가 목욕을 하는 것을 보고는 난폭한 짓을 하려 했습니다. 차마 비구니와 연화색 비구니는 그들을 불쌍히 여겨 바른 사람으로 만들고자, 신통력으로 자신들의 두 눈을 도려내어 손바닥 위에 올려놓았습니다.

"그대들이여, 소경이 되어 버린 이 얼굴의 어디가 좋다는 말씀이오."

그리고 다시 위장이며 창자 등을 끄집어내고 손과 발을 하나 하나 잘라 내던지며 말했습니다.

"마음에 드는 것이 있으면 가져가시오."

그 포악무도한 악한들도 이러한 광경을 보자 가슴이 떨렸고, 인생의 무상을 깨닫게 되었습니다.

"우리의 육신은 뼈와 피·가죽·똥·오줌 등의 부정한 요소들로 이루어진 것이다. 거기에 애욕을 일으키고 집착을 하였다니…."

그들은 두 비구니에게 진심으로 참회하고, 부처님께 나아가 열심히 수행하는 비구가 되었습니다.

❧

물론 신통으로 그들을 깨우친 차마 비구니와 연화색 비구니는 죽은 것이 아니라 본래의 모습으로 되돌아갔지만, 그들의 행위야말로 계를 지키고 중생을 교화하기 위해 생명을 거침없이 내던진 대승보살의 행위라 하지 않을 수 없습니다.

경문에서 밝힌 풀에 묶였던 비구〔草繫比丘〕 또한 계율과 대자비를 함께 지킨 예입니다. (제14경계 방화분소계 참조)

모름지기 계를 지키고 보호할 때 보살은 참 생명으로 살아납니다. 경문에서, "이 계를 읽고 외워 금강과 같이하며, 부낭을 타고 바다를 건너는 것처럼 하며, 풀에 묶였던 비구와 같이하여 항상 대승에 대해 거룩한 믿음을 내라"고 하신 까닭도 바로 이 때문입니다.

이 제34경계의 '대승을 등지고 소승을 잠깐이라도 생각하는 것'은 결국 보리심을 제대로 일으키지 않는 보살을 문제로 삼은 것입니다. 만일 자비가 가득한 보리심만 온전하다면 이 계는 저절로 갖추어지게 됩니다.

어찌 대승의 보리심을 버리고 다른 길로 빠져들 것입니까? 자비심으로 보리심을 무장하고 대승의 보살계를 생명줄로 삼아 결정코 무상정등정각을 이루어야 할 것입니다.

나무범망경보살심지대계.

제35경계
불발원계 不發願戒
원을 세워라

너희 불자들이여, 항상 일체의 원을 발하되 부모와 스승과 승보에 효순하고, 좋은 스승과 도반과 선지식을 만나기를 원하며, 항상 '저에게 대승경률과 십발취와 십장양과 십금강과 십지를 가르쳐 제가 이해하게 되고 법다이 수행하게 되기를' 원하며, 부처님의 계를 굳게 지켜 차라리 목숨을 버릴지언정 생각생각 마음을 버리지 말지니, 만일 모든 보살이 이와 같은 원을 일으키지 않으면 경구죄를 범하느니라.

若佛子야 常應發一切願하되 孝順父母師僧하며 願得好師와 同學善知識하야 常敎我大乘經律과 十發趣와 十長養과 十金剛과 十地하야 使我開解하야 如法修行하며 堅持佛戒하야 寧捨身命이언정 念念不去心이어다. 若一切菩薩이 不發是願者는 犯輕垢罪니라.

제 34 잠념소승계는 마음을 잘 막아 소승으로 향하지 않기 위해 제정한 계법이고, 이 불발원계不發願戒는 상구보리의 큰 원을 세우고 실천할 수 있도록 하기 위해 제정한 계법입니다. 곧 보살이 희망과 원을 어디에다 두어야 하는가를 밝힌 계입니다.

대승불교의 대표적인 특징 중 하나는 원願입니다. 위로는 부처를 구하고 아래로는 중생을 교화하는〔上求菩提 下化衆生〕 보살의 원을 세워, 대승법을 이해하고 실천하는 삶을 사는 것입니다.

돼지나 짐승들은 배불리 먹고 잠자고 번식시키는 본능의 삶만 충족되면 만족합니다. 그러나 사람들은 본능의 삶만으로는 결코 만족하지 못합니다.

인간은 본능을 넘어서서 가치를 추구하고 문화적인 욕구를 충족시키며 살아가는 존재입니다. 먹고 입는 것은 조금 못하더라도 참되고 바르게 살기를 희망합니다. 참된 삶, 값 있는 삶을 통하여 진정한 가치를 추구하는 존재가 인간입니다. 이렇듯 가치를 추구하는 존재가 인간이기에, 똑같은 옷을 입고 밥을 먹더라도 그것을 조금 더 진眞·선善·미美하게 승화시키고자 합니다. 그러나 이러한 사람은 많지가 않습니다.

위없는 깨달음을 이루겠다는 상구보리의 발원보다는 물질적인 풍요와 안락한 생활, 남보다 더 잘 사는 것, 출세하는 것 등을 대부분의 사람들은 소원으로 삼습니다.

그 소원을 충족시키기 위해서는 남의 사정 돌볼 겨를이 없이 이기적으로 살아야 하고, 심지어는 남을 짓밟고 해롭게 하는 일도 불가피하게 할 수밖에 없다는 태도로 살아가게 됩니다. 이와 같은 삶을 사는 이가 어찌 상구보리 하화중생의 큰 발심을 할 수 있겠습니까?

그러므로 이 계를 통하여 탐·진·치 삼독三毒으로 뭉쳐진 현재의 중생심을 하루 빨리 내버리고 보리심과 이타의 보살행원을 일으켜 위없는 깨달음을 이루고자 할 것을 밝힌 것입니다.

그럼 어떠한 원을 세우라는 것인가?

이 계의 경문은 여러 가지 원을 포함하고 있습니다. 경문을 어떻게 독법讀法하느냐에 따라 10종 발원十種發願과 5종 발원으로 나눌 수 있습니다.

당나라의 법장法藏스님과 신라의 태현太賢스님은 다음의 5종발원이 담겨 있다고 보았습니다.

(1) 효행을 발원할 것〔願孝行〕
(2) 훌륭한 스승과 벗 만나기를 발원할 것〔願勝師友〕
(3) 대승의 법 듣기를 발원할 것〔願聞大法〕
(4) 설법 들은 대로 수행하기를 발원할 것〔願如說修行〕
(5) 그 수행이 견고하기를 발원할 것〔願行堅持〕

그리고 십종발원十種發願은 천태 지의스님과 신라의 승장 勝莊스님, 명나라의 홍찬스님의 십종발원十種發願이 담겨 있 다고 보았는데, 현재 우리나라에서는 오종발원을 보다 구체 화시킨 이 십종발원을 많이 채택하고 있으므로 이 발원에 대 해 설명하겠습니다.

(1) 부모·스승·승보에 효순하는 원〔願順父母師僧〕: 이 원은 전체 10원의 근본이 됩니다. 효순하는 그 마음이 바로 부처 님의 계요, 효순에 대한 원력을 잃을 때 모든 원을 잃게 됩니 다. 그러므로 이 첫번째 원을 깊이 발하여야 합니다.

(2) 좋은 스승 얻기를 원한다〔願得好師〕: 좋은 스승은 해解와 행行을 함께 갖춘 스승입니다. 수행에 있어 스승만큼 중요한 것은 없습니다. 그러므로 훌륭한 스승을 찾아야 합니다. 그 러나 시절이 합당하지 않아 모두를 갖춘 스승이 없다면, 행 보다는 해解가 밝은 스승을 택하여야 합니다. 그렇지 않으면 삿된 구렁텅이에 빠져 뛰쳐나올 수 없기 때문입니다.

(3) 동학과 선지식 얻기를 원한다〔願得同學善知識〕: 이는 같 은 대승의 종학을 익히는 이로서 심지법문을 잘 알고 있는 좋은 벗을 얻기를 발원하라는 것입니다. 비록 밝은 스승을 만났더라도 어진 벗이 없으면 덕을 돕고 갈고 닦고 밀어 주 는 이익을 얻을 수 없기 때문입니다.

(4) 좋은 가르침을 발원하라〔願善教〕: 이는 훌륭한 스승과 벗이 항상 대승경률의 뜻을 나에게 가르쳐 주는 데 의지해서

바른 신심을 정립하라는 것입니다. 신심이 굳건해지면 십발취 등의 보살경지를 향하게 될 뿐 아니라 이승의 편벽된 공에 떨어지거나 외도의 삿된 소견에 떨어짐을 면하게 됩니다. 또한 이 발원은 곧 『화엄경』의 십신十信을 이루겠다는 것과 조금도 다를 바가 없습니다. 보살은 모름지기 대승에 대한 올바른 믿음부터 정립해야 함을 밝히신 것입니다.

이어서 『화엄경』의 십주十住 · 십행十行 · 십회향十廻向에 해당하는 십발취 · 십장양 · 십금강, 그리고 십지十地 등을 닦기를 원하는,

　(5) 원수십발취願修十發趣
　(6) 원수십장양願修十長養
　(7) 원수십금강願修十金剛
　(8) 원수증십지願修證十地

의 원을 발하라고 하였습니다. 이는 수행을 하여 점점 더 높은 경지로 나아가겠다는 원력을 품는 것입니다.

　(9) 여법하게 수행하기를 발원하라 〔願如法修行〕 : 요컨대 스승과 벗에게서 대승법을 배우고 받았으면 받은 바 법을 따라 내 마음을 열어 잘 이해하고, 아는 바를 따라 수행하여 더 높은 경지로 깨달아 들어갈 것을 발원하는 것입니다.

　(10) 계를 굳세게 지키기를 원하라 〔願堅固持戒〕 : 이는 보살계, 곧 심지心地의 바른 계를 잘 지킬 것을 발원하라는 것입니다.

경문의 끝에, '차라리 목숨을 버릴지언정 생각생각 마음을 버리지 않는다〔寧捨身命 念念不去心〕'고 한 것은 앞의 열 가지 원에 대해 견고한 마음을 일으켜 생각생각 잊지 말라는 것입니다.

언제나 스스로가 세운 원력을 생각하면서 부처님과 같은 깨달음을 얻기 위해 노력할 뿐, 육신의 만족을 위하여 발원한 바를 어긴다면 결코 해탈의 도를 이룰 수 없느니 만큼, 스스로 세운 정법의 원을 늘 생각하여 잊지 말아야 합니다.

처음 불도에 귀의할 때의 마음가짐부터 부처를 이룰 때까지 가져야 할 마음가짐을 단계적으로 밝힌 이 35경계 속의 발원. 그런데 왜 이와 같은 원을 세워야 하는 것인가?

원을 세우지 않으면 그 뜻이 견고하지 못하여 수행정진할 때 마구니의 장애에 걸려드는 경우가 많습니다. 따라서 수행은 중도에서 막히기 십상이며, 불과佛果의 바다에 이른다는 것 자체가 불가능해지고 맙니다. 오직 견고한 원력을 지니고 정진할 때만 가능한 일입니다.

물론 대승의 수레는 소의 힘에 의해 끌려갑니다. 그렇다고 소 혼자서는 목적지를 찾아갈 수 없습니다. 반드시 소를 부리는 이가 있어야 목적지에 다다를 수 있는 것입니다. 원력은 곧 소를 부리는 사람과 같습니다. 원을 버린다면 어떻게 높은 경지를 이룰 수 있겠습니까? 원을 굳세게 가지면 가질 수록 방황하지 않고 곧바로 목적지에 도달할 수 있습니다.

바꾸어 말하면 원력은 수행인에게 있어 목표와 이상을 설정하는 인생활로의 나침반과 같은 것입니다. 망망대해를 항해할 때 아무리 능숙한 선장이 있고 기관사가 있다 해도 나침반이 없으면 목적지에 갈 수가 없습니다. 설사 가게 된다 해도 한없이 헤매기 마련이고, 그러다 보면 폭풍을 만나거나 암초에 부딪혀 파산할 위험이 있기 마련입니다.

하물며 낯선 길, 항해의 경험이 없는 뱃사공인 경우에는 더더구나 그러한 것이니, 초발심 보살일수록 더더욱 원력을 일으켜서 굳세게 다짐해야 합니다. 그렇게 할 때만 보리심을 끝까지 가질 수 있고, 보살도를 닦는데 무한의 원동력을 얻을 수 있습니다.

자동차의 동력과도 같은 이 원력! 엔진의 동력을 빌리지 않으면 차가 움직일 수 없듯이, 원력의 힘을 빌지 않고는 초발심 보살이 보살도를 닦아 삼현三賢·십성十聖의 경지로 나아가기가 너무나 힘든 것입니다.

원을 세웁시다. 원을 세우지 않으면 이루어지는 것이 없습니다. 해탈의 원을 세우면 해탈의 문이 열리지만, 원을 세우지 않으면 그 문조차 보이지 않게 됩니다. 그리고 기왕 원을 세울 바에는 세속의 가치를 추구하는 원만이 아니라, '부처를 이루고 일체 중생을 제도하겠다'는 보살대원을 세우는 것이 바람직합니다.

그렇다고 하여 재가보살들에게 세속적인 원을 세우지 말라는 것은 아닙니다. 가정과 가족을 위한 원, 사업에 관한 원, 자신의 향상과 건강한 삶 등에 관한 원은 얼마든지 발하여도 좋습니다. 바르고 맑은 원이므로 마다할 까닭이 없습니다. 그리고 '나'와 내 주변을 위하는 원에서 한 걸음 더 나아가 보살대원도 세울 수 있어야 한다는 것입니다.

부디 잊지 마십시오. 원이 힘을 얻게 되면 원력願力이 되고, 원력으로 정진하면 목표에 도달하는 것이 그렇게 멀지 않습니다. 이것을 꼭 마음 깊이 새겨두시기 바랍니다.

나무범망경보살심지대계.

제36경계
불발서계 不發誓戒
맹세를 하라

너희 불자들이여, 이러한 열 가지 대원을 발하였거든 부처님의 금계禁戒를 수지하여 이렇게 맹세하라.

차라리 이 몸을 맹렬히 타오르는 불 속이나 큰 함정이나 칼산에 던질지언정, 마침내 삼세의 모든 부처님과 경률을 헐뜯거나 범하지 않을 것이며, 일체 여인과 더불어 부정한 행을 짓지 아니하리라.

다시 이렇게 서원하되, 차라리 뜨거운 쇳물로 이 몸을 천 겹이나 두루 얽어 묶을지언정, 마침내 파계한 이 몸으로 신심 있는 단월이 주는 온갖 의복을 받지 아니하리라.

또 이렇게 서원하되, 차라리 이 입으로 뜨거운 쇳덩어리와 뜨겁게 달아 흐르는 쇳물을 삼키며 백천 겁을 지낼지언정, 마침내 파계한 입으로써 신심 있는 단월이 주는 백 가지 맛있는 음식을 먹지 아니하리라.

또 이렇게 서원하되, 차라리 이 몸으로 활활 타는 불그물과 뜨거운 쇠판 위에 누울지언정, 마침내 파계한 몸으로 신심 있는 단월이 주는 여러 가지 평상과 자리를 받지 아니하리라.

　또 이렇게 서원하되, 차라리 이 몸이 3백 자루의 창에 찔리면서 1겁 2겁을 지낼지언정, 마침내 파계한 몸으로 신심 있는 단월이 주는 백 가지 맛의 의약을 받지 아니하리라.

　또 이렇게 서원하되, 차라리 이 몸을 끓는 가마솥에 던져서 백천 겁을 지낼지언정, 마침내 파계한 몸으로 신심 있는 시주가 주는 수 많은 방과 집과 동산과 논밭 등을 받지 아니하리라.

　다시 이렇게 서원하되, 차라리 쇠망치로 이 몸을 때려 부수어 머리로부터 발끝까지 먼지가 되게 할지언정, 마침내 파계한 몸으로써 신심 있는 시주의 공경예배를 받지 아니하리라.

　다시 이렇게 서원하되, 차라리 백천 개의 뜨거운 쇠칼과 창으로 두 눈을 도려낼지언정, 마침내 파계한 마음으로 다른 이의 예쁜 모양을 보지 아니하리라.

　또 이렇게 서원하되, 차라리 백천 개의 철퇴로 귀를 찌르고 부수면서 1겁 2겁을 지낼지언정, 마침내 파계한 마음으로 좋은 음성을 듣지 아니하리라.

　또 이렇게 서원하되, 차라리 백천의 칼로 코를 베어 버릴지언정, 마침내 파계한 마음으로 모든 향을 탐하여 냄새를 맡지 아니하리라.

또 이렇게 서원하되, 차라리 백천의 칼로 혀를 찢을지언정, 마침내 파계한 마음으로 남의 백 가지 맛있는 음식을 먹지 아니하리라.

또 이렇게 서원하되, 차라리 날카로운 도끼로 이 몸을 찢어 없앨지언정, 마침내 파계한 마음으로 좋은 촉감을 탐착하지 아니하리라.

다시 이렇게 서원하되, '일체 중생이 다 성불하여지이다.'라고 할지니라.

보살이 만일 이와 같은 서원을 일으키지 아니하면 경구죄를 범하느니라.

若佛子야 發是十大願已어던 持佛禁戒하야 作是誓言하라. 寧以此身으로 投熾然猛火와 大坑刀山이언정 終不毁犯三世諸佛經律하야 與一切女人으로 作不淨行하리라. 復作是願하되 寧以熱鐵羅網으로 千重周市纏身이언정 終不以此破戒之身으로 受於信心檀越의 一切衣服하리라. 復作是願하되 寧以此口로 吞熱鐵丸과 及大流猛火하야 經百千劫이언정 終不以此破戒之口로 食於信心檀越의 百味飮食하리라. 復作是願하되 寧以此身으로 臥大流猛火羅網과 熱鐵地上이언정 終不以此破戒之身으로 受於信心檀越의 百種床座하리라. 復作是願하되 寧以此身으로 受三百矛刺身하야 經一劫二劫이

^{종불이차파계지신} ^{수어신심단월} ^{백미의약}
^{언정}終不以此破戒之身으로 受於信心檀越의 百味醫藥하리라.
^{부작시원} ^{녕이차신} ^{투열철확} ^{경백천겁} ^종
復作是願하되 寧以此身으로 投熱鐵鑊하야 經百千劫^{이언정} 終
^{불이차파계지신} ^{수어신심단월} ^{천종방사옥택} ^{원림}
不以此破戒之身으로 受於信心檀越의 千種房舍屋宅과 園林
^{전지}
田地하리라.
^{부작시원} ^{녕이철추} ^{타쇄차신} ^{종두지족} ^{영여미진}
復作是願하되 寧以鐵鎚로 打碎此身하야 從頭至足히 令如微塵
^{종불이차파계지신} ^{수어신심단월} ^{공경예배}
이언정 終不以此破戒之身으로 受於信心檀越의 恭敬禮拜하리라.
^{부작시원} ^{녕이백천열철도모} ^{도기양목} ^{종불이}
復作是願하되 寧以百千熱鐵刀矛로 挑其兩目^{이언정} 終不以
^{차파계지심} ^{시타호색}
此破戒之心으로 視他好色하리라.
^{부작시원} ^{녕이백천철추} ^{편참자이근} ^{경일겁이겁}
復作是願하되 寧以百千鐵錐로 遍叅刺耳根하야 經一劫二劫
^{종불이차파계지심} ^{청호음성}
이언정 終不以此破戒之心으로 聽好音聲하리라.
^{부작시원} ^{녕이백천인도} ^{할거기비} ^{종불이차파계}
復作是願하되 寧以百千刃刀로 割去其鼻^{언정} 終不以此破戒
^{지심} ^{탐후제향}
之心으로 貪嗅諸香하리라.
^{부작시원} ^{녕이백천인도} ^{할단기설} ^{종불이차파}
復作是願하되 寧以百千刃刀로 割斷其舌^{이언정} 終不以此破
^{계지심} ^{식인백미정식}
戒之心으로 食人百味淨食하리라.
^{부작시원} ^{녕이이부} ^{참파기신} ^{종불이차파계지}
復作是願하되 寧以利斧로 斬破其身^{이언정} 終不以此破戒之
^심 ^{탐저호촉}
心으로 貪著好觸하리라.
^{부작시원} ^{원일체중생} ^{실득성불}
復作是願하되 願一切衆生이 悉得成佛하여지이다.
^{이보살} ^{약불발시원자} ^{범경구죄}
而菩薩이 若不發是願者는 犯經垢罪니라.

앞의 제35불발원계不發願戒와 이 36불발서계不發誓戒계는 재가보살보다는 출가보살을 위해 제정한 계입니다. 제35 계에서는 출가보살이 마땅히 발하여야 할 원을 세우도록 하였고, 이 36계에서는 그릇된 것에 대해 하지 않겠다는 맹세를 하라는 것입니다.

곧 앞의 제35계에서 열 가지 원을 일으킨 데 대해, 이 계는 결단심과 용맹스런 마음으로 맹세하여 한 생각이라도 뒤로 물러나거나 겁내는 일이 없도록 하신 것이니, 이와 같이 열렬하고 강인한 맹세를 하고 보살도를 닦으면 틀림없이 불도를 원만하게 성취할 수 있기 때문입니다.

이 계 속의 서원은 크게 다섯 가지로 나누어집니다.

첫째는 탐욕에 물듦을 여의겠다는 서원이고

둘째는 공양을 받는 데 대한 서원이며

셋째는 공경을 받는 데 대한 서원이며

넷째는 여섯 감관인 육근六根을 청정히 하겠다는 서원이며

다섯째는 중생을 제도하는 서원입니다.

이제 경문 속의 5대 서원 하나하나를 살펴봅시다.

(1) 탐욕에 물들지 않으리

제1서第一誓는 욕심에 물듦을 여의겠다는 이욕염서離欲染誓입니다. 이는 경문의 "이 몸을 훨훨 타는 불길 속이나 큰 구렁텅이나 찰산에 던질지언정 마침내 삼세의 모든 부처님과 경률을 헐뜯지 않을 것이며, 일체 여인과 더불어 부정한 행을 짓지 아니하리라"고 말씀하신 부분에 해당합니다.

부처님과 부처님의 가르침인 경률을 헐뜯는 것은 우주와

인생의 근본진리를 밝혀 생사고해로부터 중생을 해탈시키고자 하는 부처님의 원력을 방해하고 막는 일입니다. 따라서 이와 같은 행위는 일체 중생에게 죄를 짓는 일일 뿐 아니라 자신의 정신생명을 등지는 최대의 죄악입니다. 그러므로 차라리 불구덩이에 몸을 던질지언정, 부처님의 경률을 헐뜯어서는 안 된다고 하신 것입니다.

또한 이성과의 부정행不淨行을 절대하지 못하게 하신 까닭은, 중생이 비롯함 없는 옛날부터 고해에 길이 잠겨서 뛰쳐나오지 못하는 것이 다 색의 얽힘으로 말미암았기 때문입니다.

여러 경전에서는 출가보살이 음행과 관련된 소리를 듣고 그 모양을 보는 것만으로도 오히려 계를 때 묻히고 더럽힌 것이 된다고 하였습니다. 하물며 보살이 부정한 음욕을 일으켰다면 어찌 청정한 계를 구족했다고 할 수 있겠습니까?

(2) 파계한 몸으로 공양을 받지 않으리

두 번째 맹세〔第二誓〕는 공양을 받는 데 대해 결단심을 발하는 수공양서受供養誓입니다. 이는 경문의 "다시 이렇게 서원하되, …… 마침내 파계한 몸으로써 신심 있는 단월이 주는 온갖 의복을 받지 아니하리라. …… 백 가지 음식을 먹지 아니하리라. …… 백 가지 평상과 자리를 받지 아니하리라. …… 백가지 맛의 의약을 받지 아니하리라. …… 수많은 방과 집과 동산과 논밭 등을 받지 아니하리라"고 한 다섯 가지 발원을 하나로 묶어 제2서원으로 삼은 것입니다.

신심 있는 사람이 바치는 그 어떠한 의복·음식·와구·의약 및 집·논·밭·전원 등의 부동산을 파계한 몸으로 받아서는 안 된다는 것입니다.

왜 받아서는 안 된다고 한 것인가?

시주하는 신도들은 복을 구할 수 있다는 믿음 때문에 스님들께 공양을 하기 때문에, 그 시주를 받는 출가보살은 능히 복전福田이 되어야 합니다. 복전이 되기 위해서는 계戒·정定·혜慧 삼학三學을 모두 갖춤이 최상이지만, 계율 하나만 잘 지켜도 능히 복전이 될 수 있습니다.

그런데 나의 계에 이지러짐이 있고 파계함이 있다면 쌀 한 톨, 밥 한 알도 잘 소화할 수가 없는데, 어떻게 시주를 한 사람들의 복밭이 될 수 있겠습니까?

만일 파계를 한 스님이 스스럼없이 공양을 받는다면, 자신은 그 시주의 복전이 되는 것을 감당할 수 없으면서도 할 수 있다는 듯이 꾸미는 위선에 불과합니다. 그러므로 함부로 시주를 받지 않겠다는 맹세를 하게끔 한 것입니다.

(3) 파계한 몸으로 예경을 받지 않으리

세 번째 맹세인 제3서第三誓는 공경을 받는 데 대한 결단심인 수공경원受恭敬願입니다. 경문의 "차라리 쇠망치로 이 몸을 때려 부수어 머리로부터 발끝까지 먼지가 되게 할지언정, 마침내 파계한 몸으로써 신심 있는 시주의 공경예배를 받지 아니하리라'고 한 부분에 해당합니다.

예배는 공경과 효순의 상징입니다. 신심과 귀의하는 마음을 지극히 하여 예배를 할 때 무한자비와 무한능력의 부처님께서는 감응을 하게 되고, 예배하는 이의 죄업은 소멸되는 것입니다. 그리고 죄업 소멸과 동시에 마음이 청정해지면서 끝없는 복과 공덕이 우러나오게 됩니다.

그런데 파계한 이가 먹물 옷을 입었다는 이유 하나만으로 지극한 공경을 담은 예배를 받는다면 어떻게 되겠습니까? 스스로의 복을 감하게 될 뿐 아니라, 절 하는 이에게도 복덕이 돌아갈 까닭이 없습니다.

모름지기 참된 출가인이라면 '진정 신심 있는 이의 예배를 받을 수 있는 자격을 갖추고 있는가?'를 스스로 되돌아보아야 합니다. 그리고 부끄러움과 뉘우침이 있는 자는 가히 진중하게 행동해야 할 것입니다.

(4) 육근을 청정하게 하리

네 번째 맹세인 제4서第四誓는 육근을 청정하게 하겠다는 맹세인 정육근서淨六根誓입니다. "또 이렇게 서원하되, …… 파계한 마음으로 다른 이의 예쁜 모양을 보지 아니하리라. …… 좋은 음성을 듣지 아니하리라. …… 모든 향을 탐하여 냄새를 맡지 아니하리라. …… 남의 백 가지 맛있는 음식을 먹지 아니하리라. …… 좋은 촉감을 탐착하지 아니하리라"고 한 이 다섯 가지 맹세를 하나로 묶어 제4서원으로 삼은 것입니다. 곧 안眼·이耳·비鼻·설舌·신身·의意의 육근六根 중 다섯 가지 감각 기관을 잘 다스리겠다는 맹세입니다.

계의 몸[戒身]은 5경五境인 다섯 가지 대상에 의해 마음이 흔들림으로 말미암아 1차적인 손상을 입게 되고, 그 손상의 폭이 커지면 제6근인 의근意根을 비롯하여 지혜의 생명까지 아울러 잃게 되기 때문에, 이것을 방지하고자 육근을 청정하게 하겠다는 것을 거듭 맹세하라는 것입니다.

실로 좋은 모양, 좋은 목소리, 좋은 음식, 좋은 맛, 좋은 감촉을 탐착하여 쫓아다니다 보면 마음이 해이해져서 파계의 구렁텅이에 빠져드는 문이 나타나게 되고, 사소한 계라도 한 번 깨뜨리고 나면 알게 모르게 다섯 경계에 끌려 들어가서 중계를 범하게 됩니다.

한 예로서, 이성에 대한 청정하지 못한 생각이 오래 누적되면 음욕의 불길을 제거할 수 없게 되어, 결국 청정수행승의 면모를 그르치게 되고 맙니다. 어찌 색의 허물뿐이겠습니까? 소리·냄새·맛·감촉 등에 탐착할 때 돌아오는 결과 또한 마찬가지입니다.

그러므로 이러한 맹세를 통하여 기필코 성불하겠다는 원을 더욱 굳건하게 하고 악의 근원을 원칙적으로 끊어 버릴 뿐 아니라, 동시에 모든 선근과 거룩한 싹을 길러내어야 합니다. 거룩한 선근들이 뿌리를 내리고 힘차게 자라게 되면 그 이후로는 좀처럼 파계하지 않게 됩니다.

(5) 일체 중생이 성불하여지이다

다섯째 맹세인 제5서第五誓는 중생제도를 발원하는 도중생서度衆生誓입니다. 이 제5서는 전체 열세 가지 맹세 중 마지막 맹세이고, 문장 또한 짧은 것이 특색입니다. 곧 경문에서 "또 이렇게 서원하기를, 일체 중생이 모두 다 성불하여지이다"라고 한 부분입니다.

제1에서 제4서까지가 자기 자신의 제도, 곧 스스로 잘못하지 않겠다는 서원인 데 대해, 제5서는 다른 이를 위한 서원입니다. 다시 말하면 앞의 4가지 서원, 구체적으로 12가지 맹세는 나의 성불을 위한 자리自利의 수행과 관련된 맹세인 만큼, 이타행을 닦는 대승의 보살답게 모든 중생이 잘못된 길을 벗어나 성불하기를 발원하라는 것입니다.

일체 중생이 함께 성불하기를 원하는 이 서원은 우리들 모두가 갖추고 있는 근본 마음자리[本源心地]에 기초를 둔 것입니다. 따라서 근본 마음자리에서 살고 있는 보살답게, 일체 중생을 성불의 길로 이끌어서 근본 마음자리로 돌아가게 하겠다는 서원이 언제나 충만되어 있어야 합니다.

모름지기 출가보살들은 인생의 무상을 철저히 체득하고, 어떠한 유혹에도 흔들리지 않을 용맹심으로 정진해야 합니다. 목숨을 바쳐서라도 계를 지키고, 중생을 구제할 거룩한 행렬에 누구보다 먼저 앞장을 서야 합니다.

만약 보살이 이상의 서원한 바와 같은 마음의 자세로 계속 수행을 하면 나쁜 생각과 나쁜 습관이 저절로 사라지게 되고, 선근과 거룩한 마음씨가 더욱 자라나서 보살의 자비와 청정행을 저절로 갖추게 됩니다.

결국 '계를 지킨다 못 지킨다' 하는 것은 습관과의 투쟁이고 본능과의 투쟁입니다. 그렇기 때문에 지킨다는 것이 마음먹은 것과는 달리 쉽게 되지를 않습니다. 고기·술·담배를 끊는 것만 하여도 그렇습니다. 마음으로는 "오늘부터 고기와 술과 담배를 안 먹겠다"고 작심을 하지만, 그 결심이 3일 작심三日作心으로 끝나고 마는 경우가 허다합니다.

문제는 이 결심과 맹세가 얼마나 가느냐 하는 것입니다. 한 달, 두 달을 지켰다 하여 먹고 싶다는 생각이 사라지지 않습니다. 그 정도는 아직 시작도 아니라고 보아야 합니다. 적어도 3년 이상 익혀야 어느 정도 입문이 되었다고 할 수 있습니다.

그러나 아직 완전하다고 할 수는 없습니다. 완전하게 끊으려면 10년이 지나야 합니다. 10년이 지나면 일부러 먹으려 해도 먹어지지 않을 뿐더러, 생리적으로도 거부를 하게 됩니다. 말하자면 습성과 본능이 완전히 뒤바뀌는 것입니다.

이와 같이 본능이 완전히 바뀌고 도가 자리를 잡을 때까지 굳은 맹세를 하고 또 맹세를 해야 합니다. 이렇게 스스로를 바꾸겠다는 맹세를 하며 꾸준히 나아가다 보면 마침내는 심지 본원의 자리, 성불의 자리에 이르게 됩니다. 그때까지 함께 정진하여 부처님이 되어 봅시다.

나무범망경보살심지대계.

제37경계
모난유행계 冒難遊行戒
위험을 무릅쓰고 유행하지 말라

　너희 불자들이여, 봄·가을로 두타행을 할 때나 겨울·여름으로 좌선할 때나 하안거를 할 때에 항상 양지와 비누와 삼의三衣와 병과 바루와 좌구와 육환장과 향로와 물주머니와 수건과 칼과 부쇠와 족집게와 끈으로 얽은 걸상과 경전과 율문과 불상과 보살상을 지녀야 하느니라. 보살은 두타행을 할 때나 나다닐 때 백 리 천 리를 가더라도 이 열여덟가지 종류의 물건을 항상 몸에 지녀야 하느니라.

　두타행을 하는 이는 정월 15일부터 3월 15일까지와 8월 15일부터 10월 15일까지의 두 철 동안 18종의 물건을 몸에서 떠나지 않게 하기를 마치 새의 두 날개와 같이 할 것이니라.

　또한 포살일에 새로 배우는 보살은 보름마다 포살을 하되, 10중계와 48경계를 외울 것이니라. 계를 외울 때에는 반드시 불보살상 앞에서 외우되, 한 사람은 포살하고 한 사람은 외울지니, 두 사람·세 사람·백 사람·천 사람이 되더라도 한 사람이 외우느니라. 외우는 이는 높은 자리에 앉고 듣는 이는 낮은 자리에 앉을 것이며, 각각 9조와 7조와 5조의 법의를 입을지니라.

여름 안거 때에도 또한 마땅히 하나하나를 법답게 하여야 하느니라.

두타행을 할 때는 험난한 곳에 들어가지 말지니 나쁜 나라나 나쁜 임금이 있는 곳이나, 땅이 높고 낮아 험한 곳이나, 초목이 무성한 곳이나, 사자와 호랑이가 있는 곳이나, 물과 불과 바람으로 인해 난리가 난 곳이나, 도둑이 나오는 외딴 길이나, 독사가 많은 곳 등 온갖 위험한 데는 가지 말지니라.

두타행을 할 때뿐만 아니라 여름 안거를 할 때에도 이와 같이 위험한 곳에는 들어가지 말아야 하나니, 만일 짐짓 들어가는 자는 경구죄를 범하느니라.

若佛者_야 常應二時頭陀_와 冬夏坐禪_과 結夏安居_에 常用楊枝_와 澡豆_와 三衣_와 瓶_과 鉢_과 坐具_와 錫杖_과 香爐_와 漉水囊_과 手巾_과 刀子_와 火燧_와 鑷子_와 繩牀_과 經_과 律_과 佛像_과 菩薩形像_이어다. 而菩薩_이 行頭陀時_와 及遊方時_에 行來百里千里_{하되} 此十八種物_을 常隨其身_{하라.} 頭陀者_는 從正月十五日_로 至三月十五日_{하며} 八月十五日_로 至十月十五日_{이니} 是二時中_에 此十八種物_을 常隨其身_{하되} 如

조 이 익
鳥二翼이어다.
　　　　약 포살일　　신학보살　　　반월반월　　 상포살　　　 송십중
　　若布薩日에 新學菩薩이 半月半月에 常布薩하되 誦十重
사 십 팔 경 계　　　약송계시　　 당어제불보살형상전송　　 일
四十八輕戒니라. 若誦戒時에 當於諸佛菩薩形像前誦하되 一
인　 포살　 즉일인　 송　　 약이인삼인　　 지백천인
人이 布薩하면 卽一人이 誦하며 若二人三人으로 至百千人이라도
역일인　 송　 송자　 고좌　 청자　 하좌　　 각각피구조
亦一人이 誦하되 誦者는 高座하고 聽者는 下座하야 各各披九條
칠조오조가사
七條五條袈裟하라.
　　 약 결하안거시　　 역응일일여법　　 약행두타시　　 막입난
若結夏安居時에 亦應一一如法하며 若行頭陀時에 莫入難
처　 약악국계　　 약악국왕　 토지고하　 초목심수　 사자호
處니 若惡國界와 若惡國王과 土地高下와 草木深邃와 師子虎
랑　 수화풍난　 급이겁적도로　 독사　 일체난처　 실불득
狼과 水火風難과 及以劫賊道路와 毒蛇와 一切難處에 悉不得
입
入이어라.
　　　　　 두 타 행 도 　 내 지 하 좌 안 거 　 　 시 제 난 처 　 개 불 득 입 　 　 약
頭陀行道와 乃至夏坐安居에도 是諸難處에 皆不得入이니 若
고입자　 범경구죄
故入者는 犯輕垢罪니라.

　이 계에서는 출가보살의 2대 수행인 안거安居와 두타행頭
陀行을 할 때 지켜야 할 사항을 밝힌 것으로, 재가보살에게
는 해당이 되지 않습니다.
　먼저 두타행에 대해 살펴봅시다.
　안거가 끝난 뒤의 봄과 가을은 기후가 화창하고 춥지도 덥
지도 않아 두타행을 하기가 좋은 때입니다. 두타는 의·식·
주 등에 대한 어려움을 참고 심신을 단련하는 수행으로, 이
수행을 할 때는 12두타행이라 하여 다음과 같은 열두 가지
를 지킬 것을 강조하고 있습니다.

① 고요한 곳에 머물면서 세속을 멀리하고
② 언제나 걸식할 뿐 공양을 따로 받지 않는다.
③ 빈부를 가리지 않고 일곱 집을 차례로 걸식하며, 일곱 집에서 밥을 얻지 못하면 그 날은 먹지 않는다.
④ 하루에 한 끼만 먹고 거듭 먹지 않는다.
⑤ 배고프지 않을 정도로만 먹는다.
⑥ 중식 후에는 과일즙·꿀물 등도 먹지 않는다.
⑦ 떨어진 옷감을 주워 옷을 만들어 입는다.
⑧ 내의·상의·중의重衣 등 세 가지 옷만을 가진다.
⑨ 무덤 곁에 머물면서 무상관無常觀을 닦는다.
⑩ 애착을 없애기 위해 집이 아닌 곳에서 쉰다.
⑪ 나무 아래에 있으면 습기·독충·새똥 등의 피해를 입을 수 있으므로 한데에 앉는다.
⑫ 항상 앉아 있고 눕지 않는다.

이와 같은 12두타행을 통하여 출가수행자는 세속의 모든 욕심과 속성을 떨쳐 버리고 몸과 마음을 깨끗하게 만드는 것입니다.

그리고 안거安居는 수행자들이 유행遊行하지 않고 한곳에 모여 수행 하는 것을 가리킵니다. 현재 우리나라 등 북방불교권에서는 여름과 겨울의 두 차례에 걸쳐 3개월씩 행하여지고 있습니다.

경문에서 밝힌 '결하안거結夏安居'는 여름철 90일 동안 특별히 바깥출입을 하지 않고 참선 정진만 하는 것을 가리키며, 이것을 달리 하안거夏安居·하좌夏坐·하행夏行이라 합니다.

인도는 이 여름철이 우기雨期이므로 출입에 많은 위험이 따르고, 또 많은 곤충류들이 생성하는 시기여서 나다니다 보면 알게 모르게 벌레들을 밟아 죽이게 되는 경우가 많으므로, 부처님께서 승려들로 하여금 일정한 곳에 모여서 수행토록 하신 것입니다.

또 경문에서는 안거나 두타행을 하는 출가보살이 양지楊枝 등의 열여덟 가지 물건을 필수적으로 소지해야 한다는 것을 밝히고 있습니다.

이 열여덟 가지 종류의 물건은 양지·조두·삼의·병·바루·좌구·육환장·향로·녹수낭·수건·칼·화수·섭자·승상·경전·율문·불상·보살상 등입니다. 이 가운데 생소한 용어 몇 가지를 풀어 봅시다.

먼저 '양지楊枝'는 버드나무 줄기를 쪼개어 이를 닦기 좋도록 만든 것으로 요즈음의 칫솔에 해당하며, '조두澡豆'는 콩가루 같은 것으로 옛날에 비누로 사용하였습니다. '삼의三衣'는 대의大衣·중의重衣·내의內衣 등 세 가지 옷을 가리킵니다. 대의는 외출을 할 때나 궁중에 드나들 때 입었으며, 중의는 예불·청법·독경·포살을 할 때, 내의는 작업할 때나 잠을 잘 때 입게 됩니다.

또 '녹수낭漉水囊'은 물을 깨끗하게 거르는 주머니입니다. 마실 물에 들어 있는 먼지 등을 걸러내고, 벌레 등을 죽이지 않기 위해 거르는 것입니다.

그리고 '화수火燧'는 불을 얻기 위한 기구로, 흔히 부쇠라고 합니다. '섭자鑷子'는 코털을 뽑기 위한 도구입니다.

오늘날의 승려들은 이 18물을 꼭 지니고 다니지 않지만, 옛날에는 18종의 소지물을 실제로 구비하여 잠시도 몸에서 여의지 않게 하였으며, 만일 여의면 보살의 대도를 행하는 것이 아니라고 옛 스승들은 말씀하셨습니다.

두 번째로 경문에서는 매 반달 반달마다 포살布薩을 하도록 강조하고 있습니다.

포살과 관련하여 경문에서 '반월반월半月半月'이라고 한 것은 매월 그믐과 보름을 가리키며, 이때가 되면 대중이 반드시 한자리에 모여 보살계를 외우며 잘못한 것을 참회하고, 계를 더욱 굳건히 지킬 것을 다짐하는 포살을 행하게 됩니다.

그리고 포살을 행할 때 계본戒本을 읽는 이는 높은 자리에 앉아서 읽고, 대중들은 아래에 앉아서 잘못이 있으면 대중 앞에 고하고 참회해야 합니다. 그렇게 하여야만 청정함을 얻어서 새롭게 계를 지킬 힘을 얻게 되는 것입니다.

그리고 경문에서 "외우는 이는 높이 앉으라〔誦者高坐〕" 한 것은 계를 읽는 목소리가 여러 대중에게 잘 들리도록 하기 위함이요, 계법을 장엄하게 드날리고 마땅히 높여 존숭하기 위해서입니다. 계를 읽는 사람이 자기 후배이고 제자라 할지라도 그 계법을 존숭하기 때문에 높은 자리에 앉히는 것이며, 사람 자체의 존귀함과는 조금도 상관이 없습니다.

"듣는 사람은 아랫자리에 앉으라〔聽者下坐〕"고 한 것은 모두 다 잘 들으라는 것이고, 또한 자신은 겸손하게 낮추는 대신 계는 높이고 공경하라는 뜻입니다.

그리고 포살을 할 때 산중의 대중들은 모두 큰 절로 모여야 합니다. 사내 암자의 스님네가 다 참석하여 여법하게 하라는 것이 부처님 법의 정신입니다.

포살은 지은 죄를 없애고 죄업의 속박으로부터 벗어나는 길입니다. 그것을 모르고 포살을 하지 않으려 하거나 지은 죄를 자꾸 숨기고 대수롭지 않은 잘못이라고 하여 그냥 넘기다 보면, 죄업이 점점 자라날 뿐 아니라 다른 죄업까지 따라붙게 되어 구제불능이 되고 맙니다.

곧 선행을 닦아 몸을 보호하거나 참회하여 죄를 청정하게 하지 않고 더욱 감추는 어리석은 이들은 눈·귀·코·혀·몸의 5근五根으로 5욕에 물들어, 마구니가 하고자 하는 바에 따라가게 되고 마는 것입니다. 어찌 보살계를 팽개치고 5욕의 노예가 되어 마구니의 종자가 될 수 있겠습니까? 어떠한 일이 있더라도 불법이 있는 곳에서는 포살이 함께 있어야 합니다.

　계를 받는 것이 계신戒身·계체戒體를 얻는 것이라면, 포살은 그 계의 몸을 수시로 닦고 장엄하는 목욕에 해당합니다. 모름지기 포살을 행하여 죄업의 몸을 씻고 심지대계를 이루기를 당부드립니다.

　경문에서 마지막으로 설한 것은 아무리 두타행을 할 경우라 하더라도 나쁜 나라, 위험한 곳 등 "12난처難處에는 가지 말라"고 하셨습니다.
　이 12난처는 크게 네 가지로 분류할 수 있습니다.
　첫째, 나쁜 나라와 나쁜 국왕이 있는 곳입니다. 나쁜 나라는 백성들이 포악하거나 경제·사회 환경이 바람직하지 못한 나라이고, 나쁜 국왕은 삼보를 믿지 않으므로 사문을 반드시 경멸하고 해롭게 하는 통치자를 가리킵니다. 따라서 그와 같은 나라에 들어가서는 두타행을 하기도 어렵고 교화를 한다는 것이 불가능하므로 가지 말라고 하신 것입니다.
　둘째, 땅이 험한 곳〔土地高下〕입니다. 이러한 곳에 억지로 들어가서 수행을 하게 되면 고생만 되고 공부는 되지 않기 때문입니다. 고생을 많이 하면 공부가 잘 된다고 생각할 수도 있으나, 부처님께서는 항상 중도中道를 말씀하셨고, 거문고 줄을 고르듯이 하라고 하셨습니다.
　수행인은 고행도 안일도 아닌 중도의 마음가짐과 중도의

환경에서 공부를 해야 합니다. 사람들이 들끓는 세속의 마을에서 조용히 공부하기가 힘든 것처럼, 너무 험하고 위험한 곳에서 정진을 한다는 것 역시 공부하는 데 장애가 된다는 뜻입니다. 그러므로 수행인은 조용하고 편안한 수행처를 찾아야 합니다.

셋째, 초목이 아주 울창한 곳에 가지 말라고 함은 그 곳이 독한 짐승이나 독사·독충·잡귀 등이 모여 살기에 적합한 곳이므로 역시 정진하는데 좋지 않다고 하신 것입니다.

넷째, 수화풍난水火風難이 있는 곳, 곧 파도치는 험한 바다, 불길이 무서운 곳, 태풍이 심한 곳은 피해서 정진해야 하는 것입니다.

만약 보살이 모험삼아 나쁜 나라나 물과 불 속으로 들어가거나 도둑이나 독사에게 몸을 던진다면 보살도의 성취는 고사하고 한갓 몸만 상하게 하는 결과만 초래하게 됩니다. 곧 보살의 뿌리를 내리기도 전에 싹을 죽여 버리는 과오를 범하게 될 수도 있습니다.

따라서 아무리 두타행을 한다 해도 중도中道에 맞도록 해야 하고, 아무 곳이나 위험한 곳까지 분별없이 다니며 지나친 행을 해서는 안 된다는 것을 잘 유념하시어, 법도에 맞는 수행을 하고 큰 도를 증득하시기를 축원드립니다.

나무범망경보살심지대계.

제38경계
괴존비차서계 乖尊卑次序戒
높고 낮은 차례를 어기지 말라

너희 불자들이여, 마땅히 법이 정한 대로 차례를 찾아 앉되, 먼저 계를 받은 이가 앞에 앉고 후에 계를 받은 이는 뒤에 앉아야 하느니라. 늙은이와 젊은이를 묻지 말고 비구와 비구니, 귀한 이와 왕과 왕자와 황문과 노비를 막론하고 먼저 계를 받은 이는 앞에 앉고 뒤에 계를 받은 이는 뒤에 차례로 앉아야 하느니라.

외도들이나 어리석은 이들처럼 나이가 많은 이나 적은 이가 앞도 없고 뒤도 없이 앉지 말지니, 앉는 데 차례가 없는 것은 병졸들이나 종들의 막된 법이기 때문이니라.

나의 불법 가운데에는 앞사람이 먼저 앉고 뒷사람이 뒤에 앉는 것이니, 만일 보살이 불법대로 차례를 찾아 앉지 않으면 경구죄를 범하느니라.

若佛子야 應如法次第坐하라. 先受戒者는 在前坐하고 後受戒者는 在後坐하되 不問老少와 比丘와 比丘尼와 貴人과 國王과 王子와 乃至黃門奴婢하고 皆應先受戒者는 在前坐하고 後受戒者

는 次_차第_제而_이坐_좌하라.
莫_막如_여外_외道_도癡_치人_인하야 若_약老_노若_약少_소ㅣ 無_무前_전無_무後_후니 坐_좌無_무次_차第_제는 如_여兵_병
奴_노之_지法_법이니라.
我_아佛_불法_법中_중에는 先_선者_자先_선坐_좌하고 後_후者_자後_후坐_좌니 而_이菩_보薩_살이 一_일一_일不_불如_여
法_법次_차第_제坐_좌者_자는 犯_범輕_경垢_구罪_죄니라.

　제37 모난유행계는 밖으로부터의 액난을 피할 수 있도록 하기 위해 제정한 것이고, 이 괴존비차서계는 교단 내부의 질서를 잡기 위해 제정한 계입니다.

　곧 이 계에서는 앉는 자리〔坐_좌次_차〕를 중심으로 선후배의 위상位相을 정립하고 있습니다. 다시 말하면 불교 교단 위계질서의 표준을 정한 것입니다.

　돈을 버는 기업체는 수익을 더 올리는 것에 모든 가치의 표준을 두고 있습니다. 일거리를 잘 얻어 오고 회사의 발전에 기여도가 높은 사람에게 높은 직위와 많은 보수를 주게 되고, 그렇지 못하면 아랫자리에 머무르게 되는 것이 기업체의 생리입니다. 마적이나 노예의 세계에서는 힘이 센 자가 어른일 뿐, 나이나 덕행이나 예의는 돌아보지 않습니다.

　이와 같이 모든 집단은 그 집단의 성격과 용도에 따라 가치관이 정립되기 마련이고, 그 가치관에 따라 질서가 확립되는 것입니다. 따라서 집단의 성격에 가장 합당한 가치관을 정립하고 가치관에 따라 가장 바람직한 실천방향이 설정되어야 하며, 이 가치관이 올바로 정립될 때 그 집단은 훌륭하게 꽃피어날 수 있는 것입니다.

우리 불교도 마찬가지입니다. 주지스님·재무스님보다 계율을 공부하고 참선을 하는 스님네가 우대받는 가치관이 정립되면, 우리나라 불교는 훌륭하게 발전할 수 있습니다. 현재까지는 그래도 참선하는 큰스님네를 잘 받들어 모시는 풍조가 있으므로 우리 교단이 이만큼이나마 유지된다고 할 수 있습니다.

만일 큰스님네 뿐만 아니라 계를 잘 지키고 참선을 잘하고 경전이나 교리를 열심히 공부하여 계·정·혜 삼학을 모범적으로 배우는 젊은 스님네들까지 교단에서 특별히 대우하는 풍토가 이루어진다면, 한국불교는 활활 타오를 것입니다. 이 산승은 수행을 중요시하는 가치관 아래, 수행하는 스님네가 많이 출현하기를 간절히 기대하고 있습니다.

이제 부처님께서 왜 출가한 순서에 따라 자리를 정하라는 계를 제정하셨는가에 대해 살펴봅시다.

불교의 교단은 출세간의 해탈도를 보다 용이하게 성취할 수 있도록 하기 위해 만들어졌습니다. 따라서 세속적인 아만我慢으로 가득 채워져 있는 출가인은 세간을 뛰어넘는 도에 깊이 들어갈 수도, 교단의 구성원이 될 자격도 없습니다. 마땅히 출가인이라면 아만의 세간에서 벗어난 새로운 가치관으로 새롭게 출발하여야 합니다.

자연 출세간의 나이는 출세간의 계를 받아 얼마나 잘 지켰는가에 의할 뿐입니다. 아만과 삼독의 세간사를 전무全無로 돌리고, 출세간의 계를 받은 그 날로부터 삼학을 닦으며 정진할 때 출세간의 목표인 해탈의 세계에 보다 빨리 들어갈 수 있기 때문에 이 계를 제정하신 것입니다.

곧 불교에서는 법法을 무겁게 여기기 때문에 계戒의 덕에 따라 차례를 논의합니다. 따라서 귀천을 나누지 않고 나이의 많고 적음을 묻지 않습니다. 오직 계를 받은 나이의 높고 낮음만을 따질 따름입니다.

그리고 불교에서는 법을 아는 사람을 가장 앞에 세웁니다.

어느 때 대범천왕이 여의보광요如意普光耀라는 아리따운 처녀가 보살의 보리행을 설법하는 것을 듣고 보리심을 일으켜, 여러 하늘 대중과 더불어 자리에서 일어나 그녀의 발에 정성을 다해 절을 하였습니다.

이것은 대범천왕이 남녀 및 신분 여하를 떠나 법을 존중한 표시이고, 대승을 설법하는 법사를 지극하게 받든 예입니다.

또 제석천이 한 게송의 법문法門을 듣기 위해 여우와 비슷하게 생긴 야간野干에게 접족례를 하였습니다. 이것은 비록 제석천이라 할지라도 법을 먼저 안 상대에게 공경을 해야 한다는 것을 깨우쳐 주는 이야기 입니다.

모름지기 불교 집안에서는 그 상대가 누구이든 간에 법을 아는 사람을 앞세워야 합니다. 그 존재가 비록 짐승일지라도 즉시 예경하고 법을 받들어야 합니다.

다시 말하면 '오직 법이 가장 높고 절대적인 가치의 기준'임을 강조하고 있는 것이며, 세속의 신분이나 계급은 정법 아래에 있다는 것을 거듭 강조한 것입니다.

물론 이 경문에서 설한 바와 같이, 계의 차례에 의지하지 않고 앉는 것은 모두 범계犯戒가 됩니다. 자신의 자리를 뒤에 계를 받은 후배에게 양보를 하였다면, 양보한 자와 그 자리에 앉은 자가 다 같이 계를 범한 것이 됩니다.

하지만 법을 기준으로 할 때는 당연히 예외가 되는 것입니다. 아무리 계를 나중에 받았더라도 법의 덕이 높고 깨달아 얻은 지혜가 훨씬 높은 이가 있다면 그를 당연히 어른으로 모셔야 하고, 아무리 계를 먼저 받아 계랍戒臘이 위라 하더라도 법의 덕이 없고 계행이 볼 것이 없다면 어른 대접을 받을 수가 없습니다.

또 다른 예외는 법을 청하는 사람의 의사에 따라 상좌의 자리가 계를 받은 나이에 관계없이 정해지는 경우입니다.

❀

수나라 때, 한 도반과 더불어 종남산 선정사禪定寺에 들어가 은거를 하신 혜오慧悟스님은 항상 『화엄경』을 외웠으며, 도반이었던 스님은 『열반경』을 외웠습니다. 이 두 분은 늘 채소와 나물, 풀뿌리를 먹고 바위굴에 살면서 각각 자기 수행에 전념하고 있었습니다. 그러던 어느 날 홀연히 한 사람이 나타나 스님을 청했습니다.

"저희 집에 재공齋供을 차려 놓고 화엄법사를 모시러 왔습니다."

두 스님이 서로 양보를 하자 공양을 청하는 주인공은 다시 말했습니다.

"저는 화엄법사를 청하고자 합니다."

하는 수 없이 혜오스님이 따라가 보니, 그는 다름 아닌 종남산의 산신이었습니다. 이 날 산신은 혜오스님 외에 오백나한도 청하였는데, 오백나한들은 이 날의 주인공이 '화엄법사 혜오'라며 상좌를 양보하였다고 합니다.

δ

계를 받은 나이로 볼 때 혜오스님이 어찌 오백나한님의 나이에 비할 바가 되겠습니까? 그러나 법을 청하고 재공齋供을 준비한 산신의 뜻을 헤아려 상좌를 양보하였던 것입니다.

이와 같이 교단의 기본적 준칙은 먼저 계를 받은 이가 윗자리에 앉고 뒤에 수계한 이는 아랫자리에 앉는 것이지만, 설법을 누가 하느냐와 청한 이의 뜻, 그 모임의 성질에 따라 예외가 있음을 알 수 있습니다.

현재 우리나라의 불교계에서는 이상과 같은 차제법에 의지하여 스님들의 자리를 정하고 있습니다. 만일 세속에 있을 때의 친분까지 고려하여 자리를 정한다면, 그것은 경구죄를 범하는 것은 말할 것도 없고 불교의 평등사상까지를 뿌리 채 흔들어 놓는 것이 된다는 것을 명심해야 합니다.

왜냐하면 부처님께서 불법 안에서 계를 받은 차례에 따라 위계질서를 엄중하게 지키도록 하신 것은, 불법 자체의 권위와 존중의 문제를 넘어서서 '세속의 모든 신분제도와 계급제도를 타파하셨다'는 더 큰 의의를 가지고 있기 때문입니다.

서양식 교육을 익혀 온 사람들은 흔히 링컨을 노예해방운동의 최선구자로 생각하고 있지만, 부처님이야말로 완전무결한 평등주의의 실현자이십니다.

부처님께서는 자신의 수하에 있던 노예라 할지라도 그가 먼저 출가를 하였으면 그의 아래가 되도록 하고 그에게 절을 하는 엄격한 위계질서를 정립하셨습니다. 그 누구를 막론하고 수계선후에만 의지하여 자리를 정하였으며, 그 대표적인 예가 지계제일 우바리優婆離 존자의 출가 이야기입니다.

우바리 존자는 부처님의 수많은 제자 가운데 계를 제일 잘 지키신 10대제자의 한 분이지만, 이 분의 출신은 인도의 네 계급 중 가장 천한 수드라(노예) 출신입니다. 그는 장성하여 석가족의 궁중에서 머리를 깎는 이발사로 일하였는데, 부처님께서 성도하신 뒤 고향에 돌아와 법을 설하시자 석가족 왕자들의 머리를 깎아 주기 위해 왕자들을 따라 부처님 계신 곳으로 갔습니다.

그 곳에서 모든 왕자들이 출가할 뜻을 품는 것을 보고 자신도 출가하고자 하였으나, 수드라 출신의 천민인지라 감히 엄두조차 내지 못하고 슬픔에 잠겨 있었습니다. 그의 표정을 보고 왕자 아나율阿那律이 물었습니다.

"그대는 왜 눈물을 흘리는가?"

"왕자님, 저는 부처님의 제자가 되고 싶습니다. 그러나 저처럼 천한 수드라가 어찌 왕자님들과 함께 출가할 수 있겠습니까? 출가할 수조차 없는 저의 신분이 너무나 서럽습니다."

그 말을 들은 왕자들은 우바리도 출가할 수 있도록 노력하기로 하고, 부처님께 나아가 그 사연을 아뢰었습니다. 뜻밖에도 부처님께서는 우바리의 출가를 기꺼이 허락하셨고, 우바리는 너무 기뻐 땅에 엎드려 왕자들에게 절을 하고 부처님께 예배했습니다.

우바리가 출가한 지 7일째 되던 날, 부모의 허락을 얻은 7왕자는 정식으로 부처님의 제자가 되었습니다. 부처님께서는 언제나 하시던 것처럼 출가한 순서대로 선배 제자들을 앉게 하신 다음 새로 출가한 7왕자의 절을 받게 하셨습니다. 7왕자들은 장로들로부터 앉은 차례대로 예배를 해 나가다가, 맨 끝에 앉은 우바리 앞에 이르러서는 절을 하지 않고 있었습니다.

제38경계 높고 낮은 차례를 어기지 말라 · 405

그러자 부처님께서는 오직 출가한 순서로 서열이 정해질 뿐이라는 것을 거듭 타이르신 다음 게송을 설하셨습니다.

백천 갈래 물줄기는 모두 한 바다로 흘러 들어가고
사성四姓들도 출가하면 모두 한 성인 석씨가 되느니라
百千河水 同流入海   백천하수 동류입해
四姓出家 同一釋姓   사성출가 동일석성

일단 교단에 들어오면 출가 전의 왕자도 수드라도 똑같은 사문일 뿐이라는 선언이었습니다. 마침내 7왕자는 출가 전의 왕자와 이발사의 관계를 깨끗이 씻고 순수한 마음으로 우바리에게 공손히 절을 했습니다.

⁂

이로써 불교교단 내에서 절대평등사상은 굳게 확립되었고, 모든 중생이 똑같은 불성종자佛性種子임을 만천하에 공표하게 된 것입니다. 또 이런 일이 있은 뒤부터 인도사회에서도 그 엄하던 사성제도가 옳지 않음을 각성하기 시작하였으니, 참으로 획기적인 인권 존중의 구현이요 사자의 포효와도 같은 인권선언이었다고 하지 않을 수 없습니다.

물론 사성계급을 평등사상으로 바꾸어 놓은 부처님에 대한 지탄이 없었던 것은 아닙니다. 그러나 그와 같은 반대나 지탄에 대해 부처님은 한 차원 높은 방편을 보이면서 평등사상을 더욱 넓고 깊게 펼쳐 갔습니다.

불교는 지극한 평등주의이며, '오직 법만을 의지할 따름이니, 높고 낮은 차례를 어기지 말라'고 한 이 계의 참뜻 또한 평등주의에 있습니다.

걸림 없는 해탈의 삶은 모든 세속적인 아만을 버리고 자유와 자비가 충만되어 있는 평등한 마음을 회복해 가질 때 우리들 앞에 전개됩니다. 그러므로 높은 자리를 탐하여 마음자리의 평등을 스스로 깨뜨려서는 안 됩니다. 모든 중생과 함께 하는 큰마음의 수레를 타고 피안의 저 언덕을 향해 나아가는 대승보살의 평등한 삶을 이룩하고자 우리 모두 노력해야 합니다.

평등! 그것은 곧 대승이요 정법正法입니다. 마땅히 우리 불자들은 평등사상을 인류 최초로 천명하신 부처님의 제자답게, 평등한 마음으로 있을 자리를 지키면서 평화롭고 멋있게 살아가야 할 것입니다.

나무범망경보살심지대계.

제39경계
불수복혜계 不修福慧戒
복과 지혜를 닦아라

　너희 불자들이여, 언제나 일체 중생을 교화하되 승방을 짓고, 산림과 동산과 밭을 마련하며, 불탑을 세우고 겨울과 여름에 안거할 때 좌선을 할 처소와 온갖 도를 닦을 장소를 마련할지니라.
　그리고 보살은 마땅히 일체 중생을 위해 대승의 경률을 강설할지니라. 질병이 돌고 난리가 났을 때에나, 도둑을 만났을 때에나, 부모·형제·화상·아사리가 돌아가신 날이나 3·7일과 4·7일과 내지 7·7일에 또한 마땅히 대승경률을 읽고 강설하며, 재식을 베풀어서 원하는 바를 구하려고 할 때에나, 사업과 살림살이를 마련할 때에나, 큰 불에 휩싸이거나 큰물에 떠내려갈 때에나, 폭풍에 배가 떠내려가고 강이나 바다에서 나찰의 난을 입었을 때에도 또한 이 경률을 읽고 강설할지니라.
　그 밖에 온갖 죄보와 삼악도·팔난·칠역을 당하거나 큰 칼을 쓰고 수갑을 찬 채 구속되었을 때, 음욕이 많고 성냄이 많으며 어리석은 마음이 많을 때와 병이 들었을 때에도 마땅히 이 경률을 강설할지니라.

만일 새로 배우는 보살로서 이렇게 하지 아니한 자는 경 구죄를 범하느니라.

若佛子야 常應教化一切眾生하되 建立僧坊山林園田하야 立作佛塔하야 冬夏安居坐禪處所와 一切行道處를 皆應立之어다. 而菩薩이 應爲一切眾生하야 講說大乘經律하며 若疾病과 國難과 賊難과 父母兄弟和尚阿闍梨亡滅之日과 及三七日과 四五七日과 乃至七七日에도 亦應講說大乘經律하고 一切齋會求願과 行來治生과 大火所燒와 大水所漂와 黑風所吹船舫과 江湖大海羅刹之難에도 亦讀誦講說此經律하며 乃至一切罪報와 三惡八難七逆과 杻械枷鎖로 繫縛其身과 多淫多瞋하며 多愚癡하며 多疾病하야도 皆應講此經律이니 而新學菩薩이 若不爾者는 犯輕垢罪니라.

제38 괴존비차서계는 교단 내의 차례를 바르게 하기 위해 제정한 계이고, 이 제39 불수복혜계는 중생을 잘 끌어들여 교화하기 위해 제정한 계입니다. 곧 이 계는 복과 지혜를 쌍으로 닦을 것을 강조하고 있습니다.

다시 말하면 새의 두 날개와 같이, 중생을 교화하여 복을 닦고 대승의 경률을 독송하여 지혜를 기를 것을 천명한 계문입니다. 또한 재난을 없애고, 먼저 돌아간 이들을 구제하기 위해 이 계를 제정한 것입니다.

이제 이 경문에 담겨져 있는 내용을 하나하나 살펴봅시다. 먼저 앞부분에서는 복을 닦는 각종 불사佛事들이 열거되어 있습니다.

경문에서는 ① 승방僧坊의 건립을 비롯하여 ② 산림과 ③ 동산과 ④ 밭을 마련하고 ⑤ 불탑 건립 ⑥ 앉어 좌선할 곳 ⑦ 기타 수행할 곳 등을 만드는 7사七事를 복을 쌓는 불사의 예로 들었습니다.

중생을 교화하고 복을 닦는 첫 번째 불사로 승방을 든 까닭은, 대중이 모여 편안하게 수행할 수 있는 도량이 승방이기 때문입니다.

두 번째로 무더운 인도에서는 숲이 있는 그늘이라야 수행을 할 수 있기 때문에 산림山林을 들었습니다. 물론 남방이 아니더라도 나무가 우거지면 공기도 맑고 경치도 좋고 상쾌하여 공부하는 데 효과적인 것은 두말할 나위가 없습니다.

세 번째는 동산을 뜻하는 원園입니다. 옛날에는 산에서 나는 과일과 채소로써 자급자족하며 살았기 때문에, 원은 공양의 거처로 중요시되었습니다.

네 번째의 전田은 사중寺衆의 양식을 제공하는 터전입니다.

다섯 번째의 **불탑佛塔**은 부처님의 사리를 모신 탑인만큼 그야말로 온 대중이 우러러 의지하는 바요, 사람과 하늘이 함께 뛰어난 복을 짓는 처소입니다.

여섯 번째의 좌선처坐禪處는 겨울과 여름의 안거 때에 참선할 수 있는 선방을 가리킵니다.

일곱 번째의 일체행도처一切行道處는 한 곳에서 한 가지의 수행만 하는 것이 아니므로 근기根機에 따른 여러 수행처가 있어야 함을 가리킨 것입니다.

이들 7사를 건립함에 있어 모름지기 어려운 곳이나 꺼릴 것이 있는 곳은 피해야 합니다.

'**어려운 곳**〔難處〕'은 나쁜 짐승들이 있는 곳이나 벌레가 많아서 거처하기 불편한 곳을 가리키며, '**꺼리는 곳**'은 가까운 곳에 대중이 먹을 물이 없고 길이 없으며, 가파른 언덕이나 구렁텅이가 가까이 있거나 이교도의 수도처가 가까이 있는 경우, 관청이나 외도의 땅등을 가리킵니다.

이러한 곳을 피하여 수행 도량을 세우되, 땅 주인이나 보시를 하는 사람이 기쁜 마음으로 참여하도록 해야 합니다. 먼저 설법을 하고 저들에게 권하여 스스로 기뻐하면서 주는 마음을 내도록 해야 할 것이요, 억지로 많이 구하는 것은 옳지 않습니다. 만일 억지로 강요하여 그 사람들이 보시하라는 말을 듣기를 빚쟁이 피하듯 한다면 안 될 일입니다.

부처님께서는 승방의 규모나 장엄을 지나치게 하기 위해 무리한 시주를 요구하지 말라고 늘 제자들에게 당부하셨습니다. 지나치게 구하는 것은 그것이 아무리 복을 심게 하고 보시의 공덕을 심어 주는 것이라 할지라도, 결국은 탐심이고 욕망의 충족을 위한 속된 행위에 불과하며 수행의 바른 길이라고 볼 수 없습니다.

불자들을 항상 이것을 명심하면서 불사를 하여 중생의 복전이 되도록 해야 합니다.

그리고 "마땅히 일체 중생을 위해 대승경률을 강설하라"고 한 경문은 지혜를 닦는 큰 요강을 총괄적으로 나타낸 것이고, "만일 질병이나 국난이 있거든" 이하 부분은 지혜를 닦는 객관적 인연들을 각론적으로 따로따로 밝힌 것입니다.

각론들 중에서는 먼저 질병을 들고 다음에 국난, 도둑의 난 등의 순서로 열거하고, 그 때마다 이 경률을 읽거나 강설하라고 했습니다.

일반적으로 대승의 경률이라고 할 때의 '경'은 『반야심경』 ·『금강경』·『원각경』·『법화경』 등의 경전들을 가리키고, '율'이라하면 『보살계』 등을 가리키는데, 여기에서의 경률은 『범망경보살계』를 칭하고 있습니다.

경문에서는 왜 질병이 들었을 때 『범망경보살계』를 외우라고 하였는가? 대승의 경률, 곧 이 『범망경보살계』를 강설하고 독송하고 받들어 지니면 번뇌로 인하여 우리 중생들이 지은 한량없는 악업의 과보를 고칠 수 있기 때문입니다.

중생들은 탐욕심으로 죄를 지을 마음을 일으키고, 성내는 마음으로 거리낌 없이 죄를 저지르며, 인과법을 모르는 우치심 때문에 두려워하지 않고 죄업을 저지릅니다. 그러나 『범망경보살계』를 강설하여 삼독심의 해독과 인과업보의 무서움을 일깨워 주고, 계를 받은 힘에 의지하여 살도록 하면, 악업의 죄보를 능히 고칠 수 있습니다.

실로 이 보살계를 받으면 마음이 청정해지기 시작하면서 마음과 몸 안에 계의 힘이 생겨나 악업과 죄보와 번뇌의 질병이 저절로 치유됩니다. 뿐만 아니라 현재의 고뇌를 풀어주는 가피加被의 힘이 언제나 이 몸을 감싸게 되는 것입니다.

둘째는 "국난을 다스린다"고 하였습니다. 『범망경보살계』는 우리들 '마음의 왕(心王심왕)'을 능히 다스립니다. 이 세상의 모든 재난은 마음에서 잘못 지시함으로부터 시작됩니다. 그 마음이 지은 그릇된 업이 한 나라 국민들의 공통된 업, 곧 공업共業으로 형성될 때 국난은 발생하게 됩니다.

그러나 공업의 발현 이전에 국민들의 마음을 경률로 다스리게 되면 갖가지 재화와 난을 없앨 수 있습니다. 이와 같은 까닭으로 대승불교 국가에서는 매년 궁중에서 보살계도량을 열어 왕을 비롯한 왕족과 대신들이 보살계를 받고 외웠던 것입니다.

셋째, '도둑의 난'을 없앨 수 있는 까닭은, 이 경률을 통하여 여섯 가지 도둑인 육적六賊(色색·聲성·香향·味미·觸촉·法법)이 마음의 재물을 빼앗아 가는 것을 능히 쳐부술 수 있기 때문입니다.

우리의 마음이 눈·귀·코·혀·몸·생각 등의 여섯 문을

단속할 줄 모르기 때문에 색·소리·향기·맛·감촉·법 등의 바깥 경계에 마음을 빼앗겨 온갖 죄를 짓고 있습니다.

　눈은 색에 현혹되어 마음을 빼앗기고, 혀로는 좋은 맛을 탐할 뿐 아니라 쓸데없이 남을 흉보고 이간시키고 모함하는 말을 내뱉어서 업을 짓고 죄보를 받습니다. 나머지 귀·코·몸 등으로도 소리·향기·감촉 등에 빠져 죄를 짓기 때문에, 부처님께서는 객관 경계의 여섯을 육적이라고 하신 것입니다.

　이와 같은 내면적인 도둑이 바로 외부의 도둑을 불러들이는 업을 형성합니다. 이제 보살계를 통하여 스스로의 마음을 단속하면 육적은 저절로 사라지지 않을 수 없습니다.

　이어 경문에서는 '돌아가신 부모·형제·스승'을 들고 있습니다. 이 경률의 진리가 죽은 영가를 능히 도와서 불국정토에 왕생할 수 있게 하기 때문입니다.

　영가를 위하여 이 경률을 강설하고 읽고 외우면 법문을 듣고 마음이 열린 영가는 하늘나라에 태어나 하늘 낙을 받기도 하고, 인간 세상에 태어나 복을 누리기도 하며, 도솔천 미륵 부처님께서 계신 내원궁의 정토나 극락세계에 왕생하게 됩니다. 그러므로 부모·형제·스승의 제삿날에 이 보살계를 강설하라고 하신 것입니다.

　실제로 보살계살림을 할 때 영가에게 보살계를 주면 그 영가가 천도되어 현몽하는 경우를 너무나 자주 볼 수 있습니다.

또 경문에서 '재식을 베풀어서 원하는 바를 구하려고 할 때' 『범망경보살계』를 읽으라고 한 까닭은 이 보살계에 본래 갖추어져 있는 행과 원이 일체 중생의 구하는 바를 원만히 성취시켜 줄 수 있기 때문이며, '생업을 다스리는 문제'에 대해서도 이 경률이 법의 재물을 갖추어 모든 정의의 이익을 능히 성취시킬 수 있기 때문입니다.

'큰 불'을 든 것은 이 세상에서 가장 무서운 번뇌인 성난 불도 능히 끌 수 있는 이 경률의 힘으로 작은 불을 끄기란 너무나 쉬운 일이기 때문이며, '큰 물'을 든 것은 이 경률이 중생의 애욕의 바다, 생사의 큰물을 능히 말릴 수 있기 때문입니다. 어찌 물에 빠지는 근심을 구하지 못하겠습니까?

'검은 바람의 태풍'을 든 것은 생사의 고해에 자비의 큰 배를 띄워 모든 중생을 평화와 열반의 저 언덕으로 곧바로 건너게 하는 능력을 갖추고 있는 것이 이 『범망경보살계』이기 때문입니다. 하물며 세상의 나찰이나 귀신 세계의 어려움을 벗어나지 못할 까닭이 있겠습니까?

'일체의 죄보'에서는 삼악도三惡道와 팔난八難과 칠역七逆을 예로 들었습니다. 죄의 업보가 수없이 많아서 그 종류를 헤아릴 수 없지만, 간략하게 이 세 가지를 대표적인 죄보로 들었을 뿐입니다.

악을 능히 끊고 선을 증장시키는 이 경률에 의지하면 삼악도三惡道에서 고통을 받고 있는 중생들을 그 곳으로부터 능히 벗어나게 할 수가 있습니다. 곧 중생이 삼악도에 떨어지는 까닭은 십악十惡을 지었기 때문인데, 마음으로부터 십악을 벗어 버리면 삼악도는 사라집니다. 『범망경보살계』의 계율은 일체의 근원인 마음자리에 바탕을 두고 있는 심지계心地戒이기 때문에, 이 계를 지니고 닦아 나아가면 십악은 곧 십선十善으로 탈바꿈되고 맙니다.

그야말로 이 대승경률은 화를 돌려서 복을 만들 수 있으며, 여덟가지 어려움인 팔난八難을 능히 뛰어넘어 거룩한 과보를 얻을 수 있게 합니다. 팔난은 배고픔·추위·더위·불·물·병란·목마름·칼 등으로 인한 어려움을 말합니다. 어찌 무량한 공덕이 갖추어져 있는 심지대계에 이와 같은 어려움이 침범할 수 있겠습니까?

또 이 『범망경보살계』는 부모와 스승과 삼보에 효순하는 것을 근본으로 삼고 있으므로 칠역七逆의 죄보를 능히 제거할 수 있습니다. 칠역은 부모를 죽이거나 스승을 죽이며 삼보의 화합을 깨뜨리는 등 근본 은혜 또는 근본 진리를 등지는 행위입니다. 이 죄업을 없애는 데는 효순의 극치를 말씀하신 이 대승경률을 통해 얼마든지 가능합니다.

또한 『범망경보살계』는 마침내 일체 중생으로 하여금 생사와 모든 죄업으로부터 벗어나 열반의 저 언덕에 이르게 하는 해탈의 묘용妙用을 두루 갖추고 있는 대승경률이기 때문에, 큰 칼을 쓰고 쇠고랑을 차고 수갑에 묶이어 구속된 바가 되었더라도 능히 안팎의 얽힘을 풀어 주는 근원적인 힘을 발휘할 수 있습니다.

그뿐만이 아닙니다. 이 대승의 경률은 지극히 청정한 마음과 자비한 마음을 근원으로 하고 있기 때문에 **음란한 마음**〔多淫〕과 **성내는 마음**〔多嗔〕을 능히 없애 주고, 지혜의 마음을 내는 근원이기 때문에 **어리석은 마음**〔多愚癡〕을 없애 줍니다.『범망경보살계』야말로 모든 중생의 삼독심을 근원적으로 없애 주는 위대한 경률입니다.

이상의 설명한 바를 다시 요약하면, 이 계는 크게 두 가지로 나누어져 있습니다. 첫째는 항상 불·법·승 삼보가 상주하는 도량과 수행도량을 건립하라는 것이고, 둘째는 어려운 때나 선망부모 및 친척의 제삿날에 이 경률을 외우고 강설하라는 것입니다.

불법을 펴는 공덕은 한량이 없습니다. 불자들은 도량을 세우고 『범망경보살계』를 강설하고 불법을 널리 전하는 일을 게을리해서는 안 됩니다. 이것이야말로 불자의 도리이기 때문입니다.

마땅히 도량을 세우는 데 힘을 다하여 정성으로 동참하고, 어려움이 있을 때 『범망경보살계』를 강설하고 독송하십시오. 반드시 그만큼 죄업을 소멸하고 공덕을 성취할 수 있습니다. 물론 경률을 읽어서 액난을 면하고 좋고 좋은 일들을 성취한 실례는 허다하게 많습니다.

어떻게 대승의 경률인 『범망경보살계』를 읽는데 이것이 가능한가?

이 경률이 죄업의 원인이 되는 나쁜 짓을 금지하고 참회하는 내용일 뿐 아니라, 우리들 모두의 마음자리에 바탕을 두고 있는 심지경心地經이기 때문입니다.

부지런히 『범망경보살계』를 독송하여 모든 액난을 풀고 해탈과 자유의 삶을 가꾸어 봅시다. 보살계를 독송하고 마음에 지니면 지닐수록 더 큰 깨달음을 이룰 수 있습니다. 부디 이를 명심하여 심지경인 『범망경보살계』를 읽는 일을 생활화하기를 간곡히 당부드립니다.

나무범망경보살심지대계.

제40경계
간택수계계 揀擇受戒戒
가려서 계를 일러 주지 말라

　너희 불자들이여, 다른 이에게 계를 줄 때는 모든 국왕이나 왕자나 대신, 비구나 비구니, 신남이나 신녀, 음남이나 음녀, 18범천왕과 6욕천자, 무근과 이근, 황문이나 노비나 일체의 귀신을 가릴 것 없이 다 계를 받을 수 있도록 해야 하느니라.

　몸에 입는 가사는 모두 괴색으로 하여 법에 맞게 하도록 가르쳐 주되 푸른 빛·누른 빛·붉은 빛·검은 빛·자줏빛을 다 괴색으로 물들이고, 일체의 옷과 이부자리까지도 모두 괴색壞色으로 물들일 것이니라. 몸에 걸치는 옷을 모두 다 물들일 것이니, 일체 국토 가운데의 세상 사람들이 입는 옷과 비구가 입는 옷은 마땅히 달라야 하느니라.

　만일 계를 받고자 하거든 법사로서 마땅히 "네가 지금의 그 몸으로 7역죄를 지었느냐, 짓지 않았느냐?" 하고 물을지니, 보살 법사는 7역죄인의 몸으로 계를 받게 하지 말아야 하느니라. 7역죄는 부처님 몸에 피를 내었거나 아버지를 죽였거나 어머니를 죽였거나 은사를 죽였거나 궤범사를 죽였거나 승가의 화합을 깨뜨렸거나 성인을 죽인 것이니, 만일 이 7역죄를 지었으면 그 몸으로 계를 받을 수 없지만, 그 밖의 모든 사람은 다 계를 받을 수 있느니라.

출가인의 법은 국왕을 향해서 예배하지 아니하며 부모를 향해서 예배하지 아니하며 육친에게 경례하지 아니하며 귀신에게 절하지 않느니라.

오직 법사의 말을 알아들을 수 있는 이가 백리 천리 밖에서 찾아와 법을 구할 때, 보살법사가 악한 마음이나 성내는 마음으로 일체 중생에게 줄 계를 주지 않으면 경구죄를 범하느니라.

若佛子야 與人受戒時에 不得揀擇一切國王과 王子와 大臣과 百官과 比丘와 比丘尼와 信男과 信女와 淫男과 淫女와 十八梵天과 六欲天子과 無根과 二根과 黃門과 奴婢와 一切鬼神을 盡得受戒니라. 應敎身所著袈裟를 皆使壞色하야 與道相應하되 皆染使靑黃赤黑紫色하며 一切染衣하되 乃至臥具도 盡以壞色하라. 身所著衣를 一切染色이니 若一切國土中에 國人所著衣服과 比丘皆應與其俗服은 有異니라. 若欲受戒時에 師應問言하되 汝現身에 不作七逆罪不아. 菩薩法師不得與七逆人으로 現身受戒하라. 七逆者는 出佛身血과 弑父와 弑母며 弑和尙이며 弑阿闍梨며 破羯磨轉法輪僧과 弑聖

人이니 若具七逆이면 卽現身으로 不得戒요 餘一切人은 盡得受戒니라. 出家人法은 不向國王禮拜하며 不向父母禮拜하며 六親不敬하며 鬼神不禮니라. 但解法師語하야 有百里千里來하야 求法者를 而菩薩法師以惡心嗔心으로 而不卽與授一切衆生戒者는 犯輕垢罪니라.

제39 불수복혜계는 중생 교화를 통해 복을 닦고 대승경률을 독송하여 지혜를 기를 것을 깨우친 계이고, 이 간택수계계는 평등한 마음으로 계를 주어 중생들을 잘 거두어들일 것을 밝힌 계입니다. 곧 수계자를 특별히 골라서 계를 주어서는 안 된다는 것을 밝힌 계입니다.

이 계는 출가보살에게만 해당되는 계로, 내용이 길고 출가보살이 꼭 명심해야 할 사항들이므로 단락을 나누어 설명하겠습니다.

(1) 평등한 마음으로 수계하라

출가보살은 중생을 널리 제도하는 것으로 소임을 삼고 있으며 언제나 중생을 어여삐 여기는 자비심을 가져야 합니다. 그러므로 누구는 구제하고 누구는 구제하지 말아야 한다는 대상의 선택이 있어서는 안 됩니다. 곧 계를 줌에 있어 사람을 간택하는 것은 보살의 근본자세를 깨뜨리는 중대한 과

오가 되고 마는 것입니다.

　이와 같은 잘못을 범하지 않게 하고 보살의 근본마음을 올바로 지니게 하고자, 경문에서는 국왕·왕자·백관·비구·비구니·신남·신녀·18범천왕·6욕천자·무근·이근·황문·노비 및 일체 귀신을 가리지 말고 구제해야 한다고 말씀하신 것입니다.

　이들 가운데 18범천왕은 욕계·색계·무색계 가운데 색계의 18천을 관장하는 천왕이고, 6욕천자는 욕계 6천을 관장하는 천자이며, 무근無根은 남녀의 성기가 없는 불구자, 이근二根은 남자와 여자의 성기를 동시에 갖고 있는 변태적인 사람으로 한 달의 15일은 남자이고 15일은 여자인 비정상인이며, 황문黃門은 내시內侍입니다.

　마땅히 보살법사는 평등한 마음으로 수계를 해야 합니다. 근본 마음자리에 계합하는 평등한 마음으로 뭇 중생들에게 심지대계를 설해야 하는 것입니다.

(2) 법복에 대하여

　이 경문에서 두 번째로 밝히고 있는 것은 법복法服입니다.

　법복을 물들여 입되 '괴색壞色으로 하라'고 하신 것입니다. 괴색은 곧 부정색不正色으로, 가사의 빛깔을 정색正色인 청·황·적·백·흑 등의 원색으로 염색해서는 안 된다는 말씀입니다.

세속에서는 청·황·적·백·흑의 다섯 가지 원색을 그대로 쓰지만, 출가법은 세속을 떠난 것이므로 이 다섯 가지 원색을 무너뜨린(壞) 색, 다시 말해 다섯 가지 색을 다시 물들인 색, 곧 검지도 희지도 붉지도 않은 색을 쓰라는 뜻입니다.

예를 들면 푸른 빛깔이라 해도 아주 푸른 빛인 순청색을 쓰지 않고 진흙 바탕에 청색이 섞인 죽은 청색을 사용하고, 누른 빛으로 하더라도 아주 진한 누른 빛이나 연한 누른 빛이 아니라 누른 빛에 붉은 색을 겸한 모란木蘭빛, 곧 암자색暗紫色 비슷한 것을 씁니다. 또 검은 색을 쓰는 경우에도 검은 색에 자색을 섞은 뽕나무의 익은 오디 같은 색을 사용하는데, 이른바 치의緇衣라고 합니다.

경문에서 "푸른 빛·누른 빛·붉은 빛·검은 빛·자줏빛을 다 괴색으로 물들이고 일체의 옷과 이부자리까지도 모두 괴색으로 물들일 것이니라."라고 한 글 가운데 중심 되는 말씀은 모든 빛을 무너뜨린 빛, 곧 괴색에 있습니다. 모든 원색을 무너뜨려서 흐리게 한 빛으로 물들여 입으라는 뜻입니다. 이 말씀에 따라 우리나라 절에서는 일반적으로 법복을 비롯하여 이부자리·좌포 등은 엷은 먹물 빛 비슷한 회색을 쓰고 있습니다.

재가불자들도 절에 올 때는 법복 비슷한 옷을 입는 것이 좋고, 기왕 입는 김에 아랫바지만이 아니라 웃옷도 같은 빛깔로 만들어 입는 것이 좋습니다. 웃옷도 마을에서 입는 것처럼 짧게 하지 말고 품도 넉넉하고 길이도 길게 하여 입도록 합시다.

특히 보살계를 받을 때는 모든 재가인들이 통일된 복식을 갖추고 계를 받는 것이 좋습니다. 보살계를 받은 사람은 마땅히 안팎을 평등히 하고 세속의 그릇된 욕망에 끌려 다니지 않겠다는 결의의 상징으로 괴색의 법복을 입어야 합니다.

보살계를 받은 신도님들이 모두 법복을 입고 열을 지어 질서정연하게 앉아 법회를 해 보십시오. 설법을 하는 이나 법문을 듣는 이나 여법하게 입고 의식도 정성을 다하면 그 모습만으로도 다른 종교인이나 일반 시민에게 큰 감화를 주고 포교를 할 수 있습니다.

(3) 7역죄인

이 경문에서는 세 번째로 보살계를 주어서는 안 되는 7역죄인에 대해 말씀하고 있습니다.

이 보살계를 누구나 다 받을 수 있지만, 단지 7역죄를 범한 자만은 금세에 계를 받을 수 없다고 하신 것입니다.

왜 7역죄를 지은 사람만은 보살계를 받을 수 없다고 하였는가? 그 까닭은 금세에 지은 죄가 너무나 무거워서 계를 받더라도 계를 감당할 수 없기 때문에 이와 같은 사람은 오로지 참회만 하라는 뜻입니다.

7역죄란 경문에서 말씀하신 대로
　① 부처님의 몸을 상해하여 피를 내는 것

② 아버지를 죽이는 것
③ 어머니를 죽이는 것
④ 은사를 죽이는 것
⑤ 계사를 죽이는 것
⑥ 대중의 화합을 깨뜨리는 것
⑦ 성인을 죽이는 것 등입니다.

부처님은 수행을 다 성취하시고 과위가 원만하시며 숙세의 업장을 다 제거하셨으므로 사람이나 마왕이 마음대로 가해할 수 없는 법입니다. 그런데 여기서 '**부처님의 몸에 피를 낸다**'함은 저 제바달다提婆達多가 언덕 위에서 바윗돌을 굴려 부처님을 죽이려 하였을 때, 그 부스러기 파편이 부처님의 발가락을 다치게 하였으므로 이것을 일컬어 '부처님의 몸에 피를 낸다'고 한 것입니다.

또 **아버지와 어머니**는 나를 낳아 주고 길러 주며 큰 은혜를 베푼 분이시고, **화상**(은사)과 **아사리**(계사)는 진리를 가르쳐 주고 계의 몸[戒身]을 줌으로써 지혜의 목숨[慧命]을 있게 해 준 은덕과 인연이 있는 분입니다.

또 대중의 화합을 깨뜨리는 **파갈마전법륜승**은 승가의 화합을 깨뜨리는 것을 지칭합니다. 가령 한 도량 내에서 대중들이 둘 또는 셋으로 파당을 지어 따로 행동할 경우, 또 어떤 비구가 스스로 부처라고 자칭하면서 경과 율을 거꾸로 설하고 사람들로 하여금 정견正見이 아닌 사견邪見에 떨어지게 하는 경우입니다.

　이러한 일은 도량 밖에서 일어났거나 도량 안에서 일어났거나를 물을 것 없이 모두 파갈마전법륜이 되는 것입니다. 바로 승가의 화합을 깨뜨리는 파화합승破和合僧 입니다.

　요사이로 치면 제대로 도를 알지도 못하면서 '내가 견성했다', '나는 깨쳤다'고 떠벌리며 어설프게 부처님의 정법과 유사한 법을 만들어 교단을 깨뜨리고, 이간을 하여 남을 삿된 길로 떨어지게 하는 것 등이 이 파갈마전법륜승에 해당합니다.

　7역죄의 마지막은 성인聖人을 죽이는 것으로, 성인은 소승의 아라한과 대승의 보살을 가리킵니다.

　이상의 7역죄는 죄 중에서도 큰 죄이기 때문에 마치 나무의 싹을 도려낸 것과 같은 죄입니다. 극심한 죄악의 마음을 일으켜 이러한 죄악을 지으면, 그 무서운 죄악의 불에 거룩한 마음씨의 싹이 타 없어지게 되고 맙니다. 그러므로 금생에는 오로지 참회나 할 뿐 계를 받을 수 없다고 한 것입니다.

　그리고 경문의 끝 구절에서는, 출가인이 되었든 재가인이 되었든 "어떤 불자가 발심하여 천리를 멀다 하지 않고 달려와서 법을 구하는 이가 있으면 마땅히 법다이 참회하게 하고 계를 주어야 하며, 나쁜 마음으로 거절을 하면 계를 범하는 것이 된다."는 것을 설하고 있습니다.

　계를 받기 위해 천리길을 왔다면 그 사람의 간절한 정성을 가히 알 수 있을 것인데, 악한 마음이나 성내는 마음으로 계를 주지 않고 물리친다면, 그리고 이익을 추구하여 계를 판다면, 이것은 이미 보살도가 아닙니다.

물론 그 상대의 근기가 계를 감당하기에 너무나 부족하고 아주 불량한 사람이거나, 보살계를 받아서 명리를 얻은 다음 나쁜 짓을 도모 하고자 하는 계획적인 음모가 있는 사람, 지나치게 거만하여 법을 존중하는 마음이 전혀 없는 사람, 정성도 없고 뜻도 바로 서지 않아서 만나기 어려운 불법을 만나도 감사하다는 생각이 전혀 없는 사람에게는 계부터 무조건 주어서는 안됩니다.

이 경우에는 법사가 방편으로 교화하고 설득하여 발심을 시키고 난 다음에 계를 주도록 해야 합니다. 이것이야말로 보살이 좋은 방편으로 중생의 근기를 보아 잘 이끌어 주는 행위이며, 이렇게 함으로써 서로가 보다 많은 공덕을 이룰 수 있는 것입니다. 어찌 악한 마음, 성내는 마음으로 계를 주지 않는 경우와 비교할 수 있겠습니까?

(4) 부처님의 아들답게

이제 해설을 하지 않은 한 단락에 대해 살펴봅시다.

경문에서는, "출가인의 법은 국왕을 향해서 예배하지 아니하며 부모를 향해서 예배하지 아니하며 육친에게 경례하지 아니하며 귀신에게 절하지 않느니라."고 했습니다.

비록 출가 전의 세속에서는 신하가 되었든 노예가 되었든, 출가하면 출가법을 따라야 합니다. 그것을 알지 못하고 세속에서의 신하나 노예 때의 법을 그대로 지켜서 자기보다 늦게 출가한 이를 상전 대하듯이 하면, 이것이 바로 출세간의 대도를 문란시키는 행위가 됩니다.

세속에 있을 때는 자기의 수하였고 상전이었더라도, 출가해서는 그것을 모두 버려야 합니다. 특히 보살계를 주고 받을 때는 이것이 더욱 철저히 준수되어야 합니다. 마음자리의 대계인 보살계를 존중하고 공경한다면 귀천과 친소를 논할 바가 없습니다.

이뿐만이 아닙니다. '임금과 부모에게 절하지 말라'고 한 이 말 속에는 출가인의 떳떳함이 깃들어 있습니다. 세속의 모든 것을 다 잊고 출세간법에 따라 마음을 닦아 깨달음을 이루는 것으로 법칙을 삼는 출가인답게 떳떳이 살아야 하며, 세속의 예법에 얽매이고 딸려가서는 안된다는 뜻이 담겨 있습니다. 곧 출가인의 예절은 출세간법에 따라야 하며, 삼보의 일원으로서 갖추어야 할 면모를 분명히 갖추어야 하는 것입니다.

나아가 출가인은 하늘의 신들에 대해 절하지 않습니다. 하물며 나머지 귀신들에 대해 절한다는 것이 성립될 수 있겠습니까?

그렇다고 보살불자가 신이나 귀신에 대해 교만한 마음을 일으켜도 좋다는 것은 아닙니다. 『방등경方等經』에서는 "불자는 귀신에게 제사를 올리지도 말 것이요, 또한 귀신을 업신여기지도 말라."고 하였으며, 『우바새계경優婆塞戒經』에서는 "만일 우바새가 집이나 목숨을 위해 귀신에게 제사를 하였다면 계를 잃은 것이 아니지만, 만일 외도의 귀신에게 마음으로 예경하였다면 계를 잃은 것이니라."라고 하였습니다. 그리고 제사를 지낼 때 생명을 죽여서 하는 것은 안된다고 했습니다. 어디까지나 출가인은 삼보의 일원이라는 사실을 명심하고, 그에 맞는 떳떳함을 갖추어야 합니다.

이제 오늘날 신도들이 스님께 삼배를 올리는 위의가 정립된 일화를 말씀드리겠습니다.

❁

6·25 사변 직후에 문경 봉암사鳳巖寺에는 청담靑潭스님·성철性徹스님·자운慈雲스님 등 큰스님들이 많이 모여 참선을 하고 계셨습니다. 그 때 큰스님들의 제안으로 보살계를 설하기로 하여, 자운스님을 법사로 하여 '범망경보살계산림梵網經菩薩戒山林'을 하게 되었습니다.

그 때만 해도 스님네가 신도님들과 맞절을 하고 신중단이고 어디고 할 것 없이 절을 하던 시절이었습니다. 자운스님의 설법이 제40경계의 "출가인의 법은 국왕을 향해 절하지 아니하고 부모를 향해 절하지 아니하며, 귀신에게 절하지 아니한다."는 바로 이 대목에 이르렀을 때, 성철스님께서 손을 들어 말씀하셨습니다.

"법사님, 죄송하지만 지금 말씀하신 대목을 한 번만 더 읽어 주시기 바랍니다."

자운스님께서 그 대목을 다시 한 번 읽었을 때 성철스님께서 말씀하셨습니다.

"지금 보살계법을 말씀하시고 계를 받는 것은 모두 다 그대로 실천을 하자는 것이 아니겠습니까? 만일 그렇다면 그대로 해야 할 것입니다. 여기 대중 가운데 스님네는 모두 이 단 위로 올라오십시오. 그리고 신도들은 스님들께 3배를 하십시오. 출가 비구는 여법如法하게 거동을 가져야 하고, 신도가 어떤 신분의 사람이든지 재가불자에게 절을 해서는 안 됩니다. 그리고 신중단이나 산신단 등 신을 모신 곳을 향해 빌거나 절하여서도 안 됩니다. 오늘부터 우리는 이 법대로 하기로 하십시다."

성철스님의 제안에 법사이신 자운스님·청담스님·향곡스님 등 큰스님들이 모두 찬성을 하셨습니다. 그런데 그 당시 해인사의 조실祖室스님인 효봉曉峰스님께로 청담스님과 몇몇 스님이 찾아가 이 말을 하였으나 효봉스님은 선뜻 인가印可를 잘 해 주시지 않았습니다. 그러나 끈질기게 말씀을 드려 결국 인가를 받아내었고, 대중 스님네가 모두 결의를 하였습니다.

그 뒤부터 스님네는 신도들에게 절을 하지 않기로 하였고,

신중단에 대한 절과 기원의식을 폐지하는 대신 『반야심경』만을 독송하는 새로운 교풍이 생기게 된 것입니다.

8

　신중단 의식의 변화나 스님들이 재가인에게 3배를 받는 풍습 등이 모두 『범망경보살계』에 근거를 두고 있다는 사실을 불자들은 분명히 알아야 합니다.

　보살계는 우리나라 불교의 이념과 실천행과 의식 속에 완전히 용해되어 있습니다. 그러므로 보살계를 모르면 우리나라 불교를 풀 수가 없습니다. 그만큼 보살계는 우리 민족불교와 깊이 밀착되어 있습니다.

　결코 잊지 마십시오. 불자가 된다는 것! 그것은 참으로 존귀한 일입니다. 더구나 보살계를 받는 인연은 눈먼 거북이가 천년 만에 한 번 물 밖으로 목을 내밀 때 바다 가운데 떠다니는 구멍 뚫린 널빤지를 만나는 일보다 더 어려운 일입니다.

　이 존귀함을 수용한 우리들답게, 보살계와 함께 떳떳한 생각을 하고 떳떳한 수행을 하면서 자타일시성불도自他一時成佛道를 꼭 구현합시다.

　나무범망경보살심지대계.

제41경계
위리작사계 爲利作師戒
이양을 위하여 스승이 되지 말라

　너희 불자들이여, 사람을 교화하여 그가 신심을 일으켰을 때, 보살은 다른 이와 더불어 교계법사가 되어 계를 줄 수 있는 화상과 아사리의 두 계사를 청하도록 가르쳐야 하느니라.

　두 계사는 묻되, "네가 7역죄를 지었느냐?" 하여, 만일 현재의 몸으로 7역죄를 지은 이에게는 계사가 계를 주지 말고 7역죄가 없는 이에게는 계를 줄 것이니라.

　만일 10중계를 범한 이가 있으면 마땅히 참회하도록 가르칠 것이니, 불보살상 앞에서 밤낮 여섯 때에 10중계와 48경계를 외우고 삼세의 천불께 정성을 다해 예경하기를, 1·7일, 2·7일, 3·7일, 내지 일년이라도 하여 반드시 좋은 상서를 보아야 하느니라. 좋은 상서라 함은 부처님이 오셔서 이마를 만지며 수기를 주시거나 광명을 보고 꽃을 보는 등의 갖가지 기이한 상서가 나타나는 것이니, 상서가 나타나면 문득 죄가 소멸되느니라. 만일 좋은 상서가 나타나지 않으면 비록 참회하였더라도 이익이 없을지니,

이러한 사람은 현재의 몸으로 계를 받지 못하더라도 내생에는 계를 받아 보다 큰 이익을 얻을 것이니라.

만일 48경계를 범하였으면 법사의 앞에서만 참회하면 죄가 문득 소멸되나니, 7역죄와는 같지 아니하니라.

법사는 이러한 법의 하나하나를 잘 알아야 하나니, 만일 대승경률의 무엇이 가볍고 무거우며 어떤 것이 옳고 그릇된 것인지를 알지 못하고, 구경의 제일의제第一義諦와 습종성習種性과 장양성長養性과 성종성性種性과 불가괴성不可壞性과 도종성道種性과 정법성正法性 및 그 가운데의 여러 가지 관행을 닦을 때 들고 나는 법과 십선지十禪支와 일체의 수행법을 알지 못하며, 낱낱이 이와 같은 법의 뜻을 알지 못하면서 보살이 이양을 위하고 명예를 얻기 위해 나쁜 방법으로 구하고 많이 구하며, 제자를 탐내어 여러 가지 경과 율을 아는 척 거짓으로 보이는 것은 공양을 받기 위한 때문이니라. 이는 스스로를 속이는 것이요 또한 남을 속이는 것이니, 짐짓 남에게 계를 일러 주면 경구죄를 범하느니라.

약불자 교화인 기신심시 보살 여타인 작교계
若佛子야 敎化人하야 起信心時에 菩薩이 與他人으로 作敎誡
법사자 견욕수계인 응교청이사화상아사리
法師者는 見欲受戒人이어던 應敎請二師和尙阿闍梨어다.
이사응문언 여유칠차죄불 약현신 유칠차죄자
二師應問言하되 汝有七遮罪不아. 若現身에 有七遮罪者는
사불응여수계 약무칠차자 득여수계
師不應與受戒하고 若無七遮者는 得與受戒니라.

若有犯十重戒者어든 應敎懺悔어다. 在佛菩薩形像前하야 日夜六時로 誦十重四十八輕戒하고 苦到禮三世千佛하야 得見好相하되 若一七日二三七日로 乃至一年이라도 要見好相하라. 好相者는 佛來摩頂이어나 見光과 見華와 種種異相이니 便得滅罪요 若無好相이면 雖懺無益이니 是人은 現身에 亦不得戒나 而得增益受戒니라. 若犯四十八輕戒者는 對首懺悔이면 罪便得滅이니라. 不同七遮니라. 而敎誡師於是法中에 一一好解나 若不解大乘經律하고 若輕若重是非之相하며 不解第一義諦와 習種性과 長養性과 性種性과 不可壞性과 道種性과 正法性과 其中多少觀行出入과 十禪支와 一切行法하여 一一不得此法中意하고 而菩薩이 爲利養故로 爲名聞故로 惡求多求하며 貪利弟子하야 而詐現解一切經律은 爲供養故니 是는 自欺詐오 亦欺詐他人이니 故與人授戒者는 犯輕垢罪니라.

제40간택수계계는 실로 아는 것이 있으면서도 와서 구할 때 주지 않는 것을 경계한 것이고, 이 41번째의 위리작사계는 수행과 덕이 없으면서 억지로 스승이 되고자 하는 것을 경계한 계입니다.

곧 아는 바 없는 출가보살이 명예를 얻기 위해 아는 척하면서 남에게 계를 설명해 주거나 계를 주는 것을 금하고 있습니다. 왜냐하면 그와 같은 행위가 자신도 죄를 짓고 남도 그르치는 큰 허물을 만들어 내기 때문입니다.

또한 제대로 아는 바가 있다 할지라도 명예를 얻거나 공양을 받고자 하는 마음으로 계를 준다면, 결국은 스스로도 욕되게 하고 남에게도 누를 끼침이 가볍지 않을 것입니다.

이것이 어찌 중생을 교화하고 인도하는 규범이 되며, 정법을 운용하는 자세라고 하겠습니까? 모름지기 남을 교화하고자 하는 보살은 자신이 먼저 발심을 하여야 합니다. 나의 발심이 있고 나서야 남을 발심시킬 수 있습니다.

그리고 계를 받고자 하는 사람이 보살계를 받고자 하는 마음을 온전히 일으켰을 때, 계를 받는 이에게 물을 것을 물은 다음에 계를 주어야 한다는 것입니다.

이 때 물을 것은 7차죄七遮罪, 7역죄를 지었느냐 짓지 않았느냐 하는 것입니다. 만일 부모나 스승을 죽이는 등의 7역죄를 지었다면 계를 줄 수 없으니, 본원심지를 거역하고 등진 7역죄의 죗값이 너무 무거워 성도聖道를 가리고 막기 때문이라는 것입니다.

그리고 10중대계를 범한 이라면 마땅히 참회를 가르치되, 불보살상 앞에서 밤낮 여섯 때에 보살계를 외우고 삼세의 천불께 정성을 다해 예경을 드려야 한다고 하셨습니다.

삼세천불三世千佛이라 함은 결국 3천 부처님이라는 뜻이니, 과거·현재·미래의 3대겁에 각각 1천 부처님이 출현하시기 때문에 3천불이 된다는 것입니다. 『천불명경千佛名經』에는 이 3천 부처님의 이름이 기록되어 있습니다.

그런데 이 3천불께 철저히 참회를 하되 좋은 상서가 나타날 때까지 하라고 하셨습니다. 곧 부처님이 오셔서 이마를 만지며 수기를 주는 마정수기나 광명 등의 상서가 나타나면 모든 죄업이 사라진다는 것입니다. 참회하여 상서를 얻는다는 것! 이것은 번뇌의 구름을 벗겨 본래의 마음바탕을 회복해 가진다는 의미를 가지고 있습니다.

철저한 참회는 큰 깨달음[大覺]과 통하는 것임을 잊지 마십시오.

참회하는 마음을 놓지 않고 은근하게 정성을 다하게 되면, 마치 태산이 무너지는 것과 같이 모든 죄업들이 사라지게 됩니다. 7일·14일·21일 만에 안 되면 1년 동안이라도 하십시오. 마침내 좋은 상서를 보게 되어 계를 받을 수 있습니다.

그리고 7역죄나 10중대계가 아닌 48경계를 범하였다면 법사 앞에서 계를 받기 전에 참회만 하면 됩니다.

그리고 또 한 가지가 더 있습니다. 법사는 보살계를 주기에 앞서 모든 사람을 참회 시켜야 합니다. 부처님이나 대보살이 아니고서는 누구도 계를 온전하게 지켰다고 할 수 없기 때문입니다. 10중대계를 범한 이는 물론 뼈를 깎는 참회를 통해 좋은 상서를 얻어야 될 터이지만, 48경계는 이 세상 사람으로서 범하지 않은 사람이 거의 없을 것이므로 수계전에 참회를 여법하게 한 다음에 계를 주어야 한다는 것입니다.

잘못이 있으면 무조건 참회하십시오. 무조건 지성으로 참회하면 모든 장애는 구름 걷히듯 사라지고 마음자리의 크나큰 계는 찬란한 빛을 발하게 됩니다. 또한 보살계를 주는 법사는 계를 주기 전에 모름지기 참회를 시켜 보살계가 온전히 빛을 발할 수 있게 이끌어야 합니다.

이제 이 참회와 관련시켜 **법사의 자질**을 논의해 보도록 합시다.

모름지기 법사는 수계자가 범한 죄의 무겁고 가벼운 정도를 정확히 판별할 줄 아는 눈이 있어야 합니다. 이를 경문에서는 '대승경률의 무엇이 가볍고 무거우며 어떤 것이 옳고 그릇된 것인지'라고 표현한 것입니다.

만일 작은 계인 48경계를 범하였다면 마음자리에 조금 때를 묻히는 정도이므로 상대에게 참회하면 곧 깨끗함을 얻을 수 있지만, 10중대계를 범하였으면 마음바탕을 먹구름으로 가리는 것과 같으므로 좋은 상서를 볼 때까지 참회를 시킬 수 있어야 한다는 것입니다.

이 경계輕戒와 중계重戒의 두 가지를 밝게 분별하여 무엇을 범하였고 무엇을 범하지 않았는가를 밝히는 것을 일컬어 '계의 명상明相에 대한 판별'이라고 합니다. 법사의 판별이 잘못되면 수계자의 해탈은 더욱 멀어지기 때문에, 법사로서의 자격을 충분히 갖추어 중생을 해탈의 길로 가장 빨리 나아가게 하는 참 스승이 되어야 하는 것입니다.

그리고 법사는 계의 명상에 대한 판별뿐만 아니라, 수계를 받는 이에게 제일의제第一義諦가 무엇이며, 습종성習種性 · 장양성長養性 · 불가괴성不可壞性 · 도종성道種性 · 정법성正法性을 바르게 익힐 수 있도록 지도하고, 십선지十禪支 및 일체의 수행을 올바로 닦을 수 있도록 가르칠 수 있어야 한다고 경문에서는 밝혀 놓았습니다. 이들 용어가 일반 불자들에게는 매우 생소할 것입니다.

그 뜻을 간략히 함께 살펴보면서 과연 법사가 어떠한 자질을 갖추어야 하는가를 알아보도록 합시다.

첫째의 제일의제第一義諦는 세속에 깃들어 있는 진리인 세속제世俗諦에 상대되는 출세간의 승의제勝義諦를 가리킵니다. 이를 달리 성제聖諦 · 진제眞諦라고도 합니다. 열반 · 진여 · 중도 등과 같은 진리는 그 뜻이 심오하고 광대하기가 모든 법을 넘어선 제일의 것이므로 제일의제라고 하는 것입니다. 이 『범망경』에서 설한 심지계 또한 그 바탕이 그윽하고 고요하고 맑고 밝아서, 옳은 것도 그른 것도 없으면서 시비가 분명하며, 중도의 진리를 나타내는 '제일의제'입니다. 법사는 이 심지계야말로 가장 으뜸가는 진리인 제일의제라는 사실을 분명히 알아야 합니다.

둘째의 습종성習種性은 법문을 듣고 중생을 교화하고 여러 가지 선善을 닦는 후천적인 수행을 익힘으로 말미암아 보살이 될 정해진 소성素性을 이루는 것을 말합니다. 이는 곧 화엄경의 52단계 수행계위修行階位 중 처음의 십신十信과 십주十住를 가리킵니다.

셋째의 장양성長養性과 넷째의 성종성性種性은 보살의 52수행계위 중 제21위로부터 제30위의 십행十行을 가리킵니다. 이 십행의 계위에서 비로소 성인을 잉태하여 기르게 되기 때문에 장양성이라 한 것이고, 성인의 바탕을 갖추게 되기 때문에 성종성이라 한 것입니다.

다섯째의 불가괴성不可壞性은 무엇으로도 무너뜨릴 수 없는 성품, 곧 길이 물러나지 않는 불퇴전위不退轉位를 가리키며, 여섯째의 도종성道種性은 도리의 근본이 되는 것, 곧 일체법을 통달하는 도의 종자가 확고하게 정립된 성품이라는 뜻입니다. 불가괴성과 도종성은 52수행계위 중 십회향위十廻向位에 해당하며, 이 십회향위에서 보살은 중도의 묘관妙觀을 닦아 일체의 불법을 통달하게 됩니다.

일곱째의 정법성正法性은 52계위 중 마지막인 십지十地와 등각等覺·묘각妙覺의 위에 함께 통합니다. 초지初地로부터 제10지에 이르기까지 중도의 관법에 의해 지혜로 무명을 깨뜨리고 덕을 나타냄으로써 마침내 완전한 정법正法의 마음자리로 돌아가게 되는 것입니다.

여덟째의 십선지十禪支는 비록 세속적인 선법禪法이기는

하지만 능히 현성賢聖의 계위로 들어갈 수 있게 하는 열 가지 단계의 지관수행법止觀修行法인데, 우리나라에서는 행하여지지 않았던 수행법이므로 생략합니다.

이상의 여덟 가지를 통하여 볼 때, 법사는 교학체계상의 52수행계위를 잘 알아야 할 뿐 아니라, 이들 하나하나의 계위에서 닦아야 하는 관법과 실천행, 단계를 올라서는 방법을 잘 지도할 수 있어야 합니다. 곧 수계자를 향상일로向上一路로 나아갈 수 있도록 인도 할 수 있는 분이 법사가 되어야 한다는 것입니다.

이상과 같은 자질을 갖추어야 할 법사가 **이양利養을 위하고 명예를 위해** 보살계를 안다고 하면서 계를 설하여 주는 것이 어떻게 용납될 수 있겠습니까? 그런데도 나쁜 마음을 품고 이익과 명예를 구하는 경우는 없지 않아 있습니다. 이것을 경문에서는 **나쁜 방법으로 구하는 악구惡求**라고 표현했습니다. 또 이익을 탐하되 싫어하지 않는 것을 많이 **구하는 다구多求**라 하였습니다.

악구와 다구에다 많은 제자까지 거느리고자 거짓 법사노릇을 하는 행위야말로 스스로를 속이고 남을 속이며, 스스로도 죽이고 남도 죽이는 가장 어리석은 짓이 됩니다. 경률의 뜻을 알지 못하면서 부끄러움도 뉘우칠 줄 모르니 **스스로를 속이는 것이요**, 밖으로 능히 아는 척하니 남을 속이는 것이 아니고 무엇이겠습니까?

이 계는 바로 자기도 속고 남도 속여 한량없는 죄를 짓게 되는 것을 막고자 제정한 것입니다.

출가보살들은 '한 글귀, 한 게송, 한 율전律典이라도 올바로 통달하지 못하면 남을 위해 계를 설하지 않겠다'는 결심을 반드시 가져야 합니다. 어찌 출가보살이 나와 남을 속이고 나와 남을 죽이는 짓을 범할 수 있겠습니까? 모름지기 신중하고 또 신중하게 보살계를 지키고 보살도를 닦아야 할 것입니다.

나무범망경보살심지대계.

제42경계
위악인설계계 爲惡人說戒戒
악인에게 계를 설하지 말라

너희 불자들이여, 포살할 때 보살계를 받지 않은 이나 외도와 악인 앞에서 이양을 위해 천불께서 말씀하신 대계를 말하지 말고, 나쁜 소견을 가진 자들 앞에서도 이 계를 말하지 말며, 국왕을 제외하고는 어떤 자에게도 말하지 말지니라.

악인배들은 부처님의 계를 받지 않아 축생과 같나니, 태어나는 곳마다 삼보를 보지 못하고 마음이 없음이 목석과 같기에 이들을 이름하여 외도라 하느니라. 삿된 소견을 가진 무리들은 나무등걸과 다를 것이 없나니, 보살이 만일 이와 같은 악인 앞에서 칠불께서 가르치신 계를 설하면 경구죄를 범하느니라.

若佛子야 不得爲利養故로 於未受菩薩戒者前과 若外道惡人前에 說此千佛大戒하며 邪見人前에 亦不得說이니 除國王하고 餘一切에 不得說이어다. 是惡人輩는 不受佛戒일새 名爲畜生이니 生生之處에 不見三寶하야 如木石無心하니 名爲外道니라. 邪見

人輩(인배)는 木頭(목두)로 無異(무이)어늘 而菩薩(이보살)이 於是惡人前(어시악인전)에 說七佛敎戒者(설칠불교계자)는 犯輕垢罪(범경구죄)니라.

제 41 위리작사계는 이양을 바라고 함부로 계를 주어서는 안됨을 밝힌 계이고, 이 위악인설계계爲惡人說戒戒는 계를 받을 사람을 잘 선택하여 수계하라는 것으로, 역시 출가보살에게만 해당되는 계입니다. 이 계를 제정하신 까닭은 몇 가지 측면으로 살펴볼 수 있습니다.

계율은 본래 불교 교단 안의 대중을 제지할 목적으로 제정된 것인 만큼 불법문중만의 교법이라고 할 수 있습니다. 따라서 외도와 악인이 들어서는 안 될 내용이 있기 마련이므로, 이 계를 제정하여 악인이나 외도에게 계를 설하지 말라한 것입니다.

따라서 수계법사는 슬기로운 눈, 지혜의 눈을 갖추고 있어야 합니다. 만일 흐리고 탁한 눈으로 사람을 분별하지 못하여 외도나 악인이나 어리석은 사람에게 보살대계를 주고는, '자비로 선근을 심게 하였다'고 할 수도 있습니다.

그러나 보살계를 지킬 의지가 없는 사람이 받게 되면 이 심지대계를 헐뜯고 비방하기 일쑤이고, 마음으로 익히거나 배우려 하지 않기 때문에 계를 어떻게 지켜야 하며 어떻게 하는 것이 범하는 것인 줄을 알지 못합니다.

결국 계를 지킬 방법조차 모르는 그는 반드시 삼악도에 떨어질 것이고, 이렇게 되면 법사가 선근을 심는다고 계를 준 것이 도리어 악과를 짓게 한 결과를 초래하고 마는 것입니다.

실로 부처님께서 외도나 악인, 또는 삿된 이단의 소견을 가진 사람들에게 계를 강설하거나 수계하는 것을 금하신 까닭은, 깊은 관념에 빠져 있는 그들이 거룩한 법을 듣고도 바르게 받아들이지 않아서, 오히려 보리菩提의 싹을 태워 버리는 잘못을 저지르지 않도록 하기 위함이었습니다.

외도나 삿된 이단은 우리들 주위에 생각 밖으로 많습니다. 한 예를 들면 부처님 당시의 산사야와 같은 외도를 꼽을 수 있습니다.

❀

산사야는 사위성의 아주 가까운 곳에서 천신과 지신을 섬겼던 대표적인 외도로, 부처님의 큰 제자인 사리불과 목건련 존자도 처음에는 그의 제자였습니다.

사리불 존자는 본래 바라문의 집안에서 태어나 온갖 기예와 인도의 전통 경전들을 익혔는데, 16세가 되었을 때는 그를 능가하는 이가 드물었으며, 목건련과 함께 산사야의 제자가 되었을 때는 7일 만에 그의 가르침을 통달하여 수제자가 되었습니다. 그 뒤 목건련 존자와 각각 250명의 제자를 가르쳤습니다.

그러나 사리불은 항상 의혹이 있고 미진함이 있었습니다.

나이가 40여 세에 이르렀을 때 부처님의 최초 5비구 중 한 사람인 마승馬勝 비구로부터 인연법과 무아無我의 법문을 듣고 부처님의 제자가 될 것을 결심했습니다. 하지만 산사야는 자기가 믿고 애지중지하던 사리불과 목건련이 진정한 해탈을 위해 부처님께 간다는 말을 듣고 펄쩍 뛰었습니다.

"여러 신에게 제사를 지내고 고행을 닦는 것이 제일가는 수행이다. 이렇게 수행하면 죽어서 범천梵天의 세계에 태어나 진정한 해탈을 얻게 되는 것이다. 이 위에 따로 더 높은 도는 없다."

그러나 사리불과 목건련은 가르치던 5백명의 제자들을 데리고 참다운 도를 배우기 위해 부처님께로 갔습니다.

마침내 신도들까지 모두 잃게 된 산사야는 마을로 내려가 스스로 걸식을 하며 살아야 했습니다. 그는 부처님을 원망하고 욕을 하고 비방을 멈추지 않았습니다. 그러다가 깊은 병을 얻게 되었는데, 그 때 그는 생각했습니다.

"석가모니는 '자기 마음을 고치기 전에는 해탈을 얻을 수 없다'고 하였다. 아마 그것이 진리일 것이다. 그리고 내가 이와 같은 고통을 받는 것도 거룩한 진리를 가르친 석가모니를 비난한 죄의 결과일 것이다."

이렇게 생각하면서도 그는 계속 부처님을 비방하고 저주하였으며, 마침내는 피를 토하고 죽었습니다.

산사야와 같은 사람에게는 계를 말해 주고 법을 일러주는 것이 옳지 않습니다. 그와 같은 이라면 오히려 법을 헐뜯고 비방을 하게 되므로, 그 죄만 더하게 할 따름입니다. 나쁜 마음을 가진 사람에게 부처님의 경률, 특히 계법을 가르치는 것은 도둑에게 집 열쇠를 맡기는 것과 같은 결과를 초래할 수도 있다는 것을 분명히 알아야 합니다.

악인배와 외도들은 선악과 현명하고 어리석은 것을 분명하게 가리지 않기 때문에 짐짓 축생과 같다고 하였습니다. 그들은 1천 부처님의 대계를 받아서 능히 지키지 못할 뿐 아니라 보리종자마저 잃게 되고 맙니다. 따라서 그들은 태어나는 곳마다 삼보를 만날 수가 없게 되는 것입니다.

비록 인간세계에 몸을 받아 나더라도 해탈의 대도에 귀의할 인연이 주어지지 않습니다. 그리고 어리석은 행위만을 좇아다니는 악인들은 지혜를 잃고 육근六根이 막히게 되어 목석과 같은 상태로 빠져듭니다.

그렇다면 대자대비한 불교가 이들 악인이나 외도에게는 문을 닫아야 한다는 뜻인가? 아닙니다.

보살은 나쁜 중생을 제도할 때 함께 생활하며 이끌어들이는 동사섭행同事攝行을 펼치기도 하고, 분노하는 무서운 모습으로 나쁜 마음을 절복折伏시키는 방편을 쓰기도 합니다. 예컨대 동사섭행이란, 도둑을 제도하기 위해 나도 도둑이 되어 그들과 어울리고 친해지면서 점차 설득하고 바른 길로 이

끄는 것을 말합니다.

이와 같은 방편을 베풀어서 그들이 삿된 소견을 버리고 정법으로 돌아와 넓고 큰 마음을 일으켰을 때 심지대계인 보살계를 주어야 하는 것입니다. 그러나 처음부터 이 보살계를 주어서는 안 됩니다. 먼저 삼보에 귀의하게 하고 5계를 주어 그 신심과 근기와 능력을 살핀 뒤에 보살계를 주는 것이 원칙입니다.

그런데 이 경문에서 특별히 '국왕은 제외한다'고 한 까닭은 무엇인가? 국왕은 모두 선인이기 때문인가? 아닙니다. 국왕은 한 나라를 통치하는 존귀한 분이기 때문이고, 여래께서 삼보를 외호하도록 부촉하셨기 때문에 보살계를 빨리 받을 수 있는 길을 열어 놓은 것입니다.

과거의 1천 부처님께서 설하여 석가모니불께까지 전승된 이 보살대계를, 불교를 헐뜯을 목적으로 나쁜 마음을 가지고 계를 받으려는 사람에게 설하여, 불법을 손상시키고 그들 자신도 망치게 할 수는 없는 일입니다. 그들이 법을 비방하고 계를 헐뜯어 큰 죄를 짓게 되면 그들의 구원은 너무나 요원해집니다.

부디 보살계를 받은 보살대중들은 깊은 자비심으로, 발심하지 않은 불교 바깥의 사람에게 이 심지대계를 해설하고 수계하여 포살에 참여시키는 일이 없도록 해야 할 것입니다.

나무범망경보살심지대계.

제43경계
무참수시계 無慚受施戒
부끄러움 없이 시물을 받지 말라

너희 불자들이여, 신심으로 출가하여 부처님의 바른 계를 받고서, 짐짓 생각을 일으켜 성스러운 계를 헐뜯고 범한 자는 모든 시주의 공양을 받지 못하며, 또한 그 나라의 땅으로 다니지 못하며, 그 나라의 물도 마시지 못하느니라.

5천의 큰 귀신들이 항상 그의 앞을 가로막고 큰 도둑이라 할 것이며, 만일 방이나 도시의 큰 집에 들어가면 귀신들이 항상 그 발자취를 쓸어버리며, 일체 세상 사람들이 꾸짖어 말하되, '불법을 도둑질하는 놈'이라 하며, 일체 중생들이 쳐다보려 하지 않을 것이니라.

계를 범한 사람은 축생과 다를 바가 없고 나무토막과 다를 바가 없나니, 만일 짐짓 정계를 헐뜯으면 경구죄를 범하느니라.

若佛子야 信心出家하야 受佛正戒하고 故起心하야 犯聖戒者는 不得受一切檀越供養하며 亦不得國王地上行하며 不得飮國

王水^{왕수}어다. 五千大鬼^{오천대귀}常遮其前^{상차기전}하야 鬼言大賊^{귀언대적}이라하며 若入房舍^{약입방사} 城邑宅中^{성읍택중}하면 鬼復常掃其脚迹^{귀부상소기각적}하며 一切世人皆罵言^{일체세인개매언}하되 佛法^{불법} 中賊^{중적}이라 하며 一切衆生^{일체중생}이 眼不欲見^{안불욕견}하나니 犯戒之人^{범계지인}은 畜生^{축생}으로 無異^{무이}하며 木頭^{목두}로 無異^{무이}니 若故毁正戒者^{약고훼정계자}는 犯輕垢罪^{범경구죄}니라.

제 42 위악인설계계는 설하지 말아야 할 사람에게 설하는 것을 경계하였고, 이 무참수시계無慙受施戒는 범해서는 안될 것을 범하는 것을 경계한 계입니다. 곧 일단 받은 계를 지키기 위해 지성을 다할 것을 밝힌 계입니다.

실로 범부들이 조금의 어김도 없이 모든 계를 다 지키기란 기대하기 어렵습니다. 일체 계를 조금도 흠 없이 다 지키기란 부처님이라야 비로소 가능하기 때문입니다.

비록 그렇다 하더라도 새로 배우는 보살은 '한 번 받은 계를 끝까지 지키겠다'고 다짐하면서, 생명을 걸겠다는 각오가 있지 않으면 안 됩니다. 계를 지키겠다는 각오와 결의가 얼마나 굳건한가 약한가에 따라 파계의 유혹을 보다 멀리 또는 가까이 있게 되는 것이며, 해탈의 세계를 향해 '크게 전진하느냐, 나태하고 후퇴하느냐'가 결정되는 것입니다.

이 경문에서는 "계를 범하면 일체 시주의 공양을 받지 못하고 디딜 땅도, 마실 물도 없다"고 하였습니다. 매우 가혹한 계라고 생각할 수도 있겠지만, 실제로 그런 정신자세로 임하지 않으면 계를 지킬 의지가 흔들리게 됩니다. 요는 계를 지키겠다는 의지가 무엇보다 중요하다는 것입니다.

　의지가 분명한 사람은 조그마한 계를 범하여도 곧 참회하여 허물에 물들지 않습니다. 그러나 의지가 없는 사람은 계를 범하는 그 자체조차 대수롭지 않게 여깁니다. 하물며 나 자신이 죄를 숨기고 있으면서 어찌 다른 이에게 복을 베풀 수 있겠습니까?

　참회를 구하지 않는 이는 부끄러움도 없고 고칠 마음도 없는 사람입니다. 이러한 사람이 신심 있는 이들의 보시를 받게 되면 스스로 손해를 보는 것은 말할 것도 없고 다른 이들에게까지 손해를 끼치게 됩니다. 그렇게 되면 그 허물을 어떻게 감당할 수 있겠습니까?

　대지가 넓고 크기는 하지만 계의 덕을 상실하여 큰 허물을 지은 사람은 그 땅에 발을 딛는 것을 용납하지 않으며, 물이 비록 강에 가득하여도 파계한 이는 그 물 한 방울을 소화해 내기가 어렵습니다.

　왜 그러한가? 파계를 함으로써 수행자의 생명을 잃어버렸기 때문입니다. 자기의 참 생명을 스스로 포기한 이가 어떻게 감히 생명 있는 이들의 공유물인 이 대지를 딛고 살 수가 있으며, 어떻게 한 방울의 물을 소화시킬 수 있겠습니까?

　하물며 신심으로 제공하는 시주자의 시물施物을 어찌 받을 수 있으며, 시방에 상주하는 스님네가 먹을 수 있는 밥·떡 등과 같은 승가의 공양을 감히 받아 쓸 수 있겠습니까? 혹

경구죄를 범하였거든 곧 여법하게 참회하여야 합니다. 그러면 계의 덕을 회복하여 시주의 시물施物을 능히 소화시킬 수 있습니다.

홍찬스님은 보살계를 헐뜯고도 참회조차 하지 않는 사람의 경우, "살아서는 길함도 이익도 없이 날로 복덕만 없앨 뿐이요, 죽어서는 아비지옥에 떨어져 한량없는 겁을 두고 나오기 어렵다."고 하였습니다.

뿐만이 아닙니다. 보살계를 헐뜯고 무너뜨린 이에 대해, 경문에서는 "5천의 큰 귀신들이 앞을 가로막고 큰 도둑놈이라고 꾸짖는다."고 하였습니다.

계를 지키지 못한 수행인은 의식주를 제공받을 권리가 없어짐은 물론, 선신의 꾸중과 나쁜 신의 저주에 시달리게 된다는 것입니다.

요즈음 사람들은 선신善神이나 신장神將을 논하면 그것을 허황한 이야기요 일종의 신화라고 생각하는 이들이 많지만, 그렇게만 받아들일 것이 아닙니다. 역력하게 신을 경험한 이야기가 한둘이 아니기 때문입니다.

❀

수십 년 전, 설악산 봉정암에 동냥중 땡추가 와서 주인 노릇을 하고 있을 때, 노거사 한 분이 백일기도를 하고자 봉정암을 찾았습니다. 노거사는 잠을 자지 않고 기도를 하되, 아주 고단하면 아랫목에 앉은 채로 조금 졸며 백일을 계속해서 기도했습니다.

그 당시에는 동냥을 해서 술과 고기를 먹고 바람을 피우는 땡추중들이 많은 때였습니다. 어느 날 봉정암의 땡추중이 출타를 하였다가 보름 만에 돌아와서는 곧바로 잠 속으로 곯아떨어졌는데, 갑자기 깜짝 놀라 일어나더니 중얼거렸습니다.

"에잇, 꿈도 고약하다."

"무슨 꿈을 꾸었습니까?"

"수염이 하얀 영감이 나타나 나를 보고 단단히 나무라면서, '네가 계속 버릇을 고치지 않으면 우리 집 개를 보내겠다'고 하지 않겠소?"

노거사는 이 땡추가 어디 가서 나쁜 짓하고 온 것이 분명하다고 생각하여, 이튿날 땡추에게 말했습니다.

"당신이 좋지 못한 짓을 하여 그와 같은 꿈을 꾼 듯하니, 이제부터라도 완전히 끊으십시오. 여기 설악산 산신을 쉽게 생각해서는 안 됩니다. 다음에 또 막행을 하면 정말 개를 보낼 것이니 조심하시오."

"꿈이라는 것은 본래 헛것이라 하지 않았소? 별일이 있겠습니까?"

땡추중은 듣지 않고 며칠 후에 또 다시 나갔다가 보름 정도 지나서 왔습니다. 그 날 저녁, 노거사는 아랫목에 앉아 염불을 하고 땡추중은 옆에 누워 잠이 들었는데, 한밤중이 되자 밖에서 벼락을 치는 듯한 큰 소리가 났습니다. 순간 와지끈 하는 소리와 함께 방문이 활짝 열리면서 무엇인가가 그 땡추중을 순식간에 집어내어 가버렸습니다.

순간적인 일에 혼이 나간 노거사는 기도도 잊은 채 멍하니 앉아 있다가, 한참 뒤에야 등불을 밝혀 절 주위를 살피기 시작했습니다. 암자에서 사리탑 쪽으로 올라가는 곳에 삐딱하게 누워 있는 큰 바윗돌에 피가 묻어 있고 대소변을 본 것이 있었습니다. 노거사는 깜짝 놀라 수족을 덜덜 떨며 오세암으로 내려갔습니다.

그런데 봉정암에서 약 십오리쯤 내려가 수석이 좋은 곳에 땡추중의 시신이 어지럽게 흩어져 있었습니다. 목은 목대로 떼어 바윗돌 위에 조각품 모양으로 얹어 놓았고, 사지를 찢어 팔은 팔대로 다리는 다리대로 창자는 창자대로 여기저기 나무에 걸어 두었던 것입니다. 그러나 땡추중의 육신을 먹은 흔적은 없었습니다.

그것을 본 노거사는 주저앉아 정신을 못 차린 채 얼마를 있다가, 정신을 가다듬고 오세암으로 가서 사람들을 데리고 와서 화장을 했다고 합니다.

❁

내친 김에 한 가지 이야기를 더 하겠습니다.

근대의 고승인 진하震河(1861~1926)스님은 한때 금강산 유점사에 계셨습니다. 진하스님과 강대련姜大蓮 스님은 어려서부터 중노릇도 같이하고 불법을 함께 배웠기 때문에 매우 친했습니다. 그러나 진하스님은 도인이고 대련스님은 사판승事判僧이었습니다.

어느 날 두 스님은 함께 금강산 유점사로 가다가 서낭당 근처에서 쉬게 되었습니다. 그 때 진하스님이 서낭당에 대고 오줌을 누자, 대련스님도 서낭당에 오줌을 누려고 했습니다. 그러자 진하스님이 극구 말렸습니다. 하지만 대련스님은 듣지 않았습니다.

"너는 누면서 왜 나는 안된다고 하느냐?"

"글쎄, 안된다면 안되는 줄을 알아라."

이렇게 실갱이를 하다가 대련스님도 오줌을 누었습니다. 그런데 오줌을 다 누기도 전에 그 곳이 탱탱하게 부풀어오르면서 아프다고 폴짝폴짝 뛰는 것이었습니다. 그 때 진하스님이 서낭당을 향해 말했습니다.

"아직 아무 것도 몰라서 그런 짓을 한 것이니, 용서하시게."

그러자 죽겠다고 야단하던 대련스님이 언제 그랬냐는 듯이 금방 나았다고 합니다.

§

이 이야기를 한 까닭이 무엇일까요? 신을 무조건 부정하고 우습게 여겨서는 안된다는 것입니다.

경문에서 '5천의 큰 귀신이 그 앞을 가로막는다' 함은 국가의 땅을 마음대로 다니거나 거주하는 것을 허락하지 않는 것을 말하고, '큰 도둑이라 한다'고 한 것은 1천 부처님께서 설하신 큰 계를 상해하여 무너뜨린 법의 도둑이라는 뜻입니다. 그리고 '발자국을 쓸어낸다' 함은 계를 깨뜨린 자는 그 자신만이 아니라 있던 자리까지 더럽다고 하여 쓸어 버린다는 뜻입니다.

또 '불법을 도둑질하는 놈'이라고 하신 것은 파계하여 불법 속의 존재이기를 포기한 사람이 부처님의 옷을 훔쳐 입고 부처님의 밥을 훔쳐 먹는다는 뜻입니다. 불법 가운데 있으면서 불법을 도리어 해롭게 하는 자는 실로 도둑보다 더 나쁜 존재입니다.

스님들은 잊지 마십시오. 계를 지니고 위의를 갖추면 모든 사람들이 우러러보지만, 계를 범하여 불법의 위의를 무너뜨리면 뭇 중생이 다 나쁘게 봅니다. 만약 수행승이 계를 지님과 범함을 알지 못한다면 지혜 없는 축생과 다를 것이 무엇이겠으며, 파계하여 계의 근본을 잃어버린다면 **나무토막과 다를 것이 무엇이겠습니까?**

계라는 것은 나쁜 일은 하지 않고 옳은 일만 하면서 사람으로서 마땅히 해야 할 일을 실천하라는 가르침입니다. 곧 자리이타의 보살행을 잘 가려서 행할 줄 아는 슬기가 바로 계로부터 나오는 것인데, 계를 헐뜯어서 축생과 같은 짓을 서슴없이 하고 부모도 삼보도 스승도 모르는 이가 된다면, 그는 이미 아무런 분별이 없는 나무토막과 다를 바가 없는 존재일 뿐입니다.

행동이 무분별한 사람은 가치도 이익도 없는 삶에 빠져들 수밖에 없습니다. 뿐만이 아닙니다. 이미 쌓아 놓은 복과 덕을 날로 없애다가, 이 육신의 목숨이 마치는 날에는 지옥의 구렁텅이에 떨어져서 한량없는 겁이 지나도록 헤어나지 못하게 됩니다.

염라대왕이 보내거나 그 누가 밀어 넣기 때문에 지옥으로 가는 것이 아니라, 자기 자신이 지은 자기 업 때문에 자기 발로 스스로 가지 않을 수가 없는 것입니다. 이 인과법은 그렇게 되게끔 되어 있는 필연의 법칙입니다.

부디 인과의 무서움과 호법신장이 눈을 부릅뜨고 있다는 사실을 잊지 말고 보살심지대계를 더욱 열심히 닦아 선근을 심읍시다. 계를 잘 지키고 선근을 심으며 정진하는 이는 시방의 불보살과 선신들의 보호 아래 반드시 해탈대도를 이룰 수 있습니다.

해탈대도를 이룰 그 날까지, 불자들이여. 이 보살심지대계를 의지하며 힘차게 자각각타自覺覺他의 길을 걸어가기를 간절히 당부드립니다.

나무범망경보살심지대계.

제44경계
불공양경전계 不供養經典戒
경전에 공양하라

　너희 불자들이여, 항상 일심으로 대승경률을 수지독송하되, 가죽을 벗겨 종이로 삼고 피를 뽑아 먹으로 삼고 골수로 벼룻물을 삼고 뼈를 쪼개어 붓으로 삼아서 부처님의 계를 쓸 마음을 가질지어다. 나무껍질이나 종이나 비단이나 대쪽 등에 써서 지니되, 항상 칠보와 좋은 향과 꽃과 온갖 보배로 상자나 주머니를 만들어 경률의 책들을 담아 모실지니라. 만일 여법하게 공양하지 않으면 경구죄를 범하느니라.

若佛子야 常應一心受持讀誦大乘經律하되 剝皮爲紙하며 刺血爲墨하며 以髓爲水하며 析骨爲筆하야 書寫佛戒하며 木皮穀紙와 絹素竹帛에 亦悉書持하며 常以七寶와 無價香花와 一切雜寶로 爲箱囊하야 盛經律卷이어다. 若不如法供養者는 犯輕垢罪니라.

　제43 무참수시계는 파계를 막기 위해 설한 계이고, 이 불공양경전계不供養經典戒는 경률經律을 존경하지 않는 것을 막기 위해 제정한 계입니다. 곧 『범망경보살계』를 특별히 수지독송하고 간행하여 널리 펼 것을 강조한 계입니다.

중생들이 생명이라고 여기는 육신의 가죽·피·뼈를 가지고 이 경을 베끼라고 하신 것은 이 계경을 위해 육신의 생명까지도 헌신짝처럼 내던질 줄 알아야 한다는 뜻입니다. 왜 이렇게까지 하라는 것인가?

보살계는 부처를 이루는 수승한 인因이 됩니다. 또한 이 계는 모든 부처님의 어머니이고 여래의 스승이 되기 때문에 받들고 소중히 여김이 지극해야 합니다.

곧 보살의 본행은 삼보를 두루 우러러보고 복과 지혜를 가지런히 닦는 것입니다. 만약 경전을 잘 받들지 않으면 위로 보리를 구하는 마음을 잃게 되며, 경률을 쓰고 간행하지 않으면 아래로 중생을 교화하는 도에 어긋나게 되기 때문에 이 계를 제정하게 된 것입니다.

그리고 이 경문의 첫머리에서는 "항상 일심으로 대승경률을 수지 독송하라."고 하였습니다. 일심一心이라 함은 산란함을 여읜 마음(心離散亂)을 가리키고, '일심독송'이란 항상 생각이 끊어짐이 없는 것(念無間斷)을 말합니다. 곧 독실한 정성으로 지니고 독송하라는 뜻입니다.

"가죽을 벗겨 종이로 삼고 피를 내어 먹물을 삼으며 골수로 벼룻물을 삼고 뼈를 쪼개어 붓으로 삼아 부처님의 계를 써라."고 하신 것은 법을 위해 몸을 버리는 것을 아끼지 않음을 나타낸 것입니다.

그리고 경문에서 "항상 칠보와 좋은 향과 꽃이나 온갖 보배로 상자나 주머니를 만들어 경률의 책들을 담아 모시라."고 하신 것은, 재물보다는 법을 중히 여기는 자세를 나타낸 것입니다. 세상 사람들이 귀하게 여기는 보배로써 경률을 넣는 상자를 만들고, 경률을 그 안에 담아 보배 중의 보배로 받들고 간직하라는 말씀입니다.

그렇다면 어떻게 하는 것이 경전이나 계율을 보배 중의 보배로 높이 받들고 간직하는 것인가? 홍찬스님은 다섯 가지 사항이 온전하게 갖추어질 때 온전히 받들고 간직하는 것이 된다고 하였습니다.

① 일심으로 받아 지니어 잊지 않을 것
② 많이 읽어서 모두 잘 이해할 것
③ 소리 내어 읽음으로써 다른 이에게 들리도록 할 것
④ 쓰고 간행하여 널리 유통시킬 것
⑤ 공경하고 공양할 것

일체 제불은 모두 이 대승의 경률을 배움으로 말미암아 위 없는 깨달음을 이루었습니다. 곧 경률은 모든 부처님의 어머니입니다. 만일 경률을 법답게 지성으로 공양하지 않으면, 이는 곧 삼세의 불모佛母를 경솔히 여기는 것이 되니 불효라

하지 않을 수 없습니다.

　실로 경률을 공양하는 일은 그 무엇에 못지 않게 중요한 일입니다. 더욱이 옛날과는 달리 요즘은 경률 공양을 하는 일이 매우 용이해졌습니다.

　상고시대에는 종이가 없었으므로 나무껍질·나뭇잎·대나무·비단 등에 글씨를 썼습니다. 인도에서는 자작나무 껍질이 잘 휘기 때문에 이것을 종이 대신 사용하였고, 패다라貝多羅 나무의 잎이 넓고 단단하고 부드러워 글씨 쓰기가 편했으므로 여기에 경을 많이 썼습니다.

　패다라를 달리 패엽貝葉·패다貝多라고도 하는데, 주로 다라수多羅樹라는 나뭇잎을 건조시켜서 폭 2치, 길이 1자 내지 2자로 절단한 다음, 양면에 글씨를 새겨 먹칠을 하거나 붓글씨로 직접 쓰기도 하였습니다. 그리고 한 쪽 머리 부분에 작은 구멍을 2개 뚫어서 끈으로 묶고 판으로 양쪽을 눌러 놓으면 보존이 잘 된다고 합니다. 중국에서는 종이가 만들어지기 전에 대나무를 쪼개어 쓰는 예가 많았습니다.

　또 경을 간행함에 있어 옛날에는 일일이 나무판에 조각을 하였지만, 요사이는 전자조판을 하는 시대가 되었습니다. 이와 같은 문화의 발전을 이용하여 부처님의 경전, 특히 대승경률을 많이 보급해야 합니다.

　경률은 법보法寶입니다. 경률을 공양한다는 것은 법보에 대한 공양이요, 법보에 의한 수행입니다. 모든 부처님께서는 법보인 경률에 의지하여 상구보리를 달성하고 하화중생을 이루었습니다.

　잊지 마십시오. 경률은 생사를 길이 끊고 큰 보리를 얻게 합니다. 경률은 능히 생사의 감옥을 쳐부수는 금강과 같은 것이며, 험한 길을 걸어가는 중생들을 잘 이끌어 보배가 있는 곳에 이르게 하는 길잡이입니다.

　『범망경』 등의 경률을 많이 지송持誦하고 공경·공양하는 것은 곧 부처님을 공경하는 것이요 불모佛母를 공경하는 것입니다. 그리고 옛날부터 경전을 지성으로 독송하고 경전을 보시하여 큰 가피를 입은 예는 너무나 허다합니다. 이제 이들 이야기 두 편을 통하여 우리의 신심을 더욱 굳히고, 경전 공양과 경전 보시의 마음을 키워 보도록 합시다.

※

　송나라 때의 관리 왕적공王迪功은 사냥을 매우 좋아하여, 매일 일과만 끝나면 매를 데리고 산으로 갔습니다. 하루는 사냥을 하고 돌아와 쉬고 있는데, 목욕재계를 한 부인이 함께 『금강경』을 읽기를 권했습니다. 모처럼의 청이라 『금강경』의 상권이 끝나는 제15분第十五分까지 읽었으나, 술 생각이 나서 그만 두고 잡아온 고기를 구워 술을 마셨습니다.

　그런데 5년 뒤 갑자기 중풍에 걸려 여러 해 동안 고생을 하다가 죽었습니다. 왕적공은 두 사자에게 잡혀 명부冥府에 이르렀고, 염라대왕은 크게 노하여 꾸짖었습니다.

"너는 국록을 받아먹으면서 어찌하여 복은 닦지 않고 살생만 좋아하였는가? 네 놈의 명도 감하고 복도 감하리라."

염라대왕은 판관에게 펄펄 끓는 물속에 넣어 고통을 주는 확탕지옥의 명부를 가져 오라고 명하였고, 명부를 가지고 온 판관은 염라대왕께 뜻밖의 보고를 하였습니다.

"이 사람의 살생 업은 비록 중하나 생전에 자기 처와 『금강경』을 잠깐 읽은 공덕이 있습니다. 이로 말미암아 자성自性을 반조返照하면 마침내 불과를 이룰 것이오니, 죄를 잠깐 면해 주시어 인간 세상으로 다시 돌려보내심이 옳은가 하나이다."

염라대왕은 그를 인간세상으로 돌려보내기로 하고, 확탕지옥의 끓는 물을 등에 부으며 말했습니다.

"이런 고통이 두렵거든 정신 차려 공덕을 지어라."

왕적공이 깨어 보니 가족들은 곡을 하고 있었고, 등에는 종기가 나서 견딜 수 없이 아팠습니다. 그러나 꾹 참으며 매일 목욕재계하고 『금강경』을 지성으로 외웠습니다.

어느 날 한 스님이 꿈에 나타나 손으로 아픈 등을 세 번 만져주는데, 시원한 느낌과 함께 그 등창이 깨끗이 나았습니다. 왕적공은 더욱 불심을 일으켜 용맹정진하였으며, 마침내 생사에 자재하게 되었습니다.

❀

　당나라 정주 중산의 수덕修德선사는 고행으로 절개를 지키며 도를 닦았고, 누구에게나 『화엄경』을 읽도록 권했습니다. 스님은 653년에 『화엄경』을 펴내고자 발심을 하고, 별원別院을 지어 닥나무를 심고 길러서, 그 껍질을 벗겨 향수에 씻은 뒤에 깨끗한 종이를 만들었습니다.

　그리고는 위주에 사는 왕공서王恭書를 청했습니다. 왕공서는 목욕재계하고 향을 사르고 경에 절하고 참회한 다음, 사경을 시작했습니다. 붓을 내릴 때 향을 머금고 붓을 들 때 기를 토하며 한 글자 한 글자에 정성을 다했습니다.

　스님도 방에 들어가 생각을 고요히 움직여 매일 한 권씩 썼고, 다 쓴 뒤에 그 경사스러움을 축하하기 위해 재를 베풀었습니다. 스님이 대중 앞에 나아가 향을 사르고 꽃을 뿌리며 서원하였습니다.

　"이 공덕으로 법계의 중생들이 부처님의 바다에서 함께 목욕하여지이다."

　그러자 그 경함 속에서 큰 광명이 쏟아져 나와 주위 70여 리를 비추었고, 그것을 보고 신앙심을 내지 않은 이가 없었다고 합니다.

❀

　우리나라에서도 구례 화엄사를 창건하신 연기조사緣起祖師께서 『화엄경』을 펴내시고 영험을 보이신 일이 있고, 많은 이들이 금강경 · 지장경 · 반야심경 · 법화경 등을 간행하고 사경하여 가피를 입은 일이 수도 없이 전해지고 있습니다.

실로 대승경률을 간행하거나 직접 사경하는 복덕은 매우 큽니다. 그런데 유감스럽게도 이『범망경』을 발간하여 유포시킨 기록이나 공덕은 크게 전하지 않습니다. 왜냐하면 이『범망경』의 보살계는 실지로 보살계 도량을 통하여 직접 사람들에게 전하여졌고, 또 경률의 유포공덕보다는 하나하나의 계에 대한 실천이 더 강조되었기 때문입니다.

그러나 이제 시대가 바뀌었습니다. 인쇄술이 고도로 발달한 시대가 되었습니다.『범망경』을 보다 널리 보급하여 모든 사람이 구체적인 보살행을 실천할 수 있도록 한다면, 그 공덕은 이루 다 헤아릴 수 없을 것입니다.

널리 범망경보살계를 보시하여 많은 중생들이 부처를 이룰 수 있는 씨를 심을 수 있도록 합시다. 이것이 '경전을 공양하라'고 한 제44경계의 정신입니다.

나무범망경보살심지대계.

제45경계
불화중생계 不化衆生戒
중생을 항상 교화하라

너희 불자는 항상 자비한 마음을 일으켜서 도시나 시골에서나 마을 집에 들어가 중생들을 보거든 마땅히 큰소리로 "그대들은 마땅히 삼귀의계와 10계를 받으라."고 말하라. 만일 소·말·돼지·양과 일체 축생을 보거든 마음으로 생각하고 입으로 말하되, "너희 축생들이여, 보리심을 일으켜라."고 하라.

보살은 산·숲·내·들 등 어느 곳에 가더라도 일체 중생으로 하여금 보리심을 일으키게 할 것이거늘, 만일 보살이 중생을 교화할 마음을 일으키지 않으면 경구죄를 범하느니라.

若佛子야 常起大悲心하야 若入一切城邑舍宅하야 見一切衆生이어던 應當唱言하되 汝等衆生이 盡應受三歸十戒라하며 若見牛馬猪羊一切畜生이어던 應心念口言하되 汝是畜生이니 發菩提心이라하며 而菩薩이 入一切處山林川野어든 皆使一切衆生으로 發菩提心이어늘 是菩薩이 若不發敎化衆生心者는 犯輕垢罪니라.

앞의 제 44불공양경전계不供養經典戒는 법보인 경률을 공양하면서 위로 보리菩提(깨달음)를 구할 것을 권한 계요, 이 불화중생계는 아래로 중생을 교화할 것을 권한 계입니다.

보살은 위로 보리를 구하는 것과 동시에 아래로 중생을 교화하는 존재입니다. 따라서 상구보리上求菩提와 하화중생下化衆生, 이 두 가지를 함께 갖추어야 보살이라고 칭할 수 있습니다.

바꾸어 말하면, 보살은 마음 가운데 부처님과 똑같은 깨달음을 구하겠다는 의지와 함께 항상 중생을 교화하겠다는 자비심과 원력을 가지고 있어야 합니다.

따라서 보살은 중생의 고통을 제거해주겠다는 깊은 자비심을 언제나 지녀야 합니다. 이 경문의 첫머리에서 "**항상 대비심을 일으켜라**"고 한 것은, 중생을 구하겠다는 마음을 잠깐이라도 잊어버려서는 안 된다는 것을 깨우치기 위함입니다.

보살이 교화해야 할 중생은 많습니다. 그러나 이 경문에서는 먼저 세상 사람들이 사는 마을에서 접할 수 있는 중생을 대상으로 삼고 있습니다. 물론 '모든 중생'이라고 하면 지옥·아귀·축생·아수라·인간·천상의 육도六道 중생을 다 일컫는 말이지만, 아직 천안통天眼通을 얻지 못한 보살일 경우에는 하늘의 신이나 아수라·지옥·아귀 등 4도四道의 중생들을 볼 수 없습니다. 그러므로 이 경문에서는 오직 사람과 축생을 중심으로 하여 설한 것입니다.

보살의 발걸음은 곧 교화의 행보行步가 되어야 합니다. 그 어느 곳이나 보살의 발걸음이 미치는 곳은 중생교화의 장소입니다.

하지만 교화를 한다는 이름 아래 계를 함부로 주어서는 안 됩니다. 보살은 마땅히 갖가지 방편으로 중생을 일깨워 주고 가르쳐서 큰 신심을 일으키게 한 뒤, 삼귀의계와 10계를 주어야 합니다.

곧 먼저 발심하도록 가르치지 않고 문득 계를 말해 주면 이것은 곧 악인에게 계를 주는 것이 됩니다. 그러므로 삿된 마음을 바르게 만든 다음 삼귀의계를 주고, 귀의한 삼보가 보호해주는 힘을 인연으로 삼아 삼악도와 팔난의 죄를 소멸시켜야 합니다. 그 다음에 10종의 바른 계를 주어 그 계로써 보살도의 근본으로 삼게 해야 한다는 것입니다.

또한 보살은 교화하는 사람의 근기에 맞는 적절한 방편을 구사해야 합니다. 그리고 처음 신심을 일으킨 사람에게 너무 어려운 교리나 수행법을 가르쳐서도 안됩니다. 그 사람이 많은 노력을 기울이지 않고 즐겨 행할 수 있으면서도 공덕이 많은 것부터 가르쳐야 합니다.

또 보살은 사람만을 교화의 대상으로 삼아서는 안 됩니다. 일체 중생들에게까지 대비심을 일으켜야 합니다. 축생 등을 보거든, '한량없는 세월동안 참성품을 스스로 미혹되게 하여 그릇된 업을 지음으로써 윤회의 고보苦報를 받게 되었다'는 자비로운 생각을 품고 대해 주어야 합니다. 그리고 입으로는 다음과 같이 축원을 해 주어야 합니다.

"네가 지금은 축생의 몸을 받고 있지만, 다음에는 축생이 아닌 사람의 몸을 받고 불법을 만날 수 있도록 보리심을 일으켜라. 보리심을 일으켜라. 보리심을 일으켜라."

이 경문 끝 부분에서는, "산·숲·내·들 등 어느 곳에 가더라도 일체 중생으로 하여금 보리심을 일으키도록 해야 한다."고 가르치고 있습니다. 여기서 말한 일체 중생은 사람과 천인·귀신·축생·지옥·아귀 내지는 벌레에 이르기까지 모든 생령生靈을 다 가리키고 있습니다.

이 경문을 종합적으로 살펴보면, 먼저 사람을 교화하되 그 근기에 알맞은 방편을 베풀어서 발심시키도록 하고, 다음 단계로 축생의 해탈을 축원하고 발심하게 해야 하며, 마지막으로 비록 보지는 못할지라도 선망 부모와 조상은 물론 시방의 일체 중음신과 아귀에 이르기까지 모든 중생의 발심을 축원하라는 것입니다.

어느 때 어느 곳에서나 이와 같은 마음 자세로 일체 중생을 축원해 주라는 부처님의 말씀에 대해, 범부들은 흔히 "축생이나 귀신들에게 축원을 해 준들 무슨 효험이 있으며, 더구나 축생들이 어떻게 법문을 알아들을 수 있겠느냐?" 하면서 실천을 하지 않는 경우가 많습니다.

그러나 바로 이것이 큰 인연이 됩니다. 경전을 보면 축생들이 사제四諦 팔정도 등의 법문을 듣고 내생에는 사람의 몸을 얻어 벽지불이 된 경우도 있고, 법문을 들은 공덕으로 죽어서 천상에 태어난 경우도 부지기수입니다.

※

부처님 당시에 기원정사를 세운 수달다 장자의 집에는 앵무새 두 마리가 있었습니다. 수달다 장자는 이들의 이름을 '율제'와 '사율제'라 지어 불렀습니다.

어느 날 수달다 장자의 집을 찾아갔던 아난 존자는 앵무새를 위해 짧은 게송으로 고苦·집集·멸滅·도道의 4제 법문을 설하셨고, 앵무새가 즐거워하면서 그대로 외웠습니다.

그날 밤 나무 위에서 자다가 살고양이에게 잡아먹힌 앵무새는 이 게송을 듣고 외운 공덕으로 사천왕천에 태어났습니다. 거기서 죽어 33천에 태어났다가, 다시 야마천野磨天에 태어났으며, 이렇게 여섯 번을 거듭 태어나 육욕천六欲天 가운데 맨 꼭대기 하늘인 타화자재천他化自在天에 태어났습니다. 그리고 일곱 번째는 다시 이 세계에 태어나 마침내 벽지불辟支佛이 되었다는 것입니다.

또한 기러기가 부처님의 법문을 들은 공덕으로 33천에 태어났고, 다시 부처님의 법문을 듣고 초과初果를 얻은 예가 부처님 당시에 있었습니다.

❦

  부처님의 법문은 참으로 오묘합니다. 게송 하나만 지성으로 읊어도 그 가운데 온갖 법문이 들어 있어서 깨달음을 얻을 수가 있고, 단 한 구절의 문장으로 온갖 공덕을 성취할 수가 있습니다.

❦

  옛날 개 한 마리가 상점에서 먹을 것을 훔쳐 먹다가 주인에게 몽둥이로 맞아 네 다리가 부러졌고, 마침내 깊은 구덩이 속에 던져졌습니다. 개는 살아나고자 구덩이를 벗어나려 하였지만 방법을 찾을 수 없었고, 죽으려 해도 마음대로 되지 않는 큰 고통을 받아야 했습니다.
  이 때 사리불 존자께서 이 딱한 광경을 천안통天眼通으로 보시고, 바루에 밥을 가득히 담아 개 있는 곳으로 가서 주린 배를 면하게 해주셨습니다. 그리고 그 개를 위해 삼법인三法印의 진리를 설했습니다.
  "세상 온갖 것은 덧없다〔諸行無常〕.
  온갖 것에는 나가 없다〔諸法無我〕.
  번뇌를 다 쉰 고요한 자리가 열반이니라〔涅槃寂靜〕.
  너도 이제 청정한 마음을 일으켜서 기어다니는 축생의 몸을 버리고 다음 생에는 좋은 세상에 태어나거라."

사리불 존자는 산속에 있던 큰 독사 한 마리가 산불에 화상을 입어 고통을 받고 있을 때에도 삼법인을 설해 주셨습니다.

삼법인의 게송을 들은 개와 독사는 곧 죽어 부잣집에 태어났고, 나중에 출가하여 사리불 존자의 제자가 되었으며, 모두 아라한과를 증득했다고 합니다.

§

이처럼 짧은 법문이나 게송들도 큰 위신력이 있고, 자리이타의 대승적 공능功能이 있습니다. 물론 영험은 이러한 법문이나 게송들에만 있는 것이 아닙니다. 광명진언 등의 짧은 진언을 몇차례 외워도 됩니다. 중요한 것은 축생에게도 꼭 축원을 해주고, 일체의 영가 귀신에게도 축원을 해 주어야 한다는 것입니다.

그리고 그 축원의 내용은 '발심을 하여 불법에 귀의하고 마침내는 해탈을 하라'는 내용이어야 합니다.

만일 게송을 읊어 줄 수 없거나 외워 줄 진언이 없다면, '나무아미타불'이나 '대방광불화엄경大方廣佛華嚴經', '마하반야바라밀'이라고 하면서, "발보리심하라"는 말로 축원을 하여도 됩니다.

산 짐승을 보았거나 뱀을 보았을 때, 말이나 소가 매를 맞아가며 짐을 끄는 것을 보았을 때 앞의 염불 등을 하면서, "발보리심하라"는 축원을 하십시오.

또 깊은 골짜기를 가다가 귀신을 보더라도 무섭다는 생각을 하지 말고, "발보리심하라"고 하면 상대의 마음이 편해질 뿐 아니라 발심이 되며, 내 마음도 편해지고 더욱 굳건한 보살심을 이룰 수 있게 됩니다.

나의 어머니는 집안의 아이들이 아프면 언제나 '대방광불화엄경'을 외우셨고, 조금이라도 좋지 않는 일이 있으면 "나무대방광불화엄경"이라 하셨습니다. 어려서 들은 어머니의 그 소리는 지금도 내 귀에 쟁쟁합니다.

'대방광불화엄경'만이 영험한 것이 아닙니다. '마하반야바라밀'도 마찬가지이고, '나무아미타불'·'관세음보살'·'미륵존여래불'의 염불을 해도 공덕은 다 한 가지입니다. 그리고 어떤 중생을 보든지 "발보리심하라"는 축원을 세 번 해야 합니다.

그리고 스스로에 대해서도 '세상에 너무 탐착하지 않고, 위없는 깨달음을 이루고자 하는 마음을 일으켜서 부처가 되는 길을 걷고 부처가 되리라'는 짧은 축원 한마디를 부디 잊지 마시기 바랍니다.

나무범망경보살심지대계.

제46경계
설법불여법계 說法不如法戒
여법하게 설법하라

　너희 불자들이여, 언제나 교화에 응하여 대비심을 일으켜라. 단월의 집이나 귀인의 집이나 대중이 있는 곳에 들어가서 속인을 위해 선 채로 법을 설하지 말지니라. 속인들 앞에서는 마땅히 높은 자리에 앉아야 하나니, 법사비구는 땅에 서서 사부대중에게 법을 설하지 말지니라.

　만일 설법을 할 때 법사가 높은 자리에 앉거든 향과 꽃으로 공양하고 사부대중의 청법자는 아래에 앉아 부모에게 효순하듯 법사의 가르침을 받들고 따를지니, 마치 사화바라문이 불을 섬기는 것과 같이 할 것이니라.

　법을 강설하는 자가 만일 법다이 강설하지 아니하면 경구죄를 범하느니라.

若佛子야 常應敎化하야 起大悲心하리니 若入壇越貴人家와 一切衆中이어든 不得立爲白衣說法하라. 應在白衣衆前에 高座上坐하리니 法師比丘는 不得地立하야 爲四衆說法이니라. 若說法時 法師高座어든 香花供養하고 四衆聽者는 下坐하야

如孝順父母하며 敬順師敎니 如事火婆羅門이어다. 其說法者가
若不如法說하면 犯輕垢罪니라.

제45 불화중생계는 일체 중생을 교화하고자 하는 마음을 일으키도록 하기 위해 제정한 계이고, 제46경계인 이 설법불여법계는 모든 중생으로 하여금 법을 공경히 받들게 하기 위해 제정한 계입니다.

먼저 법사가 설법을 할 때는 반드시 위의를 갖추어 법다웁게 해야 합니다. 왜 위의를 갖추어야 하는 것인가? 만일 법사가 위의를 갖추지 않았을 경우, 듣는 사람 중에서 법사나 법을 소홀히 여길 염려가 있기 때문입니다. 특히 속인들 중에는 아만심을 부리며 법사와 법을 경멸하는 일이 허다하므로, 반드시 높은 자리에 앉아 위의를 갖추고 설법하라는 것입니다.

그러나 '높은 자리에 앉으라'는 것은 법을 중하게 여기라는 뜻일 뿐, 아만을 부리라는 뜻은 아닙니다.

상대로 하여금 법을 중하게 여겨 선근을 자라게 하고, 스스로 또한 법을 중하게 여겨 교명敎命에 따르도록 함으로써 자리이타의 두 가지 이익을 이루도록 하기 위해 이 계를 제정한 것입니다. 곧 위의를 갖추고 설법하는 것은 법을 중하게 여김으로써 큰 이익을 얻도록 하기 위함입니다.

설법할 때에는 모름지기 법답게 해야 합니다. 만일 법답지

않게 하면 설하는 자나 듣는 자가 법을 소홀히 한 허물을 함께 범하게 됩니다.

속인의 신분이 아무리 높다 할지라도 법사는 저들보다 높은 자리에서 설법해야 합니다. 왜냐하면 이것이 법을 높이는 위의이기 때문입니다. 이것은 결코 자신을 스스로 높이거나 거만을 꾸미는 행위가 아닙니다. 마땅히 최상의 진리를 설하는 법사가 앉아야 할 자리인 것입니다.

물론 예외가 없는 것은 아닙니다. 혹 잠깐 동안 법을 설하는 경우라면 말하는 이와 듣는 이가 함께 서 있더라도 허물이 된다고 할 수 없습니다. 그리고 듣는 사람이 병든 환자일 경우에는 앉거나 서서 설법을 하여도 계를 범하는 것이 아닙니다.

경문에서는 법사가 높은 자리에 앉아 설법을 하게 되면 법문을 듣는 대중들은 "꽃과 향으로 공양을 올려야 한다"고 하였습니다. 이는 사부대중으로 하여금 법을 존중하고 법사를 높이 받들어야 한다는 상징성을 간직하고 있습니다.

또한 듣는 사부대중이 아래에 앉아야 하는 까닭은 오만을 버려 스스로 겸양심을 기르고 윗사람들을 공경하는 예법을 갖추게 하기 위함입니다.

나아가 경문에서는 "부모에게 효순하듯 법사의 가르침을 받들고 따르라."고 하였습니다. 효자가 부모를 모시듯이, 법사를 받들고 지극히 존중하는 것으로부터 모든 도는 시작됩니다. 스승을 우습게 아는 것은 곧 법을 경솔하게 여기는 것이고, 법을 소홀히 하고서는 보살도를 이룰 수가 없습니다.

보살은 모든 중생을 부처님처럼 존중해야 하거늘, 스승에게야 더 말할 것이 있겠습니까? 그러므로 경문에서 스승의 가르침을 공경하고 순종하기를 "**사화바라문事火婆羅門들이 불을 섬기듯이 하라**."고 하셨습니다.

인도에는 삿된 소견을 믿는 외도인들이 매우 많았습니다. 그 중의 한 가지가 사화바라문입니다. 석가모니 부처님께서 이 세상에 계실 때, 그들은 불을 숭상하면 죽어서 하늘나라에 태어날 수 있다고 믿고, 해가 넘어가려 할 즈음이면 향나무와 향나무 기름으로 큰 불을 피워서 밤을 새워가며 무릎을 꿇고 절을 하고 지성을 바쳤다고 합니다.

이제 마무리를 짓겠습니다.

이 계는 법사가 설법을 잘하고 못하고를 문제로 삼은 것이 아닙니다. 또 정법을 일컬어 그릇된 법이라 하고, 그릇된 법을 바른 법이라고 말하는 것을 경계하고 있는 것도 아닙니다.

이 계는 오직 '법을 설하는 법사는 법사답게, 법을 듣는 이는 듣는 사람답게 있어야 할 자리에 있어야 한다'는 것을 특별히 강조한 것입니다. 이 모두가 법이 소중한 때문이니, 결코 소홀히 함이 없어야 할 것입니다.

나무범망경보살심지대계.

제47경계
비법제한계 非法制限戒
옳지 못한 법으로 제한하지 말라

너희 불자들이여, 모두가 이미 신심으로 부처님의 계를 받은 국왕이나 태자나 백관이나 사부四部의 제자가 스스로의 고귀함을 믿고 불법의 계율을 파괴하거나 제한하는 법을 교묘히 만들어서 나의 사부제자를 압제하되, 출가하여 도 닦는 것을 못하게 하거나, 불상과 탑과 경률을 만들지 못하게 하거나, 통제하는 관리를 두어 사부대중을 제한하거나, 승적을 기록하거나, 보살 비구를 땅에 서게 하고 속인들을 높은 자리에 앉게 하는 등 온갖 법답지 못한 일을 하면, 마치 병졸이나 노예가 주인처럼 행동하는 것과 같음이니라.

보살은 마땅히 여러 사람의 공양을 받아야 하거늘, 도리어 관리들의 부림을 받는다면 이는 그릇된 법이요 그릇된 계율이니라.

만일 왕과 백관이 좋은 마음으로 부처님의 계를 받았다면 삼보를 깨뜨리는 죄를 짓지 않아야 하나니, 짐짓 불법을 깨뜨리는 일을 저지르면 경구죄를 범하느니라.

若佛子야 皆已信心으로 受佛戒者가 若國王과 太子와 百官과 四部弟子가 自恃高貴하야 破滅佛法戒律하며 明作制法하야 制我四部弟子하야 不聽出家行道하며 亦復不聽造立形像과 佛塔과 經律하며 立統官하야 制衆하며 使安籍記僧하며 菩薩比丘地立하고 白衣高座하며 廣行非法하야 如兵奴事主리오 而菩薩이 正應受一切人供養이어늘 而反爲官走使하면 非法非律이니 若國王과 百官이 好心으로 受佛戒者는 莫作是破三寶之罪니 若故作破法者는 犯經垢罪니라.

제46 설법불여법계는 출가보살이 설법을 할 때 맞지 않게 설하는 것을 금한 계이고, 이 계는 재가보살이 위엄을 믿고 법을 제한하는 허물을 막기 위해 제정한 계입니다.

세속법, 곧 국법으로 삼보를 규제하는 것을 제지하는 이 계는 재가중在家衆이 나쁜 법을 만들어서 교단에 여러 가지 제재를 가하고 파멸시키는 것을 경계하고 있습니다.

계를 받은 사람은 마땅히 불교를 위하는 불자가 되어야 합니다. 경문의 첫머리에서는 '모두가 이미 신심으로 부처님의 계를 받은 이'라 하였습니다.

이 말씀에서 신심을 강조한 것은 어디까지나 자신의 의지에 따라 계를 받았음을 나타내기 위한 것이고, '계를 받은 이'라 한 것은 불법을 제지하는 주체와 제지를 당하는 대상을 총괄적으로 표시하여 말씀한 것입니다.

이 계에서 말씀하신 불법을 파괴하는 주체가 누구인지에 대해 경문에서는, '왕이나 태자나 백관이나 사부제자가 스스로 고귀함을 믿고 불법의 계율을 파괴한다'고 하였습니다.

글 속에 등장하고 있는 왕이나 정부의 관리인 백관들이 의도적으로 해로운 법을 제정하여 불법을 제지한다는 것은 이해가 갑니다. 그러나 비구·비구니·우바새·우바이의 사부제자가 불법을 제지한다는 것은 있을 수 없는 일입니다.

하지만 명리는 재가인만 탐하는 것이 아닙니다. 출가중이라 할지라도 명리에 떨어지면 역시 경문에서 말씀하신 것과 같은 방법으로 불법의 계율을 파멸할 수 있습니다.

경문에서는 그들이 불법을 파멸하는 방법으로 몇 가지 예를 들고 있습니다. '출가하여 도 닦는 것을 못하게 한다'고 함은 승보를 말살시키는 행위이고, '불상과 탑을 만들지 못하게 한다' 함은 불보를 멸하는 행위이며, '경과 율을 만들지 못하게 한다' 함은 법보를 멸하는 행위입니다. 이 삼보의 어느 하나라도 없애려 하면 매우 지엄한 삼악도의 과보를 받게 됩니다.

'통제하는 관리를 두어 대중을 제지하고 승적을 기록한다' 함은 세속에서 호적등본을 만들듯이 국법으로 승명을 기록하게 하여 승려의 자유를 통제하고, 관리로 하여금 승보를 간섭하고 제지하는 제도를 두는 것을 말합니다.

또 '보살비구는 땅에 서고 속인은 높은 자리에 앉게 하는 것'은 법을 무시하는 처사입니다.

실로 지금과 같은 오탁악세가 되면 질서가 마구 무너지게 됩니다. 그러나 오탁악세라고 하여 보살을 함부로 대해서는 안 됩니다.

보살은 사람과 하늘의 사범입니다. 법과 계율을 설하여 오묘한 복과 지혜를 생하게 하는 분입니다. 이러한 보살이기에 마땅히 공양을 받을 자격이 있는 것입니다. 그러므로 대승경전에서는 한 목소리로 '자식이 부모를 섬기듯 보살을 대하고, 신하가 임금을 공경하듯이 받들라'고 한 것입니다.

그리고 참된 보살이라면 왕이나 관리들이 불법을 핍박할 경우, 이 한몸 한 번 죽어 바른 교를 존속시킬 수 있다면 기꺼이 그 죽음을 택하여야 합니다. 내 한몸의 편안함을 위해 은둔을 하거나 관리들 앞에서 비굴한 짓을 하는 것은 보살의 할 일이 아니기 때문입니다.

경문에서 '삼보를 파멸하는 죄를 짓지 않는다' 함은 왕과 대신들이 처음에 좋은 마음으로 부처님의 바른 계(佛正戒)를 받았으면 마땅히 삼보를 받들어 일으키고 외호하여, 정법을 위하는 마음을 항상 가지고 잠시도 잊지 말아야 한다는 것입니다.

그런데 보살계를 받아 보살이 된 이가 스스로 불법문중을 어지럽게 하고 체통과 위의를 잃어서야 되겠습니까? 더구나 권력의 힘을 동원하여 그릇된 법과 그릇된 율을 행하게 한다면 그 죄과는 불을 보듯 훤한 일입니다.

모름지기 좋은 마음으로 부처님의 정계正戒를 받은 자라면 어떠한 일이 있어도 불법을 파괴해서는 안 됩니다. 특히 권력과 밀착되어 있는 사람이라면 항상 마땅히 삼가고 조심해야 합니다.

그리고 무엇보다 중요한 것은 정법을 올바로 알아야 하는 일입니다. 정법을 잘 알지 못하면 잘못에 빠져들게 됩니다.

불자는 모름지기 법을 알기 위한 노력을 쉬지 말아야 합니다. 정법을 올바로 알아서 정법으로 삶을 가꾸어 갈 때, 이 계에서 경계한 것과 같은 허물이 생겨나지 않음은 물론, 오히려 해탈의 문이 열리게 되는 것입니다. 부디 진중하게 정법을 익히고 정법을 실천합시다. 이것이 법난을 막고 불법을 꽃피우는 최선의 길입니다.

나무범망경보살심지대계.

제48경계

파법계 破法戒

법을 파괴하지 말라

너희 불자들이여, 좋은 마음으로 출가하였으면서 명예와 이익을 위해 왕과 백관 앞에서 부처님 계를 강설하되, 잘못된 생각으로 비구·비구니와 보살계를 받은 제자들을 구속하는 일을 꾸며서 감옥에 죄인을 가두듯 하거나 병졸이나 종을 다루듯이 하랴. 마치 사자의 몸에서 생겨난 벌레만이 사자의 고기를 먹을 수 있고 다른 벌레는 먹지 못하는 것과 같나니, 이와 같이 불제자가 스스로 불법을 파괴하는 것이요, 외도나 마구니는 불법을 파괴하지 못하느니라.

만일 부처님의 계를 받은 이라면 마땅히 부처님의 계를 보호하기를 외아들 생각하듯 하고, 부모를 섬기듯 하여 감히 깨뜨리지 말지니라.

보살은 외도와 악인들이 나쁜 말로 부처님 계를 비방하는 말을 들으면 마치 3백 자루의 창으로 찌름을 당한 듯이 하며, 1천 칼과 1만 몽둥이로 때림을 당하는 것처럼 여길

지어다.

차라리 몸을 지옥에 던져 백겁 동안을 지낼지언정 한 번이라도 악인이 부처님 계를 헐뜯는 소리를 듣지 아니해야 할 것이거늘, 하물며 스스로 부처님 계를 깨뜨릴 것인가?

사람을 시켜 불법을 깨뜨리는 인연을 지으면 효순하는 마음이 없는 것이니, 이런 일을 짐짓 저지르게 되면 경구죄를 범하느니라.

若佛子야 以好心으로 出家하고 而爲名聞利養하야 於國王百官前에 說佛戒者가 橫與比丘比丘尼菩薩戒弟子로 作繫縛事하야 如獄囚法하며 如兵奴之法이리요. 如師子身中蟲이 自食師子肉이요 非餘外蟲인달하야 如是佛子가 自破佛法이요 非外道天魔能破니라. 受佛戒者는 應護佛戒하되 如念一子하며 如事父母하야 不可毁破니 而菩薩이 聞外道惡人이 以惡言으로 謗破佛戒之聲이어던 如三百矛로 刺心하며 千刀萬杖으로 打拍其身하야 等無有異어다. 寧自入地獄하야 經於百劫이언정 而不一聞惡人以惡言으로 謗破佛戒之聲이온 而況自破佛戒리요. 敎人破法因緣하면 亦無孝順之心이니 若故作者는 犯輕垢罪니라.

제47비법제한계가 재가제자가 불법을 무너뜨리는 것을 제계制戒한 것인데 대해, 제48경계는 출가한 제자가 불법을 파괴하는 것을 제재한 계입니다.

　교단의 대중 가운데 허물이 있으면 교단 안의 법에 의해 다스리고 그 벌을 물어야 합니다. 그런데 세속에 있는 바깥 사람에게 죄를 말하여, 교단 안의 허물을 왕법으로 다스리고 벌하는 것은 청정한 대중을 욕되게 하는 것입니다. 이것이 바로 불법을 깨뜨리는 것이요, 법을 보호하는 마음을 어기는 것이므로 계율로써 제지하게 된 것입니다.

　승려는 좋은 마음으로 거룩한 발심을 하여 출가한 사람입니다. 그리고 승려는 부처님의 정계正戒를 받아 지키기 때문에 왕과 고관으로부터 소중한 여김을 받게 되는 것입니다.

　그런데 많은 신도가 받들고 왕과 고관의 특별한 예우를 받다 보면, 도심道心이 물러나고 무명의 명리심名利心이 싹트며, 오만한 마음과 해태한 마음이 자라나서 처음 발심한 뜻을 스스로 잃어버리게 되는 경우가 많습니다. 더 나아가 안으로 계를 깨뜨렸으면서도 밖으로는 위엄과 덕이 있는 것처럼 꾸며내는 이가 있습니다.

　역사를 통해서 보면 왕과 고관에게 교묘한 온갖 말을 하여 교단을 헐뜯는 승려가 참으로 많았습니다. 오늘날에도 서로를 헐뜯는 진정서를 내고 성명서를 내고 고소를 하여 전 국민들 앞에 교단의 위신을 실추시키는 경우가 너무나 많이 일어나고 있습니다. 그리하여 마침내는 세간법에 의해 불법의 교단이 다스림을 받고 나라에서 이를 징벌하는 결과를 초래

합니다.

곧 명리를 위해 주지를 하겠다거나 위치가 좋고 신도가 많은 절을 차지해야겠다는 욕심이 앞서다 보면 처음에는 말로 시비를 벌이다가 차츰 편을 짜고 사람을 동원하고 진정서를 내게 됩니다. 그리고 나중에는 재판까지 하다가 심하면 진흙밭에서 싸우는 개의 꼴이 되고 맙니다.

그리하여 사회로부터 존경을 받고 예우를 받아야 할 스님네가 도리어 무례를 당하고 업신여김을 당하고 욕을 먹고 수사관 앞에서 시달림을 당하게 되는 것이니, 이를 일러 부처님께서는 '병사나 종의 법〔兵奴之法〕'이라고 표현하셨습니다.

옛날 병졸이나 노예는 아무런 대접도 받지 못하였고 모든 사람으로부터 업신여김을 당하였기 때문에 이를 비유로 채택하신 것입니다.

부처님께서 '허물을 지은 승려를 교단의 계율로 다스려야 한다'고 강조하신 까닭은 불자 자신을 특권화한다거나 어떤 아만심을 가지라는 뜻이 결코 아닙니다. 오직 부처님의 법을 존중해야 한다는 데 본의가 있는 것입니다.

한 번 생각을 해보십시오. 왜 불교와 승려들이 대접을 받는지를? 부처님이 너무나 위대하고 부처님의 가르침이 너무나 거룩하기 때문이요, 그 법을 배우고 여법하게 수행하는 승려에게 왕을 비롯한 세상 사람이 최고의 존경을 바치고 추종을 하는 것입니다.

따라서 보살 비구라면 부처님께서 행하신 것처럼 고귀하고 청정한 길을 걷고 거룩한 수행을 하도록 해야 합니다. 마땅히 국가 사회의 정신적인 지주가 되고 중생들의 귀의처가 되도록 해야 합니다.

그런데 자기 개인의 명리名利 때문에 이 길을 등지고 불법의 지위를 실추시키고 수행도반들을 나쁜 함정에 빠지게 하거나 가해를 하는 이가 있다면 그 죄를 어찌 다 말할 수 있겠습니까? 이와 같은 이를 옛 스님들은 '악마비구惡魔比丘'라고 표현하였습니다.

그리고 경문에서는 이와 같은 악마비구를 '**사자 몸속의 벌레**〔師子身中蟲〕'라는 말로 표현하였습니다.

사자충師子蟲! 사자는 짐승 가운데 왕이므로, 사자를 상대하려 하지 않는 것은 일체 짐승의 본능입니다. 또 사자의 고기를 먹을 수 있는 용기는 그 어떠한 짐승에게도 없습니다. 사자에 대한 공포 때문에 일반 짐승들은 죽은 사자까지도 손을 대지 못한다는 이야기가 『연화면경蓮華面經』에 자세히 설명되어 있습니다. 곧 사자가 죽은 뒤에 사자의 몸에서 저절로 생긴 벌레인 **사자충만이 사자의 고기를 먹는다**는 것입니다.

이와 같이 불법도 외도나 악마가 무너뜨리는 것이 아니라, 오직 불법 가운데 있는 나쁜 비구들이 독한 가시가 되어 불법을 파괴한다는 것을 사자 몸속의 벌레인 사자충에 비유하여 밝힌 것입니다.

여래의 정법은 하늘의 마왕을 능히 절복시키고 모든 외도를 능히 교화합니다. 그러므로 마왕이나 외도는 불법을 파괴할 수가 없습니다. 불법을 파멸시킬 수 있는 자는 오직 불법 속에 있을 뿐이며, 그 존재가 바로 출가한 비구 중 부처님의 가르침을 의지하지 않는 이들이라고 하신 것입니다.

특히 출가한 사미·사미니·식차마니·비구·비구니의 허물을 불법의 계율로 다스리지 않고 세속의 법에 의지하게 함으로써, 교단과 불법을 능욕하고 선신들로 하여금 도량을 떠나가게 만드는 이를 가리킵니다. 그는 홀로 법을 깨뜨릴 뿐 아니라, 국가적인 액난까지 불러일으키는 존재입니다.

불법을 망치고 나라까지 혼들리게 하는 이와 같은 무서운 행위를 저지르는 악마비구를 따르면, 따르는 자 역시 악마가 됩니다. 그러므로 먼저 그들을 참회시키고, 참회를 하지 않을 때는 쫓아내고 상대조차 하지 말아야 하는 것입니다.

경문에서는, "부처님의 계를 믿는 자는 마땅히 부처님의 계를 옹호하기를 외아들 생각하듯 하고 부모를 섬기듯 하여 감히 깨뜨리지 말라"고 하였습니다.

왜 이와 같은 말씀을 하셨는가? 악행을 저지르면 비록 그 고초 속에서 억만겁을 시달릴지라도 오직 이 한몸 육신을 괴롭힐 뿐입니다. 그러나 계를 헐뜯고 정법을 깨뜨리면 불법의 몸을 무너뜨리는 결과를 초래하여, 중생으로 하여금 신심을 잃게 하고 악업을 끝없이 지어 고해로부터 영원히 해탈할 수 없도록 하기 때문입니다.

만일 출가한 승려가 법을 보호해야 할 스스로의 임무를 저버리고 도리어 법을 파괴하는 일을 저질렀다면, 이것은 분명히 삼보를 거스린 5역죄의 하나이고 효순심이 없는 행위임에 틀림이 없으므로 가장 무거운 죄를 면할 길이 없습니다.

그럼 불법을 해치는 악마비구는 어떻게 다스려야 하는가?

거짓으로 불문에 들어와서 부처님의 계를 지키지 않고 국법을 함부로 범할 때, 충고하여도 따르지 않고 내쫓아도 가지 않는다면 안의 계율로도 다스릴 수 없을 것입니다. 이 경우에는 어떻게 해야 하는가?

이 경우, 분명히 큰 죄를 저지른 이가 있다면, 그래서 삼보를 크게 욕되게 하는 자가 있다면 차라리 그 한 사람을 제거하여 삼보를 온전하게 해야 합니다. 한 사람을 보호하기 위해 그 화를 삼보에 미치게 하는 것은 옳지 않습니다.

만약 악한 비구를 다스리지 않는다면 삼보의 종자를 끊을 것이요, 중생의 눈을 빼앗을 것입니다. 이러한 허물을 범한 비구를 다스리기 위해서는 '더불어 말을 하지 않으며, 함께 앉지 않으며, 한 나라에서 내지 네 나라에서 내쫓아야 한다'고 하였습니다.

이와 같이 악한 비구를 다스림으로써 모든 선한 비구들이 안락함을 얻고 법을 잘 지닐 수 있게 되며, 불법이 이 세상에 오래 머물러 물러나지 않게 되는 것입니다.

이 악한 비구에 대해 『열반경』에서는 '세속의 법과는 다른 불교 내의 법으로 다스리되, 불법을 훼손하는 자는 마땅히 나무라고 꾸짖고 징계하고 축출해야 한다'고 하였으며, 그렇게 하는 것이 한량없는 복덕을 쌓는 일이라고 강조하고 있습니다.

정녕 출가인 중에 정법을 팽개치고 교단을 파괴하는 이가 있다면, 그는 실로 교단 속의 큰 도적이며, 교법의 문 안에 있는 악마이므로 징계하고 축출함이 마땅합니다.

그러나 이와 같은 출가인이라 하여 영원히 구제될 수 없는 것만은 아닙니다. 비록 그가 번뇌에 핍박되어 한때 불법을 헐고 범하였다 할지라도 부끄러워하고 크게 뉘우친 다음, 항상 정법을 설하고 인과를 깨우치고 일승一乘을 찬탄하면서 보살도를 행하면 다시 청정함을 얻을 수 있습니다.

불자들이여! 우리 모두 크게 각성합시다. 교단의 권력을 장악하고 수입 많은 절을 차지하기 위하여 서로 다투거나, 몸소 소송하는 글을 지어서 공공기관으로 나아가 비굴한 짓을 하거나, 세간법에 의지하여 소송을 함으로써 불교의 위신을 땅바닥에 떨어뜨리는 행위를 하여서는 안됩니다.

이것은 부처님께서 가르친 정법이 결코 아닙니다. 실로 보살대계를 받은 이로서 이보다 더 부끄러운 일은 없습니다. 모두가 합심하여 정법으로 교단을 이끌어갑시다.

사자충師子蟲. 우리는 결코 사자충이 되어서는 안됩니다.

그 어떠한 외세도 훼손시킬 수 없는 불법을 감히 훼손시키는 사자충! 그 사자충은 사부대중이 마음을 모아 마땅히 참회시켜야 하고, 참회조차 하지 않을 때는 불문佛門 밖으로 내보내야 합니다.

보살불자들이여, 모름지기 정견을 갖추고 정법을 지켜서, 이 땅에 불일佛日이 밝게 비칠 수 있도록 합시다. 사자충이 교단을 차지하고, 비법非法이 정법正法을 가리게 되면, 깨달음을 구하는 일도 중생을 교화하는 일도 어렵게 됩니다.

우리들 각자를 위해서, 그리고 불교를 위해서 우리가 참으로 하여야 할 일이 무엇이겠습니까? 여러 불자님들은 그것이 무엇인지를 스스로 판단하고 계실 것입니다.

모름지기 보살은 보살의 큰 원을 버리지 않아야 하고 정견正見의 눈을 뜨고자 노력하여야 하며, 마음자리를 밝히고 중생을 위하는 실천행을 잊지 말아야 합니다.

결코 부처님의 제자로서 부끄럽지 않은 이가 되기를 거듭거듭 당부드리면서 제48경계에 대한 이야기를 마치고자 합니다.

사십팔경계四十八輕戒
총결總結

　모든 불자들이여, 이 48경계를 너희들이 받아 지닐지니라. 과거의 모든 보살이 이미 외웠으며, 미래의 모든 보살이 당래에 외울 것이며, 현재의 모든 보살이 지금 외우느니라.

　諸佛子야 是四十八輕戒를 汝等受持하라. 過去諸菩薩이 已誦하며 未來諸菩薩이 當誦하며 現在諸菩薩이 今誦이니라.

　이제까지는 계 하나하나에 대해 받아 지닐 것을 권하였고, 총결에서는 48경계를 총괄적으로 들어서 받아 지닐 것을 말씀하신 것입니다. 특히 삼세의 보살이 다 받아 지니고 외우고 배우고 닦는다는 것을 들어서, 이 보살계를 잘 지니도록 권하고 있습니다. 곧 부처님께서 중생을 크게 가엾이 여기시는 대비심으로 곡진曲盡하게 타이르신 것이고, 대비심으로 간절히 깨우쳐서 게을리하지 않기를 당부하신 내용입니다.

　우리 불자들은 비록 몸을 부수고 뼈를 깎는 발심과 수행을 한다 해도 부처님의 은혜를 갚을 수가 없습니다. 모름지기 부처님의 자비를 잊지 말고 이 보살계를 우리의 것으로 만들어 해탈대도로 나아갑시다. 이것만이 부처님의 은혜를 갚고 우리 자신을 참되이 살리는 길입니다.

이제 10중대계와 48경계로 구성된 보살계 강설은 모두 끝났습니다.

우리 불자들은 비록 몸을 부수고 뼈를 깎는 발심과 수행을 한다 해도 부처님의 은혜를 다 갚을 수가 없을 것입니다. 모름지기 부처님의 대자비를 잊지 말고 이 보살계를 우리의 것으로 만들어 해탈대도로 나아갑시다. 이것만이 부처님의 은혜를 갚고 우리 자신을 참되게 살리는 길입니다.

이제 이 10중 48경계의 유통분에 해당하는 경문을 싣는 것으로 마무리를 짓겠습니다.

부디 이 10중대계와 48경계를 잘 지키고 널리 전파하여 대해탈과 대평화와 대행복의 길로 나아가시기를 두 손 모아 축원 드리고 또 축원드립니다.

나무범망경보살심지대계.

유통분

유통분流通分
유통을 부탁하다

불자들아, 잘 들으라. 10중 48경계는 삼세의 모든 부처님이 이미 외우셨고 장차 외우실 것이며 지금도 외우시나니, 지금 나 또한 이와 같이 외우느니라. 너희들 일체 대중과 왕과 왕자와 백관과 비구와 비구니와 신남과 신녀 등 보살계를 받아 지닌 이는 마땅히 받아 지닐 것이요 읽고 외울 것이요, 해설하고 쓰고 간행할 것이며, 불성이 항상 머무는 이 계권을 삼세에 유통시켜 일체 중생을 한없이 교화하되 끊어지지 않게 하라. 그리하여 1천 부처님을 뵈옵고 1천 부처님으로부터 수기를 받아 세세생생 악도와 팔난에 떨어지지 않고 항상 인간세상이나 하늘나라에 태어나게 할지니라.

諸佛子야 聽하라. 十重四十八輕戒를 三世諸佛이 已誦當誦 今誦일새 我今亦如是誦이니라. 汝等一切大衆과 若國王과 王子와 百官과 比丘와 比丘尼와 信男과 信女로 受持菩薩戒者는 應

受持하며 讀誦하며 解說하며 書寫하며 佛性常住戒卷을 流通三世하야 一切衆生으로 化化不絕에하면 得見千佛하야 爲千佛授手하야 世世不墮惡道八難하고 常生人道天中이니라.

내가 이제 이 보리수 아래에서 칠불의 법계를 간략하게 열어 설하였나니, 너희 대중들은 마땅히 일심으로 바라제 목차를 배우고 환희심으로 받들어 행할지니라. 저 무상천왕품의 배움을 권하는 글 가운데 자세히 말씀하였느니라.
 이 때 모였던 3천 학사와 다른 대중들은 부처님의 말씀을 듣고 더욱 존경하는 마음이 생겨 머리에 받들어 이고 환희하며 받아 지니었느니라.

我今在此樹下하야 略開七佛法戒하노니 汝等大衆은 當一心으로 學波羅提木叉하야 歡喜奉行하라. 如無相天王品勸學中에 一一廣明하니라. 三千學士와 時坐聽者가 聞佛自誦하고 心心頂戴하야 歡喜受持하니라.

그때 석가모니불은 위와 같이 연화대장세계의 노사나불께서 설하신 심지법문품 가운데 열 가지 무진계법을 설하여 마치시니, 또한 천백억의 석가모니불께서도 그와 같이 설하시되, 마헤수라천왕궁으로부터 보리수 아래에 이르기까지 10주처에서 설하신 법문을 하셨으며, 일체 보살과 말

유통을 부탁하다 · 495

할 수 없이 많은 대중들의 수지독송을 위하여 그 뜻을 해설하심도 이와 같이 하였더라. 천백억 세계와 연화대장세계의 티끌 수와 같이 많은 세계에서도 모든 부처님의 심장과 지장과 계장과 무량행원장과 인과불성상주장 등 모든 부처님들께서 한량없는 일체법장을 설하여 마치시니, 천백억의 세계에 있는 많은 중생들도 받아 지니고 환희심으로 받들어 행하더라. 마음자리의 여러 모습을 널리 열어 보였으니 불화광왕칠행품 중에서 설하신 바와 같느니라.

爾時에 釋迦牟尼佛이 說上蓮華臺藏世界盧舍那佛所說心地法門品中에 十無盡戒法品竟하니 千百億釋迦도 亦如是說하시되 從摩醯首羅天王宮하야 至此道樹下하사 十住處에 說法品을 爲一切菩薩과 不可說大衆하사 受持讀誦하사 解說其義도 亦如是함이라. 千百億世界와 蓮華臺藏世界와 微塵世界의 一切佛心藏과 地藏과 戒藏과 無量行願藏과 因果佛性常住藏을 如是一切佛이 說無量一切法藏竟하시니 千百億世界中의 一切衆生이 受持하여 歡喜奉行하니라. 若廣開心地相相이어든 如佛華光王品中에 說하니라.

밝은 사람은 참는 지혜가 강하여
능히 이와 같은 계법을 지키면
불도를 이루기 전에라도

다섯 가지 이익을 얻으리라
明_명人_인忍_인慧_혜强_강하야 能_능持_지如_여是_시法_법하면
未_미成_성佛_불道_도間_간에 安_안獲_획五_오種_종利_리하리라

첫째는 시방세계의 모든 부처님께서
연민하사 언제나 보호하시고
둘째는 이 목숨이 마칠 때에
올바른 소견으로 마음이 환희롭고
셋째는 세세생생 나는 곳마다
모든 보살과 도반이 될 것이요
넷째는 가지가지 공덕이 모이고 쌓여
지계바라밀을 모두 다 성취할 것이요
다섯째는 금생에나 후생에서나
불성계와 복덕 지혜가 원만하리라
이것이 참된 불자가 되는 길이니
지혜로운 이는 잘 생각할지니라

一_일者_자十_시方_방佛_불이 愍_민念_념常_상守_수護_호요
二_이者_자命_명終_종時_시에 正_정見_견心_심歡_환喜_희요
三_삼者_자生_생生_생處_처에 爲_위諸_제菩_보薩_살友_우요
四_사者_자功_공德_덕聚_취에 戒_계度_도悉_실成_성就_취요
五_오者_자今_금後_후世_세에 性_성戒_계福_복慧_혜滿_만이로다
此_차是_시諸_제佛_불子_자니 智_지者_자善_선思_사量_량하라

나를 헤아리고 상에 집착하는 자는
능히 법을 믿지 못할 것이요
모든 것을 멸하여야 깨달음 얻는다는 것
이 또한 보리 종자 심은 것이 아니네
보리의 싹을 길러내어
광명으로 세상을 비추고자 할진대는
마땅히 고요하게 관찰할지니라
모든 법의 진실한 모양은
나는 것도 아니요 죽는 것도 아니며
항상함도 아니요 끊어짐도 아니며
하나도 아니요 다른 것도 아니며
오는 것도 아니요 가는 것도 아니니라
이와 같이 일심 가운데에
방편으로 부지런히 장엄하여
보살들이 응당 해야 할 것을
차례대로 마땅히 배울지니라.
배울 것이 있는 이와 배울 것이 없는 이에
차별하는 생각을 내지 않게 되면
그 이름을 제일도가 하며
또한 마하연 대승법이라 하느니라
분별하여 다투는 모든 것이
다 이로부터 없어지는 것이며

모든 부처님의 살바야 일체지가
모두 다 여기에서 나오느니라

_{계아착상자} _{불능신시법}
計我著相者는 不能信是法이요
_{멸진취증자} _{역비하종처}
滅盡取證者도 亦非下種處니
_{욕장보리묘} _{광명조세간}
欲長菩提苗하야 光明照世間인댄
_{응당정관찰} _{제법진실상}
應當靜觀察하라 諸法眞實相은
_{불생역불멸} _{불상부불단}
不生亦不滅이며 不常復不斷이며
_{불일역불리} _{불래역불거}
不一亦不異며 不來亦不去로다
_{여시일심중} _{방편근장엄}
如是一心中에 方便勤莊嚴하야
_{보살소응작} _{응당차제학}
菩薩所應作을 應當次第學이어다
_{어학어무학} _{물생분별상}
於學於無學에 勿生分別想하면
_{시명제일도} _{역명마하연}
是名第一道며 亦名摩訶衍이로다.
_{일체희론처} _{실유시처멸}
一切戱論處이 悉由是處滅하며
_{제불살바야} _{실유시처출}
諸佛薩婆若가 悉由是處出이니라

그러므로 모든 불자들이여
마땅히 대용맹심을 발하여
모든 부처님의 청정한 계율을
밝은 구슬같이 호지할지어다
과거의 모든 보살들이
이미 이 가운데에서 배웠으며
미래의 보살들이 장차 배울 것이며

현재의 보살들이 지금 이렇게 배우느니라
이것은 부처님이 행하신 길이며
거룩한 세존께서 찬탄하신 바이로다

是故諸佛子야 宜發大勇猛하야
於諸佛淨戒에 護持如明珠하라
過去諸菩薩이 已於是中學하며
未來者當學하며 現在者今學이니
此是佛行處며 聖主所稱歎이로다

나도 이미 수순하여 설하였노니
한량없는 복덕의 무더기를
돌이켜 중생들에게 보시하옵고
함께 일체지로 향하옵나니
원컨대 이 법문을 듣는 자
모두 다 불도를 이루어지이다

我已隨順說하야 福德無量聚를
廻以施衆生하니 共向一切智하야
願聞是法者는 悉得成佛道어다

모두 다 성불하여지이다.
나무범망경보살심지대계.

범망경보살계를 새롭게 펴내면서

 우리나라 불교를 '대승불교'라고 하는 까닭은 이 땅의 불자들이 대승의 경전을 배우고 대승의 계율을 실천하기 때문입니다. 그럼 대승의 불자들은 어떠한 계율을 지키는가? 바로 범망경보살계입니다.
 이 보살계 속에는 불자들의 생각하는 법, 말하는 법, 행동하는 법이 낱낱이 담겨 있습니다. 뿐만이 아닙니다. 10중계十重戒와 48경계四十八輕戒로 이루어진 이 보살계 속에는 대승불자들이 어떻게, 무엇을 위하여 살아야 하는지를 구체적으로 설해놓았습니다.
 하여 일타큰스님께서는 1992년 4월에 5책으로 된 『범망경보살계』를 효림출판사에서 발간하였습니다. 하지만 이 5책의 『범망경보살계』는 2000년대 초에 절판이 되었습니다. 일타큰스님의 열반 후에 시장성이 거의 없어졌기 때문입니다. 원고 총 6,000매라는 방대한 분량을 다섯 권으로 발간한 데다가, 이 책의 내용이 너무 깊고 상세하여, 일반인이 쉽게 접하기에는 어려움이 있었으므로 자연 도태된 것으로 생각됩니다.
 하오나 평생 계율을 연구하고 보살계를 설하였으며, 조계

종 전계대화상을 지내신 일타큰스님 특유의 해설이나 그 핵심 내용마저 단절시키기가 너무나 아깝고 애석하였습니다.

이에 대승불교권의 불자라면 꼭 알고 실천해야 할 『범망경보살계』의 핵심 내용을 가려 뽑아, 월간 「법공양」에 2008년 11월호부터 2012년 12월호까지 50회에 걸쳐 연재하였습니다. 그리고 그 글들을 모아 단행본으로 엮고자 하였으나, 『범망경보살계』의 무게가 있어서인지 뜻하지 않은 일들이 생겨남으로써 한 해 한 해 미루게 되었습니다.

이제 4년 만에 겨우 그 글들을 1책으로 묶어 다시 세상에 내어 놓게 되었습니다. 저로서는 10년 묵은 숙제를 해낸 것 마냥 마음이 쾌락합니다.

부디 일타큰스님께서 명쾌하고 재미있으면서도 깊이 있게 설하신 보살계 법문을 새기고 또 새겨, 참된 대승보살 불자의 길로 자신 있게 나아가시기를 두 손 모아 깊이 깊이 축원드리옵니다.

나무범망경보살심지대계.

2017년 정월 대보름날
김 현 준 拜

읽을수록 신심을 북돋우는 일타큰스님의 법어집

광명진언 기도법 / 일타스님·김현준   신국판 176쪽 6,000원
행복과 평화, 영가천도, 소원성취를 이루게 하는 광명진언 속에 새겨진 참의미와 바른 기도법, 빠른 기도성취법 등을 자상하게 설하고, 유형별 기도성취 영험담을 다양하게 수록하였으며, 누구나 보기 쉽도록 큰활자로 발간하였습니다.

부드러운 말 한마디 미묘한 향이로다   신국판 240쪽 8,000원
일타스님 대표 법문집. 삶의 이유, 복된 삶 이루는 방법, 보시와 지계, 도 닦는 법, 지혜성취법 등의 맑고 주옥같은 법문을 수록하여 읽는 이들에게 행복의 세계로 향하는 문을 열어주고 있습니다.

불자의 기본 예절   신국판 160쪽 5,500원
불교 예절의 근본이 되는 마음가짐과 말씨, 걸음걸이와 앉음새, 합장법, 절하는 법, 법당에서의 예절, 법문 듣는 법, 목욕·입측법 등 절집안의 생활 예절을 보다 쉽게 접할 수 있도록 많은 이야기를 곁들여 재미있게 엮었습니다.

오계이야기   신국판 160쪽 5,500원
살생·투도·사음·망어의 근본 4계에 불음주계를 합한 5계에 대한 법문집. 재미있는 일화를 들어 각 계율의 연원과 지키는 방법, 계율을 범했을 때의 과보 등을 자세히 설했습니다. 복된 불자의 길로 나아가게 하는 불자의 필독서입니다.

초심 – 시작하는 마음   신국판 272쪽 9,000원
800년 동안 우리나라에서 불교를 믿는 초심자는 누구나 가장 먼저 읽었던 계초심학인문을 풀이한 이 책을 읽게 되면 진리를 향한 첫걸음을 쉽게 옮길 수 있습니다.

발심수행장 – 영원으로 향하는 마음   신국판 240쪽 8,000원
원효대사의 발심수행장을 풀이한 이 책을 읽다 보면 영원과 행복의 문을 여는 비결, 나와 남을 함께 살리는 길, 깊은 신심을 이루고 참된 발심을 하는 방법을 터득할 수 있습니다.

자경문 – 자기를 돌아보는 마음   신국판 280쪽 9,000원
야운비구의 자경문을 풀이한 이 책을 읽다 보면 인간이 윤회하는 까닭, 참된 나를 찾는 묘법, 해탈을 이루는 비결, 공부할 때 마음가짐, 깨침의 원리 등을 쉽게 알 수 있습니다.

선수행의 길잡이   신국판 224쪽 7,500원
일타스님의 유고작으로 '참선이란', '좌선법', '참선을 잘 하는 법', '참선 장애의 극복' 등 참선하는 이들이 꼭 알고 닦아야 할 사항들을 이해하기 쉽게 설한 책입니다.

법보시를 원하시는 분은 출판사로 연락 주십시오. 할인혜택을 드립니다.
전화 02-587-6612, 582-6612 팩스 02-586-9078